保險會計學
（第二版）

彭雪梅 等 編著

崧燁文化

前　言

2017 年 5 月，國際會計準則理事會（IASB）發布了國際財務報告準則第 17 號（以下簡稱 IFRS17），理事會和其前任 IASC 為這一準則的制定花費了至少二十年的時間。IFRS17 將取代 IFRS4 這個階段性的關於保險合同的財務報告準則，將在 2021 年 1 月 1 日或以後的會計期間生效。

2018 年 1 月 1 日起分階段實施的《企業會計準則第 22 號——金融工具確認和計量》（財會〔2017〕7 號）、《企業會計準則第 23 號——金融資產轉移》（財會〔2017〕8 號）、《企業會計準則第 24 號——套期會計》（財會〔2017〕9 號）、《企業會計準則第 37 號——金融工具列報》（財會〔2017〕14 號）（以上四項通常簡稱新金融工具準則）和《企業會計準則第 14 號——收入》（財會〔2017〕22 號，簡稱新收入準則），同時，財政部對一般企業財務報表格式進行了修訂並予印發。

國際國內會計準則的變化無不影響保險公司現在和未來的會計制度，本書在作者 2010 年編著出版的《保險會計學》的基礎上進行了大篇幅的修改、補充和完善，力圖反應國際國內會計準則的最新進展，本書的特點在於：

（1）闡述了 IFRS17 的主要內容，反應保險合同國際財務報告準則的最新變化。本書在第二章、第三章和第十章，分別闡述了在 IFRS17 下保險合同確認、分拆、計量的模型、保險公司業績的列報，並以簡要案例加以說明。

（2）反應了國內會計準則的最新變化：

①根據最新金融工具準則和 2014 年修訂的長期股權投資會計準則，對「第八章 保險資金運用」進行了全面的修改；

②按照 2016 年全面「營改增」實施辦法和 2016 年 12 月頒布的《增值稅會計處理規定》，在第九章撰寫了「第一節保險公司增值稅會計」；

③按照財政部對企業財務報表格式的修訂要求，修改了「第十一章」中報表的格式和內容以及相應的財務分析部分。

（3）有別於現有的教材，將保險合同負債的計量單列為第三章。作者認為，保險合同負債計量既與保險公司的負債金額直接相關，也關係保險公司收入、成本的計量以及相關

財務信息的列報和披露，是理解保險合同會計至關重要的一環，將此內容單列成章，有助於幫助讀者全面深入地學習和研究保險公司會計和財務管理。

本書的寫作分工如下：彭雪梅為主編和審稿人，且負責第一、第二、第三、第四、第五、第六、第七、第九、第十章的撰寫；第八章和第十一章的撰寫由李洪負責，彭雪梅參與了其中部分內容的寫作。

本書在作者2010年編著出版的《保險會計學》的基礎上歷經兩年的努力修改，但實務日新月異，某些部分尚在實踐當中，所以本書難免存在不足之處，期望讀者批評指正。

彭雪梅

目　　錄

第一章　保險會計概論 …………………………………………（1）
　　第一節　保險公司業務及其經營特點 ………………………（1）
　　第二節　保險會計的基本概念 ………………………………（6）
　　第三節　保險會計的特點 ……………………………………（10）
　　第四節　公認會計準則與法定會計準則 ……………………（17）

第二章　保險合同的確認、分拆與核算分類 …………………（24）
　　第一節　保險合同的確認 ……………………………………（24）
　　第二節　混合保險合同的拆分 ………………………………（30）
　　第三節　保險合同的核算分類 ………………………………（34）

第三章　保險合同負債的計量 …………………………………（38）
　　第一節　中國財務會計準則下保險合同負債的計量 ………（38）
　　第二節　IFRS17下保險合同負債的計量 …………………（52）

第四章　非壽險原保險業務 ……………………………………（81）
　　第一節　非壽險原保險業務保費收入的會計處理 …………（81）
　　第二節　非壽險原保險業務賠付成本的會計處理 …………（87）
　　第三節　非壽險原保險業務準備金的會計處理 ……………（94）
　　第四節　政策性農業保險業務的核算 ………………………（97）
　　第五節　特殊保險業務的會計處理 …………………………（103）

第五章　壽險原保險業務…………………………………………………（107）
　　第一節　壽險原保險合同保費收入的核算……………………………（107）
　　第二節　壽險原保險合同賠付支出的會計核算………………………（114）
　　第三節　保險保全業務核算……………………………………………（117）
　　第四節　壽險原保險合同保險準備金的核算…………………………（121）

第六章　投資型保險業務…………………………………………………（124）
　　第一節　投資型保險產品及其會計處理的概述………………………（124）
　　第二節　分紅保險會計…………………………………………………（128）
　　第三節　投資連接保險會計……………………………………………（136）
　　第四節　萬能保險會計…………………………………………………（144）
　　第五節　非壽險投資型產品會計………………………………………（147）

第七章　再保險業務………………………………………………………（151）
　　第一節　再保險業務概述………………………………………………（151）
　　第二節　再保險業務會計處理的概述…………………………………（158）
　　第三節　分出業務的會計處理…………………………………………（167）
　　第四節　分入業務的會計處理…………………………………………（175）

第八章　保險資金運用……………………………………………………（183）
　　第一節　保險資金運用概述……………………………………………（183）
　　第二節　金融資產………………………………………………………（188）
　　第三節　長期股權投資…………………………………………………（211）
　　第四節　投資性房地產…………………………………………………（226）

第九章　保險公司稅務會計………………………………………………（236）
　　第一節　增值稅…………………………………………………………（236）
　　第二節　企業所得稅……………………………………………………（254）

第十章　保險公司的收入、費用和利潤…………………………………（265）
　　第一節　保險公司收入…………………………………………………（265）
　　第二節　保險公司費用…………………………………………………（270）
　　第三節　保險公司利潤及利潤分配……………………………………（282）
　　第四節　IFRS17下的收入、費用和利潤………………………………（285）

第十一章　保險公司財務報表及報表分析 (293)
- 第一節　財務報表列報概述 (293)
- 第二節　資產負債表 (298)
- 第三節　利潤表 (307)
- 第四節　所有者權益變動表 (313)
- 第五節　現金流量表 (315)
- 第六節　附註 (322)
- 第七節　保險公司財務報表的分析 (337)

第一章　保險會計概論

第一節　保險公司業務及其經營特點

研究保險會計問題，除了對一般會計理論體系要有充分認識外，最重要的要瞭解保險公司的業務及其特殊性，因為其特殊性相應地決定了會計確認、計量和信息披露的特殊性。本章將首先說明保險公司主要經營哪些保險產品、從事哪些業務及這些業務經營具有的特點，這樣便於以後分析說明保險會計的特殊性及形成的原因。

一、保險產品

保險是以經濟合同方式建立保險關係，集合多數單位和個人的風險，合理計收保險費，對約定的事故造成的經濟損失或人身傷亡提供資金保障的一種經濟形式。

保險根據保險標的的不同分為財產保險和人身保險。財產保險是以有形的物質財產及與物質財產有關的利益和損害賠償責任為標的的保險。人身保險是以人的生命、身體或健康作為標的的保險。

（一）財產保險的分類

1. 財產損失保險

當保險標的為有形的物質財產的保險稱為財產損失保險，即狹義的財產保險。財產損失保險主要包括下面幾類：

（1）火災保險。火災保險是以存放在固定場所並處於相對靜止狀態的財產及其有關利益為保險標的，保險人承保被保險人的財產因火災、爆炸、雷擊及其他災害事故的發生所造成的損失。中國目前開展的火災保險有企業財產保險、家庭財產保險、機器設備損壞保險等。

（2）貨物運輸保險。保險人承保貨物在運輸過程中因災害事故及外來風險的發生而遭受的損失。貨物運輸保險主要有海洋貨物運輸保險、陸上貨物運輸保險、郵包保險等。

（3）運輸工具保險。保險人承保災害事故發生而造成的運輸工具本身的損失及第三者責任。運輸工具保險主要有機動車輛保險、船舶保險、飛機保險等。

（4）工程保險。保險人承保建築工程和安裝工程等在建設和施工中，因災害事故發生而造成的損失。

（5）農業保險。保險人承保種植業、養殖業標的因災害事故的發生所造成的經濟損失。

2. 責任保險

責任保險是以被保險人依法應承擔的民事賠償責任或經過特別約定的合同責任為保險標的，以第三人請求被保險人賠償為保險事故，其保險金額即被保險人因疏忽、過失等行為向第三人所賠償的損失金額。責任保險包括公眾責任保險、雇主責任保險、產品責任保險、職業責任保險。

3. 信用保證保險

信用保證保險是以被保證人的信用為保險標的。凡被保證人根據權利人的要求，要求保險人擔保自己信用的，屬於保證保險；凡權利人要求保險人擔保對方信用的，屬於信用保險。

（二）人身保險的分類

1. 人壽保險

人壽保險是以人的壽命為標的的保險，保險人承諾當被保險人死亡時即給予保險金支付的保險。主要包括以下幾類：

（1）定期壽險。定期壽險也稱為定期死亡保險，是以被保險人在規定期限內發生死亡事故為前提而由保險人負責給付保險金的人壽保險。

（2）終身壽險。終身壽險是一種不定期的死亡保險。只要投保人按時繳納保費，自保單生效之日起，被保險人不論何時死亡，保險人都給付保險金。

（3）生存保險（Pure Endowment Insurance）。生存保險是以被保險人在規定期間內生存為給付保險金條件的一種人壽保險。生存保險主要包括年金保險、教育費用保險和子女婚嫁金保險等類型。

（4）兩全保險。兩全保險是指被保險人不論在保險期間死亡還是生存，保險人都給付保險金的保險。

2. 健康保險

健康保險是為補償被保險人在保險有效期間，因疾病、分娩或意外傷害而接受治療時所發生的醫療費用，或補償被保險人因疾病、意外傷害導致傷殘或因分娩而無法工作時的收入損失的保險。常見的健康保險包括醫療費用保險、失能收入保險、長期護理保險等。

3. 意外傷害保險

意外傷害保險是指被保險人在保險有效期間，因遭遇非本意的、外來的、突然的意外事故，致使其身體蒙受傷害而殘廢或死亡時，保險人依照合同規定給付保險金的保險。

4. 創新型人壽保險

創新型人壽保險又稱為非傳統壽險或投資理財型保險，這些產品與傳統壽險產品的區別在於其具有投資功能。創新型壽險產品包括分紅保險（Participating Life Insurance）、投資連結保險（Unit-link Life Insurance）、萬能保險（Universal Life Insurance）。

二、保險公司業務及其分類

保險公司業務可以分為兩大類：①保險及相關服務業務。傳統保險公司主要銷售保險產品，提供風險保障服務。今天，為滿足客戶多樣化的需求，保險公司除為客戶提供保險保障服務外，還提供投資理財服務和相關的管理服務等。②保險資金投資業務。即利用所累積的保險基金進行投資，使其保值增值的業務，是建立在承保業務基礎上的派生業務。

(一) 保險及相關服務業務

保險公司為客戶提供的服務可分為以下三類：①風險保障服務；②儲蓄或投資服務；③商品或其他服務。

1. 風險保障服務

風險保障服務即銷售保險合同，向投保人收取保費，建立保險基金，並對投保人負有合同所約定的賠償或給付責任。作為保險業務核心的風險業務可以解釋為：損失分佈從投保人到保險人的轉移。投保人通過向保險人交納保險費來獲得保險人對其所可能面臨的風險和損失的經濟保障。

在市場經濟條件下，只有當投保人和保險人都認為該業務對自己是有效用的，即效用大於負效用時，有償風險轉移才可能實現。

投保人方面，效用是通過轉移損失分佈，或由此形成的風險狀態的減小，或生存安全的提高而產生的。負效用是由支付固定的保費形成的。為了使投保人把風險轉移看作是有效用的並在市場上尋求風險轉移，對風險轉移獲得的效用的評價必須高於因支付保費而形成的負效用。因為效用關係到主觀價值，原則上投保人必須是厭惡風險的，因為包括補償企業營運成本在內的總保費，通常都超過損失分佈期望值。

在保險人方面，效用是通過保費收入產生的。負效用由接受損失分佈，同時承諾在風險事故發生時提供保險償付引起。計算的基礎是所接受的損失分佈的特徵，即損失分佈的期望值和分散程度。保費的計算通常很少考慮單個保險損失分佈的分散程度，考慮更多的是單個損失分佈對保險總量的總損失分佈分散程度的影響。單個保險損失分佈歸入所有保險損失分佈的總量中，使得保險企業由於風險的集合平衡相對於投保人而言面臨危險較小。

當保險人對接受保費的效用評價高於接受風險的負效用時，它就會接受損失分佈。在這種情況下，它期望通過接受業務為完成企業目標作出貢獻。保險企業根據主觀的觀念，並考慮現有的保險業務量而對效用值做出決策。因此有些保險人肯接受某些風險，而有些保險人則不肯。

2. 儲蓄或投資服務

在一些保險合同中，風險保障服務常常和投資服務緊密聯繫在一起。投資服務在保險合同中經常表現為儲蓄業務、保證或不保證投資收益的投資業務等。在一些保險分支中，風險業務在法律上或事實上是與儲蓄業務緊密地聯繫在一起的。如在長期壽險合同中，雖然被保風險損失隨著時間而提高，但投保人支付的保費是固定的，這就是一種類似儲蓄的過程。在這個險種中，生病和死亡的風險是隨著被保險人年齡的增加而趨勢性上升的。如

果約定在較長的合同期內保費是不變的，保險人支付的風險保費與損失期望值相比開始時較高、以後較低，開始時所支付的保費儲存在保險合同準備金裡並計息，以後不足的保費則通過啟用保險合同準備金進行平衡。在此過程中，固定的風險保費與隨時間過程提高的損失期望值之間的平衡，在法律上和事實上也是與風險保障業務融合在一起的。其他帶有儲蓄業務的保險分支有：意外事故保險（風險業務）與儲蓄過程組合的保費償還型意外事故保險以及一些較小的財產保險分支，如家庭財產兩全保險。

此外，投資性的保險合同除提供風險保障服務外，明顯地為客戶提供投資理財服務。如分紅保險是保險公司將實際經營生產的盈餘，按一定比例向保險單持有人進行紅利分配的人壽保險品種。相對於傳統保障型的壽險保單，分紅保單向保單持有人提供的是非保障的保險利益。投連險等投資性保險產品為投保人提供更為明顯的投資理財服務，保費的一部分放在單獨的帳戶進行投資，並單獨計算投資損益，其投資收益歸屬於投保人。

3. 商品或其他服務

保險公司還提供第三方服務，為其他團體或其他保險公司提供風險諮詢、理賠、投資或其他服務，如醫療保險管理服務以及保險公司為企業團體保險計劃、政府社會保險機構提供第三方管理服務，這些服務沒有轉移明顯的保險風險和投資風險，且可以與保單分離，單獨銷售。

(二) 保險公司投資業務

投資業務是指保險公司將其累積的保險資金進行運用，使其保值、增值的活動。投資業務與保險業務是緊密關聯的。第一，通常保費都是在每個保險期間的期初預先付款。在保費收入與償付額支付之間存在的時間差，保險公司可將已有貨幣存量用於投資業務。從保險公司角度來看，出於盈利的目的，不應當把這種預先付款的保費形成的外來資金只以無收益的流動資金的形式儲備，而應當轉化為能帶來收益的各種投資形式。第二，保險產品如果具有儲蓄性或投資性，保險人為了能夠履行的義務，保險人必須要通過資金運用至少實現他所許諾的利息付款，此外還要實現預先規定的對「超利息」部分進行利潤分配。所以保險人要把收款進來的保費或投資款用於可帶來收益的投資中去。

三、保險公司經營活動的特點

(一) 保險產品具有特殊性

保險公司是專門從事風險集中與分散經營活動的特殊型企業。保險公司借助於收取保險費建立保險基金，在發生保險合同約定的保險事故時對被保險人承擔賠償或給付責任，向其支付保險金，可見保險公司的產品是對被保險人未來可能損失予以賠付的信用承諾。保險公司的經營活動不涉及一般的物質資料生產和交換活動，而是一種具有經濟保障性質的特殊的勞務活動。因此，保險公司不同於從事商品生產和流通的工業企業或商業企業，它並沒有貨物實體的購銷，產品是無形的。

保險公司和銀行等金融機構的產品也不一樣，雖然同屬於金融仲介，起著融通資金的作用，但二者的產品具有不同的特點。譬如，銀行儲戶對於儲蓄產品有完全的隨時主張權，所領取的是本金和利息之和。而投保人對於保險產品卻沒有完全的主張權，如果中途

退保，所領取的退保金小於所繳保費，假如一旦發生保險事故，所得到的保險金遠遠大於所繳納的保費。

(二) 經營成本支出與收入補償順序和一般企業相反

一般企業的經營活動是從購進原材料開始，經過生產過程到產品出售結束，是先支出成本，生產產品，然後才售出，取得銷售收入。保險公司是先收到保費（取得收入補償），再支出各項賠付與給付（發生成本），其收支發生順序正好與一般行業相反。因此在計算保險公司利潤時需要使用特殊的程序、方法和假設，有較大的預計性，其利潤計算的準確性與計算時所用到的假設和方法有極大的關係。另外，對於保險業而言，在收入補償與發生成本之間有很長的時間差，使得這個問題更加突出。

(三) 資金運用在保險公司經營中占據重要地位

保險公司通過運用保險資金，獲得更多的收益，使保險資金得到保值增值，就能增強公司自身發展的經濟實力，提高償付能力。同時，如果保險資金運用得好，取得較高的保險投資收益，就可以降低保險費率；還可以把投資收益的一部分返還給被保險人，以鼓勵其參加保險的積極性。這樣，就有利於保險公司擴大保險業務量，從而在激烈的市場競爭中處於有利地位。

對於新型壽險產品，如投資連接型產品，則是完全或部分地根據事實上的投資業務結果來決定保險服務水準及其產品的競爭能力。

(四) 保險公司經營具有複雜性和不確定性

保險公司的經營活動主要由保險業務和投資業務構成，二者的複雜性和不確定性決定了保險經營具有較大的風險。

保險業務是以風險作為經營的對象，保險公司在收取了保費之後，是否給付保險金、給付給誰、什麼時候給付、給付多少具有不確定性，保險公司收取的保費能否保證未來保險金的足額給付存在一定的風險。事實上保險費率是根據過去的統計資料計算出來的，與未來的情況常常存在偏差，保險業務很可能發生異常損失而導致巨額的虧損。

同時由於保險公司日益重視投資和保險監管機構對投資方式的逐步放鬆，使保險公司所面臨的風險更加複雜。保險資金投資面臨著系統風險和非系統風險。系統風險是由於整體經濟環境和整個資本市場的變動而產生的風險，是不可分散的，如利率風險、通貨膨脹風險、政治風險等；非系統性風險是由於單個資產的個別因素變化而帶來的風險，如投資對象的違約風險、流動性風險等，是可以通過資產組合的多元化消除的。由於保險資金主要來自保費，保險資金運用的風險還表現為資產負債匹配的風險。

所以保險公司經營面臨保險風險、投資風險、資產和負債不匹配的風險及其他風險，目前保險經營風險呈現複合且多樣化的趨勢，致使保險經營無處不在和無時不有遭遇風險損失的威脅。理論上，保險經營風險的損失，輕則波及和影響保險經營的正常營運，重則危及保險經營財務狀況的穩定，甚至還可能導致保險公司的破產。

(五) 保險公司經營具有廣泛性和分散性

一般企業的經營過程，就是對單一產品（系列）或少數幾種產品（系列）的生產過程，其產品只涉及社會生產和社會生活的某一方面，其影響的面較小，企業的破產倒閉所

帶來的影響只涉及某一行業或某一經濟領域。而保險公司經營則不然，保險企業所承保的風險範圍之廣，可能涉及千千萬萬的家庭和個人。所以保險業務具有廣泛性和分散性的特點，其影響覆蓋面廣，保險企業的破產倒閉所帶來的震動可能波及社會生產和人們生活的各個方面。

因此，保險業是一個公共性極強的行業，一向有「社會穩定器」之稱，為確保社會的穩定和發展，各國政府對保險業均實行嚴格的監督和管理，在會計方面也不例外。

第二節　保險會計的基本概念

一、保險會計的內涵

保險會計是指保險公司運用的專業會計，它把會計學的基本原理和方法運用於保險公司，用來反應和監督保險公司的各種經濟業務活動。

保險會計是會計學的一個分支，是會計學在實踐中的具體運用。它所遵守的會計的基本假設、一般原則（包括真實性、相關性、可比性、一貫性、及時性、明晰性、重要性、穩健性、權責發生制、配比原則）、方法（科目和帳戶的設置、憑證的登記、記帳）等與其他會計基本一致。

但是保險公司經濟活動與銀行、製造業和一般的服務業有著顯著的差異。而會計的主要作用是反應、監督和分析會計主體的經濟活動。故保險會計相應地顯現出較強的特點。譬如成本需要進行估算，負債金額難以從現有合同中直接取得而得用精算的方法計算，當期經營收入與成本無法準確配比，以及實際運作有一般公認會計原則與法定會計兩套不同的體系等。因此，一般的會計人員難以理解與分析保險會計，而常常把保險會計戲言為「異端」會計。

在構建保險會計理論總體框架之前，首先要解決一個問題，既然保險會計有這麼顯著的特徵，那麼在保險會計的理論與實務研究中對其共性與個性應怎樣認識？從哲學的角度看，矛盾的普遍性（即共性）是無條件的、絕對的，矛盾的特殊性（即個性）是有條件的、相對的。共性比個性深刻，個性比共性豐富。任何事物都是共性與個性的統一，一方面共性寓於個性之中，一般只在個別中存在；另一方面個性體現共性，都與共性相聯繫而存在。對於保險會計而言，其作為財務會計的性質（即共性）是主流，由於其行業特徵所帶來的理論與實務上的一些特殊性（即個性）是支流，必須服從於主流。具體來說，保險會計所服務的對象類別眾多，不僅包括保險企業現有的投資人、債權人、顧客以及其他利益關係人（如政府監管部門、稅務部門等），而且包括保險企業潛在的投資人、債權人與顧客，這些保險會計信息的使用者對保險會計信息的需求各有側重，而且其相互之間的利益也有一定的衝突。另外，值得注意的是，對於保險企業潛在的投資人、債權人與顧客而言，在其把資源投向保險企業之前，不僅要對不同的保險經營主體進行比較，而且要把保險企業與其他行業（特別是其他金融行業）進行比較。這樣，保險會計人員一方面無法確知具體的保險會計信息使用者與其相應的決策方法或程序；另一方面也無法確定保險會計

信息在保險會計信息使用者在決策過程中到底扮演何種角色。因此保險會計的理論與實務只能以現有通用財務會計理論與實務為其基礎，在此基礎上為適應保險的行業特徵發展一些具有行業特色的程序與方法，即保險會計應該也只能以通用財務會計為其立足點，以提供通用財務信息為其主要任務。

二、保險會計的對象

保險會計的對象是指保險會計反應和監督的內容。一般而言，凡是能夠用貨幣表現的保險公司的經濟活動，都構成保險會計反應和監督的內容。也可以說保險公司資金的運動過程就是保險會計的對象。

保險公司資金的運動過程可用圖1-1簡單描述：

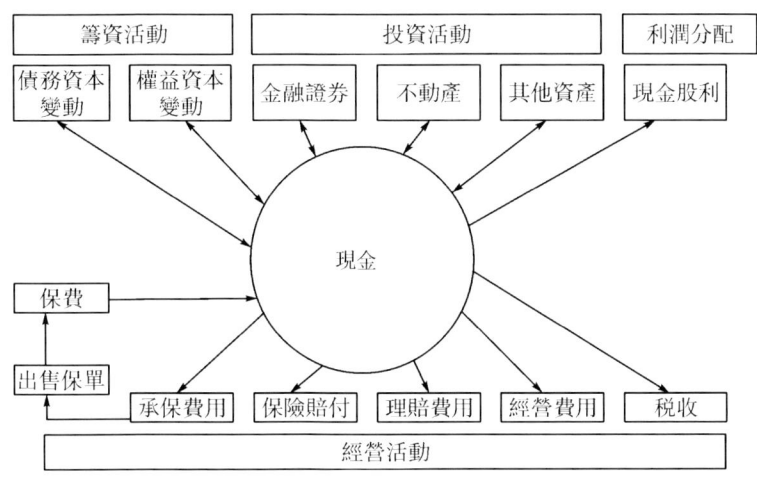

圖1-1　保險公司資金運動

按照內容性質分類，會計對象起碼可以分為資產、負債、所有者權益、收入、費用五個部分。這五個部分，我們稱為會計要素。可見，會計要素是會計對象的具體化。在具體的會計對象中，資金的占用形態為資產，資金的來源分為負債和所有者權益。資金的占用＝資金來源，即資產衡等於負債加所有者權益。

會計要素可以進行進一步分類，如資產可以分為「流動資產、長期資產、固定資產、無形資產及其他」；負債可以分為「流動負債、長期負債」等。這是對會計對象的第二層次的分類。具體的會計科目就是對會計對象的第三層次的分類。

保險公司經營活動的特殊性決定了資金運動的特點，而資金運動的特點決定了保險具體會計對象的特點，決定了保險會計科目具有特殊性。(見本章第三節)

三、保險會計核算的內容

保險會計核算主要包括以下幾個方面的內容：

(一) 保險合同會計

主要核算保險合同相關的收入、支出及相應的資產、負債，包括保費收入及相關的其

他收入、保險業務支出、保險合同負債、再保險業務等，這是保險公司財務會計的最為特殊的內容，也是最體現保險會計特色的部分。

（二）投資會計

主要核算保險公司的資金運用相關的收入、支出及行程的各項資產和負債，包括銀行存款、各種金融工具投資、房地產投資、長期股權投資等。

（三）稅務會計

主要核算保險公司在營業環節和所得環節的稅收，包括公司的所得稅、增值稅、印花稅及保險公司員工個人所得稅和個人代理人稅收的代扣代繳稅項等的會計核算。

（四）行政會計

有關公司經營管理的資本性支出、費用性支出的會計核算，與一般企業的會計核算內容相似。

四、保險公司會計信息的使用者

會計信息使用者為保險公司的利益關係人，可以歸納為以下幾類：

（一）投資者

投資者是指保險公司的所有者，對於股份制公司成為股東。保險企業現有的投資人通過保險企業披露的會計信息做出是否繼續持有甚至是擴大持有保險企業股權的決策。而對於保險企業潛在的投資人而言，保險會計披露的信息則是其做出把資源投資於保險企業的重要決策依據。

（二）債權人

保險公司的債權人可分為兩類：一般債權人和保單持有人。保險行業的一個重要特徵是，顧客即保單持有人本身就是企業的主要債權人。對保險企業而言，顧客把保費繳納到保險公司，保險公司在合同生效之後就承擔起保險賠償或給付的責任，這種責任對保險公司來講就是對保單持有人應償還的經濟義務，即保險公司的負債。保險公司對保單持有人的負債占保險公司負債的絕大部分。

值得注意的是，對壽險分紅保單的持有人而言，不僅可以按照壽險合同的約定取得賠款或給付，而且可以根據壽險合同約定分享保險公司經營此險種所取得的一部分紅利。分紅保單持有人已不僅僅是傳統意義上的債權人，從某種意義上看具有一般投資人的特徵。由此引發的一些會計問題也是保險會計的特色之一。

（三）政府監管部門

政府監管部門對保險業進行監管的主要目的是保證壽險企業具有充足的償付能力，同時監督保險企業的市場行為不超越《中華人民共和國保險法》及其他法律、法規規定的範圍，防範與化解保險企業的經營風險。之所以需要政府監管部門進行監管，是因為一方面一般保險產品的消費者與保險企業相比是弱勢群體，需要政府監管部門的保護來維持其在交易中的公平地位；另一方面保險是現代金融體系的一個重要組成部分，金融安全與否直接關係到國計民生和社會的穩定。

（四）企業管理者

保險會計通過確認、計量、記錄和報告，以貨幣形式反應保險公司已經發生或完成的經濟活動，為企業管理者提供對決策有用的信息，能幫助管理者做出正確決策。在現代社會中，決策的正確與否往往關係到企業的成敗興衰。會計信息具有全面、綜合性的特點，是企業經營決策不可缺少的依據。

（五）政府稅務部門

政府稅務部門依據企業所提供的財務資料和有關徵管法規徵收所得稅、增值稅等稅收。

（六）保險公司員工

保險公司的員工的工資和福利與公司的經營狀況緊密相連。公司經營狀況良好，才能保證員工的長期與短期利益。

（七）其他利益關係人

保險公司的信息使用者還包括其他機構與個人，如保險公司評級機構、保險代理人、經紀人、保險公司的競爭對手和保險行業協會等。

五、保險公司會計的基本目標

保險會計的基本目的是為保險公司信息使用者提供各種有用的信息，以幫助他們做出合理的決策。因此，保險會計的基本目標一般可歸納為以下四點：

（一）有助於幫助投資者進行正確的投資決策，保護投資者的合法權益

投資者關心投資報酬和投資風險，在投資前通過會計所提供的財務信息可以瞭解保險公司的資金狀況和經濟活動情況，以做出正確的投資決策；同時，投資者借助於財務會計報告，可以瞭解保險公司期初和期末經濟資源的數量、分佈及其結構，瞭解保險公司的資產是否完好、資本能否保全，以判斷保險公司的經營狀況，從而維護自己在保險公司中的經濟利益。

（二）有利於債權人正確地進行決策，保護債權人的合法權益

債權人通過保險公司提供的會計信息，可以瞭解保險公司償債能力的相關信息，從而做出正確的決策，並針對各種情況，採取措施，保證其債權本息能夠及時、足額地得以收回。

特別是，廣大投保人通過保險公司提供的會計信息，可以瞭解保險公司的經營情況、財務狀況和經營成果等方面的信息，在充分瞭解情況的基礎上做出投保的決策，並獲取參與保險的各種權益。需要強調的是，對於分紅壽險，保險公司應向每位客戶寄送分紅業績報告，說明該類分紅壽險的投資收益狀況、費用支出及費用分攤方法、當年度盈餘和可分配盈餘、該客戶應得紅利金額及其計算基礎和計算方法，充分做到對客戶透明。

（三）有利於保險公司的經營者強化管理，提高經營業績

保險公司的經營者可以通過保險公司提供的會計信息掌握財務狀況和經營成果的情況，明確經營中的得失，發現過去和現在經營過程中存在的問題，從而進一步改善經營管

理，推動公司健康、穩步地發展。

(四) 有利於保險監督管理機構進行監督管理

中國保險法規明確規定，保險公司的財務要接受國家保險管理機關的監督和管理，確保保險公司的償付能力和依法經營，維護保險客戶的利益。保險監督管理機構借助於財務會計報告，能夠充分發揮會計在防範金融風險中的作用，支持保險公司健康發展。

保險會計的信息使用者不同，對保險會計的目標與導向也各有側重。按照公認會計準則提供的會計信息可能不能滿足所有人需求，尤其是保險監管部門的需要，從而導致了法定會計準則等的誕生。

第三節　保險會計的特點

一、保險公司會計要素的特點

(一) 資產

普通企業的流動資產項目中，在產品、產成品、原材料、購進商品等存貨占了很大的比重（約50%），而保險公司因保險產品是無形的，故沒有存貨項目（一些文具、保單及宣傳資料可以歸入存貨，但由於幾乎沒有轉讓價值，故可忽略不計）。保險公司收到保費後，絕大部分資金要運用於投資方面，故金融資產、長期股權投資等投資資產比重大。

(二) 負債

1. 保險公司的負債占總資產的較高比例，且主要由保險合同負債構成

保險公司的負債與一般企業負債不同。首先是負債占保險公司總資產比例一般在70%以上，資產負債率較高；且壽險公司的資產負債率通常超過非壽險公司，有些公司高達90%以上。而一般企業的經營資產，來自自有資本的比重較大，這是因為一般企業的營業最受其自有資本的約束，所以必須有雄厚的資本為後盾。其次，保險合同負債構成了負債的主體。保險經營的資產主要來自投保人按照保險合同向保險企業所繳納的保險費。投保人與保險公司訂立保險合同並繳納保費，一方面使保險公司資產增加，另一方面也使保險公司對投保人負有的賠付責任（即負債）隨之增加。隨著保險業務的擴大，保險合同負債的數量也不斷地增長，保單合同負債通常要占負債總額的絕對比例。

2. 保險合同負債的最大特色在於其不確定性，需要估算得出

對於單個的保單而言，在保險期限內的任一時刻，無法預知保險事件是否發生以及可能造成的損失大小，故單個保險合同的負債具有不確定性，非壽險業務尤其如此。對於一組具有相似特徵的保險合同，保險合同的負債雖然具有不確定性，但是可以根據過去的歷史數據以及對未來情況的預測和合理判斷，運用特殊的精算假設和精算方法估算負債。

由於受到眾多複雜因素的影響，如評估數據、評估方法及模型等都可能影響保險合同負債的準確性。保險合同負債評估所需要的數據涵蓋了賠案數據、保單數據、行業數據及宏觀經濟數據，如利率、通貨膨脹等。這些大量數據的收集、分類整理、分析預測會受精

算師職業經驗和對未來的預期能力等因素影響，具有很強的主觀性。另外，保險合同負債評估假設、方法和模型的不確定性也會影響到評估結果，不同的方法和模型會導致評估結果不同。所以保險合同負債難以準確計算，是在一定的精算假設和方法下估算的結果。

（三）所有者權益

所有者權益是企業承擔負債與佔有資產的基礎。保險企業成立時所需資本主要用於開辦費用和預防最初風險變動，其經營所需要的資本往往受制於償付能力監管的要求，強調所有者權益在作為風險最後的緩衝墊，保證保險公司償付能力的重要性。在所有者權益項目中有許多準備金，如國外的巨災責任準備金、財政平衡準備金（Equalization Reserves）和特別盈餘（special surplus），中國的一般風險準備和農業保險大災風險利潤準備金，均按稅後利潤提取，屬於所有者權益而非負債，這一點需要加以注意。

（四）收入

收入是指企業在日常活動中形成的、會導致所有權益增加的、與所有者投入資本無關的經濟利益的總流入，包括主營業務收入和其他業務收入。目前從中國財務報告結構來看，保險公司的主營業務收入主要來源於保險業務和投資業務，故主要由保費收入與投資收入構成。

保費收入是保險公司為履行保險合同規定的義務向投保人收取的對價收入，是保險公司最主要的現金流來源。但是保險公司的保費收入在很大程度上並非會計意義上的收入，保險公司在收取保險費時保險保障服務尚未開始提供，此時保費類似於預收帳款，為保險人的負債而非收入，隨著承保後提供服務，保險費逐步由負債轉為收入。

（五）費用

費用是指企業在日常活動中發生的、會導致所有者權益減少的、與向所有者分配利潤無關的經濟利益的總流出。保險企業的成本費用主要是保險金給付支出、保單取得成本以及日常行政開銷等。

保險產品的成本費用具有預估性。一般商品的成本，在交易時可根據各環節的費用支出計算其中成本；而保險產品的實際成本在保單滿期之前卻難以確定，利潤表上的成本費用要依靠精算技術進行預估。

從成本管理的角度來看，保險產品成本分為預計成本和實際成本。由於保險費率的確定是按收支相抵的原則對未來發生保險事故的一種成本預測，保險費是一種預計成本也即事前成本，同時保單成立後實際發生的成本，包括保險賠款和給付、保單管理的日常行政費用等，是事後成本，也即實際成本。保險產品真實的利潤是保險產品預計成本和實際成本之差，譬如壽險利潤來自三差損益，即死差、費差和利差。

（六）利潤

（1）利潤由承保利潤與投資利潤組成。承保利潤由承保業務產生，投資利潤是資金運用的結果。在保險業務競爭非常激烈的時候，承保利潤往往減少，甚至出現虧損，投資利潤不僅大於承保利潤而且還比較穩定。

（2）利潤計算具有預見性和估算性。保險公司業務的收支順序和一般的公司相反，收

入在前，主要成本支出在後。在會計年末時，保單效力尚未終止之前，此時其實際成本往往難以準確計算，保險公司是無法計算這份保單帶來的真實利潤的。利潤表上的保險成本有賴於通過精算假設和方法予以確定，其結果具有一定的預見性和主觀性，其假設的變動會對年度利潤產生較大影響，導致利潤計算對精算估計的依賴，利潤計算的估計值和實際值存在一定的偏差。

（3）保險公司利潤並不全部屬於股東權益。通過利源分析，壽險盈餘可以分為利差益（損）、死差益（損）和費差益（損）。另外，投保人中途退保也會帶給保險公司一些盈餘。就本質而言，這些盈餘都是由於壽險產品定價不實形成的，放大部分應作為保戶多交的保費並以保戶紅利的形式返還給保戶。壽險盈餘分配中保戶利益重於股東利益乃壽險的一大特點。

（4）非壽險保險業務與壽險業務利潤特性具有差異。

一般而言，非壽險保險業務利潤較低，且不穩定，主要原因如下：①非壽險保險事故的發生頗不規則，預期損失與實際損失常有較大的出入，若出現巨災或長尾巴索賠（Long-tail liability），利潤的不確定程度更大；②非壽險保險資金運用要求有較高的流動性，資金大部分需投資於證券市場，票據的持有期限較短，收益不高，且易受證券市場短期波動的影響。

而壽險產品的利潤具有滯後性。普通企業在正常情況下，一般是業務增加，利潤也隨著增加。壽險獨特之處在於其新增業務負擔（New Business Strain），即指當保險公司在一年中接受很多新的壽險保單時，當年度的利潤反而減少甚至出現虧損的現象。這是因為壽險保單期限較長，壽險公司往往採用均衡保費，將投保人需要繳納的全部保費在整個繳費期間內均攤，使投保人每期繳納的保費都相同。而長期壽險業務首年發生的費用（佣金、體檢、核保等費用）較高，占首年保費很大的比重，達到70%以上。因此長期壽險業務往往會出現首年虧損，要幾年以後才能顯現利潤。

二、保險會計科目設置的特點

會計科目是按照經濟內容對會計要素所作的科學分類。由於保險公司會計要素呈現出強烈的行業特點，所以為適應宏觀管理和經營管理的需要，為正確地反應經濟業務的內容，保險會計科目是設置也在遵循統一性要求的前提下，表現出其特性。

保險會計科目與普通財務會計不同的有50多項。屬於資產類的主要有15項，屬於負債類的約有14項，屬於所有者權益類的有2項，屬於損益類的約有31項。如果能夠瞭解此50多項保險會計科目（如表1-1所示）的性質及用途，在閱讀保險業的財務報表，或則從事保險業的會計工作，就能駕輕就熟。當然，對這些會計科目的熟悉和瞭解更多地有賴於後面章節的學習。

表 1-1　　　　　　　　　保險特殊會計科目

類別	編號	科目
資產類	1	應收保費
	2	應收保戶儲金
	3	應收分保帳款
	4	預付賠付款
	5	應收代位追償款
	6	應收分保未到期責任準備金
	7	應收分保未決賠款準備金
	8	應收分保壽險責任準備金
	9	應收分保長期健康險責任準備金
	10	存出保證金
	11	拆出資金
	12	保戶質押貸款
	13	損餘物資
	14	存出資本保證金
	15	獨立帳戶資產
負債類	16	應付手續費及佣金
	17	應付賠付款
	18	預收保費
	19	預收賠付款
	20	應付保單紅利
	21	存入保證金
	22	拆入資金
	23	未決賠款準備金
	24	未到期責任準備金
	25	保費準備金
	26	保戶儲金及投資款
	27	壽險責任準備金
	28	長期健康險責任準備金
	29	獨立帳戶負債
所有者權益類	30	一般風險準備
	31	大災風險利潤準備金
損益類	32	保費收入
	33	分保費收入
	34	利息收入
	35	攤回賠付支出
	36	攤回分保費用
	37	攤回未決賠款準備金
	38	攤回壽險責任準備金
	39	攤回長期健康險責任準備金
	40	賠付支出
	41	手續費及佣金支出
	42	退保金

表 1-1（續）

	43	保單紅利支出
	44	分出保費
	45	分保賠付支出
	46	分保費用支出
損益類	47	業務及管理費用
	48	利息支出
	49	提取未決賠款準備金
	50	提取未到期責任準備金
	51	提取保費準備金
	52	提取壽險責任準備金
	53	提取長期健康險責任準備金

四、保險會計的會計基礎的特點

企業會計的確認、計量和報告應當以權責發生制為基礎。權責發生制原則主要是從時間上規定會計確認的基礎，其核心是根據權責關係的實際發生和影響期間來確認收入和費用。凡是當期已經實現的收入和已經發生或應當負擔的費用，不論款項是否收付，都應作為當期的收入和費用處理；凡是不屬於當期的收入和費用，即使款項已經在當期收付，都不應作為當期的收入和費用。收付實現制是與權責發生制相對的一個概念，是指收入和費用的確認以款項收到或支付的時間為準。

通常企業會計從初始確認、計量到後續計量及報告，始終遵循權責發生制。而保險會計在初始確認時遵循收付實現制，但在後續計量及報告中遵循權責發生制，即保險會計在平時業務核算中遵循收付實現制，在期末核算時遵循權責發生制，故並未違反權責發生制。下面以保費收入的確認為例加以說明。

保險商品的收支順序和一般商品相反，其對價（即保險費收入）必須取得於開始服務之前，對價取得時，服務尚未開始，其保費收入全部屬於未實現收入，將因時間的經過，由未實現收入逐漸轉為已實現收入。因此平時的保費收入含有實現收入和未實現收入，在日常核算時沒有加以區分，而是按收付實現制進行記錄。至決算時，才將未實現收入從保費收入中轉出作為「保費準備金」，保費收入所剩餘部分為實現收入。故在會計期末，保費收入是按權責發生制加以確認的。請參見圖 1-2。

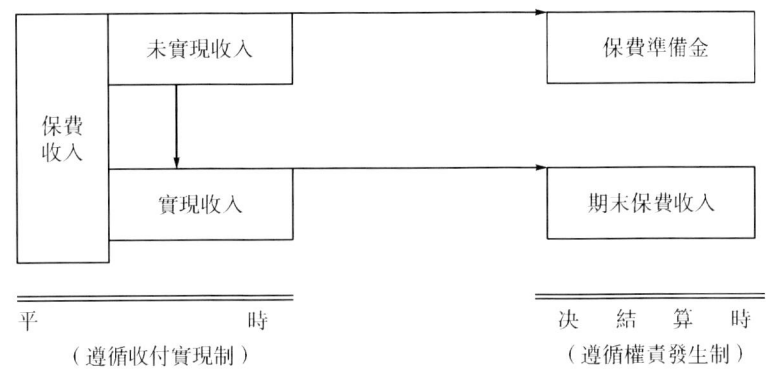

圖 1-2　保險收入的確認

五、保險會計分析特點

（1）保險公司財務分析指標和一般的工商企業不同。目前適用於工商和製造業的許多財務分析指標，如存貨週轉率、固定資產週轉率等不適用於保險業。保險公司財務分析指標應該反應其業務的特點，有利於幫助會計信息使用者全面準確地評價保險公司的財務狀況和經營業績。例如，反應資產質量的指標有固定資產比率、非認可資產與認可資產比；管理效率指標有綜合費用率、綜合賠付率、退保率、新業務價值率等；資本管理的指標有償付能力充足率。

（2）人壽保險公司應進行利源分析。研究人壽保險公司利潤的來源可以從保費定價開始。人壽保險的保費，是按估計成本的方式加以確定，它所依據的利息率、費用率、死亡率都是按照現在對未來的看法事先加以預測。但在實際經營過程中，從資金運用所獲得的利息收入或投資收益，實際所發生的費用支出和實際發生的死亡給付往往和預計的情況有差距。這種估計成本與實際成本的差異就是人壽保險的利潤來源。在實際工作中，我們將分析死差益（損）、利差益（損）、費差益（損）、退保益（損）。利源分析作為公司經營中一種極其有效的管理工具，通過三差損益分析不僅可以使經營者清楚獲知公司業務產生了盈餘還是虧損，還能發現利源或虧損來源所在，進而調整公司經營戰略，在合理的基礎上實現公司利益最大化。

六、保險會計監管的特點

保險公司的經營具有較大的不確定性，經營風險較大，同時壽險業具有廣泛性，對國民經濟和社會穩定具有較大的影響。這些特點決定了保險公司不僅要接受內部會計監督，而且在外部會計監督上，要接受保險監管機構的監督。

從國外來看，為滿足償付能力監管的要求，許多國家的保險監管部門在一般公認會計準則之外還制定了法定會計準則。法定會計準則計是具有明顯強制性的法規，所有在法律

規定監管範圍內的保險企業均須遵循。法定會計準則基於保險經營的風險性，保證投保人利益，滿足保險監管部門監管需求。

七、保險會計與保險精算關係密切

保險會計是指保險公司運用的專門會計，它把會計學的基本原理和方法運用於保險公司，用來反應和監督保險公司的各種經濟業務活動。

保險精算是應用數學、統計學、金融學、保險學及人口學等學科的知識和原理，去解決商業保險與各種社會保障業務中需要精確計算的項目。如死亡率的測定、生命表的構造、費率的釐定、準備金的計提以及業務盈餘分配等。

保險會計與保險精算的關係密切，主要表現在：

（一）保險會計必須與保險精算密切配合才能履行其職責

保險精算的結果直接決定了資產負債表中披露的負債金額與損益表中列示的準備金提轉差金額，對保險企業的財務狀況與經營成果有決定性影響。也可以這麼認為，精算結果——準備金的計提額對於保持保險公司負債（主要是準備金）與所有者權益（原始資本加滾存收益）之間的平衡具有舉足輕重的作用。如果保險精算所運用的假設與方法不是非常恰當，計算出的準備金數額偏低，保險企業就可能會因對財務狀況與經營成果過於樂觀的估計而過度地分配利潤，造成對所有者權益的侵蝕與償付能力的損害；如果保險精算計算出的準備金數額偏高，保險企業則可能會使保險企業的利益關係人對其財務狀況與經營成果的估計過於悲觀，引發股價低迷，導致投資者利益受到損害。由於保險精算專業性極強，對大多數保險會計人員而言，保險精算是一個「黑匣子」，而保險合同準備金的計提又對保險企業的財務狀況與經營成果利害攸關，因此可以說保險會計最具技術性也最為關鍵的部分完全受制於保險精算。保險會計要想實現其目標，一方面離不開保險精算部門的密切配合與緊密合作；另一方面也必須強化保險精算師在會計信息系統運行中所擔負的責任。在完整的會計信息披露體系中，保險精算方面的信息與獨立精算師的報告是其中不可缺少的內容。

（二）保險會計與保險精算相輔相成，互為補充

保險精算無法提供企業財務狀況與經營成果全面的信息。保險會計不僅僅是單純地利用保險精算的結果，它還需要對保險精算的結果進行進一步的加工和處理。同時保險會計的結果對修正保險精算所要運用的假設也有很大的參考價值，反過來也影響了保險精算。因此保險會計與保險精算相輔相成，互為補充，都是保險企業管理系統不可缺少的組成部分。

第四節　公認會計準則與法定會計準則

在世界上許多國家，保險公司既遵循公認會計準則（GAAP）對公眾披露財務信息，也遵循法定會計準則（SAP）編製償付能力報告，如美國、加拿大、巴西、澳大利亞、法國等。中國目前也要求分別依據財務會計準則和償付能力監管規定編製通用財務報表和償付能力報告。

對於如何協調保險會計準則與償付能力監管之間的關係，目前存在兩種不同的觀點：分離觀與結合觀。分離觀認為，會計準則具有局限性，不能解決所有監管問題。會計準則具有相對獨立的理論體系，獨特的規律與邏輯使其與金融監管理念之間的差異性大於共性。為滿足不同的目標，會計規定和監管規定需要分離；會計準則與金融審慎監管混為一談，將會損害會計準則的獨立性和客觀性。如果片面傾向於保險監管的審慎要求，最終將不利於金融市場的資源配置效率。而結合觀認為，保險會計準則是監管的基礎。從定義上來看，償付能力首先體現在有充足的自有資本，其數額是指資產負債表資產與負債之間的差額，反應了保險公司償付能力的最基礎指標。公認會計準則也是體現保險公司償付能力情況的重要依據，因而償付能力的監管應當與保險會計準則結合起來。

本節將主要介紹美國和中國對償付能力監管時所採用的不同於財務會計的計量方法。兩種方法體現了對公認會計準則與法定會計準則之間關係的不同認識。

一、美國保險公認會計準則和法定會計準則

（一）美國公認會計準則（GAAP）

公認會計準則（GAAP）是 Generally Accpted Accounting Principles 的縮寫，是企業記錄會計信息，並將其表達於經審核的財務報表上所應遵循的規定、程序及作法。美國註冊會計師協會下屬的會計原則委員會（APB）第 4 號公告，將公認會計原則視為「經驗、理性、慣例、慣用法和……必需的實際可操作性」，並且，它「……將必需的慣例、規則和程序在特定時間植入可接受的會計實務」。「公認會計原則是會計職業選擇會計技術的指南，並按照被認為是最好的會計實務來編製財務報表。由於其受到實質上的權威支持，故慣例、規則和程序是以一種特殊的身分從公認會計原則中取得的。會計原則委員會在其第 4 號公告的第六章中對這一點作了說明：公認會計原則與諸如普遍接受和實質上的權威支持這些概念差不多是同義的，而普遍接受和實質上的權威支持這些概念並沒有被清晰地定義過。有一種方法來識別「普遍接受」這一名詞的含義，就是描述那些被認為是普遍接受會計方法的使用條件。例如，Skinner 堅持認為，要真的能夠被普遍接受，會計方法必須滿足下列條件的一個或多個：①會計方法將實際用於穩定環境下有意義的數字之上。②會計方法應得到職業會計界或者諸如美國證券交易委員會這類權威機構的一些公告的支持。③會計方法應得到大批著名會計教授和專家書面的支持。

有關公認會計原則的文獻一直通過公告、意見書以及各種不同權威來源的公告及時地得到擴充。現行的公認會計原則包括大量不同準則制定機構所發布的公告，如財務會計準

则委员会的财务会计准则公告（SFAS）、解释，还有会计原则委员会的意见书和美国注册会计师协会的会计研究公报。公认会计原则的其他一般来源还有：①美国注册会计师协会（AICPA）行业审计和会计指南、立场说明以及美国注册会计师协会的会计解释。②财务会计准则委员会（FASB）的其他单个出版物，如公报以及财务会计准则委员会的前身会计原则委员会的说明。③证券交易委员会（SEC）的出版物，如会计系列文告。④体现在美国注册会计师协会年度出版物《会计趋势和技术》中认可的和普遍的实务。⑤美国注册会计师协会问题集、财务会计准则委员会概念公告、教科书和论文。其中，财务会计准则委员会（FASB）被选定作为制定美国财务会计准则的机构，它制定的标准是得到证券交易委员会（SEC）和美国注册会计师协会（AICPA）认可的。

财务会计的信息主要供社会一般大众使用，其所采用的会计准则为一般公认会计准则。一般公认会计准则的主要作用是：①增加财务报表的公信力；②便于企业间财务报表的比较；③降低财务报表报导错误、不精确及不明确之危机；④减少管理人员任意安排信息内容的机会。

（二）美国法定会计准则（SAP）

法定会计准则（Statutory Accouning Principles，简称 SAP）是政府法律或监管当局规定的会计条例及程序，其目的是保证保险公司的偿付能力。

为满足偿付能力监管的要求，许多国家的保险监管部门在一般公认会计原则之外还制定了更加保守的法定会计准则。法定会计准则具有明显强制性，所有在法律规定监管范围内的保险企业均须遵循。

由于保险行业承担着对整个社会的保障责任，发挥着社会「稳定器」的作用，决定了保险行业的经营必须接受严格、有效的监管，以防范和化解由保险公司偿付能力不足所引发的金融危机；另一方面，保险行业经营的特殊性，造成会计核算与一般行业的差异，以及保险公司和保单持有人双方信息不对称等原因，也决定保险监管的另一个重要目的是为了维护相对弱势的群体——「保单持有人」的利益。一般来讲，保险监管是政府机关经法律授权依法执行的，保险监管部门对保险公司监管的核心是偿付能力。

所谓偿付能力就是指保险公司偿还债务的能力。偿付能力是保险公司赖以存在并维持其经营连续性的重要条件。保险公司的风险是潜在的、动态的，具有长期性和隐蔽性，要经过较长一段时间的累积、扩大后才暴露出来。风险一旦爆发，致使公司破产，救助就比较困难，且其损失和影响之大难以估量。因此，围绕偿付能力管理，保险监管机构构建了从会计前提到会计方法都与一般公认会计准则不同的体系，这就是法定会计准则。

美国保险法律和各州监管要求保险公司要执行全国保险监管官协会（NAIC）颁布的会计实践和程序手册，每年3月份全国保险监管官协会更新该手册。

（三）美国一般公认会计准则（GAAP）与法定会计准则（SAP）的主要差异

1. 服务对象不同

GAAP 服务对象是一般意义上的非特定的会计信息使用者，包括投资者、债权人等。SAP 主要服务于保险监管的需要。保险监管的主要目的是为了保证保险公司有足够的偿付能力来履行保险合同所约定的责任。除保险监管机构外，保险信用评级机构等也使用 SAP

所提供的會計信息。

2. 編製目的不同

GAAP下財務報表的主要目的在於報告可以跟其他公司或跟本公司前期的財務狀況與經營成果相比較。SAP下的財務報表是以法律的觀點報告保險業者的財務狀況，主要目的在於提出償付能力與能夠履行保險合同的證明。

3. 風險認識的差異

不同的會計信息使用者對財務信息的要求和關心的重點不同，這些要求與關注點有些是交疊的，有些則是不相容的。為了能夠兼顧這些要求，GAAP在對待風險時只能在總體上保持不偏不倚的特性。

保險監管部門運用SAP方法主要是保證保險公司具有足夠的償付能力，因此為了使保險公司的財務狀況在進行債務償付時有一個額度的緩衝，同時也為了使保險監管部門更好地免除監管責任，在不用考慮其他信息使用者的前提下，保險監管部門在制定保險會計原則時往往會採取一種十分穩健的態度，有時甚至會走極端。

4. 會計假設差異

GAAP重視長遠經營，採用持續經營假設，即會計核算以公司持續、正常的經營活動為前提，排除清算狀態及準精算觀念。SAP重視目前經營，採用準清算觀念，虛擬停業清算，即假設保險公司出於可能的各種原因停止銷售新保單，兌付所有現有保單責任。SAP也認可持續經營的概念，但當實踐中存在持續經營觀念與清算觀念存在矛盾時，以準清算價值觀優先。GAAP基本假設在一定程度上帶有客觀性質。而SAP反應會計信息使用者的需要，應當說具有一定的主觀性。

5. 資產確認方法不同

SAP下的資產僅為認可資產，在準清算觀念下，僅承認淨變現價值，不良資產淨變現價值低於成本的差額作為非認可資產，不包括在法定資產負債表上。GAAP下的資產為全部資產，無論資產是否具有流動性。

認可資產是法定會計中的一個重要概念。所謂認可資產是指監管機構接受的，可以在法定資產負債表上列示的資產。在保守會計體系中，定義認可資產這一概念的目的是確定可用於賠付的高質量資產，以確保能償付對保單持有人的義務。認可資產必須符合以下兩個標準：

（1）流動性。認可資產必須易於在短時間內變現，如金融證券。而辦公家具和保險公司發放貸款的逾期利息沒有流動性，因此，雖然它們在一般公認會計中可以列示為資產，但不能被列在根據法定會計原則編製的報告中。

（2）確定性。當需用於賠付時，認可資產必須能夠以其帳面價值變現。如果一種資產不能保證做到這點，或者監管機構沒有足夠的信息來判定這種資產確定的變現價值，那麼法定會計就不把這種資產列為認可資產。

如果一種資產不符合以上兩個標準，那麼這種資產就稱為非認可資產，在SAP報告中其價值低於GAAP下的價值或為零，如NAIC定位3~6級的債券就要以較低的攤餘價值或公允價值在SAP下報告。

另外，SAP 與 GAAP 的資產確認不同還表現在以下方面：

（1）債券投資資產價值的計量方法不同。在 SAP 下，大多數債券以攤餘價值計量，避免市場短期價格波動的影響；在 GAAP 下，只有當債券投資劃分為持有至到期的金融資產時，才能按攤餘價值計量。

（2）應收保費的認可價值不同。在 SAP 下，來自代理人的應收保費超過 90 天就是非認可資產。GAAP 要求來自代理人的應收保費計提壞帳準備。

（3）應收分保帳款的列示不同。在 SAP 下，不能被再保險人支付的賠款和理賠費用的應收分保帳款從賠款準備金中扣除，不必作為資產列示。在 GAAP 下，該應收分保帳款列示為資產，不能從賠款準備金中扣除。

6. 負債的確認方法不同

SAP 與 GAAP 在負債評價處理的主要差異表現在責任準備金與紅利支付的問題上。

GAAP 下負債中準備金的提取由公司根據本身和業界的經驗而定；SAP 下準備金的提取由法律強制規定利率和死亡率的假設而決定的，這些假設不反應公司的承保以及投資經驗，同時也忽略了今後預計的保單退保等所致的損益。

SAP 的紅利報告受限於對次年預期的債務，GAAP 確認所有未來保單持有人紅利的現值為負債。

通常在 GAAP 下，公司的資產價值比 SAP 下高，準備金和其他負債價值比 SAP 下低，因此，GAAP 下公司的資本和盈餘項價值要比 SAP 下高。

7. 收入費用確認方法不同

GAAP 採用權責發生制確認收入費用，即以收入和費用的實際發生作為確認和計量的標準，根據權責關係的實際發生和影響期間進行收入費用配比，從時間上規定收入費用確認的基礎。當期收到的保費應在整個承保期間分配，首年保單的取得成本則應遞延攤銷（即資本化處理）。

SAP 採用混合確認方法，即既採用收付實現制也採用權責發生制。在謹慎性要求下，凡當期支出的費用，如首年保單的取得成本，即使對應的保費遞延，也按收付實現制確認為當期損益，不需進行期間配比，強調準清算觀點。

因此，在 GAAP 下，收益在發生時即可確認，而不須等到收益收到時；當期收到的保費應在整個承保期間分配；首年保單的取得成本則應遞延攤銷（即資本化處理）。在 SAP 下，當期收到的保費作為當期收入，首年保單的取得成本也全部作為當期費用處理。二者的比較具體見表 1-2。

表 1-2　　　　　　　　　　　GAAP 與 SAP 比較

項　　目	GAAP	SAP
信息使用	投資大眾、一般債權人、證監會	代表投保大眾監理機構或社會中立評鑑機構
信息強調	著重獲利能力，次重財務狀況	關心償付能力，重視財務狀況
時間強調	重視長遠經營	強調目前

表 1-2（續）

項　　目	GAAP	SAP
環境假設	持續經營假設，排除清算狀態及準清算觀念	排除持續經營理念 虛擬停業清算，採用準清算觀念
資產確認	全部資產	僅為認可資產
認可價值	貨幣計量幣值不變的假設下，承認歷史成本，堅持謹慎，主張成本市價孰低法，市價低於成本，其差額列為營業外損失	準清算概念下，僅承認淨變現價值，不良資產其淨變現價值低於成本，其差額列為非認可資產
負債確認：準備金及保單紅利	公司本身與業界經驗及未來所有紅利的現值	法律規定
收入確認：滿期保費支配	承保期間	保費期間
費用確認：首年保單取得成本	遞延攤銷（資本化處理）	全部作為常期費用確認

二、中國的償付能力監管規則下資產和負債的計量

中國沒有專門的法定會計準則，但是與美國一樣，為保證保險公司償付能力的充足性，中國保險監管機構要求保險公司要按照償付能力監管的要求，編製並上報不同於會計準則下的資產負債表，其重點是為了計算實際資本，以便計算償付能力充足率，因為償付能力充足率等於按保險公司風險計算的最低資本除以實際資本。

其中，實際資本按下列公式計算：實際資本＝認可資產－認可負債

所以，按照償付能力監管要求編製資產負債表的目的是為了保證有足夠的實際資本抵禦保險公司面臨的經營風險。下面將簡單介紹中國認可資產和認可負債如何計量。

(一) 認可資產

在償付能力監管目的下，保險公司的資產分為認可資產和非認可資產。

認可資產是指處置不受限制，並可用於履行對保單持有人賠付義務的資產。不符合認可資產條件的資產，為非認可資產。

「償二代」的認可資產更多地遵循企業會計準則的確認、計量原則，只有少部分資產根據償付能力監管的目的進行調整，與企業會計準則下的計量有所差異。

1. 非認可資產

在「償二代」下，保險公司的下列資產為非認可資產：

(1) 無形資產（土地使用權除外）；

(2) 由經營性虧損引起的遞延所得稅資產；

(3) 長期待攤費用；

(4) 有跡象表明保險公司到期不能處置或者對其處置受到限制的資產，包括：

①被依法凍結的資產；

②為他人擔保而被質押或抵押的資產（為自身擔保的抵押物和質押物除外）；

③由於交易對手出現財務危機、被接管、被宣告破產等事項而導致保險公司對其處置

受到限制的資產；

④由於當地的管制、政治動亂、戰爭、金融危機等原因導致保險公司對其處置受到限制的境外資產；

⑤其他到期不能處置或處置受限的資產。

(5) 保監會規定的其他非認可資產。

2. 與會計帳面資產價值存在差異的認可資產

另外，在「償二代」下，下列資產作為認可資產的價值和會計準則下帳面價值存在差異：

(1) 對子公司的長期股權投資；

(2) 壽險業務的應收分保準備金；

(3) 保監會規定的其他項目。

保險公司對子公司的長期股權投資，應當按照權益法確定其認可價值。壽險業務應收分保準備金應當按照《保險公司償付能力監管規則第 3 號：壽險合同負債評估》計算的分保前壽險合同負債與分保後壽險合同負債之間的差額作為其認可價值。

(二) 認可負債

在償付能力監管目的下，保險公司的負債分為認可負債和非認可負債。認可負債是指保險公司無論在持續經營狀態還是破產清算狀態下均需要償還的債務，以及超過監管限額的資本工具。同認可資產一樣，兩者均是一個適用於監管的概念。它的確認由保監會規定，與會計上的確認方式有所不同。簡單來說，從「認可範圍」和「認可價值」兩個方面確認。

「償二代」的認可負債更多地遵循企業會計準則的確認、計量原則，但也有部分負債根據償付能力監管的目的進行調整，與企業會計準則下的計量有所差異。

1. 非認可負債（財務報表上有的負債項目，但償付能力資產負債表上沒有）

在「償二代」下，保險公司的下列資產為非認可負債：

(1) 保險公司根據財政部有關規定對農業保險業務提取的大災風險保費準備金；

(2) 保險公司發行的符合核心資本或附屬資本標準、用於補充實際資本且符合計入資本相關條件的長期債務，包括次級定期債務、資本補充債券、次級可轉換債券等；

(3) 保監會規定的其他非認可負債。

2. 認可負債（財務報表上沒有的負債項目，但償付能力資產負債表上有）

在「償二代」下，下列壽險業務保險合同負債的計量方法、認可價值和會計準則下帳面價值存在差異。

(1) 現金價值保證的認可價值。保險公司壽險業務的保險合同負債的認可價值與公司最低資本之和大於或等於公司全部壽險業務的現金價值時，不確認現金價值保證負債。保險公司壽險業務的保險合同負債的認可價值與公司最低資本之和小於公司全部壽險業務的現金價值時，應確認現金價值保證負債。

$$現金價值保證的認可價值 = \max（CV - PL - MC, 0）$$

其中：CV 是保險公司全部壽險業務的現金價值；PL 是保險公司按照《保險公司償付能力監管規則第 3 號：壽險合同負債評估》計算的全部壽險業務的保險合同負債；MC 是

保險公司的最低資本。

（2）所得稅準備。當有證據表明，保險公司的企業所得稅應納稅所得額預期在未來持續大於零時，保險公司應當在認可負債中確認所得稅準備，即保險公司壽險業務的有效業務價值所對應的所得稅義務。保險公司一旦滿足所得稅準備的確認條件，即應在滿足條件的當期確認所得稅準備，並且只有當充分的證據顯示，公司的所得稅應納稅所得額持續大於零的趨勢發生根本性的、長期性的逆轉，方可終止確認所得稅準備。

3. 認可負債（財務報表上和償付能力資產負債表上都有的負債項目，但二者計量不同）

（1）應付次級債券。保險公司發行的用於補充實際資本的次級債在財務報表中被確認為負債，償付能力監管規則要求按下列規則（表1-3）確認在認可負債中。

表1-3　　　　　　　　　　　次級債認可標準

剩餘期限	沒有贖回條款的次級定期債務和資本補充債券以及次級可轉換債券	具有贖回條款的次級定期債務和資本補充債券
4年或以上	0%	0%
3年或以上	0%	20%
2年或以上	0%	40%
1年或以上	50%	60%
1年以內	80%	80%

（2）壽險合同未到期責任準備金。壽險合同未到期責任準備金認可價值根據《保險公司償付能力監管規則第3號：壽險合同負債評估》確定，與會計準則下的計量方法和結果不一樣。

復習思考題

1. 保險公司有哪些保險產品？
2. 保險公司經營的業務有哪些？
3. 保險公司經營活動的特點有哪些？
4. 保險公司會計信息有哪些使用者？
5. 保險會計核算的內容有哪些？
6. 保險會計的特點有哪些？
7. 保險公司會計要素的特點有哪些？
8. 保險公司會計從初始確認到報表編製都遵循了權責發生制嗎？
9. 美國GAAP與SAP之間的區別表現在什麼地方？
10. 中國償付能力監管規則下認可資產與認可負債與財務會計表下資產和負債的區別是什麼？

第二章　保險合同的確認、分拆與核算分類

第一節　保險合同的確認

保險合同是一方（即簽發人）從另一方（即投保人）接受重大保險風險的合同。

會計上對保險合同的判斷不是以是否是保險公司與投保人所簽訂的合同為依據，合同簽發人可以不是保險公司，保險公司與投保人所簽訂的合同也並非都是保險合同。保險合同的定義強調該合同是否轉移了重大保險風險。這就涉及重大保險風險的概念，要弄清這個概念，必須先清楚什麼是保險風險。

一、保險風險

（一）保險風險的定義

保險風險是保險合同中指定的未來不確定事項（即風險），當它對投保人產生了不利影響，投保人有權按照合同規定獲得合同簽發人的賠償。那麼，什麼是不確定事項和不利影響呢？

1. 未來不確定性

不確定性即風險，不確定性的轉移是保險合同的實質。因此，保險合同在訂立時應至少有以下一種情況是不確定的：

（1）發生保險事故的概率；

（2）發生保險事故的時間；

（3）如果發生保險事故，合同簽發人需要支付的金額。

在一些保險合同中，保險事故為在合同期限內發現損失，而該損失可能是由合同訂立之前就已發生的保險事故引起的；而在另一些保險合同中，保險事故為在保險合同期限內發生損失，而該損失可能在保險合同結束後才被發現。

一些保險合同承保的是已經發生但財務結果不確定的事項，此類型合同提供已發生事件的不利結果的風險保障。

必須強調，不確定事項先於合同存在，而不是因合同而產生。保險風險指合同簽發方從投保人處接受的投保人已面臨的某項風險，因合同的簽發產生的任何新風險都不是保險風險。

2. 不利影響

保險合同的定義要求保險風險對保單持有人的影響必須是不利的，對投保人造成不利影響是進行賠付的前提條件，這就是所謂「無損失無保險」。

失效或續保風險不屬於保險風險。「失效」或「續保風險」，是指投保人取消合同的時間早於或晚於合同簽發人在合同定價時所預期的時間而引起的風險，因為給投保人的償付並不取決於失效或續保風險對投保人造成不利影響。

同樣，費用風險（即與提供合同服務有關的管理費用而不是與保險事件相關的成本意外增加的風險）不是保險風險，因為費用的意外增加並沒有對投保人造成不利影響。

但是，如果合同簽發方在面臨失效、續保或費用風險的同時，還通過合同承擔了重大保險風險，則這類合同屬於保險合同。

(二) 保險風險與金融風險

IFRS17 定義保險風險為除金融風險外從投保人轉移至合同簽發人的風險。金融風險包括利率風險、價格風險、匯率風險、價格或利率指數風險、信用評級或信用指數風險等。

如果保險人沒有轉移被保險人的保險風險，轉移的是其他風險，如金融工具價格、商品價格、匯率、費用指數、信用等級、信用指數等可能發生變化的風險，則雙方簽訂的合同不是保險合同。但是，使保單簽發人同時面臨金融風險和重大保險風險的合同，則屬於保險合同。例如，如果壽險合同含有最低回報率擔保（金融風險），以及可能大幅超出投保人帳戶餘額的死亡給付承諾（保險風險），則這類合同屬於保險合同。

金融風險不僅包括金融變量產生的風險還包括非金融變量在未來發生潛在變化所產生的風險。但是，如果非金融變量僅與合同一方特定相關，那麼，其在未來發生潛在變化的風險屬於保險風險，而並非金融風險。譬如，會造成合同一方資產損壞或毀滅的火災風險屬於保險風險。相反，氣候或巨災指數（例如，特定區域的地震損失指數）等並不是與合同一方特定相關的非金融變量風險，不屬於保險風險。此外，如果合同承保了合同一方所持特定非金融資產的公允價值變動風險，並且公允價值能反應資產的市場價格以及資產狀態的變化，則符合保險合同的定義。

一些合同中規定賠付金額與價格指數相掛勾，如果其滿足支付款項可能是重大的，則這類合同也屬於保險合同。例如，一個與生活消費指數相掛勾的生存年金合同，由於年金的支付由未來的不確定事項觸發即生存的人才能獲得年金，則該合同轉移了保險風險。支付的金額與生活消費指數相聯結，這屬於嵌入衍生工具並且也轉移了保險風險，因為與指數相聯結的付款次數取決於投保人是否幸存，即一個不確定的未來事件。如果轉移的保險風險是重大的，則嵌入衍生工具也是保險合同，不能從主合同中分離出來。

二、重大保險風險及重大保險風險測試

如何確定保險風險是重大的？IFRS17 定義為，當且僅當承保方因保險事故的發生需要

支付重大附加利益（無商業實質的情形除外）時，保險風險就是重大的。所謂商業實質是指交易在經濟意義上產生可辨認的影響。而附加利益指比不發生保險事故多支付的金額（不包括缺乏商業實質的情況）。

中國 2009 年 12 月財政部印發的《保險合同相關會計處理規定》要求，保險人與投保人簽訂的合同，應當在合同初始確認日進行重大保險風險測試。保險人應當以單項合同為基礎進行重大保險風險測試；不同合同的保險風險同質的，可以按合同組合為基礎進行重大保險風險測試。測試結果表明，發生合同約定的保險事故可能導致保險人支付重大附加利益的，即認定該保險風險重大，但不具有商業實質的除外。合同的簽發對交易雙方的經濟利益沒有可辨認的影響的，表明保險人與投保人簽訂的合同不具有商業實質。附加利益，是指保險人在發生保險事故時的支付額，超過不發生保險事故時的支付額的金額。

以上規定表明中國對保險合同的認定標準與國際會計準則已經保持一致。

中國還在 2009 年頒布的《重大保險風險測試實施指引》規定了保險合同重大保險風險測試的步驟：

第一步，判斷原保險保單是否轉移保險風險。

原保險保單轉移的保險風險是被保險人已經存在的風險，其表現形式有多種，例如，可能對被保險人財產造成損害或毀壞的火災的發生或不發生，被保險人是否能生存到保單約定的年齡，被保險人是否會患上保單約定的重大疾病等。如果保險人沒有轉移被保險人的保險風險，轉移的是其他風險，如金融工具價格、商品價格、匯率、費用指數、信用等級、信用指數等可能發生變化的風險，則雙方簽訂的合同不是保險合同。

第二步，判斷原保險保單的保險風險轉移是否具有商業實質。

如果保險事故發生可能導致保險人承擔賠付保險金責任，則原保險保單具有商業實質。如果原保險保單包含的多項互斥的保險事故，保險人應根據合同設計初衷、合同條款和經驗數據進行判斷，選擇合理的具有商業實質的保險事故進行重大保險風險測試。

如果保險事故發生可能導致保險人承擔賠付保險金責任，則原保險保單具有商業實質。對商業實質的判斷需要考慮以下情形：

（1）如果某些情形發生的可能性是非常微小，以致保險公司在定價或承保時都不會考慮，那麼這種情形可以被認定為不具有商業實質的情形；

（2）概率小的事故（如巨災保險）不一定沒有商業實質；

（3）如果原保險保單包含的多項互斥的保險事故，保險人應根據合同設計初衷、合同條款和經驗數據進行判斷，選擇合理的具有商業實質的保險事故進行重大保險風險測試。

第三步，判斷原保險保單轉移的保險風險是否重大。

（1）對於非年金保單，以原保險保單保險風險比例來衡量保險風險轉移的顯著程度。如果原保險保單保險風險比例在保單存續期的一個或多個時點大於等於 5%，則確認為保險合同，其中：

$$原保險保單保險風險比例 = (\frac{保險事故發生情景下保險公司支付的金額}{保險事故不發生情景下保險公司支付的金額} - 1) \times 100\%$$

公式中的分子是指保險事故發生情景下保險人支付的保險金。分母是指保險事故不發

生情景下保險人支付的金額，即保險人支付給被保險人的退保金或滿期給付金；對於非壽險保單，是指保險人支付退保金或保險合同終止時保險人支付的金額。公式中上述金額的計算不考慮現值和概率。

從保險風險比例的計算公式可知，非壽險保單通常顯而易見地滿足轉移重大保險風險的條件，因此保險人往往可以不計算原保險保單的保險風險比例，直接將大多數非壽險保單判定為保險合同。

（2）對於年金保單，轉移保險風險是否重大的判斷較複雜，且通常情況下，長壽風險的轉移是重大的，因此，在實務中可以簡化處理，轉移了長壽風險的，通常可確認為保險合同。

保險合同認定流程圖如圖2-1所示：

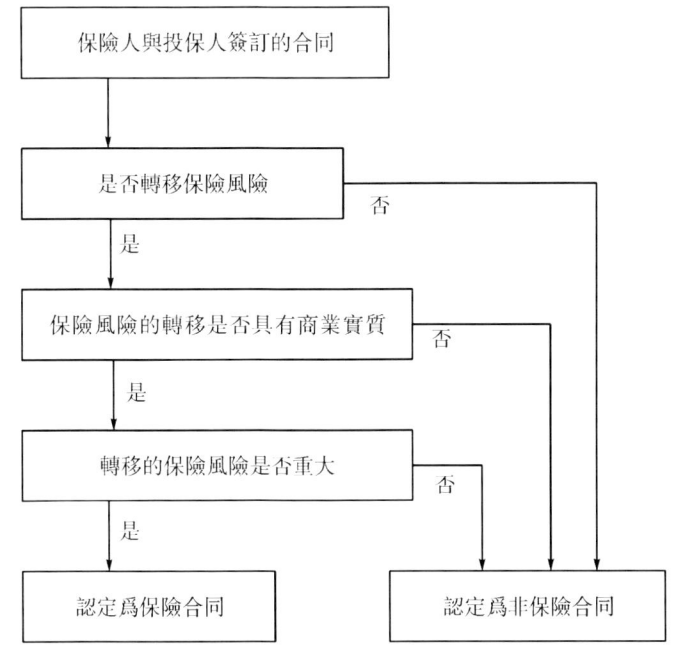

圖2-1　保險合同認定流程圖

三、保險合同與非保險合同實例

表2-1中的自保合同，由於風險沒有發生轉移，不被認為是保險合同。專屬保險公司出售保單給同一集團旗下的子公司、母公司或孫公司，在其集團的合併財務報表中母公司不應將這些合同視為保險合同。然而，在專屬保險公司的財務報表中，該合同將會被認定為保險合同。另外，上述表格中的財務擔保合同有若干的形式，譬如信用證、信用違約合同和信用保證保險，如果發行人明確地表示補償合同持有人因為其特定債務人不能到期支付損失，並預先聲明合同發行人與合同持有人之間簽訂的合同是保險合同，那此財務擔保合同是保險合同。但是如果保單持有人並沒有因為其特定的債務人的違約行為而遭受損失，保險人仍要支付保險金時，此合同就不是保險合同，因為沒有轉移保險風險。

表 2-1　　　　　　　　　　保險合同與非保險合同實例

保險合同	非保險合同
a. 承保盜竊或財產損毀的保險 b. 承保產品責任、專業責任、民事責任或訴訟費的保險 c. 人壽保險和預付喪葬費計劃 d. 年金及養老金 e. 殘疾及醫療保險 f. 保證保險、忠誠保險、履約保證保險及投標保證保險 g. 信用保險 h. 產品保證保險 i. 產權保險 j. 旅遊保險 k. 保險互換合同及其他根據只對特定合同持有人產生影響的天氣、地理或其他實體可變因素而付款的合同 l. 巨災保證保險合同 m. 再保合同	a. 自保 b. 法律形式為保險合同，但保險公司沒有承受重大保險風險的投資合同 c. 財務擔保合同 d. 指定未來不確定事件發生時要求付款，但沒有規定付款的前提是事件對保單持有人造成不利影響的合同（如賭博合同） e. 使合同一方面臨財務風險而非保險風險的衍生金融工具合同 f. 要求根據天氣、地理或其他實體可變因素而付款且此因素不一定影響特定投保方的合同 g. 法律形式為保險合同，但是合同將所有的重大保險風險以通過調整保單持有人未來付款金額的方式轉回到保單持有人，如某些財務保險合同或團體保險合同，這些合同被定義為保險金融工具或服務合同

四、重大保險風險測試舉例

例 2-1　2017 年 1 月 1 日，甲保險公司與李某簽訂了一份躉交 10 年期兩全保險（分紅型）原保險保單，被保險人為 33 歲男性公民，保單主要條款規定如下：

（1）被保險人生存至保險期間屆滿的年生效對應日，甲公司按基本保險金額給付滿期保險金；

（2）被保險人於本保單生效之日起一年內因疾病身故，甲公司按所交保險費給付身故保險金；被保險人於本保單生效之日起一年後因疾病身故，甲公司按照基本保險金額給付身故保險金；

（3）被保險人因意外傷害身故的，甲公司按照基本保險金額的 300% 給付身故保險金；

（4）根據被保險人的性別和年齡特徵，該保單躉繳保險費 1,000 元對應的基本保險金額為 1,175 元，各保單年度的現金價值如表 2-2 所示：

表 2-2　　　　　　　　　各保單年度現金價值　　　　　　　　　　單位：元

保單年度	1	2	3	4	5	6	7	8	9	10
現金價值	900	944	970	997	1,024	1,053	1,082	1,112	1,143	1,175

本例中，該保險公司採取以下步驟進行重大保險風險測試：

第一步：識別保險風險。本例中的原保險保單承擔了被保險人因意外、疾病導致其身故的保險風險。

第二步：判斷保險風險轉移是否具有商業實質。本例中被保險人因意外、疾病導致身故的，保險公司按保單約定支付保險金，因此，該保險風險轉移具有商業實質。在意

外、疾病身故兩種互斥的給付情形下，保險公司綜合考慮合同條款、經驗數據後，選擇疾病身故進行重大保險風險測試。

第三步：計算各保單年度的保險風險比例，本例中保險事故發生情景下即被保險人因疾病身故的，保險公司支付1倍基本保險金額的保險金；保險事故未發生情景下，如被保險人在保單期間內選擇退保的，保險公司按保單現金價值支付退保金；如被保險人持有保單至滿期日的，保險公司按基本保險金額支付滿期給付金，計算各保單年度的保險風險比例如表2-3所示：

表2-3　　　　　　　各保單年度保險風險比例

保單年度	1	2	3	4	5	6	7	8	9	10
保險風險比例（%）	11	24	21	18	15	12	9	6	3	0

本例中有8個保單年度的保險風險比例大於5%，滿足轉移重大保險風險的條件，因此，確認為保險合同。

例2-2　2017年，甲保險公司與丁某簽訂一份年繳五年期定期壽險保單，年繳保費1,500元，保險金額為50萬元，保單主要條款規定：

（1）一年內因疾病身故，按所交保險費給付身故保險金；

（2）因意外傷害或於一年後因疾病身故，按照保險金額給付身故保險金。

本例為年繳定期壽險保單，如果發生保單約定的保險事故，則保險公司將支付50萬元的保險金，如果未發生保單預定的保險事故或被保險人選擇退保，保險公司支付的金額為0，因此，甲保險公司在保險事故發生情景下支付金額大大超過保險事故未發生情景下的支付金額，該保單滿足轉移重大保險風險的條件，確認為保險合同。

例2-3　2017年1月1日甲壽險公司與丁某簽訂一份期繳年金保單，年交保費1,000元，被保險人為年齡為35歲的男性，保單的主要條款規定如下：

（1）被保險人生存至約定的養老金領取年齡保單週年日，按照被保險人選擇的領取方式給付保險金：

A. 一次性領取養老保險金的；

B. 按照轉換日年金費率將交費帳戶累積金額轉換為10年固定年金；

C. 按照轉換日年金費率將交費帳戶累積金額轉換為生存年金。

（2）身故保險金，被保險人於約定養老保險金領取年齡的保單週年日前身故，本公司按交費帳戶累積金額給付身故保險金，對該被保險人的保險責任終止。

本例為不保證年金費率的遞延年金保單，保險公司在累積期內未承擔長壽風險，因此，不確認為保險合同。在未來轉換日，如果被保險人選擇C款轉換方式將該保單轉換成生存年金，即保險公司開始承擔了長壽風險，則在轉換日應將該保單確認為保險合同。

第二節　混合保險合同的拆分

一、中國混合保險合同拆分的規定

所謂混合保險合同，使保險人與投保人簽訂的既承擔保險風險又承擔其他風險的合同，包括內含衍生金融工具的保險合同、含有儲蓄成分的保險合同、自由分紅保險合同等。

對於混合保險合同，應當分別下列情況進行處理：

（1）保險風險部分和其他風險部分能夠區分，並且能夠單獨計量的，可以將保險風險部分和其他風險部分進行分拆。保險風險部分，確定為保險合同；其他風險部分，不確定為保險合同。

（2）保險風險部分和其他風險部分不能夠區分，或者雖能夠區分但不能夠單獨計量的，如果保險風險重大，應當將整個合同確定為保險合同；如果保險風險不重大，不應當將整個合同確定為保險合同。

混合保險合同拆分和確認示意圖如圖 2-2 所示：

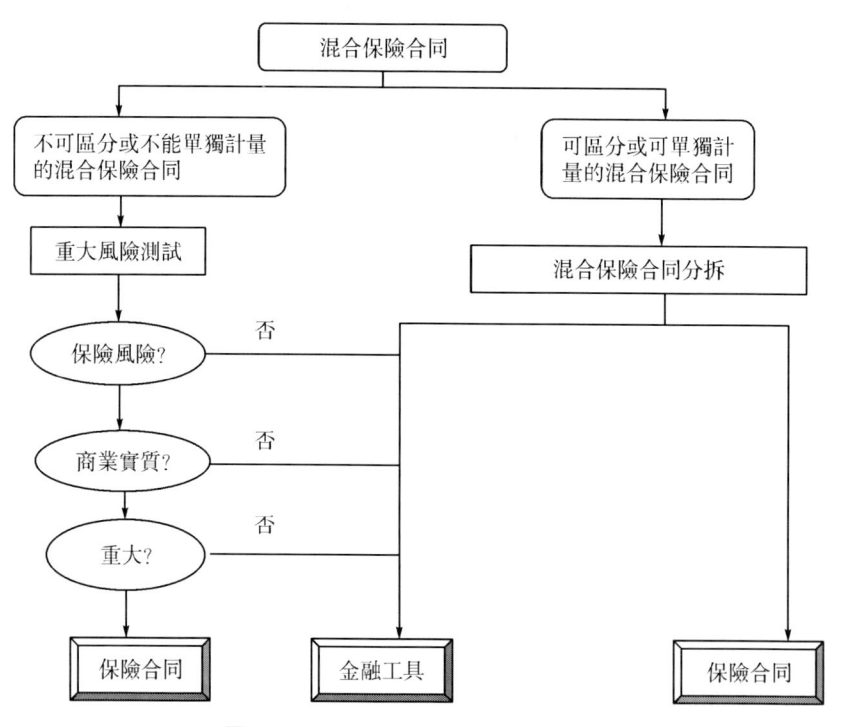

圖 2-2　混合保險合同拆分和確認示意圖

將保險風險部分和其他風險部分進行拆分的目的主要是為了準確地確定其他風險部分的權利和義務，準確地核算保險公司資產、負債和損益。譬如，投資成分和保險成分存在

本質的差別，因為風險和報酬的承擔者不同，如果將投資部分和保險部分的保費均確認為保費收入，就不能真實地反應保險公司的承保風險。此外，分拆確認可以提高金融機構會計信息的可比性，同時也是為了防止某些公司為了調節會計利潤而故意為某些合同的結構設定虛假的保險形式。

二、國際財務報告準則的相關規定

國際財務報告準則（IFRS17）指出，保險合同的重要特徵是轉移重大保險風險。在此基礎上要求對混合保險合同進行拆分，混合保險合同可由下面四個部分組成：①保險成分；②投資成分，包括「顯著的」投資部分和「非顯著的」投資成分；③嵌入式衍生工具成分；④商品和服務成分（如圖2-3所示）。下面將分別說明投資成分、商品和服務成分在混合保險合同中拆分的規定。

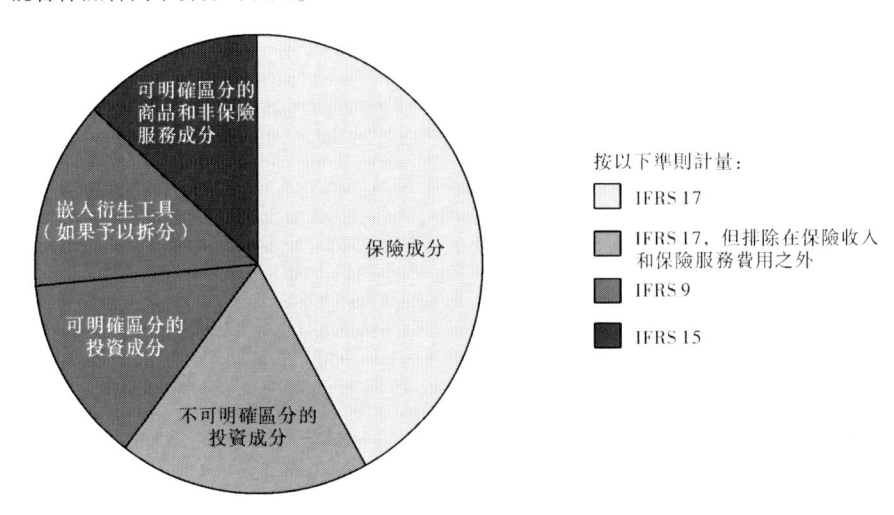

圖2-3 混合保險合同的區分和適用準則

(一) 投資成分

IFRS 17將投資成分分為「顯著的」和「非顯著的」兩個部分，需要分開進行定義和計量。

1.「顯著的」投資成分

「顯著的」投資成分必須從保險合同中拆分出來，並根據 IFRS 9 進行計量。

若同時滿足以下兩個條件，則投資成分是「顯著的」：

（1）投資成分與保險成分不是緊密相關的；

（2）與投資成分具有相同條件的合同能夠被保險機構或其他人在同樣的市場中出售。

若符合下列條件之一，則說明投資成分和保險成分緊密相關：①保險機構計量其中一種成分時無法不考慮到另一種成分。因此，若一種成分的價值隨另一種成分價值的變化而變化。②除非兩成分同時存在，則保單持有人不能從其中一種成分獲益。因此，如果合同

中一種成分失效或到期導致另一種成分也失效或到期，則保險機構不能拆分包含投資和保險兩種成分的整個合同。

2.「非顯著的」投資成分

「非顯著的」投資成分不需要從保險合同中拆分出來，而是和保險合同一起進行計量。但是，與這些投資成分相關的收付款，應從損益表中列報的保險合同收入和保險服務費用中排除出去。

（二）嵌入衍生工具

保險機構需要根據 IFRS 9 確定什麼時候將嵌入衍生工具從保險合同中拆分出來，並對其進行計量。

當發生下列情形時，保險機構需要將嵌入衍生工具從主保險合同中拆分出來：

（1）嵌入衍生工具的經濟特性和風險與主保險合同不是緊密相關的；

（2）嵌入衍生工具不是作為獨立工具的保險合同——即與嵌入衍生工具具有相同條款的單獨金融工具將符合衍生工具的定義，並屬於 IFRS 9 的適用範圍。

嵌入衍生工具與主保險合同是否緊密相關，需要考慮經濟特性和風險兩個因素。若嵌入衍生品成分和主保險合同的經濟特性和風險相類似，則說明他們是緊密相關的。

在 IFRS 17 下，保險機構不能從保險合同中分拆那些不符合《國際會計準則第 39 號——金融工具：確認和計量》（IAS 39）或 IFRS 9 所界定標準的嵌入衍生工具，因而不能對這些衍生工具進行單獨核算。相反，IFRS 17 不允許實體迴避 IAS 39 或 IFRS 9 所規定的分拆，即不得以公允價值計量且其變動計入當期損益（FVTPL）來核算整個保險合同。

（三）商品和服務成分

保險機構應當能把顯著的提供商品和服務的履約義務從保險合同中拆分出來。《國際財務報告準則第 15 號——源於客戶合同的收入》中將履約義務定義為向顧客簽訂提供商品和服務的合同中的承諾。當承諾使保單持有人認為保險機構會提供商品和服務時，履約義務包括保險機構的傳統商業行為所說明的承諾、公布的政策或是做出的詳細陳述。履約義務不包括保險機構為了履行保險合同中的提供商品和服務的義務而做出的其他行為（除非保險機構自行要求）。例如，保險機構為建立一份合同需要執行的各種管理任務，並沒有給保單持有人提供服務，所以不屬於履約義務。

若符合下列條件之一，則說明提供商品和服務的履約義務是「顯著的」，可以被明確區分：

（1）保險機構定期在同一個市場中單獨出售該商品和服務（或可以被出售）。

（2）保單持有人可單獨從該商品和服務本身獲益，也可使用周圍的易獲取資源獲益。這些易獲取的資源包括單獨可以被出售的商品和服務以及保單持有人已獲取的資源。

若商品和服務成分的現金流量與風險同其主保險合同的現金流量和風險之間緊密相關，則說明提供商品和服務的履約義務並不能被明確區分，此時相當於保險機構提供了一種將這種履約義務與保險成分結合的重大服務。

三、IFRS 17 提供的混合保險合同拆分的例子

(一) 附帳戶餘額的人壽保險合同的拆分

例 2-3 一家保險機構簽發附帶帳戶餘額的保險合同，保單持有人在合同成立時支付 1,000 元的保費。帳戶餘額每年隨保單持有人自願支付的金額的增加而增加，隨著管理的特定資產的收益或損失而增加或減少，隨著保險機構收取費用的增加而減少。

合同約定按照下列條款賠付：
(1) 若保單持有人死亡，則支付 5,000 元的死亡保險金以及帳戶餘額中的金額；
(2) 若保單持有人解除保險合同（即無退保費用），則支付帳戶餘額中的金額。
由保險機構決定是否拆分帳戶餘額、索賠處理服務和投資管理服務：

1. 是否拆分帳戶餘額

投資產品的存在說明各組成成分是可以明確區分的。然而，在保險責任範圍內獲得死亡保險金的權利無論是失效還是到期，都和帳戶餘額失效或到期的時間相同。這說明保險成分和帳戶餘額緊密相關，不能明確區分，因此在本例中帳戶餘額不能從保險合同中拆分。

2. 是否拆分索賠處理服務

索賠處理服務是保險機構為履行合同而必須承擔的一部分活動，保險機構不向投保人轉讓商品和服務，因為這是保險機構必須履行的一項義務。因此，在本案例中不應將索賠處理部分從保險合同中拆分。

3. 是否拆分投資管理服務

投資管理服務，類似於索賠處理服務，是保險機構為履行合同而必須承擔的一部分活動，實體不向投保人轉讓商品和服務，因為這是保險機構必須履行的一項義務。因此，在本案例中不應將投資管理服務從保險合同中拆分。

(二) 附索賠處理服務的停止損失合同的拆分

例 2-4 保險機構與雇主（保單持有人）簽訂超賠保險合同，合同向其雇員提供健康保險，具有下列特徵：

(1) 保險機構責任範圍為雇員索賠總額超過 2,500 萬元（起賠點）的部分，低於 2,500 萬元的部分由保單持有人自己承擔；
(2) 無論索賠額是否超過起賠點，索賠處理服務都會在下一年內處理雇員的索賠請求，保險機構有責任代表雇主處理雇員健康險的索賠。

保險機構應考慮是否拆分索賠處理服務。

在本例中，下列為兩個用於區分不同服務的標準：
(1) 索賠處理服務（如本例中代表雇主處理雇員索賠的服務）作為一項不含任何保險責任的單獨服務被出售；
(2) 使保單持有人受益的索賠處理服務與保險成分無關，若沒有這項服務，保單持有人則需自己處理索賠。

因為在本例中索賠處理服務成分的現金流量和保險成分的現金流量並不是緊密相關，

並且保險機構並沒有提供將索賠處理服務和保險成分結合的重大服務。因此，保險機構應當將索賠處理服務從保險合同中拆分出去。

四、中國混合保險合同的拆分和 IFRS 17 的比較

（一）拆分的成分不同

中國相關會計準則僅僅要求對保險和投資兩成分進行拆分。

IFRS 17 除了要求保險機構對投資和保險成分進行拆分之外，還要求其對嵌入衍生工具、商品和服務成分進行識別、拆分和進行相應的會計處理。

（二）拆分的標準不同

中國對保險合同的拆分標準是保險成分和其他成分能夠區分，且分別能夠單獨計量。這個標準相對於 IFRS17 比較含糊，因為保險成分和其他成分是否能夠區分且能夠單獨計量，不同的人有不同的認識。

IFRS 17 拆分標準為保險成分和其他成分是否顯著相關，對於「顯著」有兩個判斷依據：

（1）該成分有沒有在市場中被單獨出售（或可以被出售）；

（2）其他成分的現金流與風險同其主保險合同的現金流和風險之間是否緊密相關。

如果不同成分的現金流相互依存，則分拆決策可能具有武斷性，並可能導致會計處理更加複雜。

第三節　保險合同的核算分類

由於保險公司保險業務差別較大，運用一套會計程序和標準處理不同性質的業務會有很大的偏差。因此，將保險業務分類，針對不同性質的業務，使用不同的會計處理方法，比較合理。

中國在 1999 年頒布的《保險公司會計制度》中規定，保險公司應對保險業務按險種進行分類核算，分為財產保險公司業務、人壽保險公司業務和再保險公司的業務：①財產保險公司的業務分為財產損失保險、責任保險等；②人壽保險公司的業務分為普通人壽保險、年金保險、意外傷害保險和健康保險等；③再保險公司的業務分為分入保險業務和分出保險業務。保險公司可以根據具體情況和有關部門的要求，對保險業務實行進一步分類核算。

但這種按公司類別進行分類核算的方式，在現實中往往難以執行。主要是因為直接承保業務中財產保險公司與人壽保險公司各自經營的一些險種，在核算上有著共性，沒有必要視為兩類，如財產保險與意外傷害保險兩種保險業務都是損失保險業務。且由於創新型險種的出現，使原有的核算分類受到挑戰。故 2006 年中國頒布了新的企業會計準則對保險合同按國際標準進行了重新分類。下面將首先介紹國外保險合同的分類，然後對比介紹中國保險合同的分類。

一、美國原保險合同的典型分類——短期性保險合同與長期性保險合同

美國財務會計準則委員會第 60 號公報在「保險企業會計和報告」中將保險合同分為短期性合同（short-duration contract）和長期性合同（long-duration contract）。但是，這種劃分並不是嚴格以合同期限的長短為標準的，而是取決於保險合同在一延長期間內（extended period）是否仍舊有效。短期合同在較短的固定期限內，提供保險保障，並且在合同期期末，保險人可以撤銷合同或者對合同條款作出調整，如調整收取的保費金額或賠償金額。在長期合同項下，通常單方面不能對條款進行調整。

將保險業務分為長期保險和短期保險，主要原因在於長期保險與短期保險的保費內涵、風險特徵、保險期間、保戶可享受的權益等都有較大的差異，各自交易事項在交易過程中所發生的損益變化及其對財務狀況的影響不同。例如，因為長期性保險合同因具有「儲蓄保費」，被保險人在保險人處儲存有儲蓄債權。雖然繳納保險費為保險合同生效的要件，但被保險人擁有儲蓄債權，可被認定為已繳納延期的部分保費，保險人無權終止保險合同，故認為合同在延展期間仍然有效。由此可見，長短期保險合同的區分，在於是否有「儲蓄保費」。

儲蓄保費的形成，在保險實務中，是因為長期保險合同的保費是根據均衡保費設定的。所謂均衡保費（level premium）是與自然保費（natural premium）相對的。在人壽保險中，如果以每年更新續保為條件，簽訂一年定期保險合同，各年度的純保費被稱作自然保費。由於各年度的保費與死亡率成正比，隨著被保險人年齡的增長，自然保費也逐漸增大。但是自然保費制具有致命的缺點，因為對投保人或被保險人而言，當他們到達高齡時，過重的保險費負擔將使繳費發生困難。鑒於這一狀況，為克服自然保費的不足，保險人將長期性人壽保險改為均衡保費，即使每一年的純保費相等。這樣，在保費平準化下，合同成立早期均衡保費大於自然保費，自然保費與均衡保費之間的差額，構成儲蓄保費；而晚期均衡保費小於自然保費，其自然保費即由早期儲蓄保險費與當期平準保險費所構成。見圖 2-4。

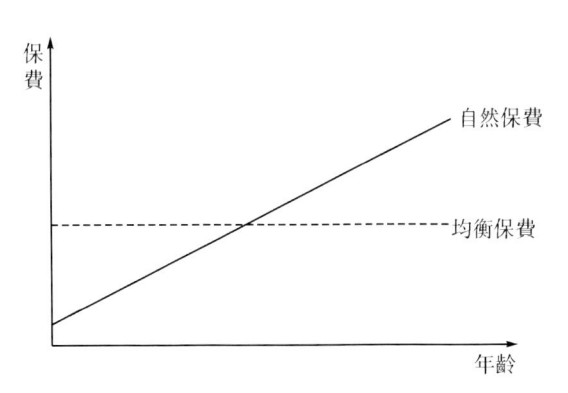

圖 2-4 自然保費與均衡保費

因此，我們可以據此為長期性保險定義為：凡保險費按均衡保費制計算的，為典型的長期性保險合同。

一般說來，保險費分期繳納，才有按均衡保費制計算的必要。可予平準計算的保險費必須是期繳保險費及各期保險費具差異性和相關性，才會使得均衡保費與自然保費之間產生儲蓄保費。例如，人壽保險根據生命表計算費率，各年的死亡率或生存率既具有差異性，又具有相關性。應在會計核算中帳務處理的具體方法和程序的設置上存在較大的差異，如保費收入的確認、負債的計量等都有所不同。表2-4為短期性保險和長期性保險的主要差異。

表 2-4　　　　　　　短期性保險和長期性保險的主要差異

	短期性保險	長期性保險
承保風險形態	承保某特定風險，其保險期間可預先固定	對某特定風險連續承保，終止日通常無法確定
保險費繳納的方式	保險費以期前預躉繳為主，分期繳納例外	保險費以分期繳納為主，預躉繳例外
收支配合狀態	收支配合較明確	每期保險費收入與保險服務成本呈交錯狀態，使得收支配合較難
美國 FASB 第60號公報第8段規定	短期性保險合同：包括大多數財產或責任保險契約和定期人壽保險契約	長期性保險合同：包括終身人壽保險合同、有續約條件的人壽保險合同、養老保險合同、年金保險合同及產權保險合同
	意外保險與健康保險合同可能為長期性保險合同，也可能為短期性保險合同。主要視保險合同的效力是否在延展期內仍然有效，例如，不可撤銷及保證合同（續約權在投保人）或集體可續約（團體保險個人不可單獨撤銷合同）通常認定為長期性保險合同	

二、中國原保險合同的核算分類

保險人應當根據在原保險合同延長期內是否承擔賠付保險金責任，將原保險合同分為壽險原保險合同和非壽險原保險合同。

在原保險合同延長期內承擔賠付保險金責任的，應當確定為壽險原保險合同；在原保險合同延長期內不承擔賠付保險金責任的，應當確定為非壽險原保險合同。

所謂原保險合同延長期，是指投保人自上一期保費到期日未交納保費，保險人仍承擔賠付保險金責任的期間。

根據分類標準，壽險合同包括一年期以上的人壽保險和健康保險，非壽險包括財產保險、短期健康險和意外人身保險。這一分類和國際上將原保險合同分為短期性保險合同和長期性保險合同的分類內涵一致，且符合中國習慣。中國人壽保險公司經營的業務既包括壽險業務，也包括非壽險業務，如短期健康險、意外人身傷害險。財產保險公司經營的業務一般是非壽險業務。

復習思考題

1. 什麼是保險合同？
2. 什麼是重大保險風險？如何進行重大風險測試？
3. 中國規定混合保險合同如何拆分？
4. IFRS17 規定混合保險合同如何拆分？與中國的規定有何差異？
5. 原保險合同核算如何分類？

第三章 保險合同負債的計量

保險合同準備金計量既與保險公司負債金額直接相關，也關係保險公司收入、成本的計量以及相關財務信息的呈報和披露。所以，理解保險合同負債的計量模型是學習保險合同會計至關重要的一環。

第一節 中國財務會計準則下保險合同負債的計量

保險合同準備金主要包括未到期責任準備金和未決賠款準備金。未到期責任準備金是對在評估日之前尚未發生保險事故之前或雖已經發生保險事故、但仍然有效的保單提取的責任準備金，是為未到期部分的保險責任所做的資金準備。未決賠款準備金是為已經發生但尚未結案的保險事故提取的準備金。

在非壽險合同中，保險合同未到期責任準備金又稱為保費準備金或未滿期保費，在中國資產負債表中的名稱就是未到期責任準備金；在壽險合同中，報表上的壽險責任準備金和長期健康險責任準備金，主要是由壽險和長期健康險的未到期責任準備金構成。

保險合同準備金除未到期責任準備金和未決賠款準備金外，保險監管部門可能還會另外在規定保險公司提留一些別的責任準備金，如國際上常見的巨災準備金和平衡準備金，中國的農業大災風險準備金。下面將主要說明未到期責任準備金和未決賠款準備金的計量原理，農業大災風險準備金將在第四章中加以說明。

一、中國財務會計準則下未到期責任準備金計量

2009年12月22日，財政部印發了《保險合同相關會計處理規定》，要求在會計上以合理估計金額為基礎計量保險合同準備金。在此之前，保險公司均按照法定精算規定進行計量，將會計準則與監管要求合為一體，難以實現公允地反應保險人的負債狀況和經營業績。《保險合同相關會計處理規定》適當分離會計規定與監管要求，保險合同準備金計量從監管精算規定迴歸財務會計原則，可以向投資者等提供更加具有決策有用性的會計信息。

(一) 提取未到期責任準備金的原因

1. 非壽險合同提取未到期責任準備金的原因

雖然大部分的非壽險保單保險期限為一年，但由於會計年度與保單年度往往並不一致，如果將日常核算確認的保費收入全部計入年度損益，則將一部分應屬於下一年度的保費計入本年度。因為在保單生效時收到的保費，由於保險人提供的保障服務尚未開始，還是未實現保費收入。隨著保險期間的經過，保險服務的提供，服務成本的支出，保費收入才逐步實現。為體現權責發生制和配比原則，正確核算保險企業的財務成果，應提取未到期責任準備金。

2. 壽險合同提取未到期責任準備金的原因

按中國對原保險合同的分類，保險公司在原保險合同延長期內承擔賠付保險金責任的合同即成為壽險合同。壽險業務屬於長期性業務，長期性保險業務的保險合同準備金指壽險責任準備金和長期健康險責任準備金。長期保險業務提取未到期責任準備金具體來說存在以下原因：

(1) 保險費的繳付期限與保險責任的期限不相等。保險費可以選擇躉繳的方式，也可選擇分期繳納的方式。在分期繳納方式中又有多種選擇，譬如5年、10年、20年交清。這樣就很可能導致保險費的交付期限與保險期限不一致。在保險費繳付的期間，所收取的保險費即使在假定沒有營業費用、稅收等因素下不能全部確定為利潤，因為基於權責發生制和謹慎性原則，出於對投保人利益保護的角度，保險企業應提取相應的保險責任準備金。

(2) 保費的平準化。保費採用的是平準制，而保險企業所承擔的風險卻不是均衡的，隨著被保險人的年齡增大，死亡率不斷提高，相應需給付的保險金也越來越大，這使前期保費收入大於保險給付金，後期保費收入卻小於保險給付金，這樣，保險人必須把前期多餘的保險費收入以複利積存起來，才能彌補後期給付不足。因此保險人須以保險合同為依據，為將來發生的給付而提存保險責任準備金。

(3) 儲蓄性業務的存在。也就是說投保人所交付的保費中一部分帶有儲蓄性，即保險公司承諾給予固定或不固定的投資回報，保險公司根據保險合同的要求必須在未來的某個時刻按照承諾支付，其資金來源的重要組成部分就是每一筆保費，這些資金累積在會計科目上表現為「責任準備金」。

(二) 財務會計準則下保險合同準備金（含未到期責任準備金）計量方法

保險合同準備金以保險人履行保險合同相關義務所需支出的合理估計金額為基金，採用現金流法進行計量，包括三要素：一是未來現金流的無偏估計；二是反應貨幣的時間價值；三是明確的邊際，包括顯性的風險邊際和剩餘邊際。

在財務會計準則下保險合同準備金由合理估計負債、風險邊際和剩餘邊際三部分組成，即：

$$保險合同準備金＝合理估計負債＋風險邊際＋剩餘邊際$$

下面分別闡述各部分的含義及計算方法。

1. 合理估計負債

合理估計負債即保險合同產生的預期淨現金流現值的無偏估計。計算合理估計負債要

計算預期淨現金流,還要考慮貨幣時間價值的影響。

(1)預期淨現金流。所謂預期淨現金流是指由保險合同產生的預期未來現金流出與預期未來現金流入的差額。其中,預期未來現金流出,是指保險人為履行保險合同相關義務所必需的合理現金流出,主要包括:

①根據保險合同承諾的保證利益,包括死亡給付、殘疾給付、疾病給付、生存給付、滿期給付等;

②根據保險合同構成推定義務的非保證利益,包括保單紅利給付等;

③管理保險合同或處理相關賠付必需的合理費用,包括保單維持費用、理賠費用等。

預期未來現金流入,是指保險人為承擔保險合同相關義務而獲得的現金流入,包括保險費和其他收費。

預期未來淨現金流出的合理估計金額,應當以資產負債表日可獲取的當前信息為基礎,按照各種情形的可能結果及相關概率計算確定,即合理估計負債為履行保險合同義務所需現金流的折現值。而合理估算負債為保險合同準備金計算的基礎,見圖3-1。

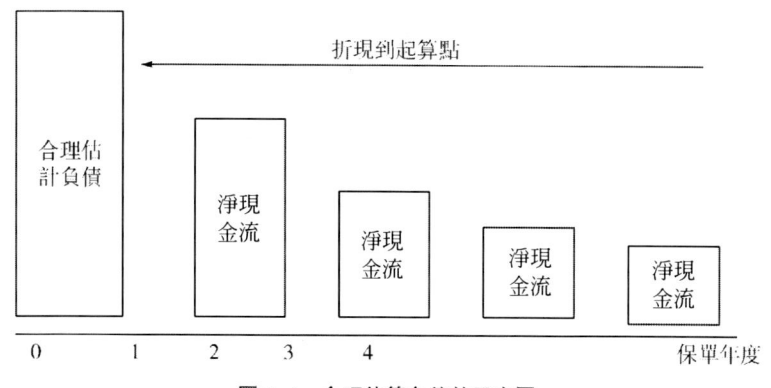

圖 3-1　合理估算負債的示意圖

(2)貨幣時間價值。保險人在確定合理估計負債時,應當考慮貨幣時間價值的影響。貨幣時間價值影響重大,因為需要對相關未來現金流量進行折現。

①計量貨幣時間價值所採用的折現率,應當以資產負債表日可獲取的當前信息為基礎確定,不得鎖定。

②如果計量單元保險合同整體負債久期小於等於1年,可以不考慮貨幣時間價值的影響。

③未來保險利益不受投資收益影響的保險合同的折現率。保監會在2010年發布的《關於保險業做好〈企業會計準則解釋第2號〉實施工作的通知》中對各保險公司財務報告中的保險合同準備金折現率曲線做了如下規定:用於計算未到期責任準備金的折現率,應當根據與負債現金流出期限和風險相當的市場利率確定。折現率可在基準利率(目前選用三年移動平均的國債到期收益率確定的即期利率)基礎上加溢價(在行業指導範圍內,例如以+150bp為上限)。2017年3月24日,保監會發布《中國保監會關於優化保險合同負債評估所適用折現率曲線有關事項的通知》規定,對於未來保險利益不受對應資產組合

投資收益影響的保險合同，用於計量財務報告未到期責任準備金的折現率曲線，由基礎利率曲線附加綜合溢價組成。其基礎利率曲線應與償付能力監管目的下未到期責任準備金計量所適用的基礎利率曲線保持一致。目前，基礎利率曲線分為三段：

$$\begin{cases} 750\text{ 日移動平均國債收益率曲線} & 0<t\leq 20\text{ 年} \\ \text{終極利率過渡曲線} & 20\text{ 年}<t\leq 40\text{ 年} \\ \text{終極利率} & t>40\text{ 年} \end{cases}$$

其中終極利率暫定為 4.5%，終極利率過渡曲線採用二次插值方法計算得到綜合溢價的確定可以考慮稅收、流動性效應和逆週期等因素，溢價幅度最高不得超過 120 個基點。

④未來保險利益隨投資收益變化的保險合同折現率。對於未來保險利益隨投資收益變化的保險合同，如分紅保險（除不分利差的分紅保險外），用於計算未到期責任準備金的折現率，應當根據對應資產組合預期產生的未來投資收益率確定。主要考慮以下因素：

- 當前帳戶的資產組合及未來的資產組合；
- 當前投資收益情況和資產的預期未來收益；
- 帳戶的投資管理、投資策略和再投資策略；
- 當前市場利率；
- 投資費用；
- 其他。

2. 風險邊際

風險邊際並不是對負債估計所額外附加的安全邊際，而是為了補償市場參與者承擔風險所需付出的機會成本或者風險對價，主要反應未來現金流的不確定性。風險邊際應該反應所有與合同有關的風險，不能反應保險合同外的風險，例如投資風險（若投資風險影響對投保人支付例外）、資產負債不匹配風險或與未來交易相關的一般操作風險。邊際調整特點有：

- 低頻率高損失風險，風險調整較高；高頻率低損失風險，風險調整較低。
- 對於相似風險的合同來說，保險期間越長，風險調整越高。
- 概率分佈越離散，風險調整越高。
- 關於現行估計和未來趨勢知道得越少，風險調整應該會越高。
- 一定程度上新出現的信息會減少不確定性，風險調整會降低，反之亦然。

中國規定，壽險業務準備金的風險調整的計量採用的是情景對比法，即風險調整等於不利情景下的負債減去基於合理估計假設的負債。而財產保險公司與再保險公司可以根據自身的數據測算並確定非壽險業務準備金的風險邊際，但測算風險邊際的方法限定為資本成本法和75%分位數法，風險邊際與未來現金流現值的無偏估計的比例不得超出 2.5%～15.0%的區間，行業指導比例為 3%計算風險邊際。

例3-1 壽險合同風險邊際計算示例：
（1）計算無偏估計假設下的未來現金流的現值：合理估計負債 = 500 元
（2）計算不利情景下的未來淨現金流的現值：
死亡率增加 10%，退保率增加 10%，費用水準增加 10%。
不利情景下的未來淨現金流的現值 = 700 元

(3) 計算風險邊際：

風險邊際=不利情景下的負債 - 合理估計負債= 700-500 = 200 元

3. 剩餘邊際

剩餘邊際是在已考慮其他邊際的基礎上，為達到首日不確認利得的目的而存在的邊際。

保險人在保險合同初始確認日不應當確認首日利得。當發生首日利得時，將首日利得作為剩餘邊際，成為保險未到期準備金的一部分，在保險期間內，採用系統、合理的方法，將剩餘邊際攤銷計入當期損益。發生首日損失的，應當予以確認並計入當期損益。所以，剩餘邊際只有當初始確認保險合同準備金存在首日利得時才存在，我們可以認為剩餘邊際是未實現的預期利潤。

(1) 剩餘邊際的首日計量。

情形一：當可觀察的保險合同負債的市場價值>（未來合理估計負債+風險邊際）時，存在首日利得，剩餘邊際=首日利得；

情形二：當可觀察的保險合同負債的市場價值<（未來合理估計負債+風險邊際）時，存在首日損失，剩餘邊際=0；

可觀察的保險合同負債的市場價值=保費收入-市場一致保單取得成本

保單取得成本指獲得保險合同而產生的費用及保單合同成立時發生的費用，包括手續費及佣金支出（或銷售人員的工資、獎金）等銷售費用、增值稅、保險保障基金、監管費等費用。

情形一和情形二可用圖 3-2 表示：

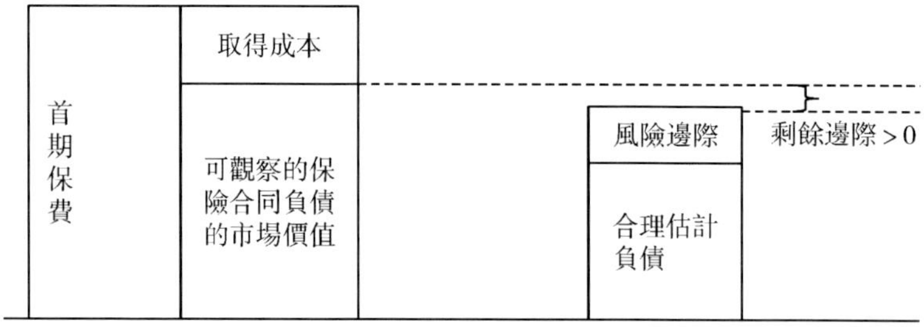

圖 3-2a　剩餘邊際計算示意圖（情形一）

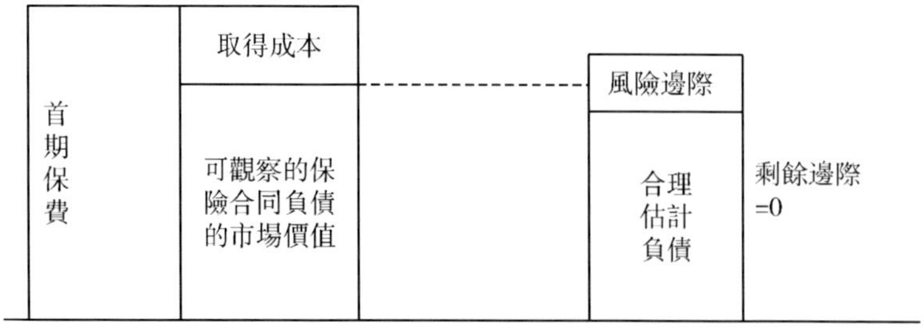

圖 3-2b　剩餘邊際計算示意圖（情形二）

例3-2 2010年2月14日保險公司與創新家具公司簽訂一財產保險合同，收取保費12,000元，市場一致的保單獲取成本為1,250元，在合同簽訂日合理估計未來一年內保單賠款和理賠費用以及保單維持費用的基礎上，計算出合理估計負債為8,500元，按3%的風險邊際率計算出邊際風險為255元。那麼

剩餘邊際＝（12,000-1,250）-（8,500+255）＝1,995（元）

未到期責任準備金＝8,500+255+1,995＝10,750（元）

（2）剩餘邊際的後續計量和攤銷。

中國剩餘邊際的後續計量以保單生效年度的假設為基礎確定，不隨未來假設的調整而重新計算。目前剩餘邊際在首次計量後鎖定，所有假設的以後的變更都馬上反應到損益表中，不反應在剩餘邊際中。

在保險期間內，應該採用系統、合理的方法，將剩餘邊際攤銷計入當期損益。而剩餘邊際的攤銷比較複雜，在假設沒有變更的情況下，它需要依照合適的載體釋放到利潤中，這些合適的載體包括風險的釋放、預期未來賠付的現值、預期未來保費收入的現值，或者以保障期間或與其索賠給付的時間為基礎進行攤銷。剩餘邊際的攤銷決定了利潤釋放的時間和分佈形態。在中國保監會要求剩餘邊際應當隨著保險合同收入和提供服務而逐步釋放，釋放部分確認為利潤。其操作方法是：

剩餘邊際攤銷比率＝剩餘邊際／攤銷載體在保單首日的折現值

在報告日計入保險合同負債的剩餘邊際＝剩餘邊際攤銷比率×攤銷載體在報告日的折現值

對於壽險合同，目前通常是以有效保額或保單數作為攤銷載體，在整個保險期間內攤銷。對於非壽險保險合同，各保險公司一般採取直線攤銷法。

（三）公認會計準則下未到期責任準備金的計量假設和期間

1. 未到期責任準備金計量假設應當以資產負債表日可獲取的當前信息為基礎確定

（1）對於未來保險利益不受對應資產組合投資收益影響的保險合同，用於計算未到期責任準備金的折現率，應當根據與負債現金流出期限和風險相當的市場利率確定；對於未來保險利益隨對應資產組合投資收益變化的保險合同，用於計算未到期責任準備金的折現率，應當根據對應資產組合預期產生的未來投資收益率確定。

（2）保險人應當根據實際經驗和未來的發展變化趨勢，確定合理估計值，作為保險事故發生率假設，如死亡發生率、疾病發生率、傷殘率等。

（3）保險人應當根據實際經驗和未來的發展變化趨勢，確定合理估計值，作為退保率假設。

（4）保險人應當根據費用分析結果和未來的發展變化趨勢，確定合理估計值，作為費用假設。

未來費用水準對通貨膨脹反應敏感的，保險人在確定費用假設時應當考慮通貨膨脹因素的影響。保險人確定的通貨膨脹率假設，應當與確定折現率假設時採用的通貨膨脹率假設保持一致。

（5）保險人應當根據分紅保險帳戶的預期投資收益率、管理層的紅利政策、保單持有人的合理預期等因素，確定合理估計值，作為保單紅利假設。

2. 保險人在計量未到期責任準備金時，預測未來淨現金流出的期間為整個保險期間

對於包含可續保選擇權的保險合同，如果保單持有人很可能執行續保選擇權並且保險人不具有重新釐定保險費的權利，保險人應當將預測期間延長至續保選擇權終止的期間。

（四）財務會計下壽險未到期責任準備金的計算

1. 壽險責任準備金的初始確認

例3-3 2018年1月1日生效的定期壽險合同，保障期為20年，躉繳保費1,000元，獲取成本為300元，評估壽險責任準備金的時點為1月1日（見表3-1）。

表3-1　　　　　　壽險責任準備金初始計量示範表　　　　　　單位：元

項目	情形1	情形2
（1）合理估計的負債=貼現的未來賠款和維持費用	550	650
（2）風險邊際=不利情景下的未來現金流-（1）	50	80
（3）校準標準=躉繳保費-獲取成本	1,000-300=700	1,000-300=700
（4）剩餘邊際=max(0,(3)-(1)-(2))	700-550-50=100	700-650-80=-30 剩餘邊際=0
（5）攤銷比例=（4）/利潤驅動因素（選取未來賠付現值）	100/500=20%	0
（6）保險合同負債=（1)+(2)+(4)	550+50+100=700	650+80=730

2. 壽險責任準備金的後續計量

例3-4（續例3-3）2018年1月1日生效的定期壽險合同，保障期為20年，躉繳保費1,000元，獲取成本為300元，評估壽險責任準備金的時點為當年12月31日。則該合同壽險責任準備金的計算如表3-2所示：

表3-2　　　　　　壽險責任準備金後續計量示範表　　　　　　單位：元

項目	情形1	情形2
（1）合理估計的負債=貼現的未來賠款和維持費用	500	600
（2）風險邊際=不利情景下的未來現金流-（1）	40	60
（3）利潤驅動因素=未來賠付的現值	480	550
（4）剩餘邊際=（3）×攤銷比例	480×20%=96	0
（5）保險合同負債=（1)+(2)+(4)	500+40+96=636	600+60=660

（五）財務會計下非壽險合同未到期責任準備金的計算

1. 評估的思路

（1）加法算法。加法算法的思路與壽險合同未到期責任準備金的計算方法一致，即：

未到期責任準備金=未來現金流無偏估計的現值+風險邊際+剩餘邊際，如例3-2，續期剩餘邊際可以通過與比例法（未到期風險比例）計算的未賺保費（扣除獲取成本後）校準確定，見例3-5。

（2）減法算法。未到期責任準備金＝（總保費－保單取得成本）×未到期責任比例＋保費不足準備金。

在實際工作中常常使用減法算法，下面將講述未到期責任比例和保費不足準備金計算的原理。

2. 未到期責任比例的計算

（1）時間比例法。通常非壽險合同大多假定承保風險在整個保險期間是均衡的，故可採用時間比例法確定未到期責任比例。損益核算期在一年期的非壽險保單，可按二分之一法、八分之一法、二十四分之一法或三百六十五分之一法計算未到期責任比例。

①年平均估算法（1/2 法）。假定每年中的所有保險單是在 365 天中逐日均匀開立的，即每天開立的保險單數量及保險金額大體相等，每天收取的保險費數額也差不多，這樣，一年的保險單在當年還有 50%的有效部分未到期，則未到期責任比例為 50%。

②季平均估算法（1/8 法）。假定每一季度中承保的所有保險單是逐日開出的，且每天開出的保險單數量、每份保險單的保額及保險費大體均匀。這樣，每季度末已到期責任為 1/8，未到期責任為 7/8，然後每過一季，已到期責任加上 2/8，未到期責任減少 2/8，因此，每季度開立的保單的年末未到期責任比例為（2n-1）/8，其中 n 指一年 4 個季節，n＝1，2，3，4。

③月平均估算法（1/24 法）。假定一個月內所有承保的保險單是 30 天內逐日開出的，且保險單數量、保額、保費大體均匀，則對一年期保險單來說，開立保險單的當月末已到期責任為 1/24，23/24 的保費則是未到期責任準備金。以後每過一個月，已到期責任加上 2/24，未到期責任準備金減少 2/24，到年末，1 月份開出保險單的未到期風險比例為1/24，2 月份開出保單的未到期風險比例為 3/24……其餘類推，到 12 月份開出保險單的未到期風險比例為 23/24，即每個月開立的保單的未到期責任比例可以按公式（2n-1）/24 來計算，n 指月份，n＝1，2，3，…，12。

④逐日計算法（1/365 法）。按照保單在第二年有效天數，計算未到期責任比例。計算公式如下：

$$某日保單未到期責任比例＝\frac{第二年有效天數}{保險期間天數}$$

不考慮保費不足準備金時年末責任準備金可按下列公式計算：

年末未到期責任準備金＝每日保單未到期責任準備金之和

$$＝P_1×1/365＋P_2×2/365＋\cdots＋p_i×i/365＋\cdots＋P_{365}×365/365$$

公式中 p_i＝每日保費－保單獲取成本。

這種方法計算精確，只要計算機數據系統及時記錄並更新保單的各項信息，如保費、保險期間、保單的有效性等，那麼 1/365 法事實上是最容易操作的方法之一。

（2）準確計算未到期責任比例還應考慮的風險分佈因素。以上我們經常使用的計算未到期責任準備金的方法是建立在「保險期間風險的分佈是均匀」的假設之下的。但有些保險業務所面臨的風險是季節性的，在承保期間內風險是不均匀分佈的，按照以上的方法所計提的未到期責任準備金就和保險人所承擔的責任是不相匹配的，此時就需要對風險在保

險期間內的分佈情況進行分析，在此基礎上尋找合適的評估未到期責任準備金的方法。在實踐中有七十八法則與逆七十八法則、流量預期法等。

①七十八法則與逆七十八法則。用七十八法則評估未到期責任準備金時，假設自承保期開始後，風險呈現逐月等額遞減的趨勢。對一年期的保單，自承保起期開始，在每月內的風險以比例12：11：10：……逐月遞減。反之，對於逆七十八法則，自承保起期開始後，風險以比例1：2：3：……逐月遞增，如表3-3所示。

表3-3　　　　　一年期保單七十八法則與逆七十八法則的已賺保費比例

承保起期開始後第 X 月	每月已賺保費比例	
	七十八法則	逆七十八法則
1	12/78	1/78
2	11/78	2/78
3	10/78	3/78
4	9/78	4/78
5	8/78	5/78
6	7/78	6/78
7	6/78	7/78
8	5/78	8/78
9	4/78	9/78
10	3/78	10/78
11	2/78	11/78
12	1/78	12/78

②流量預期法。流量預期法以承保業務的實際風險分佈為基礎，使用數學模型分析經過期間風險所占比例，假設為m%，則未到期責任比例=（100-m）%。

例如，假定某一險種的風險分佈如下，其已賺保費和未賺保費的比例如表3-4所示。

表3-4　　　　　已賺保費和未賺保費的比例

時間	一季度	二季度	三季度	四季度
預期損失分佈	10%	30%	35%	25%
已到期責任比例	10%	30%	35%	25%
未到期責任比例	90%	70%	65%	75%

3. 保費充足性測試和保費不足準備金

因為對未來風險估計不足，按照前面所述的時間比例法或風險分佈法計算的未到期責任準備金可能小於預期的未來賠付、費用及再保等支出，此時需要計提保費不足準備金。因此按前述方法評估未到期責任準備金後，需要對未到期責任準備金的評估值進行充足性測試，以判斷是否需要提取保費不足準備金。

充足性測試方法可以按照以下步驟進行：

(1) 確定未來現金淨流出。

計算未來現金淨流出，包括未決賠款、理賠費用以及保單維持費用。未來賠款、理賠費用及保單維護費用需要估計未來每年發生的現金流，可基於已決賠款的流量三角形模式。

(2) 進行貼現。

(3) 計算 A 值。

A=貼現的未來現金淨流出+風險邊際。由於採取未賺保費法計算未到期責任準備金，只是在保費充足性測試時用到了風險邊際。

關於非壽險合同，風險邊際的計算規定如下：財產保險公司與再保險公司可以根據自身的數據測算並確定非壽險業務準備金的風險邊際，但測算風險邊際的方法限定為資本成本法和75%分位數法。風險邊際與未來現金流現值的無偏估計的比例不得超出2.5%~15.0%的區間，同時測算風險邊際的方法和假設應在報表附註中詳細披露。不具備數據基礎進行測算的財產保險公司與再保險公司，非壽險業務準備金的風險邊際應採用行業比例，未到期責任準備金的風險邊際按照未來現金流現值的無偏估計的3.0%確定。

(4) 計算 B 值。B=（總保費-首日取得成本）×未到期責任比例。

(5) 假如 A-B > 0，保費不足準備金=A-B；假如 A-B≤0，則保費不足準備金=0。

4. 非壽險合同未到期責任準備金計算舉例

(1) 加法算法。

例3-5 財產保險公司於9月1日和某企業簽訂了一個企業財產保險合同，保費收入為10,000元，其中獲取成本為2,500元，在當年12月31日應該計提的未到期責任準備金為（參見表3-5）：

表3-5　　　　　　　　　　應該計提的未到期責任準備金

項目	情景1	情景2
(1) 合理估計的負債=貼現的未來賠款和維持費用	4,600	5,200
(2) 風險邊際=(1)×風險邊際率	4,600×3%=138	5,200×3%=156
(3) 校準標準=比例法計算未賺保費（扣除獲取成本）	(10,000-2,500)×8/12=5,000	(10,000-2,500)×8/12=5,000
(4) 剩餘邊際=max(0,(3)-(1)-(2))	5,000-4,600-138=262	5,000-5,200-156=-356 剩餘邊際=0
(5) 保險合同負債=(1)+(2)+(4)	4,600+138+262=5,000	5,200+156=5,356

(2) 減法計算。

例3-6（續上例）

情景1：A=貼現的未來現金淨流出×(1+風險邊際率)=4,600×(1+3%)=4,738（元）

B=(總保費-首日取得成本)×未到期責任比例=(10,000-2,500)×8/12=5,000（元）

A-B=4,738-5,000=-262（元）

所以 保費不足準備金=0

未到期責任準備金＝B＝5,000（元）
情形2：A＝貼現的未來現金淨流出×(1+風險邊際率)＝5,200×(1+3%)＝5,356（元）
B＝（總保費–首日取得成本）×未到期責任比例＝5,000（元）
A–B＝5,356–5,000＝356（元）
故：保費不足準備金＝356（元）
未到期責任準備金＝（總保費–首日取得成本）×未到期責任比例+保費不足準備金
　　　　　　　＝5,356（元）

二、中國財務會計下未決賠款準備金的計量

（一）計提未決賠款準備金的理由

未決賠款準備金是指保險公司在會計期末為已發生保險事故應付未付賠款所提存的一種資金準備。

非壽險業務和壽險業務都存在未決賠案，都需要計提未決賠款準備金。但由於壽險業務中未決賠案的發生較少，其數量有限，故在實務中壽險業務提取的未決賠款準備金分別計入壽險責任準備金和長期健康險責任準備金中。

未決賠款準備金提取的原因在於在賠付過程中存在各種延遲。一個完整的賠付週期包括事故發生、報告、理算、賠付結案，甚至還有重提、再次結案等環節，因而賠付責任產生到賠款支付完畢存在著延遲。另一方面，根據權責發生制原則，對於會計日之前已發生的賠付責任，必須在當期確定，這就決定了對已發生而未賠付結案的賠案計提未決賠款準備金的必要性。

賠付延遲主要包括以下兩種：

1. 報告延遲

保險事故發現、報告所需時間所產生的時滯。一般來說，財產保險事故很快就能發現並報告，故報告延遲較短。但在涉及人身傷害的險種中，報告延遲可能就要長得多，如在汽車第三者人身傷害保險中，背部受傷的影響可能要幾個月之後才發現，而這方面最著名的報告延遲當屬美國雇主責任保險中著名的石棉傷害案，其保險事故是在發生之後幾十年才被發現的。

2. 理算延遲

對於已報告的保險事故，因責任認定所需時間而導致的延遲。在這方面，不同險種差異很大，如汽車車體碰撞及家庭財產賠案，在幾周內就能理算完畢，但在產品責任保險、汽車人身傷害責任保險、醫療事故保險等責任險種中，責任情況通常與身體傷害有關，但身體傷害的程度（如永久殘疾）、長期住院費用要等待一段時間後才能確定，且肉體痛苦和精神傷害責任的確認可能還會經歷曠日持久的法律訴訟，致使賠案要在10~20年後，甚至更久才能結案。

（二）未決賠款準備金的內容

1. 已發生已報案未決賠款準備金

已發生已報案未決賠款準備金是指為保險事故已經發生並已向保險公司提出索賠、保

險公司尚未結案的賠案而提取的準備金。已發生已報案未決賠款準備金的數據主要來源於理賠部門，反應了理賠部門對於理賠模式、賠付成本變化、零賠案、大賠案、已發生已報案未決賠款準備金的充足性以及評估一致性等問題的經驗和判斷；

2. 已發生未報案未決賠款準備金（Incurred But Not Reported，簡稱 IBNR）

已發生未報案未決賠款準備金（IBNR）狹義上是指為保險事故已經發生，但尚未向保險公司提出索賠的賠案而提取的準備金，又叫純 IBNR。實際上廣義的 IBNR 還應包括已發生但報告不充分未決賠款準備金（IBNER），即重立賠案準備金以及已發生已報案未決賠款準備金在未來的發展變化等。

在某些情況下，已結案索還可能被重新提起，且要求進行額外賠付，保險公司為這種賠付提取的準備金就是重立賠案準備金。一般來說，在報案的初期，對已發生已報案未決賠款準備金的估計不可能做到完全準確，但隨著時間的推移，可獲得的信息將會越來越多，從而對已發生已報案未決賠款準備金的估計值也就越來越準確。這樣就可以將針對這種已發生已報案未決賠款準備金在未來的發展變化而計提的準備金也包含在 IBNR 中。

如果沒有特別說明，中國的 IBNR 均為廣義 IBNR，即包括已發生但未報案準備金，重立案件準備金，以及已發生已報案未決賠款準備金在未來的發展變化等。

此外，因為中國保險公司的理賠程序存在一定的不合理情況，所以準備金評估人員應當注意若保險公司沒有及時對已報案索賠立案，就必須為這種賠付提取準備金。這種準備金是已報案但未立案的準備金，具體操作時要考慮公司的報立案延遲時間、案均賠款等影響因素。

3. 理賠費用準備金

理賠費用準備金是指為尚未結案的賠案預期發生的費用而提取的準備金，分為直接理賠費用準備金和間接理賠費用準備金。其中為直接發生於具體賠案的專家費、律師費、損失檢驗費等而提取的為直接理賠費用準備金；為非直接發生於具體賠案的理賠人員工資等費用而提取的為間接理賠費用準備金。

(三) 未決賠款準備金的傳統精算方法

1. 對於已發生已報案未決賠款準備金

(1) 逐案估計法。即由理賠人員逐一估計每起索賠案件的賠款額，然後記入理賠檔案，到一定時間把這些估計的數字匯總，並進行修正，據以提存準備金。這種方法比較簡單，但工作量較大，適用於索賠金額確定，或索賠金額大小相差懸殊而難以估算平均賠付額的短期保險業務。

(2) 平均值估計法。即先根據保險公司的以往損失數據計算出平均值，然後再根據對將來賠付金額變動趨勢的預測加以修正，把這一平均值乘以已報告賠案數目，就可得出未決賠款額。這一方法適用於：

① 理賠金額可快速決定的險種；

② 無重新調整估算的險種；

③ 未賠付案件較多的險種；

④ 大部分的賠案可以以相似金額結案的險種。

例如，ABC 保險公司機動車第三者責任保險的過去經驗期間資料如表 3-6 所示：

表 3-6　　　ABC 保險公司機動車第三者責任保險的過去經驗期間資料

發生意外事故的年度 （1）	最終賠款（元） （2）	最終賠案（件） （3）	平均損失（元） （4）=（2）/（3）
2000	119,700	100	1,197
2001	143,800	110	1,307
2002	178,700	125	1,430
2003	220,100	140	1,572

經過迴歸分析後，我們可能選定每一賠案的損失幅度為 1,700 元。

（3）賠付率法。即選擇一個時期的賠付率來估計某類業務的最終賠付金額，從估計的最終賠付額中扣除已支付的賠款和理賠費用，即為未決賠款額。這種方法簡便易行，但假定的賠付率與實際賠付率可能會有較大出入，此時按這種方法計算則不太準確。

本期未決賠款準備金＝預定賠付率×已賺保費－已付賠款和理賠費用

（4）表列法。這種方法主要應用於一些保險公司給付保險金視被保險人或受益人的生存年限、受益人再婚的概率或其他可能性的險種，如失能保險、勞工補償保險。根據此險種所估提的準備金稱為表列準備金，因為保險人賠款準備金的估提需要參照生命表、傷病率表、再婚率等來估提。

2. 已發生未報案未決賠款準備金（IBNR）

已發生未報案賠案的賠款的估計比較複雜，因為這類賠案的件數和金額都需估計。IBNR 準備金一般以過去的經驗數據為基礎，然後根據各種因素的變化進行修正，如出險單位索賠次數、金額、理賠費用的增減、索賠程序的變更等。這種索賠估計需要非常熟悉和精通業務的管理人員準確判斷。

過去中國保險公司財務制度規定，對已發生未報告的未決賠案按不高於當年實際賠款支出額的 4% 提存 IBNR 準備金。這種方法缺乏科學依據，特別是對於長尾巴的責任保險，提存的 IBNR 準備金嚴重不足。

在 2005 年中國保監會印發《保險公司非壽險業務準備金管理辦法》規定，保險公司應採用鏈梯法、案均賠款法、準備金進展法、B-F 法等方法提取已發生未報案未決賠款準備金時，應採用至少兩種方法進行謹慎評估，並根據評估結果的最大值確定最佳估計值。同時，中國還規定，如果保險公司精算責任人判斷數據基礎不能確保計算結果的可靠性，或者相關業務的經驗數據不足 3 年的，保險公司應當按照不低於該會計年度實際賠款支出的 8% 提取已發生未報案未決賠款準備金（財稅〔2016〕114 號）。

3. 理賠費用準備金

保險公司的賠付成本除了應支付的賠款外，還包括為處理賠案所支付的調查費用、訴訟費用、理賠部門員工的薪金等，因此未決賠款準備金不只是包含賠款的支付，還包括相關的理賠費用。

理賠費用由於分為直接理賠費用和間接理賠費用，理賠費用準備金可在分別計算直接理賠費用（Allocated Loss Adjustment Expense，ALAE）和間接理賠費用（Unallocated Loss Adjustment Expense，ULAE）準備金基礎上進行加總。

ALAE 準備金提存方式有三種：

（1）個案基礎

（2）公式法（Calendar-year Paid to Paid method）

$$（已付 ALAE \div 已付賠款）\times 賠款準備金$$

其中（已付 ALAE÷已付賠款）系指過去三年或五年比率的平均值。

$$賠款準備金 = IBNR 準備金 + 已發生已報案的未決賠款準備金 \times 50\%$$

（3）損失發展法

由於公式法對每筆賠案的 ALAE 準備金給予相同的權數，而不管賠案是否具有長尾屬性，因此保險公司特別注重正確估計 ALAE 準備金，尤其是以前發責任保險為主的公司。

ULAE 準備金主要按公式法進行計算。

（四）財務會計下未決賠款準備金的計算

公認會計下未決賠款準備金是未來賠款和理賠費用現金流的合理估計值的貼現值與風險邊際之和。

（1）未決賠款準備金計算的流程

①未決賠款準備金的合理估計負債基於《非壽險責任準備金管理辦法》確定一個基數。採用《非壽險責任準備金管理辦法》允許的方法得出不同方法下的評估金額，根據客觀真實情況賦予不同方法下評估金額的不同權重，據此計算出未來現金流量的期望值。

②反應貨幣的時間價值。根據計量單位的久期進行貼現。

③包含明確的風險邊際。

④無數據基礎或無精算專業技能給予不同方法下評估金額權重的，採用《非壽險責任準備金管理辦法》允許的方法進行最佳估計。

（2）久期的計算

下面舉例說明未決賠款久期如何計算（圖 3-3）：

事故年度	發展年度					
	1	2	3	4	5	6
2008						
2009						A_5
2010					A_4	B_4
2011				A_3	B_3	C_3
2012			A_2	B_2	C_2	D_2
2013	A_1	B_1	C_1	D_1	E_1	

圖 3-3 未決賠款久期計算

A_1 表示 2013 年發生的賠案，預期在 2014 年發生的賠付款；
A_2 表示 2012 年發生的賠案，預期在 2014 年發生的賠付款；
B_1 表示 2013 年發生的賠案，預期在 2015 年發生的賠付款；
其他以此類推。
假設賠付時間均勻分佈，平均賠付在年中發生。

$$未決賠款準備金平均久期 = \frac{0.5 \times A + 1.5 \times B + 2.5 \times C + 3.5 \times D_1 + 4.5 \times E_1}{A + B + C + D + E}$$

其中：
$A = A_1 + A_2 + A_3 + A_4 + A_5$
$B = B_1 + B_2 + B_3 + B_4$
$C = C_1 + C_2 + C_3$
$D = D_1 + D_2$
$E = E_1$

（3）折現率可在基準利率（目前選用三年一動平均的國債到期收益率確定的即期利率）基礎上加溢價（在行業指導範圍內，例如以+150bp 為上限）。

（4）未決賠款準備金=貼現後的基數×（1+風險邊際率）
未決賠款準備金的指導性風險邊際率為 2.5%。

第二節　IFRS17 下保險合同準備金的計量

2017 年 5 月，國際會計準則理事會（IASB）發布了國際財務報告準則第 17 號（IFRS17），理事會和其前任 IASC 為這一準則的制定花費了至少二十年的時間。IFRS17 將取代 IFRS4 這個階段性的關於保險合同的財務報告準則，在 2021 年 1 月 1 日或以後的會計期間生效。

IFRS17 彌補了現行保險會計實務的許多不足之處，它要求簽發保險合同的公司用同樣的會計方法處理保險合同，這將使得全球範圍內財務信息可比性顯著提高，並提升財務信息的質量。

IFRS17 要求保險公司應採用當前的估計和假設（已更新的、與相關市場信息相一致）來計量保險合同，以反應現金流的時間價值以及與保險合同有關的不確定性。新計量模型的使用將提供有關保險合同對公司財務狀況和風險敞口影響的最新信息，將使保險合同資產和負債（變動）的報告更加透明化，它還將提供有關保險公司當前盈利能力和未來盈利趨勢的信息。

本節將介紹 IFR17 所要求的保險合同準備金的計量模型。

一、保險合同計量概述

（一）保險合同的分組

IFRS 17 適用範圍內的保險合同在初始確認時均應匯總分組。IFRS 17 規定，對單個合

同進行分組時，實體應在考慮如何管理和評估經營業績的同時，限制用盈利合同來抵銷虧損合同。合同組合是在初始確認時確立，且後續不再重新評估。在確定匯總層次時，實體應識別保險合同組合。

實體應將每一組合至少分為以下合同組：

（1）初始確認時為虧損的合同組（如有）；
（2）初始確認時無重大可能會變為虧損的合同組（如有）；
（3）組合內所有剩餘合同。

合同的匯總分組可分為以下幾個步驟。在運用這些步驟或其他流程給合同分組時，不得將簽發時間相距一年以上的合同分在同一組。

步驟一：識別實體持有的保險合同組合。
步驟二：識別初始確認時每一組合內的虧損合同。
步驟三：確定哪些剩餘合同未來無重大風險會變為虧損合同。

1. 識別保險合同組合（portfolio of insurance contracts）

按照 IFRS 17 規定的定義，具有相似風險且風險管理相似的保險合同應納入同一組合。通常，同一產品線的合同如果一併管理，則納入同一組合；不同產品線且具有不同風險的合同則歸入不同的組合。例如，躉繳固定年金合同預計不會與定期繳費壽險合同歸入同一組合。

2. 識別虧損合同（onerous contract）

初始確認時，實體可以在一組合同的層面（即高於單個合同的層面）衡量合同是否為虧損合同，但前提是，有合理的支持性信息證明，這些合同可以全部歸入同一組。

如果分配給合同的履約現金流、以前確認的獲取現金流以及在初始確認之日起從合同中產生的現金流都是淨流出，則保險合同在初始確認之日是虧損的。實體應將此類合同與不虧損的合同分開進行分組。實體可以通過計量一組合同而不是單獨的合同來確定虧損合同。實體應立即在利潤表中確認虧損合同組的損失，從而使該合同組未到期責任準備金的帳面金額等於履約現金流同時合同組的合同服務邊際為零。

3. 未來無重大風險會變為虧損合同（A group of insurance contracts which becomes onerous）

實體使用實體內部報告所提供的估計信息並且考慮假設條件發生變動的可能性，確定哪些合同將無重大風險會變為虧損或者出現更大的虧損。

（二）保險合同計量模型的分類

IFRS17 將保險合同的計量模型分為三大類：通用計量模型、保費分配法、可變費用法（見表 3-7）。根據業務特徵的差異適用不同的模型，其主要目的也是希望更好地體現保險合同的差異性，如合同特徵的差異、公司管理的差異，並適當地考慮了公司的實施難度。本節此後的內容將分別介紹每一種計量模型。

表 3-7　　　　　　　　　　　　　保險合同計量模型

	適用範圍	是否強制	和當前中國會計準則的差異
通用計量模型 (General Model)	適用於所有保險合同的默認模型，但不適用於具有直接分紅特徵的合同	強制	主要在於合同服務邊際的後續計量同現行剩餘邊際的處理差異較大
保費分配法 (Premium Allocation Approach)	為短期保險合同提供簡化的處理方法	非強制	計量模型基本一致
可變費用法 (Variable Fee Approach)	具有直接分紅特徵的保險合同	強制	需要識別基礎項目以及具有直接分紅特徵保險合同三個條件的適用性

二、通用計量模型（General Model）

IFRS17下保險合同計量的通用模型是默認為適合所有保險合同的計量模型（具有直接分紅特徵的保險合同除外），它又被稱為模塊法（Building Block Approach），通用模型下保險合同負債由履約現金流和合同服務邊際兩個模塊組成。下面將介紹的主要內容如下：

- 保險合同負債的構成
- 未來現金流
- 折現率
- 非財務風險的風險調整
- 合同服務邊際
- 保險合同初始計量例子
- 保險合同後續計量

（一）保險合同負債的構成

在衡量一組保險合同時，通用計量模型要求識別負債的兩個組成部分——履約現金流與合同服務邊際，即保險合同負債＝履約現金流＋合同服務邊際。具體參見圖 3-4。

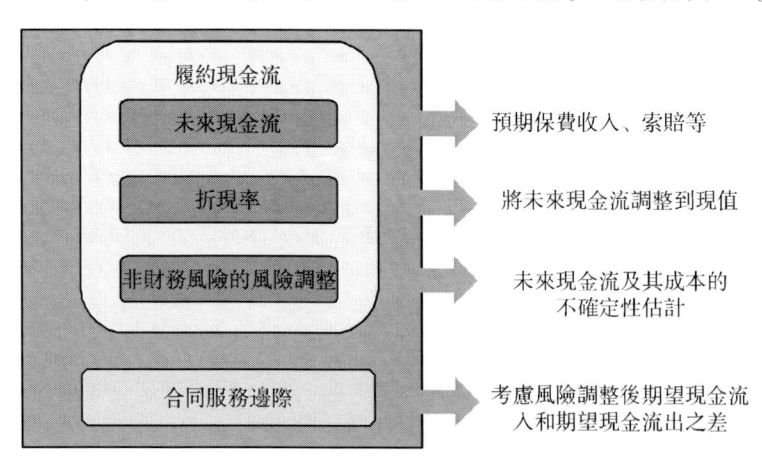

圖 3-4　保險合同負債組成

1. 履約現金流（fulfilment cash flow）

履約現金流指對保險機構履行合同而產生的未來現金流的現值，所作出的經風險調整的、顯性的、無偏的及概率加權的估計值。由以下要素組成：

①保險機構履行合同而產生的未來現金流估計值；

②為反應貨幣時間價值（即折現）以及與未來現金流有關的財務風險而作的調整（如果這些金額未囊括在未來現金流的估計中）；

③對非財務風險的風險調整。

2. 合同服務邊際（contractual service margin）

合同服務邊際指保險公司在評估時點預計可賺取但尚未實現的利潤，是為了達到保險合同首日不存在得利的要求而存在的。

因而，在保險合同通用計量模型下，保險合同的具體構成模塊可以表述為如圖 3-5 所示：

未來現金流的現值 ＋ 風險調整 ＋ 未實現利潤（合同服務邊際） ＝ 保險負債（列示在資產負債表中的保險合同負債）

（未來現金流的現值 ＋ 風險調整 = 履約現金流）

圖 3-5 保險合同負債的組成模塊

下面將分別說明以上要素。

(二) 未來現金流（estimated future cash flows）

1. IFRS17 對未來現金流的估算要求

①保險機構應採用期望現值法，根據合理的、易獲取的所有未來可能發生的現金流的數量、時點和不確定性的信息，採用整合的無偏估計方法對各種可能的結果估計現金流的期望值。

②在相關市場變量的估計和這些變量可觀察的市場價格一致的情況下，應反應保險機構的觀點。

③未來現金流應為當前的估計，估計要反應估算日的條件和在估算日對未來的假設。在每個報告日均要更新估計以反應估算日的條件。

④估算應是明確的，保險機構要單獨估算非財務風險的調整、貨幣時間價值的調整和財務風險的調整的現金流。

⑤合同邊界內的現金流，即與合同履約直接相關的現金流以及保險機構具有相機選擇權的現金流。

如果保險合同範圍內的現金流來源於報告期內存在的實質性權利和義務，那麼保險機構可以強制保單持有人支付保費，或有實質義務向保單持有人提供服務。提供服務的實質性義務在以下情況時終止：

①該保險機構具有重新評估特定保單持有人風險的實際能力，並因此可以設定能夠充分反應這些風險的價格或利益水準；

②同時滿足以下兩個標準：第一，保險機構有實際能力重新評估包含該合同在內的保險合同組合的風險，並因此可以設定充分反應該組合風險的價格或利益水準；第二，到重新評估風險日為止時的保險費定價不考慮重新評估日之後的風險。

保險機構不得將保險合同範圍以外的預期保費或預期債權確認為負債或資產，因為這些預期保費和債權是和未來保險合同相關的。

2. IFRS17 規定的未來現金流具體內容

（1）合同範圍內的未來現金流出具體包括：

①保險人對投保人支付的賠款。包括已發生已報案未決賠款、已發生未報案未決賠款及現有合同範圍內的所有未來賠款。

②支付給投保方款項。其數額基於基礎項目取得的投資收益而變化。

③因衍生工具嵌入導致的保險人對投保人的付款。

④可以按照合理且一致的分攤原則，直接歸屬於單個保險合同組合的獲取成本。

⑤理賠費用。包括法律費、公估費及調查和處理理賠的內部成本。

⑥以實物方式賠付保單持有人的成本。

⑦保單管理和維護費用。如保單成本、保單轉換成本及支付給代理人或仲介的佣金。

⑧交易過程中的稅費（如保費稅、增值稅及商品服務稅）和其他產生於現有合同的稅費（如火警服務稅、繳納的保險保障基金）。

⑨保險人以受託人身分代投保人繳納的、與投保人收入相關的稅費。

⑩可直接歸屬於該保險合同組合的固定費用和可變費用。如會計成本、人力資源成本、信息技術和支持成本、建築折舊、租金、維持費用。

⑪合同條款中明確說明的應支付給投保人的其他任何成本。

（2）合同範圍內的未來現金流入具體包括：

①投保人支付的保費及因這些保費而產生的現金流入。

②基於現有保險合同的未來索賠產生的潛在追回款，如損餘物資和代位求償權。

③不能與保險合同分離開來的嵌入式期權和擔保合同帶來的現金流入。

（3）不屬於合同範圍內的未來現金流具體包括：

①投資收益，保險資金投資需要單獨確認、計量和列報。

②再保險合同產生的現金流，再保險合同要單獨確認、計量和列報。

③未來的保險合同產生的現金流。

④不可直接歸屬於保險合同組合的成本，如產品開發費、培訓費應在發生時直接計入損益。

⑤為履行保險合同浪費的非正常的大量人力資源及其他資源成本，應在發生時直接計入損益。

⑥所得稅支出及保險人不是以受託人身分支付或收到的款項。

⑦保險機構管理的其他基金的現金流，如保單持有人基金和股東基金等不會改變對保單持有人的保險支付的現金流。

⑧與保險合同相分離的、適用於其他準則的其他成分產生的現金流。

(三) 貨幣時間價值的調整（adjustment to reflect the time value of money）

貨幣時間價值反應的是對現金流時間價值的調整，通常採用對現金流進行折現的方法。在財務業績表中確認金額時，無論財務風險是如何被反應在現金流的估計中，其變動的影響都應以類似的方式列報。

1. 折現率的確定

適用於未來現金流量估計的折現率應具備以下三個特徵：

（1）反應貨幣時間價值、現金流量特徵和保險合同流動性特徵；

（2）與保險合同有著類似現金流的金融工具的可觀察的現行市場價格（如有）一致；

（3）對於影響用於確定折現率所採用的可觀察市場價格、但不會影響保險合同的未來現金流的因素，應當剔除該等因素的影響。

折現率對於下面兩類合同採取不同的確定方法：

（1）對於隨基礎項目回報的變動而變動的現金流，保險機構應對其折現或調整以反應該波動性，無論波動性是否來自合同條款或發行人的相機抉擇權，或者保險機構是否持有基礎項目。

（2）對於不隨基礎項目回報變動而變動的現金流，可採用「自下而上法」和「自上而下法」來確定折現率。

需要注意的是，IFRS17 並未強制要求保險機構根據現金流是否依賴基礎項目收益而將保險合同分為以上兩類，如果不分類，保險機構可以用隨機模擬等方法來確定折現率。

除此之外，所採用的折現率，應當以可獲取的當前信息為基礎確定，不得鎖定。

2. 不依賴基礎項目回報的現金流折現率估計

IFRS17 並未規定採用單一的估計技術來確定折現率。但是，該準則確實規定可以採用「自上而下」或「自下而上」法。理論上，對於現金流並不隨標的項目業績的變動而變動的保險合同，採用兩種方法都能得到一樣的折現率（儘管實務中可能會出現差異）。

（1）自下而上法。對於不隨基礎項目回報的變化而變化的現金流，保險機構可以基於流動性無風險收益率曲線（反應了在活躍市場上交易的資產）來確定折現率，並對該折現率進行調整以消除所選曲線對應的金融工具的流動性特徵與保險合同的流動性特徵之間的差異。具體做法是以無風險收益率曲線為起點，在其之上加上非流動性溢價。因為如果投資人投資於相同的資產，一般會期望得到更高回報，除非該等資產不可交易或不可贖回。

例如，無風險利率往往根據高流動性的流通債券的價格來確定（用來作為無風險利率的替代），這類債券沒有信用風險或信用風險可以忽略不計，且一般可以迅速在市場上出售而不會發生很大的成本。相反，在保險合同到期前，投保人通常不能在不發生重大成本的情況下將保險合同負債變現（如果不是完全不可以的話）。

（2）自上而下法。保險機構可以基於反應參照資產組合公允價值計量所隱含的當前市場回報率的收益率曲線來確定折現率，並對該收益率曲線進行調整以剔除任何與保險合同無關的因素，但無需就保險合同與參照資產組合在流動性特徵方面的差異來調整收益率曲線。

IFRS17 對於如何選擇作為運用本法第一步的參照組合，並無具體要求，但是如果資產

具有與保險合同類似的特徵，那麼為得出保險合同的折現率所需進行的調整則會相對較少。

一旦確定了參照資產組合，可按照如下步驟估計收益率曲線：

①使用參照組合中的資產在活躍市場上可觀察市場價格；

②如果參照組合中的資產不存在活躍市場，則採用類似資產的可觀察市場價格，並調整以使其與參照組合中的資產可比；

③如果參照組合中的資產沒有市場，則根據IFRS13所界定的公允價值進行估計。

確定收益率曲線後，保險機構應進行必要調整以得出保險合同的適用折現率。當保險合同的現金流並不隨參照組合的資產現金流變動時，就以下面的因素調整收益率曲線：

①參照組合的資產的現金流與保險合同的現金流在金額、時點及不確定性上的差異；

②僅與參照組合的資產有關的信用風險的市場風險溢價。

當保險合同的現金流並不隨基礎項目的回報而變動，且採用了自上而下法，則可採用債務工具組合作為起點，因為需要的調整相對較少（與使用權益類工具相比）；當保險合同的現金流隨基礎項目的回報而變動，同時採用了自上而下法並利用標的項目作為參照組合時，需要對該組合的收益率曲線進行的調整可能相對較少。

採用自上而下法對保險機構而言可能存在挑戰，因為確定需要從資產收益中剔除的市場風險溢價金額較為複雜。為得出適用的折現率，可能仍需進行部分調整，但是沒有必要就保險合同與參照組合的流動性特徵差異進行調整。

圖3-6為自下而上法和自上而下法的示例。

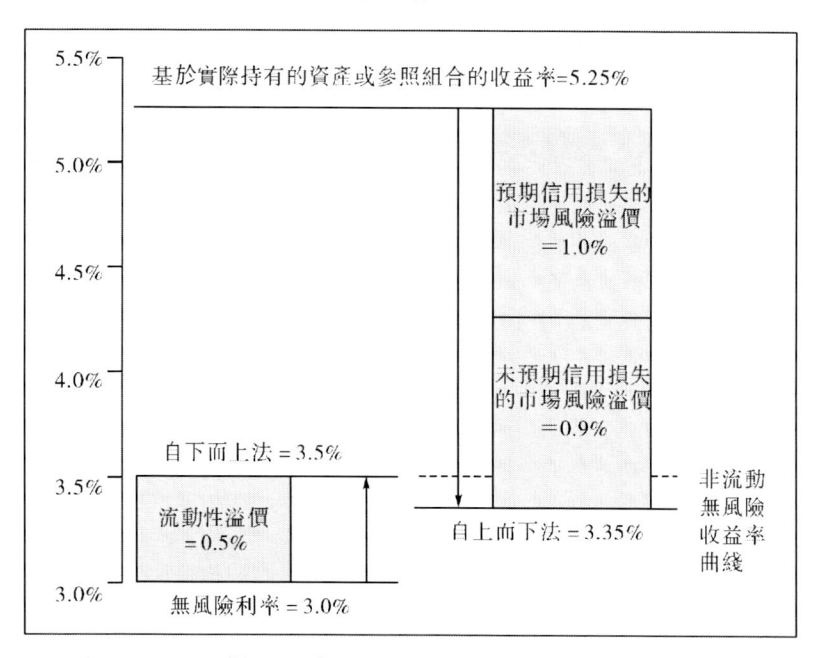

圖3-6　自下而上法和自上而下法示例

(四) 非財務風險的風險調整 (risk adjustment for non-financial risk)

非財務風險的風險調整反應保險機構因承擔非財務風險導致的現金流金額和時點的不確定性而需要獲得的補償。

1. 非財務風險的風險調整含義

非財務風險的風險調整是顯性的，其目的是使保險機構要求獲得的補償金額能夠在以下兩者之間不偏不倚地實現平衡：

（1）履行負債過程中因非財務風險而引發多種可能的結果；

（2）履行負債過程中產生固定現金流，且該現金流的預期現值與保險合同相同。

圖3-7為非財務風險的風險調整示例。

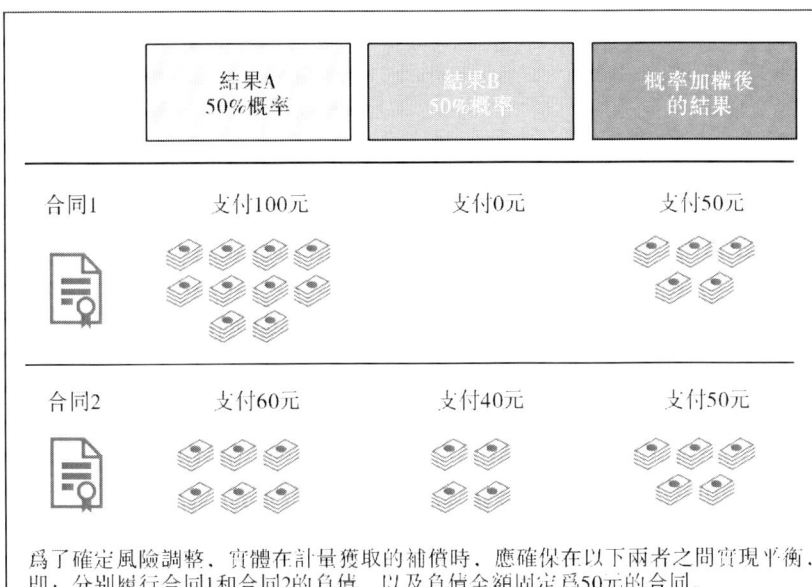

圖3-7 非財務風險的風險調整示例

非財務風險的風險調整反應了以下內容：

（1）在確定為承擔風險所需要獲得的補償時，保險機構應考慮分散化收益的程度；

（2）有利和不利的結果所反應的保險機構風險規避的程度。

即風險調整反應的是保險機構自身對風險規避程度的認識，因而應站在保險機構的角度，而非從市場參與者的角度進行計量（如果基於市場參與者要求的金額來確定非財務風險的風險調整，則應按照退出價格進行計量）。

2. 非財務風險的風險調整計量

IFRS17規定在計量風險調整時，應當考慮所有與保險合同有關的非財務風險，即只調整保險風險（如保單失效和費用風險）和其他非財務風險（一般的營運風險），不應當考

慮與保險合同無關的風險（如保險資金的投資風險）。

由於 IFRS 17 並未明確規定相關方法，實體在決定採用何種技術來確定非金融風險的風險調整時有很大的自由度。方法的適當與否將取決於每家實體的具體情況。為採用 IFRS 17，實體很可能利用當前技術來確定風險調整。這些方法包括資本成本法、置信水準法和條件尾部期望值（CTE）法，並在確定過程中考慮非財務風險的以下特徵，見表 3-8：

表 3-8　　　　　　　　　　　財務風險的特徵

較低的風險調整	較高的風險調整
高頻率和低嚴重性	低頻率和高嚴重性，如巨災風險
合同期限短	合同期限長
狹窄的分佈概率	扁平、較寬的概率分佈
更多已知的趨勢及當前估計	不明確的趨勢及當前估計
降低估計不確定性的新近賠付經驗	增加估計不確定性的新近賠付經驗

如果實體選擇不使用置信水準技術來確定風險調整，它必須披露與技術結果對應的置信水準，以此確保與其他實體的可比性。這可能會對方法的選擇產生重大影響，而披露對於部分實體而言可能頗具挑戰性。

計量風險調整所用的技術需要考慮標的現金流的概率分佈，這取決於保險機構如何確定承擔非財務風險所需的補償。例如，為確定非財務風險的風險調整，保險機構應按每種特定的風險類型（例如，死亡、盜竊、第三方責任或保單失效），或是按風險的「形狀」（即具有某一特定概率分佈的所有現金流）來確定總體現金流的概率分佈。這兩種角度都會導致保險機構根據風險緩釋的影響來評估非財務風險的風險調整。

IFRS17 允許保險機構可以按不同的業務層次計量非財務風險的風險調整，例如按照合同、小合同組合、大合同組合或實體層次，前提是非財務風險的風險調整計量與目標相一致。IFRS17 也允許保險機構就各個風險類型或業務層次採用不同的方法。

鑒於部分非市場變量（如退保率）可以與市場變量（如利率）掛勾，在確定非財務風險的風險調整時，保險機構需要確保取決於市場變量的非財務風險與取決於該市場變量的可觀察市場價格相符。另外在確定採用何種技術時，保險機構應考慮採用該技術能否提供簡明翔實的披露，使報表的使用者能夠將公司業績與同業公司進行基準比較。

（五）合同服務邊際（contractual service margin）

1. 合同服務邊際的定義

合同服務邊際是保險合同負債的組成部分，代表合同未實現的利潤，在將來隨著合同主體提供保險服務而逐步確認在利潤表中。

由於合同的全部價值與未來提供的服務有關，因此利潤也要待未來才能賺取，合同服務邊際也將隨著保險機構在整個保險期間服務的提供而逐步確認為利潤。

2. 合同服務邊際的初始計量

除非保險合同為非虧損合同，保險機構在初始確認保險合同時應計算合同服務邊際，

其金額為下列現金流之和的負值，這將導致該合同組在初始確認時不會產生任何收入或費用。

(1) 初始確認履約現金流的金額；
(2) 終止確認因保險獲取現金流而確認的資產或負債；
(3) 初始確認當日合同組中合同所產生的任何現金流。

如果初始確認日保險合同是虧損的，則任何先前已確認所獲取的現金流量以及合同在初步確認日所產生的任何現金流量均為淨流出，合同服務邊際為零。

例3-7 本例表明了會計主體在保險合同首次確認時如何計量的，這些保險合同在首次確認時可能是虧損的，也可能是盈利的。

假設1：會計主體簽訂了100份3年期的保險合同。當保險合同簽訂時保險期生效。為簡單起見，假設在保險合同到期之前，沒有合同會失效。

假設2：在初始確認後，會計主體預計立即收入保險費900元，因此，估計未來現金流流入的現值是900元。

假設3：會計主體在每年年末估計每年的現金流出如下：

(1) 在例7A中，未來每年的現金流出為200元（總共600元）。會計主體用每年5%的折現率估算的未來現金流的現值為545元；

(2) 在例7B中，未來每年的現金流出為400元（總共1,200元）。會計主體用每年5%的折現率估算未來現金流的現值為1,089元。

(1) 和 (2) 中的折現率反應了適用於未來現金流量估計的折現率的特徵。

假設4：會計主體估算在初始確認時應對非財務風險的風險調整金額為120元。

假設5：為了從簡，忽略了所有其他的交易金額。

表格示例1

保險合同初步確認的計量如表3-9所示：

表3-9　　　　　　　　保險合同初步確認的計量　　　　　　　　單位：元

	例7A	例7B
未來現金流入的現值的估計	(900)	(900)
未來現金流出的現值的估計	545	1,089
未來現金流的現值的估計	(355)	189
非財務風險的風險調整	120	120
履約現金流	(235)	309
合同服務邊際	235	0
保險合同（資產）/負債初始確認		309

初始確認收益或損失的影響如下：	
保險服務費用	(309)
確認當年虧損	(309)

分析及解釋如下：

表中數據反應了IFRS17的規定，履約現金流包括對未來現金流量的估計、調整以反應貨幣的時間價值和與未來現金流量相關的財務風險以及非財務風險的風險調整，保險公司在初始確認時衡量一組保險合同履約現金流的總額和合同服務邊際。

例7A中保險公司在一組保險合同金額的初始確認時衡量合同服務邊際的數額，這樣使得初始確認時沒有收入或費用產生於履約現金流的初步確認。因此合同服務邊際為計算為：$-(120+545-900)=235$元。

例7B中由於在初始確認時實現現金流量是淨流出，因而可得出結論，這些初始確認的保險合同是虧損的，保險公司將把這些合同與不虧損的合同分開，同時在利潤表中確認淨流出為虧損，導致保險合同組的負債的帳面價值等於履約現金流，並且合同服務邊際為0。

表格示例2

初始確認後，會計主體收到900元保費，合同保險組的帳面價值變動情況見表3-10：

表3-10　　　　　　　合同保險組的帳面價值變動情況　　　　　　　單位：元

	例7A	例7B
未來現金流入現值的估計	0	0
未來現金流出現值的估計	545	1,089
未來現金流量現值的估計	545	1,089
非財務風險調整風險	120	120
實現現金流量	665	1,209
合同服務邊際	235	0
保險合同(資產)/初始確認後立即承擔責任	900	1,209

至此，本例中保險合同的初始計量完成。

（六）保險合同負債的後續計量

1. 保險合同負債後續計量的項目

保險合同負債在會計期末的帳面金額將包括：①剩餘保險責任負債（the liability for remaining coverage），即未到期責任準備金；②已發生賠案負債（the liability for incurred claims），即未決賠款準備金。

期末未到期責任準備金由履約現金流和合同服務邊際兩個模塊組成，而未決賠款準備金的計算僅考慮履約現金流。

2. 合同服務邊際的後續計量

由於這部分主要介紹通用模型的後續計量，所以在此主要說明沒有直接分紅特徵的保險合同的合同服務邊際的後續計量，而具有直接分紅特徵的保險合同的後續計量將在以後加以說明。

對於沒有直接分紅特徵的保險合同，在報告期期末合同組的合同服務邊際的帳面價值等於報告期開始時的帳面價值經過下列事項調整後的金額，如圖3-8所示：

（1）組內新增合同的影響；

（2）本期計提的合同服務邊際的利息；
（3）與未來服務有關的履約現金流的變動；
（4）匯兌差異對合同服務邊際的影響；
（5）由於本期間服務的轉移在損益表確認的合同服務邊際，該金額根據報告期期末剩餘合同服務邊際在當期和剩餘期間的攤銷確定。

通用計量模型下合同服務邊際的後續計量如圖3-8所示。

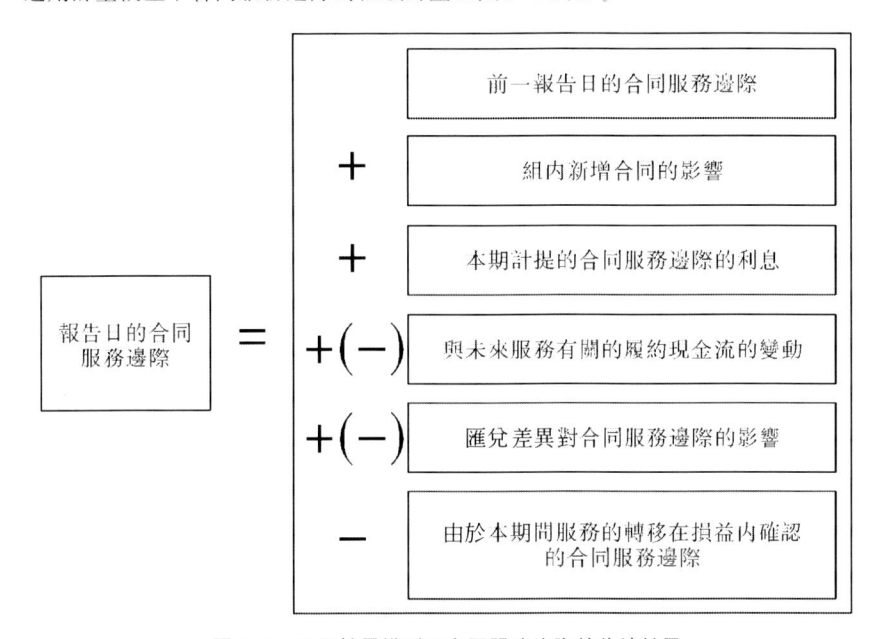

圖3-8 通用計量模型下合同服務邊際的後續計量

下面分別說明以上重要事項：

（1）與未來服務有關的履約現金流的變動：對於沒有直接分紅特徵的保險合同，會計主體應根據報告期間內與未來服務有關的履約現金流變動調整合同服務邊際，這些變動包括：

①當期收到的與未來服務有關的保費所引起的經驗調整，其相關現金流，如保險獲取成本現金流和保費稅，按照初始計量折現率計算；
②與未到期責任準備金有關的預期未來現金流現值的估計變動；
③與未來服務有關的非金融風險的風險調整變動；
④當期預計應付的投資成分與當期實際應付的投資成分之間的差額。

但以下情況除外：
①履約現金流的增加額超過了合同服務邊際的帳面金額，即產生損失；
②履約現金流的減少額被分攤至負債的損失部分。

會計主體不應該隨著履約現金流的以下變動來調整沒有直接分紅特徵的保險合同的合同服務邊際，因為這些變動與未來服務無關：

①貨幣時間價值的影響及其變化和金融風險的影響及其變化（這些變化會對未來現金流的估計和貼現率產生影響）；

②發生索賠責任的履約現金流估計的變動；

③經驗調整（與未來服務有關的經驗調整除外）。

總之，經驗調整與未來保險服務有關，就應調整合同服務邊際，而不是立即在利潤表中確認；經驗調整與過去或當前服務有關，因此無需就此調整合同服務邊際。但是，由於當期已收保費的變化而做出的與未來服務有關的經驗調整是一個例外，即需要為此調整合同服務邊際。

（2）具有相機決策權的保險合同的履約現金流的變動：部分沒有直接分紅特徵的保險合同為會計主體提供相機抉擇權來決定支付給投保人的現金流的金額、時點或性質。相機性現金流的變動被視為與未來服務有關，因此需要調整合同服務邊際。為了識別這些變動，實體在合同開始時應明確規定用來確定合同承諾的基礎，例如，是基於固定利率還是基於隨著特定資產回報的變動而變動。

在合同開始時規定的基礎將用來區分金融風險有關的假設變動與實體相機選擇權對合同承諾的影響。由於實體所承諾的現金流的後續相機變動與未來服務有關，因此需要調整合同服務邊際。相反，實體無需就金融風險假設變動導致的後續承諾變動而調整合同服務邊際。如果實體在合同開始時不能確認用來確定合同承諾的基礎，則其承諾是履約現金流估計值所隱含的回報，並已按照與金融風險有關的當前假設進行。

例3-8 保險實體E簽發了一份保險合同（無直接分紅特徵），保險責任期間為5年，如投保人在保險責任期間死亡，其受益人將收到以下兩個金額中的較高者：①固定的死亡給付；②帳戶餘額。如果投保人生存至保險責任期末，他將收到帳戶餘額。帳戶餘額將收到2%的最低保證利息回報。是否支付任何額外的回報由實體E自行決定。

在合同開始時，實體E預計內部指定的資產池的回報率為5%，並規定，向投保人提供的回報必須在實體E達到保證利率後，能夠為實體E保留0.5%的利差。這是實體E在確定需要調整合同服務邊際的承諾變動時指定的初始承諾。

在後續第一個期間的實際回報率為6%，並不影響合同服務邊際，因為實體E並未改變承諾機制，即使它將要向投保人提供高於預期的回報。但是，金融風險的影響將作為保險財務收入或費用的一部分，計入損益或其他綜合收益。

在後續期間導致實體E得到較低或較高利差的承諾變動將調整合同服務邊際，因為此類變動改變了與未來將要提供的服務有關的承諾。

（3）本期計提的合同服務邊際利息：對於沒有直接分紅特徵的保險合同，利息在報告期間內按合同服務邊際的帳面價值及初始確認時為反應貨幣時間價值所採用的折現率進行計提。該折現率適用於不隨標的項目回報的變動而變動的名義現金流。

（4）合同服務邊際的釋放。在每個報告日，合同服務邊際反應的是尚未在損益中確認的一組保險合同組的利潤，因為它與實體將要提供的未來服務有關。因此，實體在每個報告期間按照計入損益的金額調整合同服務邊際，以此反應該期間內根據保險合同提供的服務。該金額通過以下步驟確認：

①識別合同組內的保險責任單元；

②（在按照已提供的服務確認釋放合同服務邊際進損益前）將報告日的合同服務邊際平均分攤給當期已提供以及未來期要提供的保險責任單元；

③在損益中確認分攤至本期已提供的保險責任單元的金額。

合同組中的保險責任單元的數量是指該組合同所提供的保險保障的數量，由實體根據每份合同提供的給付數量及其預期保險責任期限來確定。實體在合同承諾的保險責任期間（而不是預期結算負債的期間）將合同服務邊際計入損益。實體為承擔風險而確認的利潤（即非財務風險的風險調整）將隨著風險在保險責任期間和理賠期間的釋放而計入損益。

3. 後續計量的例子

下例將說明實體如何對一組保險合同進行後續計量，還說明了實體如何將保險合同負債的每個組成部分從期初餘額調整到期末餘額。

例 3-9（續例 3-7） 一個實體簽發 100 份保險合同，保險責任期間為三年。保險合同簽發時，保險責任期間開始。為了簡單起見，假定在保險責任期間結束前沒有任何合同會失效。實體預計在初始確認後立即獲得 900 元的保費；因此，對未來現金流入的現值的估計是 900 元。初次確認的非財務風險的風險調整為 120 元。

（1）初始估計和第一年年末保險合同負債的計量

該實體估計每年年底的現金流出情況如下：

①年度未來現金流出為 200 元（共 600 元）。該實體估計未來現金流量的現值為 CU545，反應該保險合同組現金流量特徵的年貼現率為 5%（這些現金流量不會因任何基礎項目的回報的變化而變化）。

②在第一年，所有事件按預期發生，實體不改變與未來期間有關的任何假設。

③非財務風險的風險調整在保險責任期限內的每個年度平均釋放且在損益表中平均確認。

④費用預計在每年發生後立即支付。

根據以上假設在初始確認時，實體對保險合同進行了計量，並對後續年度的履約現金流量估計如表 3-10 所示：

表 3-10　　　　　　　　**對後續年度的履約現金流量估計**　　　　　　　　單位：元

	初始確認	第一年	第二年	第三年
預期現金流入量現值	(900)	—	—	—
預期現金流出量現值	545	372	191	—
未來現金流量現值	(355)	372	191	—
非財務風險的風險調整	120	80	40	—
履約現金流	(235)	452	231	—
合同服務邊際	235			
保險合同（資產）/負債初始確認	—			

在第一年末，實體分析年度履約現金流變動的原因，以決定每項變動是否調整合同服務邊際。根據這些信息，保險合同負債餘額調節表編製如表 3-11：

表 3-11　　　　　　　　　　保險合同負債餘額調節表　　　　　　　　　　單位：元

	未來現金流量 現值的估計	非財務風險 的風險調整	合同服務 邊際	保險合同 負債
期初餘額	—	—	—	—
與未來服務有關的變更：新合同 （預期現金流出量）	（355）	120	235[a]	—
現金流入量	900	—	—	900
保險財務費用	27[b]	—[c]	12[d]	39
與當期服務相關的變更（履約現金流）	—	（40）[e]	（82）[e]	（122）
現金流出量	（200）	—	—	（200）
期末餘額	372	80	165	617

對上表分析和說明如下：

（a）根據未來提供服務的變化調整合同服務邊際。

（b）在上表中，27 元的保險財務費用是按照當前的貼現率 5%，乘以 545 元（初始確認的未來現金流量現值 355 元與第一年初收到的 900 元現金流量之間的差額）來確定的。

（c）實體選擇不在損益表中分解列示非財務風險的風險調整變動（當期釋放的非財務風險的風險調整）在兩個部分——保險服務業績和保險財務業績，而是列示非財務風險的風險調整的變動在損益表中的保險服務業績部分。

（d）實體按照合同服務邊際期初餘額 235 元乘以 5% 的貼現率計算得到合同服務邊際計提利息 12 元。該貼現率適用於不隨任何基礎項目的回報而變化的名義現金流量，且根據初始確認時保險合同的貼現率確定。

（e）實體在損益表中確認該保險合同組合的合同服務邊際（期間已實現的利潤），以反應此期間保險合同組合所提供的服務。要計量在損益表中確認的合同服務邊際，需要識別保險保障單元。這些保險保障單元反應了實體保險合同組下每個合同提供的保險利益的數量及其預期的久期。實體基於保險保障單元在期末按照當前期間和未來期間分配合同服務邊際，並在損益表中確認合同服務邊際。在這個例子中，保險合同的三年的每一年提供的服務是相同的（因為假設沒有一張保險合同失效，每個期間的保險保障單元相同），所以當期在損益表中確認的合同服務邊際為 82 元 = 247 元/3 年，其中，247 元 = 235 元 + 12 元。

實體也可以基於保險保障單元採用另外的方法計算在損益表中確認的合同服務邊際。例如，實體可以在每個期間平均攤銷合同服務邊際，該合同服務邊際包括保險期內累積的預期利息。在本例中，使用該方法的在每個週期中的結果都為 86 元 = 235 元 × 1.05 ÷（1 + 1÷1.05 + 1÷1.05^2），而不是上述模式下的第 1 年 82 元，第 2 年 86 元，第 3 年 91 元。

（2）第二年履約現金流變化情況下保險合同負債的計量

在第二年所發生的費用與預期不同，發生了以下事件：

①實際索賠金額為 150 元，比初始預期減少 50 元；

②在年末實體修正了對第 3 年的未來現金流出的估計，預計支付 140 元（現值為 133 元），而不是過去預計的 200 元（現值是 191 元），意味著現值減少了 58 元；

③在年末實體修正了非財務風險的風險調整相關的未來現金流現值為 30 元而不是初始假設的 40 元。

分析：

第二年末期修正後的履約現金流估計數為如表 3-12 所示（提供了第一年和第三年履約現金流作為比較）：

表 3-12　　　　　　第二年末期修正後的履約現金流估計數　　　　　單位：元

	初始值	第一年	第二年	第三年
對未來現金流入現值的估計	(900)	—	—	—
對未來現金流出現值的估計	545	372	133	—
對未來現金流現值的估計	(355)	372	133	—
非財務風險的風險調整	120	80	30	—
履約現金流	(235)	452	163	—

在第二年末，實體分析履約現金流變動的緣由，以決定是否每項變動需要調整合同服務邊際餘額。根據以上信息編製保險合同負債餘額調整表如表 3-13 所示：

表 3-13　　　　　　保險合同負債餘額調整表　　　　　單位：元

	對未來現金流量現值的估計	對非財務風險的風險調整	合同服務邊際	保險合同負債
期初餘額	372	80	165	617
保險財務費用	19[a]	—	8[a]	27
與未來服務相關的變化	(58)	(10)	68[b]	—
與當期服務相關的變化	(50)[c]	(40)	(121)[a]	(211)
現金流出	(150)	—	—	(150)
期末餘額	133	30	120	283

對表 3-13 說明如下：

(a) 計算方法見表 3-11。

(b) 因為未來履約現金流的變化，實體調整保險合同的合同服務邊際。實體按照初始計量的折現率計算未來履約現金流的現值減少了 58 元、與未來服務相關的非財務風險的風險調整現值減少了 10 元，從而增加了合同服務邊際 68 元。即與未來服務相關的變動增加

了保險合同的預期盈利能力。

（c）這個 50 元代表了保險服務成本初始估計值 200 元與實際值 150 元之間的差異，而實體往往不因這些經驗變化而調整邊際合同服務實體，因為這個差異僅與當期服務相關。

（3）第三年保險合同負債的計量

在第 3 年末，保險責任期間結束，剩餘的合同服務邊際確認為損益。在本例中，所有索賠在發生時均已支付，因此，在更改後的現金流出於第 3 年底支付後，剩餘責任了結。

在第 3 年末，實體分析履約現金流變動的緣由，以確定每項變動要調整合同服務邊際。根據以上信息，保險合同負債餘額調節如表 3-14 所示：

表 3-14　　　　　　　　　保險合同負債餘額調節　　　　　　　　　單位：元

	對未來現金流量現值的估計	對非財務風險的風險調整	合同服務邊際	保險合同負債
期初餘額	133	30	120	283
保險財務費用	7$^{(a)}$	—	6$^{(a)}$	13
當期服務變化	—	(30)	(126)$^{(a)}$	(156)
現金流出	(140)	—	—	(140)
期末餘額	—	—	—	—

註：（a）計算方法參見表 3-11。

保險合同負債在資產負債表中和損益表中確認的相關金額匯總如表 3-15 所示：

表 3-15　　　保險合同負債在資產負債表中和損益表中確認的相關金額匯總　　　單位：元

資產負債表	第一年	第二年	第三年	總數
現金$^{(a)}$	(700)	(550)	(410)	
保險合同負債	617	283	—	
所有者權益	83	267	410	
損益表				
當期服務變化	122	211	156	489
保險財務費用	(39)	(27)	(13)	(79)
利潤	**83**	**184**	**143**	**410**

註：（a）在第一年，700 元的現金數額等於收到的保費 900 元減去支付的 200 元。第 2 年支付 150 元和第 3 年支付 140 元，相應現金數額為 550 元和 410 元。為簡單起見，現金帳戶並不考慮不產生利息。

三、保費分配法

（一）保費分配法的適用範圍

前面已說明在會計期末保險合同負債包括未到期責任準備金和未決賠款準備金兩部分。

在保費分配法下，可以就某些合同簡化通用模型來計量未到期責任準備金。而未決賠款準備金仍然使用通用模型計量（如圖3-9所示）。

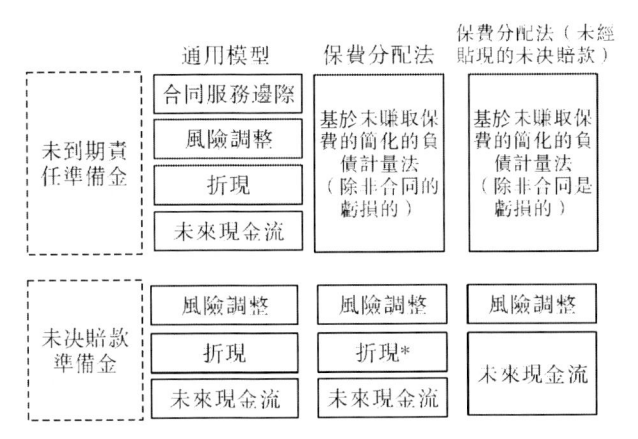

图 3-9 保費分配法僅適用於未到期責任準備金計算示例

實體採用保費分配法來計量保險合同組，前提是在合同組合開始時符合以下條件：
（1）該保險合同組內每份合同的保險責任期間為一年或一年以下；
（2）使用這種方法計量的金額近似於按照通用模型計量的結果；

履約現金流的波動性會隨著某些項目而增加，例如：與合同的任何嵌入衍生工具有關的未來現金流的關聯程度；保險責任期間的長度。

當合同的履約現金流預期在賠付發生之前的保險期間波動較大時不適合採用保費分配法。

除非合同變為虧損，在保險責任期間內報告的某一報告期間的盈利能力及合同計量一般不會受到與未來報告期間有關的估計變動的影響。

如果在發生賠付之前的期間的履約現金流預計不會發生重大波動，保費分配法下對未到期責任準備金的計量結果能合理接近於採用一般計量模型（即通用模型）時的結果。

保費分配法適用以下合同：①短期一般保險合同；②短期團體險合同；③短期再保險合同。

（二）保費分配法的初始計量

保費分配法下初始計量的保險合同負債為收取的保費減去已付的保險獲取成本現金流。（除非是實體選擇確認保險獲取現金流為費用），如圖3-10所示。

图 3-10 保費分配法下未到期責任準備金的計量

實體在初始計量時不會明確識別未來現金流的現值、風險的影響及貨幣時間價值。因此在索賠發生時，實體在後續計量中不會對該等組成部分的變動進行分析，因為保費分配

法的應用根據是上述組成部分不大可能發生重大變動。然而，如果相關事實和情況表明合同組合是虧損的，實體應確認損失並相應增加未到期保險負債，如果合同組合被認定為虧損，則剩餘保險責任負債的增加額與確認的損失將等於以下兩者之間的差額：①與保險合同組合的剩餘保險責任有關的履約現金流；②採用保費分配法時所確定的剩餘保險責任負債的帳面金額。

換言之，實體應根據通用模型的履約現金流要求來計算未到期責任準備金；如果符合特定條件，還可以採用簡化的處理方法。

（三）保費分配法的後續計量

根據保費分配法，剩餘保險責任負債在之後的每一報告日按圖3-11的方式計量：

未到期保險負債 = 上期帳面金額 + 本期收到的保費 − 保險獲取成本現金流 + 保險獲取成本現金流的攤銷 + 對融資成分的調整 − 已確認的保險收入 − 已付或已轉認至已發生賠付相關負債的投資成分

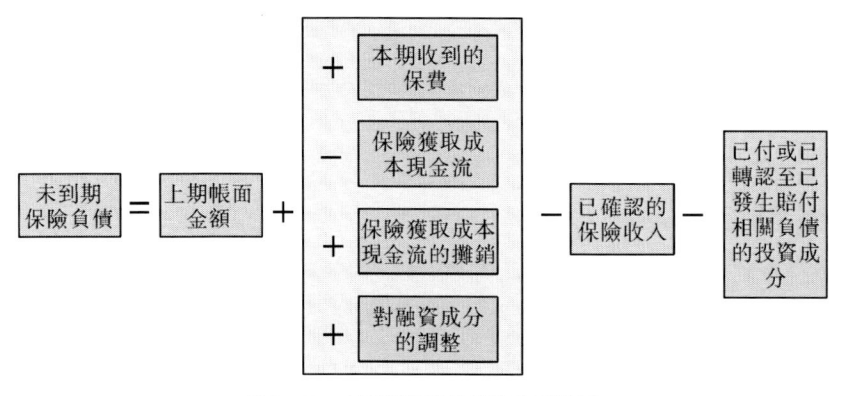

圖 3-11 未到期保險負債的後續計量

對於以上框架，我們需明確以下幾個關鍵概念：

1. 保險收入（insurance revenue）

本期的已確認的保險收入是指分攤至該期間已實現的預期保費收入，其不包括投資成分，並按照貨幣時間價值和金融風險的影響進行調整（如適用）。收入是按照時間推移分攤至各個保險責任期間。但是，如果保險責任期間的風險釋放模式與時間推移顯著不同，則根據保險服務費用預計發生的時間，將預期保費收入分攤至各個保險責任期間。如果相關事實和情況在保險責任期間發生變化，則分攤的依據也會改變。

2. 保險獲取成本現金流的攤銷（release of insurance acquisition cash flow）

保險獲取成本現金流的攤銷指對於合同組確認前支付或收取的、與簽發合同組有關（可直接歸屬於該合同組）的所有保險獲取成本現金流會被遞延，實體應將保險獲取成本現金流，在保險責任期間根據時間的推移系統地攤銷為保險服務費用。如果組合中每份合同的保險責任期間為一年或一年以下，實體可選擇在保險獲取成本現金流產生時將其確認為費用。

3. 對融資成分的調整（adjustment to a financing component）

如果組合中的保險合同存在重大融資成分，則按照貨幣時間價值（運用初始確認時確定的折現率來計算）和金融風險的影響來調整未到期責任準備金的帳面額。但是，如果實體在初始確認時預計提供各部分保險保障的日期與相關保費的到期日之間相隔一年或一年

以下，則實體可以選擇不按照貨幣時間價值和金融風險的影響來調整負債。

例 3-10 本例示範了 IFRS17 下保費分配法的原理。在本例中實體在 2018 年 7 月 1 日簽發了一份保險合同，保險期間為一年，即 2018 年 7 月 1 日到 2019 年 6 月 30 日，合同生效之日收到保費 1,200 元，同時支付了保險獲取成本現金流 180 元。

假設：保險服務在保險期間均勻提供；

在保險期間沒有索賠發生。

那麼，保險收入和未到期責任負債在保險期間的金額列示如下表（表 3-16）：

表 3-16　　　　　　　　未到期責任負債計算表　　　　　　　　單位：元

報告日	2018-7-1	2018-9-30	2018-12-31	2019-3-31	2019-6-30
未到期責任負債期初餘額	0	(1,020)	(765)	(510)	(255)
初次確認收到的保費	(1,200)				
保險獲取成本現金流	180				
期間收到的保費		0	0	0	0
獲取成本現金流的攤銷		(45)	(45)	(45)	(45)
保險收入		300	300	300	300
未到期責任負債期末餘額	(1,020)	(765)	(510)	(255)	0

說明：上表中考慮到保險服務在保險期間提供，保險收入按時間均勻分配，獲取成本現金流也在保險期間均勻分攤。

四、可變費用法

（一）可變費用法適用範圍

可變費用法修訂了通用模型下合同服務邊際的後續計量方法，以適應具有直接分紅特徵的保險合同。即可變費用法適用於向保單持有人支付的款項與基礎項目所帶來的回報之間有明確關聯的保險合同，例如某些「分紅」「共享利潤」「投資連結」合同。

具有直接分紅特徵保險合同（insurance contract with direct participation features）

如果符合以下情況，則保險合同會被視為具有直接分紅特徵的保險合同：

（1）合同條款詳細說明了投保人將參與一個可清晰識別的基礎項目中指定份額的分紅；

（2）實體預計向投保人支付的利益等同於基礎項目公允價值回報的大部分數額；

（3）實體預計向投保人支付的保單持有人利益大部分隨基礎項目公允價值的變動而變動。

下面具體解釋具有直接分紅特徵的保險合同的特徵：

1. 可清晰識別的基礎項目

所謂基礎項目是指決定支付給保單持有人某部分金額數量的項目。基礎項目包含該合同明確識別的所有項目。例如，資產組合、保險機構淨資產或集團內作為報告實體的子公

司，或保險機構淨資產中的指定子類別。

實體不需要持有可清晰辨別的基礎項目池。然而，如果符合以下任一情形時，則不存在明確識別的基礎項目：①實體可追溯更改用於確定實體義務金額的基礎項目；②實體未識別出任何基礎項目，即使保單持有人取得的回報大體反應實體的整體業績及預期或實體持有的資產子類別的業績預期。

2. 大部分數額

實體的主要義務是向保單持有人支付等同於基礎項目公允價值回報的很大一部分，並且，向保單持有人支付的大部分金額將隨著基礎項目公允價值的變動而變動。「大部分」一詞表示：實體提供投資管理服務，並就該服務收取按基礎項目確定的費用補償。實體在評估總額的可變性時，應在保險合同組的期限內根據概率加權平均的現值來考慮。

3. 隨基礎項目公允價值的變動而變動

實體希望支付基礎項目公允價值回報的大部分數額給保單持有人，且保證最低回報，有可能出現以下不同情景：

（1）實體預計將支付給保單持有人的現金流會隨著基礎項目公允價值的變化而變化，因為最低保證回報不會超過基礎項目公允價值收益；

（2）實體預計將支付給保單持有人的現金流不會隨著基礎項目公允價值的變化而變化，因為最低保證回報超過基礎項目公允價值收益。

實體評估支付給保單持有人利益是否會隨著基礎項目公允價值的變動而變動時，應在保險合同組的期限內根據概率加權平均的現值來考慮。

（二）可變費用法下合同服務邊際的後續計量

在初始確認時，具有直接分紅特徵的保險合同與不具有直接分紅特徵的保險合同均採用通用模型計量。但在後續計量中，對合同服務邊際的處理會有所不同，這包括反應了具有直接分紅特徵的保險合同具體的相關修訂。

具有直接分紅特徵的保險合同對保單持有人的支付義務，支付金額等於基礎項目公允價值減去與未來服務有關的可變費用，可用圖3-12表示：

對保單持有人的義務 ＝ 支付基礎項目公允價值義務 － 可變費用

圖3-12　支付金額的計算公式

其中，可變費用等於實體在基礎項目公允價值中所占份額減去不隨基礎項目變化而變化的履約現金流。

對於具有直接分紅特徵的保險合同，在報告期期末合同組的合同服務邊際的帳面價值等於報告期開始時的帳面價值按下文（1）～（5）段所述數額調整後的金額。不要求實體單獨確認這些調整。相反，總金額可以由部分或全部調整確定。這些調整是：

（1）新加入合同組的合同的影響。

（2）實體在基礎項目的公允價值變動的份額，但以下情況除外：

①風險緩衝方面；

②實體在基礎項目的公允價值下降的部分超過合同服務邊際的帳面價值，將會被記為當期損失；

③實體在相關項目的公允價值增加的部分抵銷了在②中的金額。

（3）與未來服務有關的履約現金流的變化，但以下情形除外：

①風險緩衝方面；

②履約現金流的增加部分超過了合同服務邊際的帳面價值，將會被記為當期損失；

③履行現金流的減少額作為未到期責任準備金的損失額。

（4）貨幣兌換差異對合同服務邊際的影響。

（5）在報告期內因服務的轉移確認為保險收入的金額，該金額由報告期期末剩餘合同服務邊際在當期和剩餘期間的攤銷確定。

合同服務邊際的一些變化可以抵銷未到期責任準備金的履約現金流的變化，導致未到期責任準備金的帳面價值沒有變化。如果合同服務邊際的變化不能抵銷未到期責任準備金的履約現金流的變化，則實體應將這些變化確認為收入和費用。

故可變費用法下合同服務邊際後續計量如圖3-13所示。

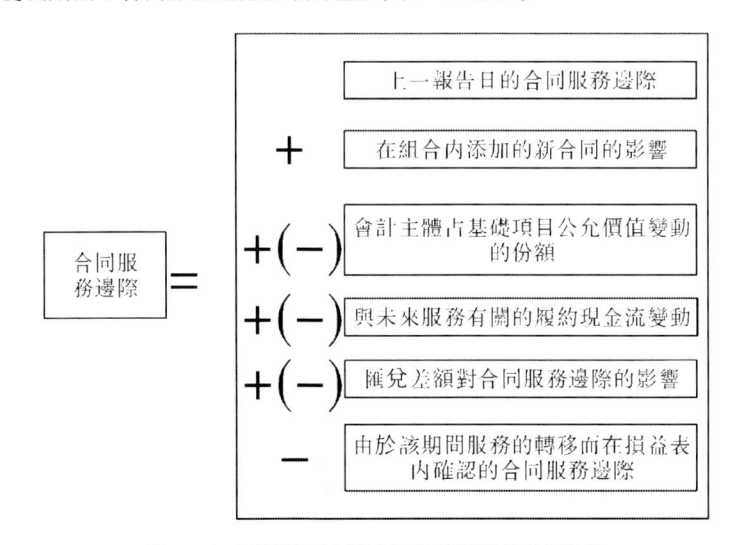

圖3-13　可變費用法下合同服務邊際的後續計量

對於實體所占基礎項目公允價值變動的份額變化而對合同服務邊際進行的調整，以及就與未來服務有關的履約現金流變動所作的合同服務邊際調整，實體無需將兩種調整區分開來。因此，實體可以根據等同於基礎項目公允價值變動減去履約現金流動後的數額來調整合同服務邊際。

然而，如果出現以下情況的變動，則不會導致對合同服務邊際的調整：

（1）履約現金流的增加值超過合同服務邊際的帳面金額，即導致出現損失；

（2）履約現金流的減少值被分攤至損失的部分；

（3）實體採用風險緩釋方案的條件，因此對於貨幣時間價值及非由基礎項目引起金融風險的影響的部分或全部變動，實體選擇不將其計入合同服務邊際。

（三）風險緩衝

在 IFRS9 下，就緩衝保險合同產生的財務風險而使用的衍生工具一般按以公允價值計量且其變動計入損益的方式進行計量。例如，就緩衝因保險合同嵌入的擔保所產生的利率風險而使用的利率選擇權。對於具有直接分紅特徵保險合同，與保險合同計量有關的財務風險影響的變化涉及未來服務，因此需調整合同服務邊際而不是直接在財務業績內確認，無論該變動是否與實體所佔基礎項目的份額有關。

在比較衍生工具和保險負債計量時，可能會產生會計錯配，因為財務風險變化對衍生工具公允價值產生的影響在損益內確認，而保險合同產生的、被緩衝的財務風險會導致對合同服務邊際的調整。IFRS17 為實體提供了減少具有直接分紅特徵保險合同會計錯配的選擇權。

如果符合以下標準，實體可選擇在合同服務邊際內剔除部分或全部財務風險對實體所佔基礎項目份額的影響，或貨幣時間價值及非由基礎項目引起的財務風險的影響。實體須採取此前制定的風險管理目標和戰略，利用衍生工具來緩衝保險合同引起的財務風險，在應用這一目標和戰略過程中：

（1）實體使用衍生工具來緩衝保險合同產生的財務風險，如財務擔保的影響；

（2）保險合同與衍生工具之間存在經濟抵銷；

（3）信用風險在經濟抵銷中不佔主導地位。

對於例外情況適用組合中哪些履約現金流，應在每個報告期日按一致的方式確定。如果實體選擇不就履約現金流的某些變動調整合同服務邊際，實體應披露：如果在當期選擇調整合同服務邊際而產生的影響。

如果實體不再符合使用該選擇權的權利，例如不再存在經濟抵銷，則實體應自該日起不再採用該選擇權，且不就此前在損益內確認的變動進行調整。

（四）通用模型和可變費用法的主要區別

先通過表 3-17 來簡要歸納兩種模式的主要區別：

表 3-17　　　　　　　　通用模型和可變費用法的主要區別

	通用模型（GM）	可變費用法（VFA）
合同服務邊際的利息增值	以與初始時確定預期值的折現率相同的利率增加利息（Locked in rate）	剩餘的合同服務邊際以當前市場利率增計利息（Current rate）
市場變量的變動——包括期權、擔保	實體可選擇在損益內確認或者是根據所需進行分解，在損益或其他綜合收益內分別確認	保單持有人基礎項目份額的變動包括期權與擔保，在合同服務邊際中確認（除非合同服務邊際為零）
市場變量的變動——風險緩釋的應用	適用 IFRS9 的對沖會計技術，但須符合條件	根據具體標準，實體可以選擇不在合同服務邊際中確認股東權益變動或財務擔保的影響

下面我們對表格內容進行詳細闡述。

1. 鎖定利率和當前利率的比較

GM 的合同服務邊際在每個報告期內使用保險合同開始時的折現率計算（鎖定折現率），但是，VFA 下的合同服務邊際沒有明確的增加。根據 VFA，總負債通過綜合收益表進行調整，以反應所有相關項目的價值變化，其中也包括歸屬於股東的相關項目（股東份額）的價值變化。這種股東權益變化的部分既體現了時間的影響，也體現了相關資產價值的變化。因此，VFA 的合同服務邊際被認為是基於當前的折現率。

2. 對市場變量變動（含期權、擔保）的不同處理

對於 GM 和 VFA 兩種模型，實體均可在下面兩種會計政策下自由選擇：①把保險財務收入和費用都歸集在損益中；②分解保險財務收入和費用，將分解的部分分別歸入損益與其他綜合收益之間。分類的目的是在損益中放入一定數額，部分或全部消除與所持有資產的財務收入或費用的會計錯配。

一般來說，實體需要預先確定哪些債務組合將被分解，哪些不會被分解。但是，對於 VFA 下的合同，如果實體選擇或被要求在其資產負債表上持有相關資產，那麼在該特定情況下，該實體將根據分類結果確定負債的分類資產。在這種情況下，導致其他綜合收益的金額等於零。

在 VFA 下，實體持有基礎項目，並選擇在損益或其他綜合收益中分解保險財務收入或費用，則損益中包含的財務收入或費用將與基礎項目的收入或費用完全匹配，從而導致損益中無投資利潤。在實踐中，通常存在非零的其他綜合收益餘額，例如資產按攤餘成本計價或資產與負債存在久期錯配的地方。

折現率變化會使期權和擔保的價值產生變化，通用模型中，實體可以選擇將變化直接計入損益，或是在損益和其他綜合收益中分解。可變費用法中，財務風險變化對期權和擔保的影響被認為是保險公司未來服務費用波動的一部分，因此在合同服務邊際中得到確認，除非合同服務邊際為零。此時，財務擔保的影響在通用模型和 VFA 下的綜合收益表中確認。

3. VFA 的風險對沖調整

對於 VFA，合同服務邊際是根據實體在基礎項目中的份額或履約現金流的財務風險變化（例如利率）而相應調整。但是，作為風險管理活動的一部分，如果實體採用衍生工具來抵禦金融市場風險，則主體可以選擇根據這些金融風險的變化對損益進行調整。這將解決「衍生工具價值變動的影響在損益中確認，而保險合同中包含的擔保價值的變化將根據 VFA 調整 CSM」而產生的會計錯配。這個選項的目的是使 VFA 更接近通用模型。

（五）可變費用法後續計量保險合同負債的例子

例 3-11 本例將幫助讀者理解具有直接分紅特徵的保險合同如何運用可變費用法計量保險合同負債和合同服務邊際。

1. 假設：

（1）實體簽發了一組保險責任期間為 3 年的具有直接分紅特徵的保險合同組，該合同組包含 100 份合同，每份合同的躉繳保費均為 150 元且均在初始確認後立即收到。保單持有人將獲得：

①如果保險責任期間內被保險人死亡，獲得 170 元的死亡給付額或帳戶餘額，兩者之

中較高者；
　　②當被保險人生存至保險期結束，獲得到期帳戶餘額的價值。
　（2）實體在每年年底計算每份保險合同（基礎項目）的帳戶餘額為：
　　①期初餘額
　＋②收取的保費（如果有的話）
　＋③特定資產池的公允價值變動
　－④年費，為期初帳戶餘額加上公允價值變動之和乘以2%
　－⑤當被保險人死亡或是保險期結束時帳戶餘額
　（3）實體購買特定的資產池，並以公允價值計量資產且其公允價值變動計入當期損益。此例子假設實體出售資產以收取年費和支付賠款，故，實體的基礎項目為持有的資產。
　（4）實體在合同初始確認時預計：
　　①預計特定資產池的公允價值每年將增加10%；
　　②確定反應名義現金流量特徵的折現率，不隨任何基礎項目的回報而改變，每年固定為6%；
　　③估計非財務風險的風險調整為25元，並預期在1~3年內按下列數額在利潤表中確認：12元、8元、5元；
　　④預計每年年底將有一名被保險人死亡，並且索賠立即了結。
　（5）在保險期間內，基礎項目回報的公允價值變動情況如下：
　　①第一年，和初始預期的一致，特定資產池的公允價值升值了10%；
　　②第二年，公允價值上升的幅度低於初始確認時的預期，即8%；
　　③第三年，公允價值上升的幅度又變為最初預期的10%。
　（6）在本例中，為了計算簡便，不考慮其他金額。
　2. 確認與計量
　（1）在初始確認時，實體對保險合同組合進行計量並且在隨後的每一年年終時對履約現金流估計如表3-18所示：

表3-18　　　　　　　年終時對履約現金流的估計　　　　　　　單位：元

	初始確認	第一年	第二年	第三年
對未來現金流入現值的估計	(15,000)	—	—	—
對未來現金流出現值的估計[a]	14,180	15,413	16,757	—
對未來現金流現值的估計	(820)	15,413	16,757	—
非財務風險的風險調整	25	13	5	—
履約現金流	(795)	15,426	16,762	—
合同服務邊際	795			
初始確認時的保險合同負債	—			

　　說明：（a）實體採用反應未來現金流特徵的當前折現率以計算未來現金流出現值的估計值。未來現金流出的現值估計包括了提供最低死亡給付所內含的保證的時間價值的估計值，最低死亡給付的保證按可觀察市場價格計量。

(2) 計算保單持有人參與分紅的基礎項目的公允價值，分析履約現金流的變化，以確定每項變更是否要調整合同服務邊際。

實體在每個報告期結束時確定基礎項目的公允價值如表 3-19：

表 3-19　　　　　　　　　　基礎項目的公允價值　　　　　　　　　　單位：元

基礎項目[a] （保單持有人的帳戶餘額）	第一年	第二年	第三年	合計
期初餘額（A）	—	16,008	16,772	N/A
現金流入：保費	15,000	—	—	15,000
公允價值變動 （第一年或第三年的 B＝A×10%，第二年的 B＝A×8%）	1,500	1,281	1,677	4,458
年費 [C＝2% * （A+B）]	(330)	(346)	(369)	(1,045)
現金流出：死亡給付 [1/100, 1/99, 1/98 *（A+B+C）]	(162)	(171)	(184)	(517)
現金流出：滿期給付	—	—	(17,896)	(17,896)
期末餘額	16,008	16,772	—	N/A

註：(a) 在本例中，基礎項目等於實體持有的資產。IFRS17 把基礎項目定義為決定支付給保單持有人金額的項目。

(3) 實體履約現金流的變化如表 3-20 所示：

表 3-20　　　　　　　　　　實體履約現金流變化表　　　　　　　　　　單位：元

履約現金流	第一年	第二年	第三年	合計
期初餘額	—	15,426	16,461	N/A
與未來服務有關的變化：新合同	(795)	—	—	(795)
貨幣時間價值和財務風險的影響及其變動[a]	1,403	1,214	1,624	4,241
與當前服務有關的變動：風險釋放	(12)	(8)	(5)	(25)
現金流動[b]	14,830	(171)	(18,080)	(3,421)
期末餘額	15,426[c]	16,461[c]	—	N/A

上表 3-20 說明如下：

(a) 貨幣時間價值和財務風險及其變動包括以下情形：①提供最低死亡給付額所內含保證的時間價值的變動；②基礎項目的公允價值在第二年和第三年的變動導致的對投保人義務的變動。

(b) 第一年實體的保費收入為 15,000 元，死亡給付為 170 元（帳戶餘額支付 162 元，實體帳戶支付 8 元）。第二年實體從帳戶餘額中賠付了 171 元，因為帳戶餘額的價值比死亡保證最低金額 170 元的價值高。第三年實體從帳戶餘額中支付死亡給付 184 元，合同到期

金額為 17,896 元。

(c) 實體決定使用現有折現率來估算未來現金流的現值，以反應未來現金流的特點。對未來現金流出的現值估計，包括提供固定最低死亡給付額保證的時間價值的估計，與可觀察到的市場價格計量一致。

(4) 實體在每個報告期結束時確定合同服務邊際的數額如表 3-21 所示：

表 3-21　　　　實體在每個報告期結束時確定的合同服務邊際數額　　　　單位：元

服務合同邊際	第一年	第二年	第三年	合計
期初餘額	—	592	328	N/A
與未來服務有關的變動：新合同	795	—	—	795
可變費用的變動[a] ①基礎項目的公允價值的變動 ②貨幣時間價值和財務風險及其變動的影響	1,500 (1,403)	1,281 (1,214)	1,677 (1,624)	4,458 (4,241)
當前服務的變動：損益確認[b]	(300)	(331)	(381)	(1,012)
期末餘額	592	328	—	N/A

對上表 3-21 說明如下：

(a) 實體調整合同服務邊際，按下列項目淨變動數額調整：
①實體在基礎項目公允價值中所占的份額；
②實體不隨基礎項目變動而變動、與未來服務相關的履約現金流，加上不因基礎項目導致的貨幣時間價值和財務風險及其變動的影響。

在本例中，實體不隨基礎項目變動而變動、與未來服務相關的履約現金流沒有變化，實體也可按下列項目淨變動額調整合同服務邊際：
③基礎項目的公允價值的變動；
④貨幣時間價值和財務風險及其變化相關的履約現金流變動。

因此，該例子中，與未來服務有關的合同服務邊際的調整等於上述③與④之間的差額。

(b) 實體在損益中確認合同服務邊際金額取決於在當期期末攤銷的合同服務金額。實體以每年生效的保險保障單元來按比例攤銷合同服務邊際。在第一年，實體提供 100 合同的保障，預計在第二年提供 99 份、第三年提供 98 份。第一年，在損益確認之前的合同服務邊際為 892 元，即與期初餘額 795 元加上與可變費用的淨變動 97（1,500-1,403）元，從而按每年生效的保險保障單元攤銷，實體在第一年在損益中確認的合同服務邊際為 300（$892 \times \frac{100}{100+99+98} = 300$）元。以此類推。

(5) 實體當期在損益表中確認的金額如表 3-22 所示：

表 3-22　　　　　　　　　實體當期在損益表中確認的金額　　　　　　　　單位：元

損益表	第一年	第二年	第三年	總計
保險收入[a]	320	339	386	1,045[b]
保險服務費用[c]	(8)	—	—	(8)
承保業績	312	339	386	1,037
投資收益[d]	1,500	1,281	1,677	4,458
保險財務費用[e]	(1,500)	(1,281)	(1,677)	(4,458)
財務業績	—	—	—	—
利潤	312	339	386	1,037

對表 3-22 說明如下：

（a）保險收入可以按直接法和間接法計算得出：

①間接法：所取得的保險收入為未到期責任負債帳面價值的期初與期末差額，排除未到期保險負債變動中與保險服務無關的部分。其中，第一年末剩餘保險責任負債的帳面價值為 16,018 元（等於第一年期末履約現金流 15,426 元加上合同服務邊際 592 元），期初收到保費 15,000 元，保險財務費用 1,500 元，投資部分 162 元，則計算的保險收入為 320（15,000+1,500-162-16,018）。在這個例子中，未到期責任負債期初餘額為 0 元，期末餘額為 16,018 元，即未到期責任負債期初與期末差額為 16,018 元。未到期責任負債等於總保險負債，因為尚未發生理賠，無未決賠款準備金。

②直接法：保險收入 = 本期期初預計本期發生的保險服務費用+釋放的非財務風險的風險調整+釋放的合同服務邊際。本例中保險合同收入為與非金融風險有關的風險調整變動（12）、因提供服務而在該期間的損益內確認的合同服務邊際（300）與預期保險賠付（8）的總和。

（b）保險公司計算保險收入總額為 1,045 元，1,045 元 = 保險公司收到的保費 15,000 元+財務結果 4,458 元（在本例中為保險財務費用）-從帳戶餘額中支付的投資部分 18,413 元（517 元+17,896 元）。在這個例子中，保險收入總額也等於從保單持有人帳戶餘額中收取的年費總金額。

（c）保險服務費用為應付保單持有人金額（170）減去保單持有人的帳戶餘額中支出的投資成分（162）後的數額。在第 2 年和第 3 年，保險服務費用為零，因為所有應付保單持有人的款項都是從帳戶餘額中支付的（即它們是投資部分的還款）。

（d）保險公司持有的資產相關的投資收入按照其他會計準則進行核算。

（e）向投保人支付相當於基礎項目公允價值的金額與日後的服務無關，因而不調整合同服務邊際。實體將這些變化確認為保險財務收入或費用。譬如，在第 1 年，基礎項目的公允價值變動為 1,500 元。同時，這個例子假設保險公司選擇將該期間的所有保險財務收入或費用計入當期損益。

復習思考題

1. 未到期責任準備金的定義是什麼？為什麼要計提未到期責任準備金？
2. 什麼是未決賠款準備金？為什麼要計提未決賠款準備金？
3. 未決賠款準備金包括哪些組成部分？
4. 財務會計報表上要列示的保險合同準備金有哪些項目？
5. 保險合同準備金由那幾個模塊組成？各是何含義？
6. 如何計量合理估計負債？未來現金流如何計算？折現率如何確定？
7. 如何計量風險邊際？
8. 如何初次計量剩餘邊際？
9. 剩餘邊際後續如何計量？
10. IFRS17下保險合同計量模型分為幾類？適用哪些合同？
11. IFRS17通用計量模型下保險合同負債如何構成？
12. IFRS17通用計量模型的未來現金流、折現率、非財務風險的風險調整、合同服務邊際如何確定？合同服務邊際後續如何計量？
13. IFRS17保費分配法的原理是什麼？
14. 可變費用法與通用模型的區別是什麼？

第四章　非壽險原保險業務

第一節　非壽險原保險業務保費收入的會計處理

一、非壽險合同的保險費的特徵

按照會計準則的分類，非壽險合同是指在一個延長期內保險人不承擔賠付保險金責任的保險合同，包括財產保險、責任保險、信用保證保險、短期健康險、意外人身傷害險。非壽險合同的保費具有下列特徵：

（1）非壽險業務的保費繳付方式以躉收為主，分期繳納較少。

（2）非壽險保費為自然保費。由於非壽險假定風險平均於保險期間，且保險期間短暫，故其保險費不必平準化設計。

（3）保險單不具有儲蓄性，無任何現金價值，因此，不能向保單持有者提供保單質押貸款。

（4）保險費與保險期間一般成比例關係，可實施先暫繳後調整，或在期末根據保險風險實際發生概率對下期保費進行適當調整。

（5）大多數非壽險業務保費收入按規定應繳納增值稅。除農牧保險、出口貨物保險和出口信用保險以及一年期健康保險免徵增值稅外，其他業務均要徵增值稅。

二、非壽險保險費的構成

保險費是由純保費與附加保費兩個部分組成（見圖4-1）。

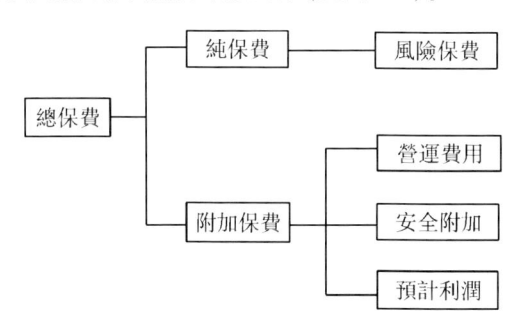

圖4-1　非壽險業務保險費的構成

（一）純保費

純保費是保險金給付的來源，是以預定損失率為基礎計算的保險費。純保費的計價採用「收支相等原則」，即保險商品所收取的純保費總額應與其所給付保險金的總額相等。純費率的計算公式為：

$$純保費 = 損失率 \times (1+穩定系數)$$

$$損失率 = \frac{損失金額}{保險金額} \times 100\%$$

另外，非壽險在計算純保費時還需考慮穩定系數。

$$穩定系數 = 均方差 \times 平均保額損失率$$

均方差的計算公式為：

$$\delta = \sqrt{\frac{\sum (X - \bar{X})^2}{n}}$$

δ 為均方差，X 為每年損失率，$\bar{X}$ 為平均損失率，n 為年限。

（二）附加保費

附加保費分為營運費用、安全附加和預計利潤三部分。其中，營運費用是取得成本及日常經營管理成本的來源；安全附加是為統計上的偏差等所預存的準備；預計利潤提供保險經營者的預計報酬。附加費率的計算公式是：

$$附加費率 = \frac{各項支出總和}{保險金額} \times 100\%$$

通常附加費率可以純保險費率的一定比例來確定，如規定附加保險費率為的 20%。

三、非壽險合同的分類

（一）一年期及一年期以下的保險

非壽險最典型的形式是以一個日曆年度為保險期限的保險，如火災保險、汽車保險、船舶保險、責任保險、意外傷害險等標準保單。這類保險一般假定純保費及附加費用預定支付，且平均於保險期間。

$$營業保險費 = 純保費的現值 + 承保費用 + 契約維持費用現值 + 預期利潤現值$$

此外一年期以下的保險還包括保險期限短於一個日曆年度的保險，如旅行平安保險等。其保費計算的方法有兩種：

(1) 日數比例法。保費的計算公式是：一年期保險費金額 $\times \dfrac{保險期間的天數}{365}$

(2) 短期費率法。保費計算公式是：一年期保險費金額 $\times$ 某一短期費率

公式中某一短期費率又稱為某一短期折算率。例如，旅行平安險可根據旅行天數擬定折算率，1 天、7 天、15 天、1 個月……，折算率分別為 5%、8%、10%、15%……

（二）連續一年期的短期性保險

保險業者為節省承保費用及取得較大量可運用資金，將連續數個「一年期保險」以一張保險單承保，此種保險就是「一年期」長期化保單。如長期火災保險。這種保險本質上

仍然為短期性保險而非長期性保險。

長期化保單一般預收數個「一年期保險」的保險費，即將所預繳數個一年期保險的保險費分別貼現為承保時的現值，並將各年度的現值加總而形成向被保險人一次收取的保險費。

這種保險在本質上明顯地屬於一年期保險，實務上以按期收取保險費較為公平，其保費的擬定與一年期保險相同。但如果以躉繳方式收取保險費，則按長期化保單處理較為適宜。

(三) 保險期間長於一年期的保險

例如工程保險，工程期長達數年，每一工程期為一個獨立的承保風險期間，不容分割，必須全期承保。

此種保險若暫不考慮會計年度損益權責的劃分，其保險費計算的公式與一年期保險沒有差異。只是一年期保險由於保險期間短，實際風險與預期風險不會有太大差異，且在保險期間風險平均分佈。而這類保險期限長，風險在保險期間難以平均分佈，未來損失難以估計，保費的計算可能依據合同內容存在很多變動性因素，既要考慮整個工程期中風險的變化，又要考慮利息率的因素。

保險期間長於一年期的長期性財產保險業務，如長期出口信用險、長期工程保險、個人住房抵押貸款保證保險等保險業務，在保險期間風險分佈不均，風險很難按核算期間進行分割，而且可能發生的重大風險事故很難預見，致使其未到期責任準備金在現有精算條件下難以準確計算，因此 2006 年前的會計制度要求按業務年度結算損益，即實行多年期結算損益的方法，結算年限為 3 年、5 年不等，根據業務性質來決定。但按業務年度核算損益的方法有其難以消除的缺陷，故目前企業會計準則主張將按業務年度核算損益的方法改為按會計年度核算損益，保險期間在一年以上（不含一年）的保險合同項下尚未到期的保險責任通常在未到期責任準備金下設長期責任準備金明細科目提取未到期責任準備金。

本章主要介紹典型的非壽險——一年期以下短期性保險業務的會計處理，至於連續一年期的短期性保險、保險期間長於一年期的非壽險，其會計處理方法與典型的短期性保險接近。

四、非壽險合同保費收入的確認

(一) 保費收入確認與計量原則

(1) 保險合同生效是日常核算時確認保費收入的必要條件，無論保費收入是否收到，只要合同生效，保險人已經開始承擔保險責任，保險人即應確認保費收入。由於非壽險業務保費大多屬於躉交性質，其承保期間與會計期間往往不一致，因此，合同生效時所確認的保費收入是尚未實現的保費收入，即是以非權責發生制為基礎所確認的保費收入。

(2) 保險合同約定的保費總額是日常核算保費收入的計量依據。保費收入應當根據原保險合同約定的保費總額確定，將所有應收但尚未收到的保費收入金額確認為應收保費。然後通過提取未到期責任準備金，調整當期確認的保費收入，使保費收入的確認和計量符合權責發生制要求。

(二) 保費收入確認與計量的方法

(1) 日常核算時,保費收入確認時點為保險合同生效日,此時確認的保費收入為收付實現制下的保費收入;

(2) 期末確認未到期責任準備金,將收付實現制下保費收入調整為權責發生制下的保費收入。

保費收入的確認過程如下:

【保單生效日】確認的保費收入(以非權責發生制為基礎)
【期末】加:上期未到期責任準備金
　　　　減:本期未到期責任準備金
　　　　　　已實現的保費收入(權責發生制基礎)

五、非壽險合同保費收入的日常核算

(一) 保費收入確認的條件

在日常核算時,保費收入確認應同時滿足三個條件:

第一,保險合同成立並承擔相應保險責任。保險合同成立,投保人與保險人約定權利義務關係的協議;承擔相應保險責任,是指保險公司根據已成立的保險合同規定開始承擔合同約定的責任。保險合同成立是先決條件,但是保險合同成立並不意味著保險公司開始承擔相應的保險責任,譬如,貨運險保險合同,簽訂合同是一個日期,合同條款規定保險公司開始承擔保險責任可能是另外一個日期,在這種情況下簽訂保險合同時不能確認保費收入,只能把收到的保費作為預收款處理,等承擔保險承認時再轉作保費收入。如果保單簽發的日期晚於保單起保日期,應該按照實質重於形式的原則,在保單起保日期確認保費收入,但無法在保單起保日期獲取相關信息從而無法計量的除外。

第二,與保險合同相關的經濟利益能夠流入公司。經濟利益,是指直接或間接流入企業的現金或現金等價物。對於保險公司而言,與保險合同相關的經濟利益即為保費。公司只在有把握收取保費時,才能確認保費收入。如果有確鑿證據表明投保人不能按保險合同規定的期限和金額交納保費,則不能確認保費收入。

第三,與保險合同相關的收入能夠可靠地計量。收入能夠可靠計量,即是指收入金額能夠確定。如收入金額不能確定,不能確認收入。

(二) 保費收入確認的金額

(1) 對於非壽險合同,應當根據原保險合同約定的保費總額確定,而不論保費是一次收取還是分期收取,不論保費是已經收到還是尚未收到。

(2) 如果最終保費需要調整,先按估計保費總額確定,估計金額發生變化,應當及時調整;如果不能合理估計最終保費,應按已發生的賠付成本(包括未決賠款準備金)總額確定,直至可以合理估計最終保費。

(3) 對於長期工程保險,如果保險公司承擔的保險責任/風險隨著工程的完工進度不斷變化,公司應隨所承擔保險責任的變化而對保費收入進行調整。

（三）科目設置

為了核算和監督非壽險業務的保費收入，應設置「保費收入」「應收保費」「預收保費」科目。

1.「保費收入」科目

「保費收入」科目屬損益類科目，核算保險公司直接承保業務取得的保費收入。保險業務以儲金實現的利息收入作為保費收入，也在本科目核算。該科目屬於損益類科目，貸方登記本期取得的保費收入，借方登記退保的保費、續保時的折扣與無賠款優待。期末，應將「保費收入」科目的發生額轉入「本年利潤」科目，結轉後本科目應無餘額。「保費收入」科目應按險種設置明細帳，進行明細分類核算。

2.「應收保費」科目

「應收保費」科目屬於資產類科目，核算保險公司應向投保人收取但尚未收到的保險費。該科目借方登記公司發生的應收保費及已確認壞帳並轉銷的應收保費又收回的金額，貸方登記收回的應收保費及確認為壞帳而沖銷的應收保費。期末借方餘額，反應公司尚未收回的保險費。本科目應按投保人設置明細帳，進行明細分類核算。

3.「預收保費」科目

「預收保費」科目核算公司在保險責任生效前向投保人預收的保險費。該科目屬於負債類科目，貸方登記保險合同生效前收取的保費，借方登記保險合同生效後結轉的預收保費，期末餘額在貸方，本科目應按投保人設置明細帳，進行明細分類核算。

4.「應交稅費——應交增值稅——銷項稅額」科目

「營改增」後，非壽險業務除少數險種（如種植業和養殖業保險、出口信用保險）外，其他的險種的保費收入都要交增值稅，所以在保費核算時還涉及了「應交稅費——應交增值稅——銷項稅額」科目，該科目記錄一般納稅人在銷售貨物、加工修理修配勞務、服務、無形資產或不動產應收取的增值稅。具體到非壽險保費收入的銷項稅額的帳務處理，保險公司銷售保險服務，應當按應收和已收的金額，借記「銀行存款」等科目，按取得的收入金額，貸記「保費收入」，按現行增值稅制度規定計算銷項稅額，貸記「應交稅費——應交增值稅——銷項稅額」，發生退保時，應當按開具的紅字增值稅專用發票做相反的會計分錄。

（四）核算舉例

（1）簽發保單時，直接交納保費的核算

例 4-1 中和企業集團公司為其職員 200 人投保 1 年期意外傷害保險，每人每年繳保費 420 元，合計 84,000 元，增值稅金額為 5,040 元。該公司當日支付了保險公司開具的增值稅專用發票上載明的保費 84,000 元和增值稅 5,040 元，根據收據存根和收帳通知辦理入帳。

會計處理：

借：銀行存款　　　　　　　　　　　　　　　　　　　　　　　89,040

　　貸：保費收入——意外傷害保險　　　　　　　　　　　　　84,000

　　　　應交稅費——應交增值稅——銷項稅額　　　　　　　　5,040

（2）預繳保費的核算

例 4-2 萬通有限責任公司向某財產保險公司投保貨運險，保費為 50,000 元，增值稅額為 3,000 元，保險合同訂立後萬通公司當即繳納保費和增值稅，取得保險公司開具增值稅專用發票。該業務下月 5 日起承擔保險責任，則編製會計分錄如下：

（1）向投保人預收保費：

借：銀行存款　　　　　　　　　　　　　　　　　　　　　　　53,000
　　貸：預收保費——貨運險　　　　　　　　　　　　　　　　50,000
　　　　應交稅費——應交增值稅——銷項稅額　　　　　　　　3,000

（2）下月 5 日：

借：預收保費——某企業　　　　　　　　　　　　　　　　　　50,000
　　貸：保費收入——貨運險　　　　　　　　　　　　　　　　50,000

（3）分期繳費的保費核算

由於保險市場競爭越來越激烈，對於一些大保戶或保額高的保戶，經保險公司同意，可以分期繳納保費。保險單一經簽單，則全部保費均應作為保費收入，未收款的部分則作為「應收保費」，待收款時再衝銷。

例 4-3 某公司投保企業財產保險基本險，保費共計 25,000 元，增值稅額共計 1,500 元，經特別約定分兩次繳清，投保時支付 50%，1 個月後支付 50%，保險公司收到支付的款項時開具增值稅專用發票。

會計處理：

投保時：

借：銀行存款　　　　　　　　　　　　　　　　　　　　　　　13,250
　　應收保費——某公司　　　　　　　　　　　　　　　　　　13,250
　　貸：保費收入——企業財產保險基本險　　　　　　　　　　25,000
　　　　應交稅費——應交增值稅——銷項稅額　　　　　　　　750
　　　　應交稅費——待轉銷項稅額　　　　　　　　　　　　　750

一個月後收到保費：

借：銀行存款　　　　　　　　　　　　　　　　　　　　　　　13,250
　　貸：應收保費——某公司　　　　　　　　　　　　　　　　13,250
借：應交稅費——待轉銷項稅額　　　　　　　　　　　　　　　750
　　貸：應交稅費——應交增值稅——銷項稅額　　　　　　　　750

（4）退保的核算

《中華人民共和國保險法》規定，保險責任開始前，投保人要求解除合同的，應當向保險人支付手續費，保險人應當退還保險費；保險責任開始後，投保人要求解除合同的，保險人可以收取自保險責任開始之日起至合同解除之日止期間的保險費，剩餘部分退還投保人。

中途退保或部分退保，退保費直接衝減保費收入。退保時尚結清的應收保費，則從退保費中扣除。

例4-4 某公司投保企業財產保險綜合險後，要求退保，經計算應退保費5,800元，其增值稅為383元，該公司尚欠保費3,000元，保險公司辦理退保費手續，扣除應收保費後退還剩餘款項。

會計處理：
借：保費收入——財產綜合險　　　　　　　　　　　　　　5,800
　　應交稅費——應交增值稅——銷項稅額　　　　　　　　348
　貸：應收保費　　　　　　　　　　　　　　　　　　　　3,000
　　　銀行存款　　　　　　　　　　　　　　　　　　　　3,148

第二節　非壽險原保險業務賠付成本的會計處理

一、保險公司賠付成本的內涵

非壽險賠付成本是指財產保險業務、意外傷害保險業務和短期健康保險業務因保險標的遭受損失或發生意外傷害、疾病，按保險合同約定支付保單持有人賠款及處理保險事故的相關費用支出。

（一）通常賠付成本內容包括以下幾個方面：

1. 直接賠款

非壽險業務根據保險合同約定賠償保險事故損失而支付的賠款。

2. 理賠費用

在賠案發生後保險公司為查勘理賠、處理賠案所發生的費用。理賠費用是為處理賠案發生的，同時理賠工作的好壞直接關係到保險賠款和保險給付的高低，可視為保險賠款或保險給付的組成部分。

按是否與賠案直接相關，可分為直接理賠費用和間接理賠費用。

（1）直接理賠費用是指直接與某一賠案相關的費用，能夠直接確定為該賠案的費用。直接理賠費用包括因為進行某一賠案的處理而發生的下列費用：聘請專家或專業機構的費用、律師和訴訟費、損失檢查費、公估費、打假獎勵費、配件價格查詢費、救助擔保手續費、理賠查勘人員差旅費以及其他直接費用。拒賠案件、零賠付結案案件和向第三者追償的理賠費用列支相關的直接理賠費用。

（2）間接的理賠費用是指與特定賠案無直接關係、無法直接歸屬於某一特定賠案的理賠費用。保險公司對於賠案的處理，不但有上述賠案發生後處理賠案時所發生直接必要的費用，為了服務客戶均在公司內設有理賠部門和理賠人員，這些部門及理賠人員的設置均會發生維持費用，如理賠人員薪酬支出和辦公費用，這些維持費用與每一賠案原則上應視為無直接關係。此外，理賠部門還可能發生除直接理賠費用外的理賠查勘費用，這些費用包括車輛使用費、差旅費、調查取證費等，不能準確分清到每一賠案，故計入間接理賠費用。

（二）賠付成本費用的抵減

1. 追回的已給付保險金

在保險理賠過程中，不可避免地要發生某些錯賠或騙賠案件。一經發現，要認真查處

並追回已支付保險金，並衝減相應的理賠成本。

2. 損餘物質

保險標的遭受保險責任事故受損後，在多數情況下不是全部滅失，而是部分受損，還具有一定程度的價值。一旦保險公司履行了對被保險人的賠償義務後，就擁有了對保險標的殘餘價值所有權。保險人承受的保險標的殘餘價值應作為賠付成本的抵減項。

3. 追償款

當保險標的遭受保險責任事故造成損失，依法應當由第三者承擔賠償責任時，保險公司事先按照保險合同的約定向投保人支付賠款，與此同時，在賠償金額的限度內，從投保人處取得對第三者請求賠償的權利，由此而追回的價款就是追償款。追償款是對賠付成本的一種抵減，不應作為收入處理。

需要注意的是，保險公司在追回的已給付保險金、處置損餘物質和向第三者代位追償時，發生的費用，應作為理賠費用。

二、賠付成本的確認

（一）理賠的程序

保險事故發生後，保險人對被保險人負有支付保險金的義務，這一義務的履行，稱為理賠。理賠的程序是：

1. 出險通知

出險通知是指保險標的出險後，被保險人向保險人發出信息，實際上就是被保險人向保險人報案。出險通知標志著理賠活動的開始。

2. 確立賠案

保險人在收到出險通知後，應立即查抄單底、審核保險單副本，將報案登記的內容與保單副本的內容詳細對照，審核保險單是否依然有效，被保險人的名稱是否相符，出險日期是否在保險責任期內，受損物是否是承保標的等內容，從而確立賠案是否成立。

3. 現場查勘

保險公司在受理賠案後，應派人到事故發生地點進行調查，調查事故發生的原因及實際損失的數額，作為理賠時的依據。

4. 確定保險責任

依照保合同及相應的證據，確定保險人應該承擔的賠償責任和數額。

5. 支付保險金

將保險金支付給被保險人或受益人。

（二）賠付成本的確認方法

成本費用必須充分確實，才能與其收入相配比，保險產品最主要的服務成本為保險賠款或給付。保險賠款或給付等成本費用在最後皆為實際成本，但是部分保險理賠個案耗時較長，未能於會計期間內完成，為承擔未結賠案的保險責任，要提取相應的賠款準備金，即未決賠款準備金。未決賠款準備金是指為已發生而尚未結案的賠案提取的準備金，是為滿足未了賠案的未來保險金支付和理賠費用的需要。按照權責發生制的要求，當期發生的

賠案即使尚未支付賠款，也應作為當期的賠付成本，故為本期已發生但尚未支付賠款的賠案提取的未決賠款準備金是賠付成本的重要組成部分。

有關保險賠款成本的確認時點，一般說來有賠案發生時確認、確定保險責任（即確定應支付賠付金額）和支付時確認三種。採用賠案發生時確認這種方式可以貫徹權責發生制原則，但難以做到；確定支付賠付金額時確認，事後有應付賠款帳戶銷帳的麻煩；支付時確認，即按收付實現制確認賠款成本，無法及時反應損益，但可以簡化核算手續。

過去長期以來中國在實務上採取聯合基礎，平時不注意反應損益，多採用賠付時確認，期末提取未決賠款準備金（本期未決賠款準備金和上期未決賠款準備金之差）將平時按現收現付制核算的賠付成本調整為按權責發生制進行核算。見公式（4-1）：

權責發生制下的賠付成本＝本期已付賠款和理賠費用（帳面賠付成本）

$$+本期的未決賠款準備金-上期的未決賠款準備金 \quad (4-1)$$

在支付保險金時確認賠付成本的方法下，未決賠款準備金包含已決定支付但尚未支付的賠款。

現在按照中國2006年頒布的《企業會計準則25號——原保險合同》第18條規定，保險人應當在確定支付賠付款項的當期，按照確定支付的賠付款金額，計入當期損益；應當在實際發生理賠費用的當期，按照實際發生的理賠費用的金額，計入當期損益。

在確定支付賠付款這個時點確認的賠付成本仍然不符合權責發生制的要求，還是需要在期末提取未決賠款準備金將平時確認的賠付成本調整為權責發生制下的賠付成本，只是提取的未決賠款準備金不再包含已決定支付而尚未支付的賠款。在2006年頒布並實施的企業會計準則下，應設置「應付賠款」科目進行核算。在確定支付賠款而尚未支付時，借記「賠付支出」，貸記「應付賠款」；實際支付賠款時，借記「應付賠款」，貸記「庫存現金」或「銀行存款」。表4-1說明了兩種方式的不同之處。

表 4-1　　　　　確定支付賠付款和支付賠付時確認的會計處理的比較

	認列時間	確定支付賠付款時	支付賠付款時
平時	確定支付賠付款時	借：賠付支出 貸：應付賠款	不作會計處理
	支付賠付款時	借：應付賠款 貸：現金或銀行存款	借：賠付支出 貸：現金或銀行存款
期末對於已決未付賠款		已列帳	應計算作為未決賠款準備金的一部分

在確定支付賠款時確認賠付成本方法下，上述（4-1）的公式變為：

權責發生制下的賠付成本＝本期已確定支付的賠款和理賠費用(帳面賠付成本)

$$+本期的未決賠款準備金-上期的未決賠款準備金$$

$$(4-2)$$

由於上期的未決賠案在本期一部分已結案並已確定支付賠款，另一部分在本期仍未結案。因此，上期提存的未決賠款準備金在本期可以分解為兩個部分：一部分是為以前各期

未決賠案在本期確定支付的賠款；另一部分是為以前各期仍未了結的賠案提取的準備金。所以上述公式即：

權責發生制下的賠付成本＝（本期帳面賠付成本－為以前各期未決賠案決定支付的賠款和理賠費用）＋（本期提存的未決賠款準備金－為以前各期未決賠案提存的準備金） (4-3)

那麼：

權責發生制下的賠付成本＝為本期發生的賠案確定支付的賠款和理賠費用＋為本期發生的賠案提取的未決賠款準備金 (4-4)

公式（4-3）和（4-4）說明為什麼通過未決賠款準備金的提轉差，就能將平時按現收現付制核算的理賠成本調整為按權責發生制進行核算，即公式（4-3）和（4-4）是公式（4-2）的說明。

三、非壽險業務賠付成本的平時核算

（一）科目設置

為了核算和監督短期保險業務的理賠成本，應設置「賠付支出」科目、「預賠付賠款」科目和「應付賠付款」科目。

1.「賠付支出」科目

「賠付支出」科目核算非壽險業務按保險合同約定支付的賠款。「賠付支出」科目屬損益類科目，借方登記確定支付賠付款的金額和實際發生的理賠費用、理賠中發生的訴訟費用，貸方登記取得損餘物資的金額、騙賠追回的賠款、可收回的追償款數額。期末，應將「賠付支出」科目的餘額轉入「本年利潤」科目，結轉後本科目應無餘額。「賠付支出」科目應按險種設置明細帳，進行明細分類核算。

2.「預付賠付款」科目

「預付賠付款」科目核算保險公司在處理各種理賠案件過程中按照保險合同約定預先支付的賠款，公司分入分保業務預付的賠款亦在本科目核算（具體內容在再保險業務中說明）。「預付賠付款」科目屬資產類科目，借方登記預付賠付款數額，貸方登記結案後預付賠付款結轉為賠付支出的款項。本科目應按投保人或分保分出人設置明細帳，進行明細分類核算，餘額在借方。

3.「應付賠付款」科目

「應付賠付款」科目核算保險責任已經確定，且保險人應支付的而尚未支付的賠付款數額。該科目屬於負債類科目，貸方登記保險企業應付而尚未支付的賠款，借方登記已支付的應付賠付款數額。本科目應按投保人設置明細帳，進行明細分類核算。

4.「損餘物資」科目

「損餘物資」科目核算保險企業按原保險合同承擔保險金責任後取得的損餘物資成本。該科目屬於資產類科目，借方登記保險公司承擔賠償責任後取得的損餘物資的金額，貸方登記處置損餘物資轉銷的金額，本科目應當按照損餘物資種類進行明細核算。本科目期末借方餘額，反應企業承擔賠償保險金責任取得的損餘物資的價值。

5. 「損餘物資跌價準備」科目

「損餘物資跌價準備」科目反應保險公司取得損餘物質的減值，是損餘物資的備抵科目。貸方登記損餘物資可變現價值低於成本的差額，借方登記已計提損餘物資跌價準備後，損餘物資在原計提損餘物資金額內恢復的金額。

6. 「應收代位追償款」科目

「應收代位追償款」科目核算保險公司按照原保險合同約定承擔賠付保險金責任確認的應收代位追償款。該科目借方登記保險公司承擔賠付保險金責任後確認的應收的代位追償款，貸方登記已經收回的代位追償款，本科目應當按照對方單位（或個人）進行明細核算。

(二) 核算舉例

1. 已付賠款的核算

例 4-5 某團體單位投保 1 年期團體人身意外傷害險，保險金額每人確定為 50,000 元。該單位人員李某現因意外傷害事故身亡，並由醫院出具死亡證明及驗屍報告，經查證核實，同意按保險金 50,000 元給付，當即以轉帳支票支付。

會計處理：

借：賠付支出——意外傷害保險（團意險）　　　　　　　　　　50,000
　　貸：銀行存款　　　　　　　　　　　　　　　　　　　　　　　　50,000

例 4-6 某人投保 1 年期個人住院醫療險，保險金額為 10,000 元。該保戶在保險期間因患疾病而住院治療，在住院期間發生理賠範圍內的醫療費用為 8,000 元，經審核後當即轉帳支付。

會計處理：

借：賠付支出——健康險（醫療險）　　　　　　　　　　　　　8,000
　　貸：銀行存款　　　　　　　　　　　　　　　　　　　　　　　　8,000

2. 應付賠付款的核算

應付賠付款，是指保險公司已經結案但尚未支付的各種賠款和給付款項，包括已發生保險事故並已結案、已到支付期、保單已經滿期或者已經辦理退保手續尚未支付給保單持有人的賠款、保險金或退保金等。對於財產保險、健康保險和意外傷害保險業務，主要指已經結案但尚未支付的賠款和死傷醫療給付等。

例 4-7 張山投保機動車損失險出險，保險公司經過查勘理賠之後，確定應支付張山賠款 15,000 元，保險公司在本月尚未支付保險金給張山。到下個月 3 號，將 15,000 元賠款轉帳支付給張山，該賠案了結。

會計處理：

本月確定應付的保險金額之後：

借：賠付支出——機動車損失險　　　　　　　　　　　　　　　15,000
　　貸：應付賠付款——張山　　　　　　　　　　　　　　　　　　　15,000

下月 3 日支付賠款：

借：應付賠付款——張山　　　　　　　　　　　　　　　　　　　15,000

貸：銀行存款　　　　　　　　　　　　　　　　　　　　　　　　　15,000

3. 預付賠付款的核算

　　有些保險賠案理賠需要較長的時間，保險公司為了使被保險人能及時恢復正常生活秩序，保險公司可按損失的一定比例預付部分賠款，等損失核定時，再補足差額。預付金額通常不得超過估損金額的 50%，預付賠款原則上不應跨年度，確實需跨年度的，須在年終決算報告中說明。

例 4-8　某企業投保的企業財產險出險，一時不能結案，為了使企業能及時恢復生產經營活動，保險公司預先支付賠款 200,000 元，開出轉帳支票付訖。3 個月後，該賠案理算完畢，保險公司應支付賠款 500,000 元，保險公司再以轉帳支票 300,000 元補足賠款。

　　會計處理：

　　出險後支付預付賠款：

　　借：預付賠付款——企財險　　　　　　　　　　　　　　　　　　200,000
　　　　貸：銀行存款　　　　　　　　　　　　　　　　　　　　　　200,000

　　保險公司理賠完畢，支付賠款：

　　借：賠付支出——企財險　　　　　　　　　　　　　　　　　　　500,000
　　　　貸：預付賠付款——企財險　　　　　　　　　　　　　　　　200,000
　　　　　　銀行存款　　　　　　　　　　　　　　　　　　　　　　300,000

4. 理賠費用的核算

　　理賠費用是賠付成本的重要組成部分，無論直接理賠費用還是間接理賠費用都是賠付成本。

例 4-9（續例 4-8）　保險公司聘請某保險公估公司進行查勘理賠，以銀行轉帳支票支付公估費用 15,000 元和增值稅 900 元。

　　會計處理：

　　借：賠付支出——直接理賠費用——公估費——企財險　　　　　　15,000
　　　　應交稅費——應交增值稅——進項稅額——公估費——企財險　　900
　　　　貸：銀行存款　　　　　　　　　　　　　　　　　　　　　　15,900

5. 錯賠或騙賠案件的核算

例 4-10　某保險公司在支付了某投保人的機動車輛保險賠款後，發現這是一樁騙賠案件，保險公司追回了已支付的部分賠款 40,500 元。

　　會計處理：

　　借：銀行存款　　　　　　　　　　　　　　　　　　　　　　　　40,500
　　　　貸：賠付支出——機動車輛險（某賠案）　　　　　　　　　　 40,500

6. 損餘物資的核算

（1）損餘物資取得的核算。保險公司收到第三方責任人交來的實物資產，原則上應在 15 日內變現入帳，如在 15 日內變現有困難，應在 15 日內進行資產價值評估，經審批並取得證明所有權的有效法律證明的相關憑證後，應當按照同類或類似資產的市場價格評估確定的金額確認為資產，並沖減當期賠付成本。

例 4-11 某公司投保了企業財產保險,遭受火災,財產損失達 860,000 元,損餘物資作價 50,000 元歸保險公司,保險公司收回入庫,同時以轉帳支票支付賠款 860,000 元給受損公司。

會計處理:
保險公司確定賠款金額且支付賠款時:

借:賠付支出——企財險　　　　　　　　　　　　　　860,000
　　貸:銀行存款　　　　　　　　　　　　　　　　　　860,000

保險公司將損餘物資收回入庫時:

借:損餘物資　　　　　　　　　　　　　　　　　　　50,000
　　貸:賠付支出——企財險　　　　　　　　　　　　　50,000

(2)損餘物資處置的核算。財產保險公司通常在 3 個月內處置損餘物資。處置損餘物資時,保險人應當按照損餘物資的出售價與相關損餘物資帳面價值的差額,調整當期賠付成本。另外,處置損餘物資,通常在計算增值稅時,財產保險公司根據損餘物資銷售金額按簡易計稅法(稅率為 3%)計算損餘物資增值稅。簡易計稅法不計進項稅,損餘物資也無法取得相關進項稅發票進行抵扣,故採用簡易計算法計稅。

例 4-12 假如上例中收歸入庫的損餘物資由保險公司作價 48,000 元出售給別的單位,按簡易計稅的增值稅為 1,440 元,保險公司收到損餘物資銷售款 49,440 元,則會計處理為:

借:銀行存款　　　　　　　　　　　　　　　　　　　49,440
　　賠付支出——企財險　　　　　　　　　　　　　　　2,000
　　貸:損餘物資　　　　　　　　　　　　　　　　　　50,000
　　　　應交稅費——簡易計稅——損餘物資　　　　　　1,440

①損餘物資跌價準備的核算。

例 4-13 假如例 4-11 中的損餘物資,保險公司沒有出售,在資產負債表日,該損餘物資淨變現價值為 45,000 元,則應將淨變現價值低於成本的差額,即 50,000-45,000 = 5,000(元),計提損餘物資跌價準備。

借:資產減值損失　　　　　　　　　　　　　　　　　5,000
　　貸:損餘物資跌價準備　　　　　　　　　　　　　　5,000

7. 代位追償款的核算

②代位追償款會計處理的要求。

保險人承擔賠付保險金責任應收取的代位追償款,同時滿足下列條件的,應當確認為應收代位追償款,並沖減當期賠付成本:

第一,該代位追償款有關的經濟利益很可能流入;

第二,代位追償款的金額能夠可靠地計量。

收到應收代位追償款時,保險人應當按照收到的金額與相關應收代位追償款帳面價值的差額,調整當期賠付成本。對於代位追償過程中發生的費用,如律師費、訴訟費以及相關的調查費、差旅費、獎勵費,無論追償是否成功,上述費用可以作為追償成本,計入

「賠付支出——代位追償款」科目。

③代位追償款帳務處理。

例4-14 2017年1月宏大保險公司承保中興公司的貨物運輸保險，貨物由美國速遞公司承運，承運飛機在中途撞山墜毀，經公估公司評估損失後，2017年3月宏大保險公司支付中興公司賠款130萬元，宏大保險公司認為該款項是能追償回來的，中興公司向保險公司出具了權益轉讓書，宏大保險向美國速遞公司追償，聘請律師提起訴訟，2017年6月支付律師費用20萬元（不含增值稅，增值稅稅率6%），於2018年5月追回賠款110萬元。

會計處理：

2017年3月

　　借：賠付支出——貨物運輸保險　　　　　　　　　　　　1,300,000
　　　　貸：銀行存款　　　　　　　　　　　　　　　　　　1,300,000

　　同時

　　借：應收代位追償款——美國速遞公司　　　　　　　　　1,300,000
　　　　貸：賠付支出——代位追償款——貨物運輸保險　　　1,300,000

2017年6月

　　借：賠付支出——代位追償款——律師費——貨物運輸保險　200,000
　　　　應交稅費——應交增值稅——進項稅額——律師費——貨物運輸保險
　　　　　　　　　　　　　　　　　　　　　　　　　　　　　1,200
　　　　貸：銀行存款　　　　　　　　　　　　　　　　　　201,200

2018年5月

　　借：銀行存款　　　　　　　　　　　　　　　　　　　　1,100,000
　　　　賠付支出——代位追償款——貨物運輸保險　　　　　200,000
　　　　貸：應收代位追償款——美國速遞公司　　　　　　　1,300,000

第三節　非壽險原保險業務準備金的會計處理

一、未到期責任準備金的核算

（一）會計科目的設置

保險公司進行年終核算時，其已實現的當期保費收入為入帳保費扣除本期未實現保費（即未到期責任準備金）再加上上期未到期責任準備金。公式如下：

權責發生制下的保費收入（已賺保費）

＝帳面保費收入－本期未到期責任準備金＋上期未到期責任準備金

＝帳面保費收入－（本期未到期責任準備金－上期未到期責任準備金）

＝帳面保費收入－本期提取的未到期責任準備金

故未到期責任準備金的核算包括未到期責任準備金的核算、提取未到期責任準備金的核算二項內容。

未到期責任準備金在資產負債表中被列為負債，屬於收入性準備金，與預收保費的性質一致。本期提取的未到期責任準備金為未到期責任準備金變動的淨額。

因此，會計上相應設置以下兩個會計科目：

1. 「未到期責任準備金」科目

「未到期責任準備金」科目核算保險公司非壽險原保險合同的未到期責任準備金。再保險人提取的再保險合同分保未到期責任準備金，也在本科目進行核算。「未到期責任準備金」科目屬負債類科目，借方登記本期減少的未到期責任準備金，貸方登記本期增加的未到期責任準備金。「未到期責任準備金」科目期末的貸方餘額，反應保險公司的未到期責任準備金。本科目應按保險合同設置明細帳，進行明細分類核算。

2. 「提取未到期責任準備金」科目

「提取未到期責任準備金」科目核算保險公司提取的未到期責任準備金和再保險合同分保未到期責任準備金。該科目借方登記本期增加的未到期責任準備金，貸方登記本期減少的未到期責任準備金，本科目應按保險合同設置明細帳，進行明細分類核算。本期餘額登記結轉「本年利潤」科目；期末結轉後，該科目無餘額。「提存未到期責任準備金」科目應按險種設置明細帳，進行明細分類核算。

(二) 帳務處理

未到期責任準備金的帳務處理包括提取未到期責任準備金和將提取的未到期責任準備金結轉本年利潤兩項內容。

(1) 財產保險公司期末按規定提取未到期責任準備金時，借記「提取未到期責任準備金」科目，貸記「未到期責任準備金」科目。

(2) 期末將「提取未到期責任準備金」科目的餘額轉入「本年利潤」科目時，借記「本年利潤」科目，貸記「未到期責任準備金」科目。

例 4-15 某財產保險公司在 12 月 31 日按會計準則的要求評估計算當期的企財險未到期責任準備金為 5,000 萬元，上期會計期末企財險未到期責任準備金為 3,784 萬元。

那麼，本期應提取的未到期責任準備金為：

5,000－3,784＝1,216（萬元）

會計處理：

(1) 提取未到期責任準備金時：

借：提取未到期責任準備金——企財險　　　　　　　　1,216 萬元
　　貸：未到期責任準備金——企財險　　　　　　　　　　　1,216 萬元

(2) 將提存、轉回的未到期責任準備金結轉到本年利潤時：

借：本年利潤　　　　　　　　　　　　　　　　　　　1,216 萬元
　　貸：提取未到期責任準備金——企財險　　　　　　　　　1,216 萬元

二、未決賠款準備金的核算

(一) 科目設置

本期提取未決賠款準備金＝本期的未決賠款準備金－上期的未決賠款準備金

未決賠款準備金的核算包括未決賠款準備金的核算、提取未決賠款準備金的核算兩項內容。會計核算上也要相應設置兩個會計科目：

1. 「未決賠款準備金」科目

「未決賠款準備金」科目核算保險公司對於已發生的保險事故應該支付而尚未決定支付的保險賠款和理賠費用而按規定提存的未決賠款準備金。「未決賠款準備金」科目屬負債類科目，借方登記本期較少的未決賠款準備金，貸方登記本期增加的未決賠款準備金數額。餘額在貸方，表明保險公司在本期計算的未決賠款準備金的數額。「未決賠款準備金」科目應按險種設置明細帳，進行明細分類核算。

2. 「提取未決賠款準備金」科目

「提取未決賠款準備金」科目核算保險公司本期未決賠款準備金的淨增加額或淨減少額，是屬於損益類科目，借方登記本期未決賠款準備金增加淨額，貸方登記本期未決賠款準備金較少的淨額。借方餘期末結轉「本年利潤」科目的數額；期末結轉後，該科目無餘額。「提存未決賠款準備金」科目應按險種設置明細帳，進行明細分類核算。

(二) 帳務處理

未決賠款準備金的帳務處理包括提取未決賠款準備金和將提取未決賠款準備金結轉本年利潤兩項內容。期末，保險公司按規定提取未決賠款準備金時，借記「提取未決賠款準備金」科目，貸記「未決賠款準備金」科目；將「提取未決賠款準備金」科目的餘額轉入「本年利潤」科目時，借記「本年利潤」科目，貸記「提取未決賠款準備金」科目。

例4-16 某壽險公司期末計算意外險業務的未決賠款準備金，已發生已報告賠案的未決賠款準備金為250,000元，已發生未報告的未決賠款準備金為24,000元，理賠費用準備金為10,000元。上期的未決賠款準備金為245,000元。

本期的未決賠款準備金＝250,000＋24,000＋10,000＝284,000

本期應提取的未決賠款準備金＝284,000－245,000＝39,000

(1) 本年末提取未決賠款準備金時：

借：提取未決賠款準備金	39,000
貸：未決賠款準備金	39,000

(2) 將本年提取的未決賠款準備金結轉到「本年利潤」

借：本年利潤	39,000
貸：提取未決賠款準備金	39,000

第四節　政策性農業保險業務的核算

一、政策性農業保險的含義

政策性農業保險是以保險公司市場化經營為依託，政府通過保費補貼、免徵增值稅等政策扶持，對種植業、養殖業因遭受自然災害和意外事故造成的經濟損失提供的補償的保險。政策性農業保險通常可以獲得中央財政和地方財政的保費補貼，農業保險工作實行政府引導、市場運作、自主自願、協同推進的原則。

（1）政府引導

財政部門通過保險費補貼等政策支持，鼓勵和引導農戶、農業生產經營組織投保農業保險，推動農業保險市場化發展，增強農業抗風險能力。

（2）市場運作

財政投入要與農業保險發展的市場規律相適應，以經辦機構的商業化經營為依託，充分發揮市場機制作用，逐步構建市場化的農業生產風險保障體系。

（3）自主自願

農戶、農業生產經營組織、經辦機構、地方財政部門等各方的參與都要堅持自主自願，在符合國家規定的基礎上，申請中央財政農業保險保險費補貼。

（4）協同推進

保險費補貼政策要與其他農村金融和支農惠農政策有機結合，財政、農業、林業、保險監管等有關單位積極協同配合，共同做好農業保險工作。

政策性農業保險通常也享受國家給予的稅收優惠。過去農牧保險的保費收入免徵營業稅，2016年全面實行「營改增」後，農牧保險的保費收入免徵增值稅。此外，政策性農業保險業務，根據財政部、國家稅務總局2010年5月13日發布的《關於農村金融有關稅收政策的通知》（財稅〔2010〕4號），對保險公司為種植業、養殖業提供保險業務取得的保費收入，在計算應納稅所得額時，按10%比例減計收入。

二、保險公司與政府合作的方式

目前農業保險經營過程中，保險公司常常與當地政府合作，合作方式主要有：

（一）政府和保險公司聯辦共保

這種模式由政府和公司按一定比例共擔風險、分攤保費，從而有效發揮政府公共管理職能和保險公司專業化的風險管控技能。譬如，江蘇省政府根據農險的特點，按當年農業保險保費總收入的14%～15%提取工作經費；支付當年賠款後的剩餘部分，建立農業保險風險基金，以備大災。理賠上，保險賠款首先從當年保費收入中列支，不足部分動用歷年累積的農業保險風險基金，基金仍不足賠付的，由保險公司與各縣（區）政府按3：7比例籌資賠付。還譬如2007年浙江省政策性農險開始「共保體模式」試點，以中國人保財險公司為主承保人，另外11家財險公司組成共保體，以「單獨建帳、封閉運行、逐年滾

動、以豐補歉」的方式實施商業化運作。共保體與試點市（縣）政府與保險機構合作共建共保體，聯合推行農業保險項目，實行風險共擔。農業保險賠款在當年保費收入的2倍以內，由共保體承擔全部賠付責任；賠款在當年保費收入2~3倍的部分，政府和保險機構各自承擔一半；賠款在當年保費收入3~5倍的部分，由共保體與政府按1:2的比例分擔。

(二) 保險公司為主，政府代辦

這種模式由政府進行組織推動，各級財政提供保費補貼，保險公司自營農業保險，承擔風險，保險公司往往採取以險養險方式分散農業保險風險。上海、湖南、新疆、吉林、北京等省、市大都採取這種農業保險經營模式。政府代辦是指依託鄉鎮各級政府宣傳保險、採集信息、代收保險費、代查勘理賠，保險公司支付代辦費，以彌補各政府部門發生的勞務費、交通費、宣傳費等，通常代辦費按保費的一定比例計算。

(三) 政府為主，保險公司代辦

這種模式主要由政府承擔全部或者絕大部分風險，商業保險公司代為經營。江蘇省的蘇州無錫常州等經濟發達的蘇南地區普遍採取這種農業保險經營模式。例如，蘇州市政府委託蘇州人保和蘇州太保代為經營農業保險，險種保費由財政補貼60%，投保人承擔40%；保險賠付責任由政府和商業保險公司按9:1的比例分擔；發生超賠後，保險公司以5年保費收入的5倍為上限承擔有限風險，政府兜底。這種模式下，保險公司收取代辦費。

三、政策性農業保險業務的會計處理

（1）對於政策性農業保險業務，保險公司應設置險種專項進行核算。收到各級政府財政補貼保費，計入「保費收入」，明細科目為各級政府保費補貼和險種。政策性農業保險業務險種區分中央政策性和地方政策性兩大類；險種應按財政部和保監會規定的政策性農業保險統計類別進行核算。

（2）對於採取共保體或政府代辦形式開辦並委託保險公司進行會計核算的政策性農業保險，保險公司可以單獨設置帳簿進行獨立核算。對於採取聯辦共保或者共保體等方式開辦的政策性農業保險，應當按照保險公司享有的份額記入各損益科目，帳務處理與一般保險業務保持一致。

（3）政府或其他保險公司發生的、與政策性農業保險相關業務往來的會計核算，在「其他應收款——其他應收暫付款」和「其他應付款——其他應付暫收款」科目下進行核算。

（4）對於政府明確規定費用包干比例或者額度的政策性農業保險，計提費用應通過「其他應付款」科目進行核算。

（5）收到政府無償撥付的非保費補貼的其他政策性農業保險補貼資金時，應計入「營業外收入——專項補貼收入」科目核算。

（6）對於保險公司不確認保費收入和賠付支出的政府代辦業務，收取的代辦業務手續費或管理費應計入「其他業務收入——管理費收入」科目，相關費用支出應直接計入「其他業務成本——代辦業務支出」科目。

例4-17 甲保險公司與乙保險公司對某農場小麥種植業保險業務進行共保，收到農戶

繳納保費 100,000 元，收到政府保費補貼 300,000 元，出單手續費 4,000 元由乙保險公司承擔，此外收到政府專項再保險補貼 70,000 元。合同約定，保險風險調查、保險收繳工作以甲公司為主，保費和政府補貼按 7：3 在甲乙兩家保險公司之間分配。

會計處理如下：

（1）甲公司應編製會計分錄如下：

收取保費時：

借：銀行存款	400,000
貸：保費收入——小麥種植業保險——農戶保費	70,000
保費收入——小麥種植業保險——政府補貼保費	210,000
其他應付款——應付保費——乙公司——農戶保費	30,000
其他應付款——應付保費——乙公司——政府補貼保費	90,000

實際支付保費給乙公司時：

借：其他應付款——應付保費——乙公司——農戶保費	30,000
其他應付款——應付保費——乙公司——政府補貼保費	90,000
貸：銀行存款	120,000

向乙公司收取手續費時：

借：銀行存款	4,000
貸：其他業務收入——手續費收入	4,000

收到政府專項再保險補貼時：

借：銀行存款	70,000
貸：營業外收入——專項補貼	49,000
其他應付款——乙公司——專項補貼	21,000

實際支付時：

借：其他應付款——乙公司——專項補貼	21,000
貸：銀行存款	21,000

（2）乙公司應編製會計分錄如下：

接到承保通知後，應根據自身承擔份額：

借：應收保費——小麥種植業保險——農戶保費	30,000
應收保費——小麥種植業保險——政府補貼保費	90,000
貸：保費收入	120,000

收到甲公司劃轉的保費後：

借：銀行存款	120,000
貸：應收保費——小麥種植業保險——農戶保費	30,000
應收保費——小麥種植業保險——政府補貼保費	90,000

支付手續費：

借：其他業務成本——出單費	4,000
貸：銀行存款	4,000

確認政府專項補貼時：
借：其他應收款——甲公司 21,000
　　貸：營業外收入——專項補貼收入 21,000
實際收到時：
借：銀行存款 21,000
　　貸：其他應收款——甲公司 21,000

四、政策性農業保險大災風險準備金及其會計處理

(一) 政策性農業大災風險準備金計提範圍和計提類別

2013年財政部印發《農業保險大災風險準備金管理辦法》（以下簡稱《辦法》），為進一步完善農業保險大災風險分散機制，促進農業保險持續健康發展，要求農業保險經辦機構在經營農業保險過程中，為增強風險抵禦能力、應對農業大災風險應專門計提大災風險準備金。其計提範圍和類別如下：

（1）計提範圍：從事各類農業保險業務的保險公司的總機構和各級分支機構按照各級財政給予保費補貼的種植險、養殖險和森林險。

（2）計提類別：保險機構應當根據本辦法規定，分別按照農業保險保費收入和超額承保利潤的一定比例，計提大災準備金，包括保費準備金和利潤準備金。

(二) 保費準備金的計提及其核算

1. 保費準備金計提的規定

（1）計提基數。保險機構計提保費準備金，應當分別以種植業、養殖業、森林等大類險種（以下簡稱大類險種）的自留保費為計提基礎。自留保費，即保險業務收入減去分出保費的淨額。

（2）計提比例。保險機構計提保費準備金的比例，由保險機構按照《農業保險大災風險準備金計提比例表》規定的區間範圍，在聽取省級財政等有關部門意見的基礎上，結合農業災害風險水準、風險損失數據、農業保險經營狀況等因素合理確定。計提比例一旦確定，原則上應當保持3年以上有效。其間，如因特殊情況須調整計提比例，應當由保險機構總部及相關省級財政部門同意後，自下一年度進行調整。

目前比例表規定提取保費準備金的比例區間分別為：種植險比例區間在2%~8%，養殖險比例區間在1%~4%，森林險比例區間在4%~10%。

（3）計提規模。如保費準備金滾存餘額達到當年農業保險自留保費，可以暫停計提。

2. 保費準備金計提的核算

（1）會計科目的設置。

①「提取保費準備金」科目，損益類科目，核算保險機構按規定當期從農業保險保費收入中提取的保費準備金。該科目按種植業、養殖業、森林等大類險種進行明細核算。

②「保費準備金」科目，負債類科目，核算保險機構按規定從農業保險保費收入中提取並按規定使用和轉回的保費準備金。該科目按種植業、養殖業、森林等大類險種進行明細核算。

（2）帳務處理。

期末，農險經辦機構按各類農業保險當期實現的自留保費（即農險保費收入減去分出保費的淨額）和規定的保費準備金計提比例計算應提取的保費準備金：

借：提取保費準備金

　　貸：保費準備金

保險機構應將「提取保費準備金」帳戶借方餘額結轉到「本年利潤」帳戶，結轉後，「提取保費準備金」餘額為零。

（三）利潤準備金的計提及其核算

1. 利潤準備金提取的規定

每年年末，保險機構經營農業保險實現年度及累計承保盈利，且滿足以下條件的，其總部應當在依法提取法定公積金、一般（風險）準備金後，從年度淨利潤中計提利潤準備金，計提標準為超額承保利潤的75%（如不足超額承保利潤的75%，則全額計提），不得將其用於分紅、轉增資本：

（1）保險機構農業保險的整體承保利潤率超過其自身財產險業務承保利潤率，且農業保險綜合賠付率低於70%；

（2）專業農業保險機構的整體承保利潤率超過其自身與財產險行業承保利潤率的均值，且其綜合賠付率低於70%；

（3）前兩款中，保險機構自身財產險業務承保利潤率、專業農業保險機構自身與財產險行業承保利潤率的均值為負的，按照其近3年的均值（如近3年均值為負或不足3年則按0確定），計算應當計提的利潤準備金。其中，財產險行業綜合賠付率以行業監管部門發布數據為準，保險機構綜合賠付率以經審計的數據為準。

2. 計提利潤準備金的核算

（1）會計科目設置。

①「大災風險利潤準備」科目，所有者權益類科目，核算保險機構按規定從淨利潤中提取的利潤準備金。

②「利潤分配——提取利潤準備」科目，所有者權益類科目，核算保險機構按規定從當期農業保險淨利潤中提取的利潤準備金。

③「利潤分配——大災準備金投資收益」科目，所有者權益類科目，核算保險機構以大災準備金所對應的資金用於投資等所產生的收益。

（2）帳務處理。

期末，如果達到《辦法》要求提取利潤準備金的條件，保險公司總機構在依法提取法定公積金、一般風險準備金後，按規定從年度淨利潤中提取利潤準備金：

借：利潤分配——提取利潤準備金

　　貸：大災風險利潤準備

保險公司應當根據保險資金運用的有關規定，按照其內部投資管理制度，審慎開展大災準備金的資金運用，資金運用收益納入大災準備金專戶管理。保險公司總機構對按照規定以大災準備金所對應的資金用於投資等所產生的收益：

對外投資成本法核算時：
借：應收利息／應收股利
　　貸：投資收益
對外投資權益法核算時：
借：長期股權投資——損益調整
　　貸：投資收益
同時：
借：利潤分配——大災準備金投資收益
　　貸：大災風險利潤準備

例4-18 年末，某保險機構總部在依法提取法定公積金、一般風險準備金後，實現的總利潤為5,000萬元，實現的超額承保利潤為300萬元，滿足計提利潤準備金的各項條件，該保險公司按超額利潤的75%計算提取利潤準備金，會計處理如下：

應計提的利潤準備金＝300×75%＝225（萬元）

借：利潤分配——提取利潤準備金　　　　　　　　　　　2,250,000
　　貸：大災風險利潤準備　　　　　　　　　　　　　　　　　　2,250,000

（四）農業保險大災準備金的使用及其核算

1. 農業保險大災準備金的使用的規定

（1）大災準備金專項用於彌補農業大災風險損失，可以在農業保險各大類險種之間統籌使用。

（2）保險機構應當以農業保險大類險種的綜合賠付率，作為使用大災準備金的觸發標準。

（3）當出現以下情形時，保險機構可以使用大災準備金：

①保險機構相關省級分支機構或總部，其當年6月末、12月末的農業保險大類險種綜合賠付率超過75%（具體由保險機構結合實際確定，以下簡稱大災賠付率），且已決賠案中至少有1次賠案的事故年度已報告賠付率不低於大災賠付率，可以在再保險的基礎上，使用本機構本地區的保費準備金。下面舉例說明這種情況下可動用的大災準備金，見表4-2。

表4-2　　　　　大災風險準備金觸發標準及限額計算表　　　　　單位：萬元

機構	大類險種	已賺保費	綜合賠付率（動用大災前）	動用大災準備金限額	綜合賠付率（動用大災後）
①	②	③	④	⑤＝(④-75%)×③	⑥
A省分公司	養殖險	20,000.00	95%	4,000.00	75%
B省分公司	種植險	50,000.00	120%	22,500.00	75%
C省分公司	林業險	5,000.00	130%	2,750.00	75%
合　計		75,000.00		29,250.00	

通過表 4-2 可以看出，某保險公司的三個省分公司當年綜合賠付率均超過 75%，達到大災風險準備金的觸發標準。按照《辦法》規定，其動用限額合計達到了 29,250 萬元。

②根據前款規定不足以支付賠款的，保險機構總部可以動用利潤準備金；仍不足的，可以通過統籌其各省級分支機構大災準備金以及其他方式支付賠款。

這裡所稱事故年度已報告賠付率 = (已決賠款+已發生已報告賠案的估損金額)/已賺保費。大災準備金的使用額度，以農業保險大類險種實際賠付率超過大災賠付率部分對應的再保後已發生賠款為限。

2. 帳務處理

保險機構在確定支付賠付款項金額或實際發生理賠費用的當期，按照應賠付或實際支付的金額，借記「賠付支出」科目，貸記「應付賠付款」「銀行存款」等科目；按規定以大災準備金用於彌補農業大災風險損失時，按彌補的金額依次沖減「保費準備金」「大災風險利潤準備」科目，借記「保費準備金」「大災風險利潤準備」科目，貸記「提取保費準備金」「利潤分配——提取利潤準備金」科目。

保險機構不再經營農業保險的，將以前年度計提的保費準備金的餘額逐年轉回損益時，按轉回的金額，借記「保費準備金」科目，貸記「提取保費準備金」科目；將利潤準備金的餘額轉入一般風險準備時，按轉回的金額，借記「大災風險利潤準備」科目，貸記「一般風險準備」科目。

例 4-19 某保險機構總部確定用大災準備金 500 萬元彌補農業大災風險損失，保費準備金餘額僅為 400 萬元，利潤準備金為 200 萬元，會計處理如下：

借：保費準備金　　　　　　　　　　　　　　　　　　　4,000,000
　　貸：提取保費準備金　　　　　　　　　　　　　　　　　　4,000,000
借：大災風險利潤準備　　　　　　　　　　　　　　　　　1,000,000
　　貸：利潤分配——提取利潤準備金　　　　　　　　　　　1,000,000

第五節　特殊保險業務的會計處理

一、交叉銷售保險業務

保險交叉銷售是指保險集團下屬子公司或參股之間客戶共享，客戶需求交叉挖掘的新型銷售方法。比如人壽保險公司和財產保險公司的交叉銷售就是通過向已購買了壽險的壽險公司客戶兜售財產保險或向已購買了財產險的財產險公司客戶兜售人壽保險。交叉銷售有諸如客戶源廣、客戶容易接受、資產管理便捷和為客戶提供一攬子理財計劃等很多優勢，所以也被很多公司所採用。

交叉銷售的會計處理如下：

(1) 代理其他公司保險業務，如財產保險或健康保險、壽險業務，取得手續費：

借：銀行存款
　　貸：其他業務收入——手續費收入

　　　　應交稅費——應交增值稅——銷項稅額

（2）將收到的手續費扣除增值稅和個人所得稅後，向所屬行銷員支付其代理其他保險業務手續費：

　　借：其他業務成本
　　　貸：應交稅費——代扣個人所得稅
　　　　　應交稅費——代扣代交增值稅
　　　　　銀行存款

二、贈送保險業務的核算

贈送保險是指保險人在訂立保險合同時，免除投保人支付保險費的義務，或者代替投保人履行支付保險費的義務。

按照中國保監會2015年12號文規定，保險公司可以以促銷或者公益事業為目的贈送人身保險，但不能贈送財產保險。贈送的人身保險僅限於意外傷害保險和健康保險，且保險期間不能超過1年。對每人每次贈送保險的純風險保費不能超過100元，以公益事業為目的的贈送保險不受此金額限制。人身保險公司應向投保人出具紙質或電子保險單，贈送團體人身保險產品的，應向被保險人出具紙質或電子保險憑證。人身保險公司贈送人身保險對應的保費，根據會計準則不應確認為保費收入，但應按照監管規定計提責任準備金，同時將賠款計入賠付成本。

但根據財稅2016年36號文的規定，贈送人身保險按照營改增試點政策規定，做視同銷售保險業務處理，但用於公益事業或者以社會公眾為對象的除外。保險公司銷售保險產品時附送客戶的禮品已包含在保費中，不視同銷售處理。故贈送保險可以分為促銷性贈送與公益性贈送，促銷性贈送應繳納增值稅，公益性贈送不繳納增值稅。其會計處理由下面舉例說明。

例 4-20　甲人壽保險公司為宣傳本公司，促進銷售，隨機向一批潛在客戶贈送保險人身意外傷害保險，保額10萬元，保障時間10天，保費1元，當月有10,000人接受了贈送的保險，視同銷售，銷項增值稅為60元。甲公司應編製會計分錄如下：

借：業務及管理費——宣傳費用　　　　　　　　　　　　　　　10,060
　貸：業務及管理費——宣傳費用——贈送保險　　　　　　　　10,000
　　　應交稅費——應交增值稅——銷項稅額　　　　　　　　　　　60

例 4-21　某保險公司向一個貧困山區小學無償捐贈一年期團體學生平安保險，保費評估為20,000元，取得國家認可的從事公益事業單位社會團體開具的專用收據或發票。保險期間該希望小學一學生發生意外，保險公司支付保險金3,000元。

會計處理：

（1）捐贈保險時，不確認保費收入，但期末計提保險責任準備金。

借：提取未到期責任準備金——團體學生平安保險
　貸：未到期責任準備金——團體學生平安保險

（2）支付保險金時：

借：賠付支出——團體學生平安保險 2,000
　　貸：銀行存款 2,000

三、激活卡卡式保單業務

卡式保單也叫保險卡，是指投保人在保險公司投保後由保險公司發放的具有與保單等同性質的，方便攜帶的保險憑證。激活卡是指保險金額、保險費及主要保險責任等內容固定並印製在卡折式保險單上，待客戶購買並通過自助方式將保單設置為生效狀態的保險合同形式。保險激活卡類似於電話充值卡，它將購買方式、投保時間、激活方式、生效時間和使用方式的主動權完全交給客戶，從而讓保險產品變得親和友好，簡便貼身。常見的卡式保單，主要為旅遊意外險、交通工具意外險。

激活卡卡式保單的會計處理為：
（1）銷售保險卡，收到保費時：
借：銀行存款
　　貸：預收保費
（2）激活保險卡，保單生效時：
借：預收保費
　　貸：保費收入

四、授予客戶獎勵積分

為進行促銷，保險公司在銷售保險產品時授予客戶獎勵積分，客戶累積的積分可用來免費購買某保險產品或抵交某保險產品的部分保費。

保險公司在制定授予客戶獎勵積分的行銷策略時，就涉及當期和以後保費收入確認的金額的問題，保險公司應當將銷售取得的款項或應收款項在保費收入與獎勵積分公允價值之間進行分配，取得的款項或應收款項扣除獎勵積分公允價值的部分確認為收入，獎勵積分的公允價值確認為遞延收益，待客戶兌換獎勵積分或其失效時，結轉計入當期損益。

例 4-22　某保險公司開展買車險授予客戶獎勵積分活動，一元保費可兌換一個積分，累積積分按 100 積分＝1 元的比例免費購買其他保險或抵交下一次購買車險的部分保費，2018 年 4 月 5 日，客戶 A 購買商業車險，保費 9,000 元，確定可兌換積分 9,000 分，該客戶在 4 月 30 日用積分購買了旅遊意外人身傷害保險。

會計處理：
4 月 5 日購買車險時：
借：銀行存款 9,000
　　貸：保費收入——商業車險 8,910
　　　　遞延收益 90
4 月 30 日客戶兌換積分時：
借：遞延收益 90
　　貸：保費收入——旅遊意外人身傷害保險 90

復習思考題

1. 什麼是已賺保費？
2. 保費收入確認的條件是什麼？
3. 非壽險保險費收入確認的時間和金額是什麼？
4. 非壽險賠付成本包括的內容有哪些？
5. 請解釋權責發生制下的賠付成本為什麼是下列公式？

權責發生制下的賠付成本＝本期已確定支付的賠付款和理賠費用＋本期的未決賠款準備金－上期的未決賠款準備金

6. 代位追償款確認的時間和金額是什麼？
7. 損餘物資確認的時間和金額是什麼？
8. 應收保費增多會帶來什麼問題？
9. 農業保險收到政府補貼時應計入哪一個會計科目？
10. 政策性農業保險大災風險準備金包括哪些準備金？如何計提（即如何計算計提金額）？分別放在資產負債表中負債中還是所有者權益中？什麼情況下使用？如何做會計分錄？
11. 贈予業務、激活卡業務、獎勵客戶積分如何核算？

第五章 壽險原保險業務

第一節 壽險原保險合同保費收入的核算

一、壽險保費的特徵

按照會計準則的分類，壽險合同是指在一個延長期內仍然有效的保險合同，包括一年期以上的人壽保險和健康保險。壽險合同的保費具有下列特徵：

（1）壽險業務的保費繳付有兩種方式，亦即躉繳保險費和分期繳付保險費。投保人在投保時將保險費一次繳清，稱此保險費為躉繳保費。分期繳付保險費，指從投保之日起第一次繳費，以後每隔相等時期繳費一次的保險費。它可以按年、按半年、按季、按月等繳付。多數壽險業務的保單為分期繳付。

（2）保險費多為均衡保費，導致保險人當期收取的均衡保費與依照被保險人的年齡所收取的自然保費不一致，在保險初期形成了保費溢繳，其溢繳保費構成保險負債的重要組成部分。

（3）保單具有一定的儲蓄性特徵，形成可為保單持有者貸款提供質押的保單現金價值。

（4）首期保險費的繳納為保險合同生效的要件，續期保險費的滯繳是否影響合同的效力則依照相關法律和合同的規定。一般而言，長期的傳統型壽險保單，只要保單仍有現金價值，投保人在投保之初也有約定用現金價值來抵交保費，則保單仍是有效的。至於投資連結型或是萬能壽險保單，其現金價值若是超過應繳的風險保費，則不影響保單的效力。

（5）壽險業務保費免徵增值稅。按照規定，保險公司開辦的一年期以上人身保險產品取得的保費收入免徵增值稅。一年期以上人身保險，是指保險期間為一年期及以上返還本利的人壽保險、養老年金保險以及保險期間為一年期及以上的健康保險。

二、壽險保險費的結構及厘定的原理

（一）壽險保險費的構成

壽險業務的保險費雖同非壽險業務一樣，是由純保費與附加保費兩個部分組成，但其

具體構成內容有所差異，如圖 5-1 所示。

壽險業務的純保費的構成與非壽險業務不同，分為風險保費與儲蓄保費兩個部分，風險保費是賠款及死亡給付的資金來源，儲蓄保費為長期保險業務所特有，是滿期給付、退保金的資金來源。

附加保費同樣可分為營運費用、安全附加和預計利潤三部分。

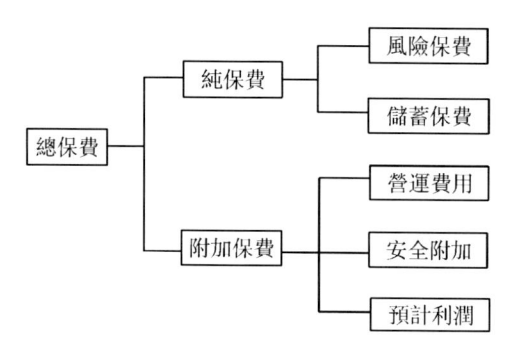

```
                    ┌─ 純保費 ─┬─ 風險保費
                    │          └─ 儲蓄保費
        總保費 ─────┤
                    │          ┌─ 營運費用
                    └─ 附加保費 ┼─ 安全附加
                               └─ 預計利潤
```

圖 5-1　壽險業務保險費的構成

(二) 壽險業務的保險費釐定的原理

壽險的保費的計算原理與非壽險相同，也是根據收支相等的原則擬定的，可用下面公式來描述：

$$保險費的現值 = 純保費的現值 + 附加保費的現值$$
$$= 保險金額的現值 + 各項業務費用的現值$$

只是壽險的保費以分期繳納為主，保費收入與保險服務成本的發生與耗用成交錯狀態，保費收入所屬期間權責劃分較為複雜；再加上壽險中儲蓄保費的設定，使保費的計算更為錯綜複雜。

1. 計算人壽保險純保費的依據——生命表

生命表是根據一定時期某一國家或地區的特定人群的有關生存、死亡的統計資料，加以分析整理而形成的一種表格，它是人壽保險測定危險的工具，是壽險精算的數理基礎之一，是釐定人壽保險純費率的基本依據。生命表以年齡為綱，全面地反應某一國家和地區一定人群的生死狀況。在生命表中，最重要的是計算各年齡段的死亡概率。

以死亡統計的對象為標準，生命表可分為國民生命表和經驗生命表。國民生命表是根據全體國民或某一特定地區人口的死亡資料編製而成的。經驗生命表是根據保險機構有關人壽保險、社會保險的死亡記錄編製而成的。在人壽保險的精算過程中，一般選用經驗生命表，因為國民生命表統計的範圍很大，老弱病殘無所不包，而經驗生命表所統計的對象僅為被保險人，他們只有在身體健康狀況合格的情況下，才能參加人壽保險。因此，相對於國民生命表而言，經驗生命表的死亡率更低，對保險機構更具有實際意義。

以年齡組距大小為標準進行分類，生命表可分為完全生命表和簡略生命表。前者是以人口普查資料為依據編製的，它能夠反應出每一年齡段的生死概率；後者的編製依據人口動態統計資料與人口調查，它只能反應出每 5 年或 10 年等若干年齡段的生死概率。

2. 純保費的計算

與自然純保險費、均衡純保險費對應，保險費繳納方式分為兩種：躉繳和分期繳納。下面以定期死亡保險為例說明躉繳與分期繳納計算純保費的區別。

（1）躉繳定期死亡保險。計算定期死亡保險的公式為：

$$l_x \cdot \tilde{A}^1_{x:\overline{n}|} = M \cdot d_x \cdot v + M \cdot d_{x+1} \cdot v^2 + \cdots + M \cdot d_{x+n-1} \cdot v^n$$

在公式中 x 指投保人的年齡；n 指保險期限；i 指利息率；$v = \dfrac{1}{1+i}$；l_x 在 x 歲時生命表上生存的人數；M 指保險金額；$\tilde{A}^1_{x:\overline{n}|}$ 指保額為 M 時應躉繳的純保費；d_{x+k} 指生命表中在 $x+k$ 歲與 $x+k+1$ 歲間死亡的人數，其中 $k = 0, 1, 2, \cdots, n-1$。

例 5-1 假設男性被保險人投保，投保時 35 歲，年利率為 3%，保險金額為 10,000 元，請計算 5 年期躉繳定期死亡保險純保費。

經計算保險人對全體被保險人 5 年內應付保險金的現值列表如表 5-1 所示：

表 5-1

年齡 ($35+k$)	死亡人數 (d_{35+k})	現值率 (v^{k+1})	各年保險金現值（即風險保費） ($M \cdot v^{k+1} \cdot d_{x+k}$)
35	22,178	0.970,873,786	215,320,388
36	23,865	0.942,595,909	224,950,514
37	25,707	0.915,141,659	235,255,466
38	27,684	0.888,487,048	245,968,754
39	29,849	0.862,608,784	257,480,096
五年合計			1,178,975,219

（其中 $k = 0, 1, 2, 3, 4$）

假如 35 歲的男性投保人數為 = 9,421,362 人，那麼

$A = 1,178,975,219 \div 9,421,362 = 125.14$（元）

（2）定期死亡保險年度繳付純保險費的計算。設有 x 歲的被保險人 l_x 人，購買 n 年的定期死亡保險，保險金額為 M，利息率為 i，保險費均在期初支付，令 $v = \dfrac{1}{1+i}$，年度純保費為：

$$\tilde{P}^1_{x:\overline{n}|} = \frac{M \cdot d_x \cdot v + M \cdot d_{x+1} \cdot v^2 + \cdots + M \cdot d_{x+n-1} \cdot v^n}{l_x + l_{x+1} \cdot v^1 + l_{x+2} \cdot v^2 + \cdots + l_{x+n-1} \cdot v^{n-1}} = \frac{\tilde{A}^1_{x:\overline{n}|}}{\ddot{a}_{x:\overline{n}|}}$$

式中，$\tilde{P}^1_{x:\overline{n}|}$ 為保額為 M 時的年繳保費。

表 5-2 對自然保費與平準保費進行了一個比較。

表 5-2　　　　　　　　　自然保費與平準保費的比較表　　　　　　　　　單位：元

年齡	生存人數(1)	死亡人數(2)	自然保險費 保費率(3)	自然保險費 純保費(4)	平準保險費 保費率(5)	平準保險費 純保費(6)	儲蓄保險費 保費率(7)	儲蓄保險費 純保費(8)
35	9,421,362	22,178	22.85	215,320,388	26.66	251,173,931	3.81	35,853,543
36	9,399,184	23,865	24.65	231,699,029	26.66	250,582,664	2.01	18,883,635
37	9,375,319	25,707	26.62	249,582,524	26.66	249,946,422	0.04	363,898
38	9,349,612	27,684	28.75	268,776,699	26.66	249,261,073	-2.09	-19,515,626
39	9,321,928	29,849	31.09	289,796,117	26.66	248,523,016	-4.43	-41,273,101

註：表中(2)與(4)的數字來自表 5-1,(1)的數字查生命表得出,(3)=(4)/(1),(5)=10,000×($M_{35}-M_{40}$)/($N_{35}-N_{40}$),(6)=(5)×(1),(7)=(8)/(1),(8)=(6)-(4)。

可見,躉繳定期死亡保險雖然保險期限長於一年,但是由於其純保費不包含儲蓄保費,因此,嚴格地進,它不屬於長期性保險合同。

3. 毛保費的計算

毛保費是由純保費和附加保費構成的。計算毛保費,一般可使用兩種方法：

(1) 三元素法。三元素法把附加費用分為三類：原始費用、維持費用、收費費用。原始費用是保險公司為招攬新合同,在第一年度支出的一切費用,在這裡,我們把單位保額的原始費用設為 P_1；維持費用是指保險期間為使合同維持保全的一切費用,可把單位保額的維持費用設為 P_2；收費費用是指收取保費時的支出,可將單位保額的維持費用設為 P_3。

$$附加保費現值 = P_1 現值 + P_2 現值 + P_2 現值$$

$$毛保費現值 = 純保費現值 + 附加保費現值$$

三元素法的優點是計算結果準確,缺點是計算過程過於複雜。

(2) 比例法。比例法假設附加保費為毛保費的一定比例 K。這一比例通常是根據經驗來確定的。設毛保費為 P^*,純保費為 P,則

$$P^* = P + K \cdot P^*$$

$$P^* = \frac{P}{1-K}$$

比例法的優點是計算簡便,不足之處在於 K 值的確定缺乏合理性。

三、壽險合同保費收入的確認

(一) 壽險合同日常核算時保費收入的確認條件

與非壽險業務與一樣,壽險業務保費收入的確認同樣要同時滿足三個條件：

1. 保險合同成立生效並承擔相應保險責任

這個條件既強調保險合同已經簽訂,更強調保險人承擔保險責任的開始時間,如果保險人與投保人簽訂了保險合同,但由於某種原因使得保險人還沒有開始承擔保險責任,則該合同項下收到的款項也不能確認為保險公司保費收入。壽險保險合同以收到首期保費作為合同生效的必要條件,但並非是收到首期保費時合同就生效。核保通過是保費收入確認

的首要條件。故通常保險人收到首期保費並核保後同意承擔相應的保險責任即確認保費收入。還譬如投保人為剛出生的嬰兒購買保單，但因為按照規定被保險人必須大於等於60天，所以該保單只有在這名嬰兒滿60天後才能生效，所以，只有該保單生效之後保險費才能確認保費收入。

2. 與保險合同相關的經濟利益能夠流入公司

壽險保險合同以收到首期保費作為合同生效的必要條件，所以首期保費收入確認時已收到，即與保險合同相關的經濟利益（即保費）是100%能流入公司。對分期收取保費的保險合同，在續期保費繳費的寬限期內（應繳日後的60日內），保險公司通常認為投保人會在寬限期內全額繳納應繳保費，所以在寬限期內還沒有實際收到的保費也確認為保費收入。如果超過寬限期，投保人仍然沒有繳費，則這部分已確認的保費應衝回，即認為這部分保費收到的可能性較小，不能確認為保費收入。

3. 與保險合同相關的收入能夠可靠計量

一般保險合同簽發時保險金額已經確定，相應的保費收入能夠可靠計量。對分期繳費的保險合同，保險人應當根據當期應收取的保費金額確定當期的保費收入。

(二) 保費收入確認的金額

保險公司按照下列規定計算確定保費收入金額：保險合同所載明的每期應收取的保險費作為保費收入計量的依據。對於壽險原保險合同，分期收取保費的，應當根據當期應收取的保費確定；一次性收取保費的，應當根據一次性應收取的保費確定。

四、壽險合同保費收入的業務程序

(一) 首期保費

壽險合同首期保費收入的業務程序如圖5-2所示。

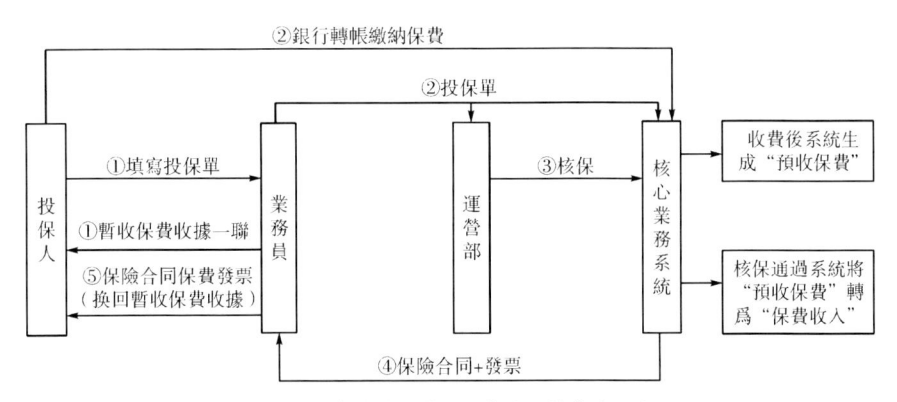

圖5-2 壽險合同首期保費收入的業務程序

(1) 投保人在決定向保險公司購買保險產品後，要先填寫投保單，如實告知自己和被保險人的一些基本情況，如個人身分資料、財務狀況、健康狀況、要購買的產品名稱和份數等。目前大多數公司保險行銷員靠安裝展業APP移動終端，幫助投保人錄入投保單，並通過銀行轉帳收取保費。然後，業務人員出具暫收保費收據，將其中一聯交給投保人。

（2）業務人員將投保單遞交公司核心業務系統，保險公司銀行帳戶收費後核心業務系統自動生成預收保費；

（3）公司營運部門核保；

（4）公司營運部門核保後，如果簽發保險單，則開具保費專用發票，公司將打印的保單和保費專用發票通過業務員遞送給客戶；同時核心業務系統在投保單通過核保後將「預收保費」轉為「保費收入」。

（5）代理人將保險單和發票交給投保人。

說明：（1）如果保險人不通過代理人承接業務，其原理是類似的。

（2）如果核保時間較短，保險單可很快出具，那麼可省略根據預收保費日報表登記「預收保費」這個環節，直接根據保費收入日報表，編製記帳憑證，確認保費收入。

（二）續收保費

壽險合同續收保費收入的業務程序如圖5-3所示：

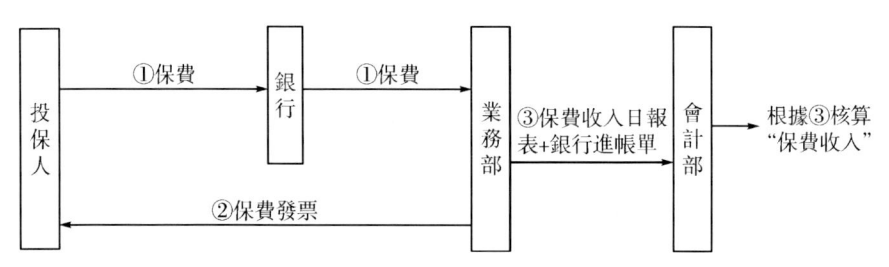

圖5-3 壽險合同續收保費收入的業務程序

五、保費收入的會計核算

（一）科目設置

為了核算和監督壽險業務保費的收取情況，應設置「保費收入」科目、「預收保費」科目和「應收保費」科目。

1.「保費收入」科目

「保費收入」科目，核算保險公司按保險合同向保戶收取的保險費。該科目屬於損益類科目，貸方登記本期取得的保費收入，借方登記猶豫期退保的保費。期末，應將「保費收入」科目的餘額轉入「本年利潤」科目，結轉後本科目應無餘額。「保費收入」科目應按險種設置明細帳，進行明細分類核算。「保費收入」科目可以按繳費類別分別設立首期保費、續期保費和保全保費三個明細科目，也可以按期繳首年保費、期繳續期保費和躉繳保費設置明細科目。

2.「預收保費」科目

「預收保費」科目，核算保險公司在保險責任開始前向投保人收取的保險費。該科目屬負債類科目，貸方核算合同生效前收到的保費或提前收到的續期保費，借方登記合同生效或核保未通過、投保人要求退保等原因向客戶退還的預收保費。「預收保費」科目一般需要對應各個投保人，在實務中預收保費科目下可以設置首期暫收保費、保全預收保費、

續期預收保費等二級明細科目。

3.「應收保費」科目

「應收保費」科目核算保險公司按照保險合同的約定應向投保人收取但尚未收到的保險費。該科目屬於資產類科目，該科目借方登記公司發生的應收保費及已確認壞帳並轉銷的應收保費又收回的金額，貸方登記收回的應收保費及確認為壞帳而衝銷的應收保費。期末借方餘額，反應公司尚未收回的保險費。本科目應按投保人設置明細帳，進行明細分類核算。

對於壽險合同，首期繳納保費時通常不會用到「應收保費」科目，只有合同約定分期繳納保費的，對於寬限期內應收未收的保費，保險公司才可能使用「應收保費」科目。如在寬限期結束後，投保人未及時繳納續期保費造成保險合同效力中止，應當在效力中止日，終止確認保費收入，衝銷相應的應收保費。「應收保費」科目具體使用如下文所示：

（1）在寬限期第一日根據寬限期保費清單，確認應收保費：

借：應收保費——寬限期保費

　貸：保費收入——寬限期保費

（2）寬限期內客戶足額繳納保費的：

借：銀行存款

　貸：應收保費——寬限期

（3）如果在寬限期內發生理賠：

借：銀行存款

　貸：應收保費——寬限期

借：死傷醫療給付

　貸：銀行存款/庫存現金

（4）寬限期內客戶退保：

借：保費收入——寬限期保費

　貸：應收保費——寬限期

借：退保金

　貸：銀行存款

（5）在寬限期結束後，如果客戶未繳款：

借：保費收入——寬限期保費

　貸：應收保費——寬限期

（二）核算舉例

例5-2　2017年4月1日，甲欲購買A人壽保險公司×養老保險產品，10年期繳保費，年繳保費10,000元，投保單填寫完成，並通過銀行轉帳向A保險公司繳付首期保費10,000元，財務部確認保費到帳。4月4日，核保後A保險公司承保並簽發保單。

會計處理：

4月1日財務部確認保費款項到帳後：

借：銀行存款　　　　　　　　　　　　　　　　10,000

貸：預收保費——×養老保險——首期暫收　　　　　　　　10,000
4月4日營運部承保生效後：
　　借：預收保費——×養老保險——首期暫收　　　　　　　　10,000
　　貸：保費收入——×養老保險——首期期繳保費　　　　　　10,000

例5-3（接例5-2）　第二年3月25日甲按期通過銀行轉帳向A保險公司繳納了第二年保費，A公司財務部門確認收到該筆保費，並在該續期保費應收日進行了確認。

　會計處理：
　財務部確認保費款項到帳後：
　　借：銀行存款　　　　　　　　　　　　　　　　　　　　10,000
　　貸：預收保費——×養老保險——續期預收　　　　　　　　10,000
　續期應收日確認保費收入：
　　借：預收保費——×養老保險——續期預收　　　　　　　　10,000
　　貸：保費收入——×養老保險——期繳續年　　　　　　　　10,000

例5-4（續例5-2），假如第二年4月底甲仍然沒有向A保險公司繳納保費，則在4月A保險公司仍需將這部分在寬限期內的尚未收到的保費確認為保費收入，會計分錄為：
　　借：應收保費——×養老保險——寬限期保費　　　　　　　10,000
　　貸：保費收入——×養老保險——寬限期保費　　　　　　　10,000
在5月4日，保險公司收到了甲繳納的第二年的保費，則會計分錄為：
　　借：銀行存款　　　　　　　　　　　　　　　　　　　　10,000
　　貸：應收保費——×養老保險——寬限期保費　　　　　　　10,000
如果寬限期結束，A保險公司仍未收到甲繳納的保費，則保險公司需要將已確認的寬限期保費衝銷，會計分錄為：
　　借：保費收入——×養老保險——寬限期保費　　　　　　　10,000
　　貸：應收保費——×養老保險——寬限期保費　　　　　　　10,000

例5-5　投保人李江以躉繳方式投保普通壽險，繳納保費8,500元，保險公司即時簽發保單。
　會計處理：
　　借：銀行存款　　　　　　　　　　　　　　　　　　　　8,500
　　貸：保費收入——普通壽險——躉繳保費　　　　　　　　　8,500

第二節　壽險原保險合同賠付支出的會計核算

一、壽險合同賠付支出及其分類

　　壽險合同賠付支出是壽險公司對投保人在保險期滿或在保險期中支付保險金，以及對保險期內發生保險責任範圍的意外事故按規定給付保險金。
　　人壽保險合同保險金的給付分滿期給付、死傷醫療給付和年金給付三種。

（1）滿期給付是指投保人生存到保險合同滿期時，保險公司按照保險合同所定的保險金額給付。

（2）死傷醫療給付是指被保險人在保險期內發生保險責任範圍的死亡、傷殘等意外事故，按規定給付保險金，包括死亡給付、醫療給付和傷殘給付責任。

（3）年金給付是人壽保險公司年金保險業務的被保險人生存至規定的年齡，按保險合同的約定分期支付給被保險人的給付金額。

二、壽險合同賠付支出的處理程序

（一）受理申請

被保險人或受益人在保險合同期滿或發生保險合同約定的保險事故後向保險公司申請支付賠付金，或者投保人要求提前解除保險合同，提交保險合同約定的申請書、身分證明、保險合同等資料。

（二）審核與計算

保險公司營運部門在收到申請資料後進行審核，必要時進行理賠調查，計算賠付金額。計算賠付金額時，如該保單有欠繳保費和利息等，應則扣除所欠款項。

（三）確定賠付與打印賠付憑證

營運部門在確定該賠付申請復核保險合同條款的規定後，同意支付賠付或退保金後，打印賠付憑證並簽章。

（四）支付賠付款項

財務部根據賠付憑證向客戶支付賠付金。

對於確定的保險金給付，如滿期給付、年金給付，保險公司營運部門一般在到期時直接確認給付金額並打印給付憑證，財務部門見給付金額憑證後通過銀行轉帳到實現制定的客戶銀行帳戶。

三、會計科目的設置

為了核算壽險業務賠付支出，保險公司應設置「賠付支出」科目進行核算，該科目設置「滿期給付」「死傷醫療給付」和「年金給付」二級明細科目，按險種設置三級明細科目，其借方登記保險金給付實際支付的金額，貸方登記期末結轉「本年利潤」科目的數額，結轉後該科目無餘額。

保險公司也可直接設置「滿期給付」「死傷醫療給付」和「年金給付」科目，按險種設置明細帳，進行明細分類核算。

四、帳務處理

（1）發生賠付支出時，營運部門審核同意賠付時，確認賠付支出。

例 5-6 客戶甲投保 A 壽險公司的「不老鬆養老保險」已期滿，持必要單證申請給付

保險金50,000元，營運部門審核同意後，會計部門轉帳支付保險金。

會計處理：

營運部門確認滿期給付金額：

借：賠付支出——滿期給付——不老鬆養老保險	50,000	
貸：應付賠付款		50,000

財務部門實際支付款項：

借：應付賠付款	50,000	
貸：銀行存款		50,000

(2) 若保單有貸款本息未還清的，應將其未還清貸款本息從應支付的保險金中扣除。

例5-7 投保人乙投保保險金額為50,000元的兩全保險滿期，營運部門審核發現尚有8,000元的保單質押貸款未歸還，該筆貸款應付利息406元，會計部門將貸款及利息扣除後以銀行轉帳方式辦理給付。

會計處理：

營運部門審核確認時：

借：賠付支出——滿期給付——不老鬆養老保險	50,000
貸：保戶質押貸款	8,000
利息收入	406
應付賠付款	41,594

實際支付保險金時：

借：應付賠付款	41,594
貸：銀行存款	41,594

(3) 若保單有欠繳的續期保費，應將其欠款從應付的賠付款中扣除。

例5-8 王強投保了某保險公司的長期健康險——「終身無憂」健康保險出險，保險公司經調查審查後決定支付保險金100,000元，同時發現該保單正處於寬限期，有2,000元保費應交未交，保險公司扣除應收保費，將198,000元通過銀行轉帳支付給王強。

會計處理：

營運部門審查確認支付保險金：

借：賠付支出——死傷醫療給付——「終身無憂」健康保險	100,000
貸：應收保費	2,000
應付賠付款	198,000

銀行實際支付保險金：

借：應付賠付款	198,000
貸：銀行存款	198,000

第三節　保險保全業務核算

一、保全業務及其類別

壽險業務是長期性業務，在保單有效期內，由於種種原因，往往會發生投保人對原來購買的保險合同做出變更、行使保險合同給予投保人的一些選擇權，這類業務被統稱為保全業務。就廣義而言，自壽險合同成立起至終止，凡在保險期間發生的一切事務都可稱為保全，不僅包括保險費的收繳、合同內容的變更，還包括保險金、保單貸款、退保金、保單紅利等給付業務。狹義的保全僅僅包括合同內容的變更、保單錯誤的更正以及保險金和退保金的給付。

有些保全業務僅僅需要保險公司更改保單記錄，如變更銀行帳戶和地址，有的保全業務會導致投保人與保險公司之間產生款項往來，導致保險公司形成業務收入或支出，這些需要詳細的會計核算記錄。本部分的保全將包括退保業務、保單貸款業務、保單轉移業務、保單失效和復效業務。

二、退保業務的會計核算

壽險業務無論是在投保初期還是在以後的保險期間，由於種種原因，往往會發生保戶要求退保的情況。投保人退保的時間不同，會計處理也不相同。

(一) 保險人簽發保單之前退保

此時，保險合同尚未成立生效，保險公司尚未確認保費收入，投保人繳納的保費已記入「預收保費」貸方，所以在保險人簽發保單之前，投保人要求投保，保險人歸還已繳納的保費，在帳務處理上就記入「預收保費」借方。

例 5-9　某保戶向保險公司投保，繳納首期保費 20,000 元，約定 10 天之後核保無異常情況，保險公司就簽發保單。但投保人第三天就要求退保，營運部門審核後保險公司退還其全部保費。

會計處理：

投保時：

借：銀行存款	20,000
貸：預收保費	20,000

退保時：

借：預收保費	2,000
貸：銀行存款	2,000

(二) 在猶豫期內退保

保險公司簽發保單後，一般保險合同給投保人 10~20 天猶豫期，在猶豫期之內投保人退保，保險公司全額退還其已交保費。所以，在此期間退保，會計帳務處理一般直接沖減「保費收入」。

例5-10 某保戶在猶豫期要求退保，保險公司營運部門審核後，財務部退還其所繳納的全部保費 2,500 元。

會計處理：
營運部門確認猶豫期退保：
借：保費收入　　　　　　　　　　　　　　　　　　　　　　　2,500
　　貸：其他應付款　　　　　　　　　　　　　　　　　　　　　　　2,500
財務部門向投保人實際支付該筆款項：
借：其他應付款　　　　　　　　　　　　　　　　　　　　　　　2,500
　　貸：銀行存款　　　　　　　　　　　　　　　　　　　　　　　　2,500

（三）猶豫期之後退保

根據《保險法》規定，投保人解除合同的，保險人應當自接到解除合同通知之日起三十日內，按照合同約定退還保險單的現金價值。退保時，由投保人提出申請，交還保險證和繳費憑證簿，由保險公司業務部門根據不同險種的具體規定核定其已繳費年期和退保金額，連同有關單證交財會部門，據以付款並記帳。

所以，保險公司在猶豫期之後退還投保人的是保單的現金價值，而不是保費，故需設「退保金」科目進行核算。

1.「退保金」科目的設置

「退保金」科目核算在人壽保險合同對申請退保的投保人按合同約定退還的保單的現金價值。該科目是損益類科目，借方登記實際支付投保人的保單現金價值。借方發生額期末結轉到「本年利潤」科目，期末結轉後，「退保金」科目應無餘額。「退保金」科目應按險種設置明細帳，進行明細分類核算。

2. 帳務處理

(1) 支付退保金時，借記「退保金」科目，貸記「其他應付款」「銀行存款」等科目。

例5-11 某養老保險保戶因經濟困難要求退保，業務部門按規定的標準計算應退 8,000 元保單現金價值，會計部門核對有關單證後轉帳支付。

會計處理：
業務部門審核後確認退保金額：
借：退保金——×養老險　　　　　　　　　　　　　　　　　　8,000
　　貸：其他應付款　　　　　　　　　　　　　　　　　　　　　　　8,000
財務部門支付這筆款項：
借：其他應付款　　　　　　　　　　　　　　　　　　　　　　　8,000
　　貸：銀行存款　　　　　　　　　　　　　　　　　　　　　　　　8,000

(2) 支付退保金時，若有貸款本息未還清者，則應按扣除應歸還本息後的應付退保金數額，借記「退保金」科目；按未收回的保戶質押貸款本金，貸記「保戶質押貸款」科目；按欠息數，貸記「利息收入」科目；按實際支付的金額，貸記「庫存現金」「銀行存款」等科目。

例 5-12 某養老保險保戶因經濟困難要求退保，業務部門按規定的標準計算應退 7,000 元，但退保戶尚有 2,000 元借款未還，借款利息為 150 元，財會部門審核無誤後，扣除其借款本息，轉帳支付支付退保金。

會計處理：

借：退保金	7,000	
貸：保戶質押貸款		2,000
利息收入		150
銀行存款		4,850

三、保單質押貸款

保單質押貸款是投保人把所持有的保單直接抵押給保險公司，按照保單現金價值的一定比例獲得資金的一種融資方式。若借款人到期不能履行債務，當貸款本息累積到退保現金價值時，保險公司有權終止保險合同效力。

（一）「保單質押貸款」科目設置

本科目核算保險公司按照保險合同規定向保單持有人有償提供的、短期的、以保單現金價值作為質押的資金融通業務。該科目是資產類科目，借方登記保險公司發放的保單質押貸款的本金及產生的利息，貸方登記保單持有人歸還的本金及利息，餘額在借方，反應保單持有人尚未歸還的借款，一般會根據貸款科目設置明細科目。

（二）帳務處理

例 5-13 甲在 2012 年 3 月購買了 A 保險公司的分紅產品，年繳保費 6,000 元，以後每年甲都按時足額繳納了續期保費。2018 年 4 月 1 日甲因為急需用錢，向 A 保險公司提出了保單質押單款的申請。A 保險公司審核後認為甲的申請符合保單條款中相關規定，同意向甲提供保單質押貸款，貸款金額為 15,000 元，貸款期限為 6 個月，貸款年利率為 4%。

會計處理：

營運部門同意向客戶提供保單質押貸款後：

借：保單質押貸款——本金	15,000	
貸：其他應付款		15,000

財務部門在實際支付保單質押貸款本金之後：

借：其他應付款	15,000	
貸：銀行存款		15,000

A 保險公司按月計提該筆保單質押貸款的利息，會計分錄為：

借：保單質押貸款——應計利息	50	
貸：利息收入——保單質押貸款		50

貸款到期，甲向 A 保險公司歸還貸款本金及利息：

借：銀行存款	15,300	
貸：保單質押貸款——本金		15,000
保單質押貸款——應計利息		300

四、保單轉移的會計處理

被保險人因工作調動等原因遷居外省市，若投保的險種允許業務轉移，且遷入地的同系統的保險公司也開辦此項業務，投保人（或被保險人）可以要求將其保險關係轉移，這種業務對轉出公司與轉入公司而言，均要進行帳務處理。業務核算舉例如下：

例 5-14 某人投保某長期健康保險，現因工作調動須轉移保險關係。該保戶當年已繳保費 2,000 元，經查該保戶以前年度已提存長期健康險責任準備金 5,600 元。保險公司辦理轉移手續，並以銀行存款支付有關款項。

會計處理：

(1) 轉出保險公司的會計分錄為：

借：保費收入──××長期健康保險　　　　　　　　　　　　2,000
　　長期健康保險責任準備金──××長期健康保險　　　　　5,600
　貸：系統往來　　　　　　　　　　　　　　　　　　　　　7,600

(2) 轉入保險公司的會計分錄為：

借：系統往來　　　　　　　　　　　　　　　　　　　　　　7,600
　貸：保費收入──××長期健康保險　　　　　　　　　　　 2,000
　　　長期健康保險責任準備金──××長期健康保險　　　　 5,600

五、保單復效的會計處理

《保險法》第三十七條規定，「合同效力依照本法第三十六條規定中止的，經保險人與投保人協商並達成協議，在投保人補交保險費後，合同效力恢復。但是，自合同效力中止之日起滿兩年雙方未達成協議的，保險人有權解除合同。」所以在長期險業務中，有保單失效後復效的核算。業務核算舉例如下：

例 5-15 某保戶投保養老金保險，因經濟困難，未按期繳費，保單失效。一年後，該保戶申請復效。經審查，保險公司同意復效，計算應補繳保費 1,500 元，利息 50 元，投保人銀行轉帳支付。

會計處理：

借：銀行存款　　　　　　　　　　　　　　　　　　　　　　1,550
　貸：保費收入──養老保險　　　　　　　　　　　　　　　 1,500
　　　利息收入　　　　　　　　　　　　　　　　　　　　　　 50

六、不實告知的業務處理

《保險法》規定：訂立保險合同，保險人應當向投保人說明保險合同的條款內容，並可以就保險標的或者被保險人的有關情況提出詢問，投保人應當如實告知。投保人故意隱瞞事實，不履行如實告知義務的，或者因過失未履行如實告知義務，足以影響保險人決定是否同意承保或者提高保險費率的，保險人有權解除保險合同。

投保人故意不履行如實告知義務的，保險人對於保險合同解除前發生的保險事故，不

承擔賠償或者給付保險金的責任，並不退還保險費。

投保人因過失未履行如實告知義務，對保險事故的發生有嚴重影響的，保險人對於保險合同解除前發生的保險事故，不承擔賠償或者給付保險金的責任，但可以退還保險費。

因此，不實告知的帳務處理分為兩種情況。

（1）投保人因過失未履行如實告知義務，公司退還保費。

借：保費收入

　　貸：銀行存款

（2）投保人故意不履行如實告知義務的，公司不退還保費。會計上將保單的責任準備金轉入營業外收入處理。

借：壽險責任準備金（或長期健康保險責任準備金）

　　貸：營業外收入

第四節　壽險原保險合同保險準備金的核算

壽險合同包括長期人壽保險合同和長期健康險保險合同，為滿足保險業務的需要，保證保險公司保持履行保險合同給付義務的能力，需要提取保險合同負債，對應人壽保險合同和長期健康險合同分別為壽險責任準備金和長期健康保險責任準備金。

一、壽險責任準備金的會計處理

（一）科目設置

壽險責任準備金的核算包括壽險責任準備金的核算、提取壽險責任準備金的核算兩項內容。對此，應設置以下兩個會計科目：

1.「壽險責任準備金」科目

「壽險責任準備金」科目核算人壽保險公司按規定對人壽保險業務提存的責任準備金。該科目屬負債類科目，借方登記本期減少的壽險責任準備金的數額，貸方登記本期增加的壽險責任準備金的數額。餘額在貸方，反應本期期末保險公司壽險責任準備金的總額。「壽險責任準備金」科目應按險種設置明細帳，進行明細分類核算。

2.「提取壽險責任準備金」科目

「提取壽險責任準備金」科目核算人壽保險公司對人壽保險業務提存的責任準備金。該科目屬損益類科目。該科目屬損益類科目，借方登記本期減少的壽險責任準備金的數額，貸方登記本期增加的壽險責任準備金的數額。該科目的借方發生額期末結轉「本年利潤」科目轉後，無餘額；應按險種設置明細帳，進行明細分類核算。

（二）帳務處理

壽險責任準備金的帳務處理包括提取壽險責任準備金和將提取的壽險責任準備金結轉到本年利潤兩項內容。

（1）人壽保險公司期末按規定提取本期壽險責任準備金時，借記「提取壽險責任準備金」科目，貸記「壽險責任準備金」科目。

(2) 人壽保險公司期末轉回上期壽險責任準備金時，借記「壽險責任準備金」，貸記「提取壽險責任準備金」。

(3) 期末將「提取壽險責任準備金」的餘額轉入「本年利潤」科目時，借記「本年利潤」科目，貸記「提取壽險責任準備金」科目。

例 5-16 某人壽保險公司 2010 年 12 月 31 日計算的壽險責任準備金為 30,000,000 元，上期壽險責任準備金為 28,000,000 元。

會計處理：

(1) 提取本期壽險責任準備金時：

借：提取壽險責任準備金　　　　　　　　　　　　30,000,000
　　貸：壽險責任準備金　　　　　　　　　　　　　30,000,000

(2) 轉回上期壽險責任準備金：

借：壽險責任準備金　　　　　　　　　　　　　　28,000,000
　　貸：提取壽險責任準備金　　　　　　　　　　　28,000,000

(3) 將提取的壽險責任準備金結轉本年利潤時：

借：本年利潤　　　　　　　　　　　　　　　　　2,000,000
　　貸：提取壽險責任準備金　　　　　　　　　　　2,000,000

二、長期健康險責任準備金的會計處理

(一) 科目設置

與壽險責任準備金類似，長期健康險責任準備金的核算包括長期健康險責任準備金的核算、提取長期健康險責任準備金的核算兩項內容。對此，應設置以下兩個會計科目：

1.「長期健康險責任準備金」科目

「長期健康險責任準備金」科目核算人壽保險公司對長期健康保險業務計提的準備金。該科目屬負債類科目。該科目屬負債類科目，借方登記本期減少的長期健康險責任準備金的數額，貸方登記本期增加的長期健康險責任準備金的數額。餘額在貸方，反應本期期末保險公司長期健康險責任準備金的總額。「長期健康險責任準備金」科目應按險種設置明細帳，進行明細分類核算。

2.「提取長期健康險責任準備金」科目

「提取長期健康險責任準備金」科目核算人壽保險公司長期健康保險業務提取的準備金。該科目屬損益類科目，借方登記本期減少的長期健康險責任準備金的數額，貸方登記本期增加的長期健康險責任準備金的數額。該科目的借方發生額期末結轉「本年利潤」科目的數額；期末結轉後，該科目無餘額。「提取長期健康險責任準備金」科目應按險種設置明細帳，進行明細分類核算。

(二) 帳務處理

長期健康險責任準備金的帳務處理包括提取長期健康險責任準備金和將提取的長期健康險責任準備金結轉到本年利潤兩項內容。

(1) 人壽保險公司期末按規定提取本期長期健康險責任準備金時，借記「提取長期健

康險責任準備金」科目，貸記「長期健康險準備金」科目。

（2）人壽保險公司期末轉回上期長期健康險責任準備金時，借記「長期健康險責任準備金」，貸記「提取長期健康險責任準備金」。

（3）期末將「提取長期健康險責任準備金」科目的餘額轉入「本年利潤」科目時，借記「本年利潤」科目，貸記「提取長期健康險責任準備金」科目。

例 5-17 某人壽保險公司年末計算的長期健康險責任準備金 6,500,000 元，上期長期健康險責任準備金餘額為 5,500,000 元。

會計處理：

（1）提取本期長期健康險責任準備金時：

借：提取長期健康險責任準備金　　　　　　　　　　6,500,000
　　貸：長期健康險責任準備金　　　　　　　　　　　6,500,000

（2）轉回上期長期健康險責任準備金

借：長期健康險責任準備金　　　　　　　　　　　　5,500,000
　　貸：提取長期險責任準備金　　　　　　　　　　　5,500,000

（3）將提取的長期健康險責任準備金結轉本年利潤時：

借：本年利潤　　　　　　　　　　　　　　　　　　1,000,000
　　貸：提取長期健康險責任準備金　　　　　　　　　1,000,000

復習思考題

1. 壽險合同成立並生效時不存在應收保費，對嗎？
2. 壽險合同寬限期沒有收到保費時，不確認保費收入，對嗎？
3. 壽險合同確認的保費收入應該是保險期限內應繳的保費總額，對嗎？
4. 壽險公司在財務報表上顯示有哪些保險合同負債？
5. 壽險公司保險賠付如何分類？
6. 壽險合同退保時，保險公司支付的保戶的金額記入「保費收入」科目的借方，對嗎？
6. 壽險業務會計核算與非壽險業務會計核算有何不同？

第六章　投資型保險業務

第一節　投資型保險產品及其會計處理的概述

投資型保險產品是將保險功能與投資功能相結合的保險產品。投資型保險產品可分為投資型壽險產品和非壽險投資型產品。

一、投資型壽險產品

投資型壽險產品，包括分紅保險、萬能保險和投資連結保險等。下面分別對這些新型壽險產品進行說明。

(一) 分紅保險

分紅保險是一種保戶享有保單紅利分配權的產品，即將壽險公司的三差益（死差益、利差益、費差益）的一部分分配給保單持有人，投保人在得到保障的同時，可以享受壽險公司的經營成果。

分紅保險依據功能，可以分為投資和保障兩類。投資型分紅險以銀保分紅產品為代表，主要為一次性繳費的保險，通常為 5 年或 10 年期。它的保障功能相對較弱，多數只提供人身死亡或者全殘保障，不能附加各種健康險或重大疾病保障。在給付額度上，意外死亡一般為所交保費的兩到三倍，自然或疾病死亡給付只略高於所繳保費。譬如某保險公司的銀保分紅產品，在一年內身故只退回保險費；一年以後疾病身故則按保額賠償；意外身故則按保額 3 倍賠償。保障型分紅險主要是帶分紅功能的普通壽險產品，如兩全分紅保險和定期分紅保險等。這類保險側重人身保障功能，分紅只是作為附加利益。以兩全分紅保險為例，在固定返還生存金的同時，還有固定保額的身故或全殘保障，紅利將按照公司每年的經營投資狀況分配，沒有確定額度。保障型的分紅保險通常都可作為主險附加健康險、意外險和重大疾病保險，能形成完善的保障計劃。

分紅險的分紅方式主要有現金分紅和增額分紅兩種。現金分紅又稱美式分紅，是指保險公司將紅利以現金形式返還客戶，具體包括現金領取、抵繳保費、累積生息、購買保險等多種方式。增額分紅又稱作英式分紅，每年的分紅不以現金形式發放，是以增加保額的

方式分配紅利，增加的保額作為紅利一旦公布，則不得取消。這在一定程度上可以緩解因通貨膨脹可能導致的「保障貶值」。

（二）投資連結保險

1. 投資連結保險特點

投資連結保險在美國稱作變額保險（Varible Life Insurance）或變額萬能保險（Varible Universal Life Insurance），在英國稱作基金連鎖保險（Unit-linked Insurance），它改變了傳統保險的保證保單現金價值的方式，採用了保單現金價值直接與保單項下資產價值掛勾的方式，保單的現金價值隨著保單項下資產價值的變動而變動。

投資連接壽險與傳統人壽保險相比較，其通常具有以下特點：

第一，其保費的繳納與傳統壽險產品相同，是固定的，但保單的保險金額在保證一個最低限額的條件下，卻是可以變動的。通常保險金額與投資收益相關。

第二，開設獨立帳戶，保費減去費用及風險保費（又稱死亡給付成本）後被存入獨立帳戶，保險人根據資金運用狀況，對投資帳戶的資產組合不斷進行調整，保單所有人也可以在不同投資組合中選擇。

第三，保單的現金價值隨著所選擇的投資組合中投資業績的狀況而變動，某一時刻保單的現金價值取決於該時刻其投資組合中獨立帳戶資產的市場價值。投資連結壽險產品的投資風險是由保單所有人承擔的，保險人只是負責管理獨立帳戶。

2. 投資連結保險可以向客戶收取的費用

（1）初始費用，即保險費進入投資帳戶之前扣除的費用。

（2）買入賣出差價，即投保人買入和賣出投資單位的價格之間的差價。

（3）死亡風險保險費，即保單死亡風險保額的保障成本。風險保險費應通過扣除投資單位數的方式收取，其計算方法為死亡風險保額乘以死亡風險保險費費率。保險公司可以通過扣除投資單位數的方式收取其他保險責任的風險保險費。

（4）保單管理費，即為維護保險合同向投保人或被保險人收取的管理費用。保單管理費應當是一個與保單帳戶價值無關的固定金額，在保單首年度與續年度可以不同。保險公司不得以保單帳戶價值一定比例的形式收取保單管理費。

對於團體投資連結保險，保險公司可以在對投保人收取保單管理費的基礎上，對每一位被保險人收取固定金額形式的保單管理費。

（5）資產管理費，按帳戶資產淨值的一定比例收取。

（6）手續費，保險公司可在提供帳戶轉換、部分領取等服務時收取，用以支付相關的管理費用。

（7）退保費用，即保單退保或部分領取時保險公司收取的費用，用以彌補尚未攤銷的保單獲取成本。

（三）萬能保險

1. 萬能保險簡介

萬能保險是一種繳費靈活、保險金額可調整的壽險。投保人在繳納首期保費後可選擇在任何時候繳納任何數量的保費，只要保單的現金價值足以支付保單的相關費用；投保人

還可以在具有可保性的前提下,提高或降低保險金額。

萬能保險所繳保費分成兩部分,一部分用於保險保障,另一部分進入投資帳戶。保障和投資額度的設置主動權在投保人,可根據不同需求進行調節;投資帳戶資金由保險公司代為投資理財,投資收益上不封頂、下設最低保障利率。

與傳統壽險產品和分紅保險、投資連結保險等新型壽險產品相比,萬能保險在收益來源、投資風險、帳戶設置等各方面差別較大,具體表現在以下幾個方面:第一,從收益來源上看,傳統壽險產品與分紅保險產品的收益主要來自費差、死差和利差,而萬能保險的收益主要來自投資帳戶取得的收益。第二,從投資風險上看,萬能保險與傳統壽險不同,除了公司需承擔風險外,客戶也需要共同承擔一部分風險,但由於萬能保險的回報是「上不封頂,下有保底」,所以客戶在承擔風險的同時能取得最低回報,使它又不像投資連結保險在風險承擔方面表現得那麼激進。第三,從保險金額上看,與傳統壽險及其他投資性險種比較,其保險金額可以調整。第四,從繳費方式上看,萬能保險只要保單的現金價值足以支付保單的相關費用,就可以選擇保費繳納的數額和時機,較其他險種更為靈活。第五,從保單價值上看,傳統壽險產品的保單價值在定價時就確定,而萬能保險產品的保單價值隨投資帳戶收益而變化。這裡,用表 6-1 進行簡要概括:

表 6-1   壽險投資型險種比較表

項目種類	傳統壽險產品	分紅保險	投資連接保險	萬能保險
核算要求	不單獨核算	單獨核算	單獨核算	單獨核算
收益來源	費差益、死差益、利差益	費差益、死差益、利差益	主要來自投資帳戶的收益	主要來自投資帳戶的收益
投資風險	預定利率較低,風險公司承擔	預定利率較低,客戶、公司共擔風險	預定利率無保證,風險由客戶承擔	有最低保證回報,客戶、公司共擔風險
保險責任	約定的保險金額	約定保險金額+累計紅利+額外紅利(如有)	投資帳戶價值總額與約定保險金額	投資帳戶價值總額與約定保險金額
繳費方式	固定繳費	固定繳費	固定繳費	繳費靈活
現金價值	定價時確定	不固定,保底	隨投資帳戶收益變化而變化	隨投資帳戶收益變化而變化

2. 萬能保險可以向客戶收取的費用

(1) 初始費用,即保險費進入萬能帳戶之前扣除的費用。

(2) 死亡風險保險費,即保單死亡風險保額的保障成本。風險保險費應通過扣減保單帳戶價值的方式收取,其計算方法為死亡風險保額乘以死亡風險保險費費率。

保險公司可以通過扣減保單帳戶價值的方式收取其他保險責任的風險保險費。

(3) 保單管理費,即為維護保險合同向投保人或被保險人收取的管理費用。

保單管理費應當是一個與保單帳戶價值無關的固定金額,在保單首年度與續年度可以不同。保險公司不得以保單帳戶價值一定比例的形式收取保單管理費。

對於團體萬能保險，保險公司可以在對投保人收取保單管理費的基礎上，對每一被保險人收取固定金額形式的保單管理費。

（4）手續費，保險公司可在提供部分領取等服務時收取，用於支付相關的管理費用。

（5）退保費用，即保單退保或部分領取時保險公司收取的費用，用以彌補尚未攤銷的保單獲取成本。

二、非壽險投資型產品

非壽險投資型產品指的是將保險功能與資金運用功能相結合的保險產品，是財產保險公司將投保人繳納的投資型保險產品的投資款用於資金運作，按照合同約定的方式，計提保險費、承擔保險責任，並將投資款及其收益支付按約定給投保人或被保險人的財產保險產品。

非壽險投資型產品與壽險投資型產品都是保障+投資的結合，但二者之間還是具有一些差異：壽險投資型產品合同期限較長，而非壽險投資型產品合同一般為2~5年；壽險投資型產品主要以人身保險中的死亡保險、健康保險等為載體，而非壽險投資型產品主要以家庭財產保險、意外人身傷害保險為載體。

與普通非壽險產品比較，非壽險投資型產品的特點是：

1. 具有保障功能和投資服務功能。保險公司將投保人繳付的投資金進行投資運作，在合同期滿時，向投保人返回投資本金和合同確定的增值金。其保障功能體現為，在保險期限內，如果被保險標的發生合同約定的風險事故，被保險人能得到約定的損失補償。而普通非壽險產品僅具有保障功能。

2. 合同期限較普通非壽險產品長。普通非壽險一般為一年期，而投資型非壽險一般為2~5年期。

三、投資型保險產品會計處理要求

投資型保險產品是混合保險合同，既承擔了保險風險又承擔了其他風險。由於保險風險與非保險風險具有本質差別，因此，應對保險合同中的保險成分和非保險成分採用不同的會計標準，保險成分按照保險會計準則進行處理，非保險成分則按照金融工具等會計準則進行處理。

分拆確認的根本目的在於確保非保險風險成分的任何權利和義務均確認為資產及負債而不是收入和費用。國際會計準則理事會要求那些不分拆確認就可能遺漏重要資產、負債的特殊合同必須進行分拆。

中國關於混合保險合同處理的原則是：

（1）保險風險部分和其他風險部分能夠區分，並且能夠單獨計量的，可以將保險風險部分和其他風險部分進行分拆。保險風險部分，確定為原保險合同；其他風險部分，不確定為原保險合同。

（2）保險風險部分和其他風險部分不能夠區分，或者雖能夠區分但不能夠單獨計量

的,如果保險風險重大,應當將整個合同確定為保險合同;如果保險風險不重大,不應當將整個合同確定為保險合同。

通常投資連結保險和萬能壽險等類似產品需要將合同中的保險部分和投資與儲蓄部分分開確認。因為附加儲蓄與投資不是保險業務的本質,而是保險合同的衍生產品。同時,這些產品有一個明顯的特徵就是附加儲蓄或投資等服務功能所取得的收入能從保險業務所取得的收入中單獨分離出來,並可單獨確認與計量。作為附加儲蓄和投資部分的資金流入,不屬於保費收入確認與計量的範疇。從嚴格意義上看,這是一種代客理財服務的性質。

這些投資型保險產品中涉及風險保費的部分應按照壽險與非壽險業務保費收入確認與計量方法進行核算,對於從這些業務中收取的相關的管理費用應作為收入單獨確認與計量,並在會計報表中予以披露。

而對具有很強儲蓄性的分紅保險並沒有實施分拆確認。這是因為一方面分紅保險的儲蓄成分的可計量性不高,分拆確認的主觀判斷性太高,將會降低估息的可靠性;另一方面,既然不拆分分紅保險儲蓄成分的所有資產和負債都進行了確認。事實上,分拆確認的一個主要目的是為了防止保險公司遺漏確認相關的資產和負債,如果保險公司確認了保險合同相關的所有資產和負債,就不需要分拆確認。

第二節 分紅保險會計

一、分紅保險的重大風險測試及會計處理

從法律意義上說,所有的分紅保單合同均為保險合同,但是從會計角度看,該分紅保單是屬於保險合同還是非保險合同,需要對分紅保單進行重大保險風險測試。如保單存續期內大部分時點原保險保單的保險風險比例大於等於5%,則認為該保單組合的保險風險是顯著的,能夠通過重大保險風險測試,該合同就確認為保險合同,否則就是非保險合同。

對於確認為非保險合同的分紅產品,收到保費承保後記入「保戶儲金及投資款」科目,保單紅利也記入「保戶儲金及投資款」科目,後續發生的理賠退保等支付均從「保戶儲金及投資款」中列支。「保戶儲金及投資款」在資產負債表反應,不在利潤表中反應。

對於確認為保險合同的分紅產品,收到保費承保後記入「保費收入」科目,發生理賠賠付後記為「賠付支出」,在每個報告日,公司需要根據保險新會計規則要求計提分紅產品的壽險責任準備金,這些收入支出和提取準備金科目均在公司的利潤表中反應。

確認為保險合同的分紅產品的保費收入、業務支出、佣金手續費支出的會計處理與普通保險業務相同,與普通保險業務不同的是分紅保險業務涉及保單分紅業務;此外分紅保險準備金包含分紅保險特別儲備,這也是與普通壽險合同存在區別之處。

二、分紅保險保單紅利的會計處理

(一) 會計科目的設置

1.「保單紅利支出」科目

「保單紅利支出」科目核算保險公司按原保險合同約定支付給投保人的紅利，屬於損益（費用）類科目。該科目借方登記保險公司按原保險合同約定應支付的保單紅利，貸方登記期末結轉至「本年利潤」科目，結轉後本科目應無餘額。該科目應按照現金領取、累積生息、交清增額保險、抵繳保費設置明細科目。

2.「應付保單紅利」科目

「應付保單紅利」科目核算保險公司按原保險合同約定應付未付投保人的紅利。本科目屬於負債類科目，貸方登記按原保險合同約定計提的應支付的保單紅利，借方登記保險公司支付的保單紅利。該科目餘額在貸方，反應保險公司應付未付保單持有人的紅利，該科目可以按保險產品和保單進行明細核算，還可按照現金領取、累積生息、交清增額保險、抵繳保費設置明細科目。

(二) 帳務處理

1. 保單紅利的計提

（1）每月預估。根據分紅保險產品經營損益情況與公司預計分紅水準每月預計公司的保單紅利支出。會計分錄為：

借：保單紅利支出

　　貸：應付保單紅利

（2）年末調整預估。年末根據全年分紅保險產品經營損益情況與公司預計分紅水準，計算全年的保單紅利支出，並對其與預提的保單紅利之間的差異進行調整，會計分錄為：

借：保單紅利支出

　　貸：應付保單紅利（補提金額）

或

借：應付保單紅利（多預提的金額）

　　貸：保單紅利支出

例 6-1 某壽險公司經中國保監會批准，於 2016 年 10 月 1 日開始銷售分紅保單，按預計的可分配盈餘每月計提保單紅利 190,000 元。到該年 12 月 31 日，這 3 個月的分紅保險業務盈餘為 850,000 元。2017 年 1 月 20 日，經公司精算師建議，董事會決定計提 600,000 元「應付保戶紅利」（這裡均不考慮支付給公司的紅利）用於在 2016 年 10 月 1 日到 12 月 31 日期間，支付屆時仍然有效的 2016 年度分紅保單的紅利。會計分錄為：

2016 年 10 月到 12 月，每月預提保單紅利。

借：保單紅利支出　　　　　　　　　　　　　　　　　　190,000

　　貸：應付保單紅利　　　　　　　　　　　　　　　　　　　190,000

2017 年 1 月 20 日，補提保單紅利。

借：保單紅利支出　　　　　　　　　　　　　　　　　　30,000

貸：應付保單紅利　　　　　　　　　　　　　　　　　　　　　30,000

　　經報中國保監會備案，公司於 2017 年 4 月 1 日宣告紅利分配計劃，稱凡是在保單週年日有效的 2016 年度分紅保單，可以於保單週年日得到 a 元紅利（每份保單具體金額不同）。

　　從 2017 年 10 月 1 日開始，有分紅保單陸續到達保單週年日。公司開始支付保單紅利（假設為現金紅利）。會計分錄為：

　　借：應付保單紅利　　　　　　　　　　　　　　　　　　　　　a
　　　　貸：銀行存款　　　　　　　　　　　　　　　　　　　　　　a

　　到 2017 年 12 月 31 日，公司實際累計支付 560,000 元紅利。紅利的計提提總額 600,000 元與實際支付總額 560,000 元之間出現差異的原因很多，比如一些保戶在保單週年日之前退保了，所以沒有資格領取紅利。這時在「應付保戶紅利」科目存在一個等於 40,000 元的貸方餘額。

　　2017 年 12 月 31 日，公司分紅業務在該年度取得盈餘 1,200,000 元，經公司精算師建議，董事會決定計提 840,000 元「應付保戶紅利」用於支付在 2018 年內到達保單週年日且仍然有效的分紅保單的紅利。

　　精算師建議計提的年度紅利金額應該是已經考慮了此時「應付保戶紅利」科目的借方或貸方餘額因素後的數字。具體說，假設在計提年度紅利時，「應付保戶紅利」為貸方餘額 40,000 元，精算師提出計提 840,000 元年度紅利金額的建議，意味著精算師實際上認為在 2017 年年末，在「應付保戶紅利」帳戶上應有 880,000 元紅利可在 2018 年內分配給保單週年日仍然有效的保單持有人。

　2. 保單紅利的不同支付方式下的會計處理

　（1）現金支付

　　借：保單紅利支出
　　　　貸：應付保單紅利（現金領取）
　　借：應付保單紅利（現金領取）
　　　　貸：銀行存款

　（2）累計生息：是指將紅利留存保險公司，按公司每年確定的紅利累計利率以複利方式存儲生息，客戶也可以隨時領取相關紅利。

　　借：保單紅利支出
　　　　貸：其他長期負債（應付累計生息本金）
　　借：利息支出
　　　　貸：其他長期負債（應付累計生息利息）

　（3）交清增額保險：指將紅利作為保費以躉交方式增加保額。

　　借：保單紅利支出（交清增額保險）
　　　　貸：應付保單紅利（交清增額保險）
　　借：應付保單紅利（交清增額保險）
　　　　貸：保費收入

（4）抵交保費：指將紅利用於抵交下一期應繳保費。

借：保單紅利支出（抵交保費）
　　貸：應付保單紅利（抵交保費）
借：應付保單紅利（抵交保費）
　　貸：保費收入

例 6-2 某保戶收到分紅保險業績報告，瞭解到上年應分紅利 1,260 元，保戶選擇交清增額的分紅辦法，用保單紅利購買保險，增加保額。同時，繳納本年保費 10,800 元。

會計處理：

借：應付保單紅利　　　　　　　　　　　　　　　　　　　1,260
　　貸：保費收入　　　　　　　　　　　　　　　　　　　　1,260
同時
借：銀行存款　　　　　　　　　　　　　　　　　　　　　10,800
　　貸：保費收入　　　　　　　　　　　　　　　　　　　　10,800

三、分紅特別儲備準備金的帳務處理

分紅保險的可分配盈餘是指能夠向分紅保險保單持有人分配紅利的盈餘，其來源可能是利差、死差、費差、其他差中的一種或多種。在實際操作中，保險公司並不是將可分配盈餘全部分配給保單持有人，而只是將部分可分配盈餘分配給保單持有人。各國對盈餘分配的規定不盡相同，澳大利亞保險監管部門規定保單持有人和股東之間的最小分配比率為 80:20，中國保險監督管理委員會規定「每一會計年度向保單持有人實際分配盈餘的比例不低於當年可分配盈餘的 70%」，這 70% 或 80% 的部分屬於可分配盈餘中的固定要素（fixed element），即必須分配給保單持有人的部分。剩餘 30% 或 20% 的部分是保險公司從可分配盈餘中分割出來的留存企業的盈餘。中國保險監管部門規定「保險公司應對分紅保險帳戶提取分紅保險特別儲備」，根據這一規定，保險公司可以從留存盈餘中提取部分或全部作為分紅保險特別儲備。這樣一來，可分配盈餘就被劃分為三個部分：應支付給保單持有人的紅利、分紅保險特別儲備和屬於公司股東的盈餘。

分紅保險特別儲備是可分配盈餘中比較特殊的部分，它是經營分紅保險業務的保險公司所持有的一種準備金，是分紅保險帳戶逐年累積的，提取的主要目的是為了平滑未來的紅利分配水準，起到「以豐補歉」的作用。保險公司的經營投資受多種因素的影響，同一種分紅保險產品在不同會計年度的盈利狀況是不同的。年度間盈利狀況的不同會帶來分紅水準的波動，這種波動不利於保單持有人建立對分紅保險產品收益能力的信心。因此，從事分紅保險業務的保險公司，每年都會從可分配盈餘中提取分紅保險特別儲備，以便於在公司盈利狀況欠佳時，用以彌補紅利支出。

從分紅保險特別儲備的提取目的出發，我們可以發現，分紅保險特別儲備在未來是會有可能支付給保單持有人的。但是分紅保險特別儲備有多少會在未來支付給保單持有人是不確定的，因為分紅保險特別儲備具有盈餘轉換（smoothing transfers）的特點，經過累積，分紅保險特別儲備可能最後並沒有完全分配給保單持有人，而是留給了公司股東。中國

2015年頒布的《分紅保險精算規定》中「本期分紅後的分紅帳戶分紅保險特別儲備的規模連續2年超過該帳戶準備金的15%的，超出的部分應作為當期可分配盈餘予以釋放」。這樣看來，分紅保險特別儲備其權益共同屬於保單持有人和股東雙方，既具有負債的性質，也具有權益的性質。在財務會計下，分紅保險特別儲備歸屬於保單持有人的部分通過未來現金流反應為推定義務，作為責任準備金的組成部分。

四、分紅保險管理的相關規定

（1）保險公司每一會計年度向保單持有人實際分配盈餘的比例不低於當年全部可分配盈餘的70%。

（2）分紅保險、非分紅保險以及分紅保險產品與其附加的非分紅保險產品必須分設帳戶，獨立核算。

（3）保險公司應當於每年三月一日前向中國保監會報送分紅保險專題財務報告，包括資產負債表、利潤表、收入分配和費用分攤報告等內容。

（4）保險公司每一會計年度應當至少向保單持有人寄送一次分紅業績報告，使用非專業性語言說明：①投資收益狀況；②費用支出及費用分攤方法，採用固定費用率方式的除外；③本年度盈餘和可分配盈餘；④保單持有人應獲紅利金額；⑤紅利的計算基礎和計算方法，等等。

五、分紅保險的專題財務報告和披露

保險公司應當於每年三月一日前向中國保監會報送分紅保險專題財務報告。專題財務報告由以下五部分內容組成：董事會和管理層聲明、審計意見、分紅保險業務基本情況、分紅保險利潤表和資產負債狀況表、分紅保險保單紅利分配方案。

（一）董事會和管理層聲明

保險公司應當在董事會和管理層聲明部分披露以下信息：

（1）董事會和管理層對專題財務報告所載內容真實、準確、完整、合規的保證和承擔法律責任的承諾。

（2）董事長和有關高級管理人員的簽名及公司的印章。

（3）董事會對報告的審議情況。

（二）審計意見

（1）註冊會計師應當對以下事項發表審計意見

①分紅保險利潤表和資產負債狀況表的編製是否符合中國保監會的有關規定，是否真實、公允地反應了公司分紅保險業務的經營成果和資產負債狀況；

②保單紅利分配結果是否符合公司的保單紅利分配方案；

③會計核算所採用的收入分配及費用分攤方法是否和公司向中國保監會的備案保持一致。

（2）保險公司應當披露以下關於審計意見的信息

①出具審計意見的會計師事務所的名稱；

②審計意見的類型及審計報告中審計意見段的內容。如果會計師事務所出具非標準審計報告，還應當披露審計報告中強調事項段或者說明段的內容；

③會計師事務所出具非標準審計報告的原因。管理層應當具體說明與會計師事務所的分歧以及專題財務報告中會計師事務所要求調整但未調整的內容、未調整原因的解釋；

④報告期內為保險公司提供專題財務報告審計服務的會計師事務所的變更情況，包括前、後任會計師事務所的名稱、更換時間、更換原因和審計收費等。

（三）分紅保險業務基本情況

1. 分紅保險產品基本信息

保險公司應當以表格形式披露分紅保險產品的以下基本信息：保險公司經營的分紅保險產品名稱、每一產品的開辦時間、銷售範圍、經營狀態（停售/在售）、定價利率、紅利來源、分紅方式、資金是否單獨運用、是否轉移保險風險等內容。

2. 分紅保險業務資金管理

（1）對於沒有單獨運用資金的分紅保險業務，保險公司應當披露以下信息：

①負責所有保險業務資金歸集的部門、歸集方式、歸集頻率等；

②負責計算、確定可投資資金量的部門、計算方法、向投資帳戶劃撥資金的頻率等；

③負責資產負債匹配的部門或機構；

④負責投資運作的部門；

⑤投資帳戶和核算帳戶的管理：詳細說明公司全部實際投資帳戶和核算帳戶的設置和管理情況，包括實際投資帳戶和公司內部核算帳戶的層級結構和帳戶明細；各個實際投資帳戶和內部核算帳戶的資金範圍；各個實際投資帳戶之間有無資金往來，如分紅險帳戶和萬能險等帳戶資產小於其對應的負債時，是否會從其他帳戶劃撥資金；保單紅利分配方案宣告後，公司是否將分配給公司的紅利資金在不同帳戶之間進行劃撥等；

⑥分紅保險各項投資收益、各項資產和負債項目的計算和分配方法。

（2）對於單獨運用資金的分紅保險業務，保險公司應當披露以下信息：

①是否對分紅保險業務資金單獨歸集，詳細披露負責資金歸集的部門、歸集方式和歸集頻率等信息。

②負責計算、確定分紅保險業務可投資資金量的部門、計算方法、向投資帳戶劃撥資金的頻率等。

③負責資產負債匹配的部門或機構。

④負責分紅保險業務資金投資運用的部門。

⑤投資帳戶和核算帳戶的管理：詳細說明公司全部投資帳戶和核算帳戶的設置和管理情況，包括實際投資帳戶和公司內部核算帳戶的層級結構和帳戶明細；各個實際投資帳戶和內部核算帳戶的資金範圍；各個實際投資帳戶之間有無資金往來，如分紅險帳戶和萬能險等帳戶資產小於其對應的負債時，是否會從其他帳戶劃撥資金；保單紅利分配方案宣告後，公司是否將分配給公司的紅利資金從分紅保險投資帳戶劃撥至其他相應帳戶等。

⑥分紅保險投資收益的分配方法。

(四) 分紅保險利潤表和資產負債狀況表

1. 分紅保險利潤表和資產負債狀況表

(1) 分紅保險利潤表（參見表6-2）。

表6-2　　　　　　　　　　　　　分紅保險利潤表
編製單位：　　　　　　　　　年　月　日　　　　　　　　　單位：萬元

項　目	本年數	上年數
一、營業收入		
保費收入		
分入保費		
減：分出保費		
投資收益（損失以「-」號列示）		
公允價值變動收益（損失以「-」號列示）		
可供出售金融資產公允價值變動收益（損失以「-」號列示）		
匯兌收益（損失以「-」號列示）		
其他收入		
二、營業支出		
退保金		
賠付支出（減：攤回賠付支出）		
提取保險責任準備金（減：攤回準備金）		
分保費用		
稅金及附加		
手續費及佣金支出		
業務及管理費（減：攤回分保費用）		
資產減值損失		
其他支出		
三、本期營業利潤（虧損以「-」號列示）		
四、累計營業利潤（虧損以「-」號列示）		
五、當期宣告支付給保戶的保單紅利		
六、當期宣告支付給公司的保單紅利		
七、期末累計宣告支付給保戶的保單紅利		
八、期末累計宣告支付給公司的保單紅利		

（2）分紅保險資產負債狀況表（參見表6-3）。

表6-3　　　　　　　　　　　　　分紅保險資產負債狀況表

編報單位：　　　　　　　　　　　　年　月　日　　　　　　　　　　　單位：萬元

資　產	年末數	年初數	負　債	年末數	年初數
貨幣資金			拆入資金		
拆出資金			交易性金融負債		
保單質押貸款			衍生金融負債		
交易性金融資產			賣出回購金融資產款		
衍生金融資產			預收保費		
買入返售金融資產			應付手續費及佣金		
可供出售金融資產			應付分保帳款		
持有至到期投資			應付賠付款		
定期存款			累計生息保單紅利		
長期股權投資			應付保戶保單紅利		
其他投資資產			應付公司保單紅利		
應收保費			應交稅費		
應收利息			保險保障基金		
應收股利			保戶儲金及投資款		
預付賠款			壽險責任準備金		
應收分保準備金			長期健康險責任準備金		
應收分保帳款			其他負債		
其他資產					
資產合計			負債合計		

（3）報表附註，至少應當包括以下內容：

①分紅保險利潤表及資產負債狀況表的編製基礎；

②重要會計政策和會計估計；

③會計政策和會計估計變更以及差錯更正的說明；

④報表重要項目的說明；

⑤分紅保險特別儲備餘額以及在公司（匯總）財務報表中的列報方式；

⑥資產負債表日後事項；

⑦或有事項；

⑧公司認為其他有助於理解分紅保險實際利潤和資產負債狀況以及保單紅利分配的信息；

⑨不分費差的分紅保險業務盈餘計算與分配備考表。

(五) 分紅保險保單紅利分配方案

為了對分紅保險利潤表中「當期宣告支付給保戶的保單紅利」和「當期宣告支付給公司的保單紅利」項目以及資產負債狀況表中相應負債項目作充分披露，保險公司應當至少披露以下信息：

(1) 公司分紅保險保單紅利分配方案的確定、審批、宣告等公司內部決策程序、時間安排、涉及的部門及各自的職責；

(2) 會計年度內宣告的分紅保險保單紅利分配方案的確定過程和詳細計算依據，至少應當包括：可分配盈餘的確定和計算過程、保單紅利分配比例的確定、分紅保險特別儲備的計提、保單紅利分配方案的宣告時間、分配對象等。在披露有關信息時，保險公司可以根據具體情況，採用文字、表格等方式詳細說明整體過程及計算依據。

第三節　投資連接保險會計

一、獨立帳戶的設置

投資連結保險產品一般分設有通用帳戶和獨立帳戶，這是與傳統壽險產品最大的區別。客戶繳納一筆保費後，一部分購買風險保障，這部分保費進入通用帳戶；另一部分扣除相關費用後進入獨立帳戶，見圖6-1。

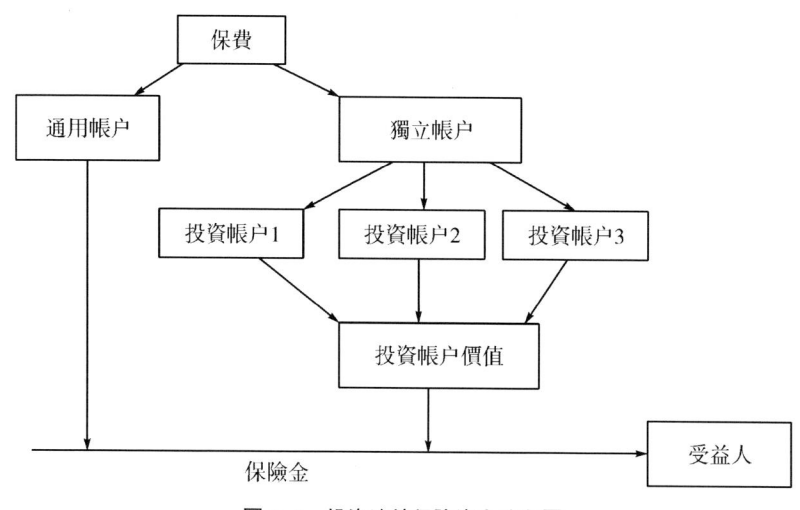

圖6-1　投資連結保險資金流向圖

通常所稱的「獨立帳戶」是保險公司根據投資連結保險為保單持有人投資建立的投資結構、投資策略不同的各種投資帳戶的總稱。而投資帳戶是保險公司根據投資連結保險合同建立的資產單獨管理、投資風險完全由保單持有人承擔的資金帳戶。

投資帳戶資產單獨管理包含三層含義：一是保險公司為投資帳戶在銀行和投資代理機構單獨設立資金帳戶；二是投資帳戶的資金投資單獨運作，不與其他險種資金或保險公司管理的其他資金混合運作，且各投資帳戶之間的資金也不混合運用；三是保險公司對投資

帳戶的財務狀況和投資收益進行單獨核算。

投資帳戶投資風險完全由保單持有人承擔是指保險公司不向投資連結保險保單持有人保證投資帳戶的投資收益。保險公司運用保單持有人投入投資帳戶中的資金進行投資產生的投資收益完全由保單持有人享有，產生的投資損失完全由保單持有人承擔。

獨立帳戶可用來歸集與投資帳戶有關的資產、負債、收益與成本。獨立帳戶不是以保險企業為會計主體，而是將投保人委託保險公司的運作的投資基金作為會計主體。既然投資基金是一個獨立的主體，要投資運作，取得投資收益；同時，在運作過程中會形成資產，產生負債，最終形成淨資產；還會產生相應的投資收益和費用，所以，獨立帳戶的會計要素包括資產、負債、持有人權益、收入、費用，它們就是獨立帳戶的會計對象。獨立帳戶會計核算的所有內容均由投資活動引起的，投資核算是獨立帳戶核算的所有內容。

二、獨立帳戶的會計要素

（一）獨立帳戶資產

獨立帳戶資產指投資連結保險各個投資帳戶中的投資組合。

（1）投資帳戶資產可以劃分為若干等額的投資單位，投資連結保險的投保人以一定數量的投資單位數作為其在投資連結保險各個帳戶的出資額。

（2）投資帳戶資產的來源一般為投資連結保險的投保人繳納的保費，也有可能是保險公司投入的一部分資金。

（3）投資帳戶資產包括現金、銀行存款、債券投資、買入返售證券、基金投資、股票投資、應收利息和股利等。

（4）獨立帳戶資產應採用公允價值進行計價。因為獨立帳戶的投資工具是金融工具，風險和不確定性是金融工具的突出特點，其價格波動頻繁。在風險管理活動中，人們關注的是當前金融工具的價值變化情況，而以歷史成本為基礎反應的信息只能反應交易發生當時的情況，其價格變動只有等到交易結束時才能反應，因此，會計信息必然是滯後的，其相關性受到嚴重的損害。而公允價值反應了人們對未來不確定性所達成的共識，它描述了市場對該項金融工具直接或間接帶來的現金流量貼現後的淨值以及該現金流量的風險和其他各種風險因素的影響，更貼近於金融工具的真實價值，有利於會計信息使用者進行正確的決策。獨立帳戶的下列資產應於合同約定的計價日（以下稱「估值日」），按如下原則進行估值：

①除開放式基金以外的任何上市流通的有價證券，以其在證券交易所掛牌的市價（平均價或收盤價，下同）估值；估值日無交易的，以最近交易日的市價估值；

②獨立帳戶持有的開放式基金，以其公告的基金單位淨值估值；

③獨立帳戶持有的處於募集期內的證券投資基金，按其成本估值；

④如有確鑿證據表明按上述方法進行估值不能客觀反應其公允價值，公司應根據具體情況按最能反應公允價值的價格估值；

⑤如有新增事項，按國家最新規定估值。

（二）獨立帳戶負債

獨立帳戶負債指投資帳戶資產投資過程中形成的賣出回購證券款、應交稅費、其他應

付款等負債。

(三) 獨立帳戶投保人權益

獨立帳戶的投保人享有的投資帳戶的剩餘索取權，包括本金及本金產生的淨收益（虧損）。

(四) 獨立帳戶的收入

獨立帳戶的收入指獨立帳戶資產投資取得收益。

(五) 獨立帳戶的費用

獨立帳戶的費用指繳納的稅金、支付的利息和保險公司因管理帳戶收取的資產管理費、手續費等。

三、獨立帳戶會計核算設置的會計科目

獨立帳戶核算中可以只設立「獨立帳戶資產」和「獨立帳戶負債」兩個一級科目。獨立帳戶的收益和損失歸屬於投保人，獨立於保險公司的損益。如果設「獨立帳戶收益」和「獨立帳戶費用」兩個帳戶，由於中國規定投資連結保險的會計信息應在保險公司財務報表中披露，獨立帳戶損益將對保險公司損益產生影響。為避免獨立帳戶損益影響保險公司損益，可以不設「獨立帳戶收益」和「獨立帳戶費用」兩個科目。同理，為了反應保單持有人對獨立帳戶的淨資產擁有權，應在「獨立帳戶負債」下設二級明細科目「投保人權益」。

由於獨立帳戶損益歸屬於投保人，使投保人擁有的獨立帳戶淨資產增加或減少，所以可以在「獨立帳戶負債——投保人權益」下設三級科目「投資收益」「利息收入」「股利收入」和「利息支出」「資產管理費支出」等科目，用以反應獨立帳戶的損益。

在設兩個會計科目「獨立帳戶資產」和「獨立帳戶負債」的情況下，獨立帳戶資產餘額等於獨立帳戶負債餘額。兩個會計科目及其明細科目的設置情況如表 6-4 所示：

表 6-4　　　　　　　　　　獨立帳戶科目表

項　　目	科　　目
資產類	獨立帳戶資產——銀行存款
	獨立帳戶資產——其他貨幣資金
	獨立帳戶資產——交易性金融資產
	獨立帳戶資產——買入返售金融資產
	獨立帳戶資產——應收股利
	獨立帳戶資產——應收利息
負債類	獨立帳戶負債——賣出回購金融資產款
	獨立帳戶負債——借入資金
	獨立帳戶負債——應交稅費
	獨立帳戶負債——應付利息
	獨立帳戶負債——其他應付款
	獨立帳戶負債——投保人權益——投入資金
	獨立帳戶負債——投保人權益——利息收入
	獨立帳戶負債——投保人權益——公允價值變動損益
	獨立帳戶負債——投保人權益——投資收益
	獨立帳戶負債——投保人權益——利息支出
	獨立帳戶負債——投保人權益——資產管理費支出

四、投資連結保險的帳務處理

(一) 業務發生時收取保費的會計處理

(1) 收到投資連結保險產品保費時

借：銀行存款
　貸：預收保費

(2) 投資連結保險合同生效時

借：預收保費
　貸：保費收入（風險保費部分）
　　　其他業務收入——初始費用
　　　獨立帳戶負債——投保人權益——投入資金

合同生效時，保險公司收取的初始費用應該繳納增值稅，稅率為6%，會計處理為：

借：其他業務收入——投連險——初始費用
　貸：應交稅費——應交增值稅——銷項稅額——其他業務收入

(3) 對收取的保費，在剔除風險保費、初始費用之後，將屬於獨立帳戶的資金從公司帳戶劃入獨立帳戶，並增加投資單位數。

借：獨立帳戶資產——銀行存款
　貸：銀行存款

例 6-3 某保險公司報告年度的某日，某客戶購買該公司投連產品，交納保費 50,000 元，其中90%的部分為非保險風險部分，其餘10%的部分為保險風險部分，該公司收取初始費用 500 元。

會計處理：

收到保費時：

借：銀行存款	50,000
貸：預收保費	50,000

合同生效時：

借：預收保費	50,000
貸：保費收入	5,000
其他業務收入——初始費用	500
獨立帳戶負債——投保人權益——投入資金	44,500
借：其他業務收入——初始費用	28.3
貸：應交稅費——應交增值稅——銷項稅額——其他業務收入	28.3
借：獨立帳戶資產——銀行存款	44,500
貸：銀行存款	44,500

(二) 公司將獨立帳戶資金進行投資時的會計處理

按投資業務類別通常劃分為兩類：買入股票、債券、基金等交易性金融資產；買入返售金融資產。

1. 購買股票、債券、基金等交易性金融資產

　　購買股票、債券、基金等交易性金融資產時，按公允價值計量；若支付的價款中包含已宣告但尚未發放的股票紅利、債券利息、基金現金紅利，應將此金額從實際支付的價款中扣除，作為「獨立帳戶資產——應收利息或應收股利」單獨核算；交易費用計入「獨立帳戶負債——投保人權益——投資收益」科目的借方，衝減當期投資收益。

　　購買時：

　　借：獨立帳戶資產——交易性金融資產——成本
　　　　獨立帳戶資產——應收股利/應收利息
　　　　獨立帳戶負債——投保人權益——投資收益
　　　貸：獨立帳戶資產——銀行存款

　　投資債券時，持有期間，按票面金額和票面利率確認應收利息：

　　借：獨立帳戶資產——應收利息
　　　貸：獨立帳戶負債——投保人權益——利息收入

　　資產負債表日，債券公允價值變動計入當期損益：

　　借：獨立帳戶資產——交易性金融資產——公允價值變動
　　　貸：獨立帳戶負債——投保人權益——公允價值變動損益

　　或

　　借：獨立帳戶負債——投保人權益——公允價值變動損益
　　　貸：獨立帳戶資產——交易性金融資產——公允價值變動

　　出售交易性金融資產時，按交易金額扣除交易費用後的實際收取金額記入「獨立帳戶資產——銀行存款」科目，同時結轉該項金融資產的公允價值，債券的帳面金額按移動加權平均成本法結轉。

　　借：獨立帳戶資產——銀行存款
　　　貸（借）：獨立帳戶資產——交易性金融資產——公允價值變動
　　　貸：獨立帳戶資產——交易性金融資產——成本
　　　　　獨立帳戶負債——投保人權益——投資收益

2. 買入返售金融資產業務

　　買入返售金融資產業務時：

　　借：獨立帳戶資產——買入返售金融資產
　　　貸：獨立帳戶資產——銀行存款

　　按月確認利息收入時：

　　借：獨立帳戶資產——應收利息
　　　貸：獨立帳戶負債——投保人權益——利息收入

　　返售到期證券時：

　　借：獨立帳戶資產——銀行存款
　　　貸：獨立帳戶資產——買入返售金融資產
　　　　　獨立帳戶資產——應收利息

例 6-4 保險公司於 2017 年 12 月 5 日用投資連結保險激進型投資帳戶資金從證券市場上購入 A 公司的股票 20 萬股作為交易性金融資產，每股支付價款 5 元，另支付交易費用 5,000 元；2017 年 12 月 31 日，該股票公允價值為 110 萬元；2018 年 1 月 10 日，保險公司將上述股票對外出售，收到款項 115 萬元存入銀行。

會計處理：

2017 年 12 月 5 日

借：獨立帳戶資產——交易性金融資產——成本　　　　　1,000,000
　　獨立帳戶負債——投保人權益——投資收益　　　　　　5,000
　　貸：獨立帳戶資產——銀行存款　　　　　　　　　　　1,005,000

2017 年 12 月 31 日

借：獨立帳戶資產——交易性金融資產——公允價值變動　　100,000
　　貸：獨立帳戶負債——投保人權益——公允價值變動損益　100,000
借：獨立帳戶負債——投保人權益——公允價值變動損益　　100,000
　　貸：獨立帳戶負債——投保人權益——投資收益　　　　　5,000
　　　　本年利潤　　　　　　　　　　　　　　　　　　　　95,000

2018 年 1 月 10 日

借：獨立帳戶資產——銀行存款　　　　　　　　　　　　　1,150,000
　　貸：獨立帳戶資產——交易性金融資產——成本　　　　　1,000,000
　　　　獨立帳戶資產——交易性金融資產——公允價值變動　100,000
　　　　獨立帳戶負債——投保人權益——投資收益　　　　　50,000

例 6-5 某保險公司 2018 年 9 月 1 日與華夏證券公司以合同或協議的方式，按 6,000,000 元的價格買入 A 證券，並約定 6 個月後再按 6,120,000 元的價格賣出該批 A 證券。該保險公司動用投連險投資帳戶的資金來做這筆業務。

會計處理：

2018 年 9 月 1 日時：

借：獨立帳戶資產——買入返售金融資產　　　　　　　　　6,000,000
　　貸：獨立帳戶資產——銀行存款　　　　　　　　　　　　6,000,000

按月確認利息收入時：

借：獨立帳戶資產——應收利息　　　　　　　　　　　　　20,000
　　貸：獨立帳戶負債——投保人權益——利息收入　　　　　20,000

返售到期證券時：

借：獨立帳戶資產——銀行存款　　　　　　　　　　　　　6,120,000
　　貸：獨立帳戶資產——買入返售金融資產　　　　　　　　6,000,000
　　　　獨立帳戶資產——應收利息　　　　　　　　　　　　120,000

（三）獨立帳戶的負債包括：借入資金、賣出回購證券款、應交稅費等

1. 借入資金的會計處理

獨立帳戶借入資金時，按實際收到的借款入帳：

借：獨立帳戶資產——銀行存款
　　貸：獨立帳戶負債——借入資金
按月確認利息支出：
借：獨立帳戶負債——投保人權益——利息支出
　　貸：獨立帳戶負債——應付利息
歸還借入資金本息時：
借：獨立帳戶負債——借入資金
　　　獨立帳戶負債——應付利息
　　貸：獨立帳戶資產——銀行存款

2. 賣出回購金融資產業務

獨立帳戶發生賣出回購證券業務時，按實際收到的價款入帳：
借：獨立帳戶資產——銀行存款
　　貸：獨立帳戶負債——賣出回購金融資產款
按月確認利息支出：
借：獨立帳戶負債——投保人權益——利息支出
　　貸：獨立帳戶負債——應付利息
獨立帳戶購回賣出回購金融資產時，按實際支付的款項入帳：
借：獨立帳戶負債——賣出回購金融資產款
　　　獨立帳戶負債——應付利息
　　貸：獨立帳戶資產——銀行存款及現金

(四) 獨立帳戶的帳戶管理費用

按照《投資連結保險精算規定》，保險公司按帳戶資產淨值的一定比例收取資產管理費。

保險公司帳戶會計處理：
借：銀行存款
　　貸：其他業務收入——資產管理費
　　　　應交稅費——應交增值稅——銷項稅額——其他業務收入
獨立帳戶會計處理：
借：獨立帳戶負債——投保人權益——資產管理費支出
　　貸：獨立帳戶資產——銀行存款

(五) 投保人以賣出獨立帳戶單位的方式申請部分領取獨立帳戶價值

借：獨立帳戶負債——投保人權益（按收到投保人部分領取申請後的下一個計價日獨立帳戶單位賣出價計算出的金額）
　　貸：獨立帳戶資產——銀行存款
同時，如果公司向投保人收取手續費，則保險公司會計處理為：
借：銀行存款
　　貸：其他業務收入——手續費收入

　　　　應交稅費——應交增值稅——銷項稅額——其他業務收入
　獨立帳戶會計處理：
　　借：獨立帳戶負債——投保人權益——手續費支出
　　　貸：獨立帳戶資產——銀行存款
　　(六) 發生保險賠付時
　　借：死傷醫療給付
　　　貸：銀行存款
　　借：獨立帳戶負債——投保人權益
　　　貸：獨立帳戶資產——銀行存款（獨立帳戶承擔部分）

五、獨立帳戶會計信息的披露

　　獨立帳戶的會計信息披露主要涉及兩個方面：在公司財務報表中的披露和獨立帳戶自身的報表。

　　(一) 保險公司財務報表中披露

　　在公司資產負債表中，應當披露獨立帳戶資產和獨立帳戶負債的總額。因為，投資連結保險獨立帳戶資產、負債與公司其他資產、負債的性質和面臨的風險不同。在這點上，許多國家的做法基本一致，例如，FAS60 中規定，保險公司通常應當在財務報表中披露獨立帳戶資產和負債的總額。

　　但是，也有一些國家（如瑞士）規定，獨立帳戶的資產、負債不體現在公司財務報表中，只在報表附註說明中將其單獨列示。主要理由在於獨立帳戶的資產、負債是由於委託投資而形成的受託資產、受託負債，其風險和收益不由保險公司承擔，與保險公司資產、負債存在本質的差別。

　　而在保險公司資產負債表中列示獨立帳戶資產、負債的原因在於，一方面帶有投資性質的壽險保單很多都具有雙重求償條件，即若保險公司進行清算，保單持有人首先從獨立帳戶的資產進行求償，如果獨立帳戶的資產不足以全額償付，還可與傳統險種保單持有人一起從通用帳戶的資產中求償，把獨立帳戶中的資產、負債從總資產、負債中剔除就會損害這種求償權；另一方面，獨立帳戶的資產和負債從法律上講也是保險公司資產和負債，在列示時應將其包含在內。

　　中國規定投資連結保險的會計信息應在公司資產負債表中予以披露。在「資產」類「無形資產」項目後「其他資產」項目前設「獨立帳戶資產」項目，反應投資連結產品不屬於風險保障部分確認的獨立帳戶資產價值。該項目應根據「獨立帳戶資產」科目期末餘額填列。在「負債」類「其他負債」項目之前設「獨立帳戶負債」項目，反應公司從事投資連結產品業務產生的負債。

　　(二) 獨立帳戶自身的報表

　　要求保險公司應當披露獨立帳戶自身的資產負債表、投資收益表和淨資產變動表，在設計這些報表時，應當以獨立帳戶投資基金作為會計主體。獨立帳戶的資產負債表應當反應進入獨立帳戶的保費形成的資產和保單持有人的權益，獨立帳戶的投資收益表應當反應

獨立帳戶資產投資形成的收益，獨立帳戶的淨資產變動表應當反應保單持有人投入資金形成的權益。

中國要求在報表附註中披露：

（1）投資連結產品基本情況，如獨立帳戶名稱、設立時間、帳戶特徵、投資組合規定、投資風險等。

（2）獨立帳戶的資產負債表、投資收益表和淨資產變動表。

資產負債表，反應一定時期投資連結產品獨立帳戶資產、負債和淨資產的情況。表中資產等於負債加淨資產。其中，「資產」方至少應分項列示「銀行存款及現金」「債券投資」「基金投資」「買入返售證券」「應收款項」「待攤費用」等信息；「負債」方至少應分項列示「賣出回購證券款」「借入資金」「應付稅費」等信息；「淨資產」方至少應分項列示「保戶轉入投資帳戶資金」「累計投資收益」等信息。

投資收益表，反應投資連結產品獨立帳戶一定期間內經營業績情況。表中獨立帳戶收益減去獨立帳戶費用等於獨立帳戶淨收益。其中，「獨立帳戶收益」方至少應分項列示「股票投資收益」「債券投資收益」「基金投資收益」「買入返售證券收入」「利息收入」等信息；「獨立帳戶費用」方至少應分項目列示「賣出回購證券支出」「利息支出」「投資帳戶資產管理費」「稅金及附加」等信息。

淨資產變動表，反應一定時期投資連結產品獨立帳戶淨資產變動情況。本表至少應列示「保戶轉入投資帳戶資金」「累計投資收益」「淨資產總額」等信息。

（3）獨立帳戶單位數及每一獨立帳戶單位淨資產。

第四節　萬能保險會計

萬能保險合同與傳統保險合同最大的區別就在於更注重於投資，保險人將投保人交納的款項扣除風險保費和費用後進入單獨帳戶管理，定期公布收益率並保證實際收益率不低於保底收益率。這可以看作是一種委託理財形式的借貸關係。所以，可以將萬能保險合同分成兩個部分：①保險合同，為保戶提供死亡和全殘保障；②投資合同，類似於保險公司給保戶發行浮動利息債券，合同期滿後退還本金和利息。

由於萬能保險既承擔了保險風險又承擔了金融風險，保險公司必須對保險風險部分和金融風險部分進行分拆核算。分拆後，保戶的投資本金不應作為保險公司的收入，而應作為保險公司對保戶的一項負債，而收取的管理費、風險保費則是保險公司為客戶提供投資及保險服務而收取的對價收入。在此基礎上，具體核算方法如下：

一、會計科目的設立

需要設立「保戶儲金及投資款」科目，主要核算以儲金利息作為保費收入的儲金以及投資型保險業務的投資本金。該科目屬於負債類科目，貸方登記收取的保戶儲金和投資金。該科目按保戶及險種設立明細帳戶。

二、萬能保險業務核算

（1）收到萬能險保費時：

借：銀行存款
　　貸：預收保費

（2）萬能險保險合同生效時：

借：預收保費
　　貸：保費收入（風險保費）
　　　　其他業務收入（初始費用）
　　　　保戶儲金及投資款

合同生效時，保險公司收取的初始費用應該繳納增值稅，稅率為6%，會計處理為：

借：其他業務收入——投連險——初始費用
　　貸：應交稅費——應交增值稅——銷項稅額——其他業務收入

（3）公司定期評估萬能保險保證利率和結算利率，確認應支付給客戶的保底收益和超額收益。

借：其他業務成本——利息支出
　　貸：保戶儲金及投資款

（4）萬能保險發生業務支出時，屬於保險風險責任的支出與傳統保險核算處理相同；屬於非保險風險部分的支出，由保戶儲金及投資款承擔。

借：保戶儲金及投資款
　　貸：其他應付款
借：其他應付款
　　貸：銀行存款

（5）退保業務

在猶豫期滿之後，若合同有效，投保人可以書面形式向公司申請部分領取保單帳戶價值。經公司同意後，將投保人申請領取的金額扣除相應退保費用後給付投保人。會計處理如下：

借：保戶儲金及投資款
　　貸：其他業務收入
　　　　應交稅費——應交增值稅——銷項稅額——其他業務收入
　　　　銀行存款

例6-6 萬能險保戶12月1日交來首期保費15,000元，保險公司扣除初始費用7,500元和風險保費1,200元後，將剩餘保費記入投資帳戶。保險公司對投資帳戶提供保底利率為1.75%，在年底保險公司宣布投資收益率為3%。

會計處理：

12月1日：

借：銀行存款　　　　　　　　　　　　　　　　　　　　　　15,000

貸：預收保費　　　　　　　　　　　　　　　　　　　　15,000
合同生效時：
借：預收保費　　　　　　　　　　　　　　　　　　　　　　15,000
　　貸：保費收入　　　　　　　　　　　　　　　　　　　　　1,200
　　　　其他業務收入——初始費用　　　　　　　　　　　　　7,500
　　　　保戶儲金及投資款　　　　　　　　　　　　　　　　　6,300
同時確認其他業務收入應交的增值稅：
借：其他業務收入——初始費用　　　　　　　　　　　　　　424.53
　　貸：應交稅費——應交增值稅——銷項稅額——其他業務收入　424.53
12月31日
借：其他業務成本——利息支出　　　　　　　　　　　　　　 15.75
　　貸：保戶儲金及投資款　　　　　　　　　　　　　　　　　15.75
借：銀行存款——儲金專戶　　　　　　　　　　　　　　　　 15.75
　　貸：銀行存款　　　　　　　　　　　　　　　　　　　　　15.75

三、萬能平滑準備金的會計處理

　　保險公司除根據保險合同準備金計量的方法提取萬能保險合同責任準備金外，還應當為萬能帳戶設立平滑準備金。

　　萬能帳戶平滑準備金只能來自實際投資收益與結算利息之差的累積。當萬能帳戶的實際投資收益率小於最低保證利率時，保險公司可以通過減小平滑準備金彌補其差額。不能補足時，保險公司應當通過向萬能帳戶註資補足差額。其會計處理如下：

　　（1）對萬能保險帳戶中已實現投資收益高於精算擬定的結算利息率部分，以公允價值計量且其變動計入當期損益的金融資產的公允價值變動，採用合理的方法將應歸屬於保單持有人的部分確認為壽險責任準備金。

　　借：提取壽險責任準備金——萬能平滑
　　　　貸：壽險責任準備金——萬能平滑

　　（2）對萬能帳戶中可供出售金融資產公允價值變動，採用合理的方法將應屬於保單持有人的部分確認為壽險責任準備金。

　　每月按照可供出售金融資產公允價值變動的期末值，確認壽險責任準備金：
　　借：資本公積——萬能平滑
　　　　貸：壽險責任準備金——萬能平滑
同時沖銷上月確認的壽險責任準備金
　　借：壽險責任準備金——資本公積——萬能平滑
　　　　貸：資本公積——其他資本公積——萬能平滑

第五節　非壽險投資型產品會計

一、非壽險投資型產品的分類

非壽險投資型產品，指的是將保險功能與資金運用功能相結合的非壽險產品，是財產保險公司將投保人繳納的投資型保險產品的投資金用於資金運作，按照合同約定的方式，計提保險費、承擔保險責任，並將投資金及其收益支付給投保人或被保險人的保險產品。

非壽險投資型產品分為預定收益型投資保險產品（以下簡稱「預定型產品」）和非預定收益型投資保險產品（以下簡稱「非預定型產品」）。

預定型產品是指在保險合同中事先約定固定的或浮動的收益率，保險公司在保險合同履行完畢時，將投資金及其約定的資金運用收益支付給投保人或被保險人，或者在保險合同解除或終止時，將依照合同約定計算得出的返還金額支付給投保人或被保險人的保險產品。

非預定型產品是指在保險合同中不事先約定投資金收益率，保險公司在保險合同履行完畢、解除或終止時，依照保險合同約定的計算方法，將投資金及其實際的資金運用收益（虧損）支付給投保人或被保險人的保險產品。

1980年，中國人民保險公司推出了儲金式家庭財產保險，這可以說是非壽險投資型保險產品的雛形。目前在中國非壽險投資型產品大多以財險和意外險為載體，風險簡單，主要提供火災、爆炸保險，個別產品提供管道破裂、盜搶險。保險期限一般為2~5年，保險公司不僅在保險期間對投保人財產提供一定的保險保障，還在保險期結束時給予投資者以投資回報。

二、非壽險投資型保險的財務管理要求

（一）財務管理制度規定

財產保險公司應遵照監管機構有關的財務、資金運用管理的相關規定，建立完善的投資型保險產品的財務管理制度、資金運用管理制度和投資風險管控制度，建立健全的、專業化的投資管理部門和投資風險控制部門。

投資型保險產品應實行單獨建帳、單獨核算管理，不同投資型保險產品的帳戶設置、帳簿記錄等應相互獨立。

財產保險公司應對投資型保險產品資金實行資產託管制度，其資產託管制度應符合保監會相關管理規定。通過銀行、直銷等渠道銷售的投資型保險產品，其投資資金應在3個工作日內劃轉到總公司專門的帳戶。

（二）對非預定收益型保險產品

對每個非預定型產品，財產保險公司應為其建立單獨的資金帳戶，委託資產管理公司進行資產管理，並為每個投保人或被保險人建立單獨的個人帳戶。

財產保險公司應在每個工作日對資金帳戶進行估值，計提相關費用並按期結轉，計算

147

資金帳戶的投資淨收益和資產淨值。

財產保險公司應在每個工作日計算個人帳戶的資產淨值,並及時、準確地向非預定收益型保險產品的投保人或被保險人披露資金帳戶和個人帳戶的有關投資信息。保險公司應於每個工作日在營業場所、代銷機構的營業場所、公司網站上公布非預定型產品前 1 工作日的產品淨值和累計淨值。

財產保險公司應於每個保險單年度結束後的 20 個工作日內,向投保人或被保險人寄送個人帳戶的年度報告,說明個人帳戶價值、資金進出等事項。

財產保險公司應於每季度結束後 15 日內編製完成非預定型產品季度報告。季度報告應包括產品概況、主要財務指標和產品淨值表現、管理人報告、投資組合報告和產品份額變動。季度報告中的財務資料無須審計,但保監會另有規定的除外。未經審計的財務資料應註明「未經審計」字樣。

財產保險公司每年 3 月 31 日編製完成非預定型產品年度報告。年度報告至少包括下列內容:重要提示及目錄、產品簡介、主要財務指標和產品淨值表現及收益分配情況、產品管理人報告、產品託管人報告、審計報告、財務會計報告、投資組合報告、產品持有人戶數和持有人結構(及前十名持有人)、產品份額變動、重大事項揭示、備查文件目錄等。

非預定型產品臨時公告、季度報告和年度報告應至少登載在一種保監會指定信息披露報紙上。

三、非壽險投資型產品可以向客戶收取的費用

(1)保單獲取費用,即獲取保單所發生的相關費用;

(2)風險保費,即保單風險保額的保障成本,風險保費應通過扣減收入的方法收取;

(3)保險管理費,即為維護保險合同向投保人或被保險人收取的管理費用,保險管理費可以是一個與投資帳戶資產淨值無關的固定金額,也可以按照投資帳戶資產淨值的一定比例收取;

(4)投資管理費,按照投資帳戶資產淨值的一定比例收取;

(5)帳戶管理手續費,保險公司可以在提供帳戶設立、帳戶轉換等服務時,收取用以支付相關成本的管理費用;

(6)退保費用,即保單退保或部分領取時保險公司收取的費用,用以彌補尚未攤銷的保單獲取成本;

(7)買賣差價,即投保人買入和賣出投資單位份額時價格之間的差額;

(8)監管部門允許收取的其他費用。

四、非壽險投資型產品的會計處理

由於非壽險投資型保險產品都具有風險保障與投資增值的功能,由此形成的合同也就包括保險風險部分與非保險風險部分,故非壽險投資型保險應進行分拆核算。

在非壽險投資型產品中,預定型產品的投資風險主要由保險公司承擔,保險公司在合同期滿時向投保人還本付息,所以預定型產品更多地接近儲蓄產品;非預定型產品的投資

風險由投保人承擔，監管機構要求財產保險公司應為其建立單獨的資金帳戶，委託資產管理公司進行資產管理，並為每個投保人或被保險人建立單獨的個人帳戶，所以非預定型產品與基金的性質接近，其運作和投資連接保險一致。二者性質不同，核算方法也不同。

（一）預定型產品

（1）保險人收到投資金時：

借：銀行存款——儲金專戶

　　貸：保戶儲金及投資款

（2）保險合同成立後，按合同事先確定的每份保單年保費及保險年限計算應計總保費，將風險保費確認為保費收入：

借：應收利息——風險保費

　　貸：保費收入

同時，計算確認應交增值稅，但由於保費此時尚未收到，故做以下會計分錄：

借：保費收入

　　貸：應交稅費——待轉銷項稅額——保費收入

（3）每季度末按已賺保費部分，確認已收到的應收保費（風險保費）：

借：利息支出——風險保費支出

　　貸：應收利息——風險保費

待保費按期收到後，做下面的分錄：

借：應交稅費——待轉銷項稅額——保費收入

　　貸：應交稅費——應交增值稅——銷項稅額——保費收入

（4）每月按保單規定的利率確認支付給客戶的利息：

借：利息支出

　　貸：保戶儲金及投資款

借：銀行存款——儲金專戶

　　貸：銀行存款

（5）滿期返回投資本金及利息：

借：保戶儲金及投資款

　　貸：銀行存款——儲金專戶

（6）中途退保扣除退保費用之後將儲金專戶累積的本金和利息返回客戶：

借：保戶儲金及投資款

　　貸：其他業務收入——退保費用

　　　　銀行存款——儲金專戶

同時計算其他業務收入應繳納的增值稅：

借：其他業務收入

　　貸：應交稅費——應交增值稅——銷項稅額——其他業務收入

（二）非預定型產品

非預定型產品的運作和投資連接保險一致，其核算方法參考投資連接保險。

例 6-7 某保戶 2017 年 7 月 1 日購買 A 財產保險公司開發的 3 年期家財兩全保險共 50 份，每份需交給保險公司儲金 1,000 元，保險公司預定返回給客戶的每年利息率為 3.6%。每份每年保險公司應收風險保費 4 元（保險費由保險人從投資收益中獲得，投保人無需在交納保險儲金外另行支付）。滿期沒有發生風險事故，保險公司退回儲金和利息。

會計處理：

2017 年 7 月 1 日：

借：銀行存款——儲金專戶　　　　　　　　　　　　　　50,000
　　貸：保戶儲金及投資款　　　　　　　　　　　　　　　50,000
借：應收利息——風險保費　　　　　　　　　　　　　　　600
　　貸：保費收入　　　　　　　　　　　　　　　　　　　600
借：保費收入　　　　　　　　　　　　　　　　　　　　　33.96
　　貸：應交稅費——待轉銷項稅額　　　　　　　　　　　33.96

以後每季度按已賺保費部分，確認已收到的應收保費（風險保費）：

借：利息支出——風險保費支出　　　　　　　　　　　　　50
　　貸：應收利息——風險保費　　　　　　　　　　　　　50
借：應交稅費——待轉銷項稅額　　　　　　　　　　　　　2.83
　　貸：應交稅費——應交增值稅——銷項稅額　　　　　　2.83

每月確認客戶應收的利息收入：

借：利息支出——保單紅利支出　　　　　　　　　　　　　150
　　貸：保戶儲金及投資款　　　　　　　　　　　　　　　150

滿期返回投資本金及利息：

借：保戶儲金及投資款　　　　　　　　　　　　　　　　　55,400
　　貸：銀行存款——儲金專戶　　　　　　　　　　　　　55,400

復習思考題

1. 投資型保險產品有哪些？各有何特點？
2. 投資型保險產品核算應遵循的原則是什麼？
3. 分紅保險如何核算？其責任準備金有何特點？
4. 分紅保險專題財務報告有哪些部分組成？
5. 投資連結保險產品的獨立帳戶的會計要素有哪些？
6. 投資連接保險的獨立帳戶的核算需要設置哪些會計科目？
7. 萬能保險如何進行會計處理？
8. 非壽險投資型產品如何進行會計核算？

第七章 再保險業務

第一節 再保險業務概述

一、再保險概念及意義

再保險亦稱分保（Reinsurance），是保險人在原保險合同的基礎上，通過簽訂分保合同，將其所承保的部分風險和責任向其他保險人進行保險的行為。

再保險業務的原保險人（Insurer）一般稱為分出人（Cedant）或分出公司（Ceding Company）。接受再保險業務的公司叫作再保險人（Reinsurer）、分保接受人或分入公司（Ceded Company）。

對保險公司來說，再保險的作用主要有以下這些：

（一）再保險可以擴大保險人的承保能力，增加業務量

為保障被保險人的利益，各國保險法都對保險人的償付能力作了規定，要求保險人的承保能力與其資本金和公積金相匹配，保險人會因自身資本的限制而無法接受較多或大額的保險業務。而再保險則是解決保險人承保能力與財務能力之間矛盾的有效途徑。通過再保險，保險人將超過自身財務能力的部分業務分給其他保險人，並在許可範圍內接受其他保險人分來的再保險業務，這樣就在不增加資本金的前提下，擴大了承保能力。

（二）再保險可以分散風險，保證經營的穩定性

保險人通過再保險的方式，可以將風險控制在合理的範圍內。一方面，保險人利用再保險控制自己所承擔的保險責任；另一方面，通過再保險可以大量接受業務，「保險單位越多，保險額越均衡，或然率與實際越接近」。這樣賠付率不會出現非常大的起伏，從而避免利潤出現大幅波動，使保險經營成果保持一定的穩定性。

（三）增加了累積

對分出公司來說，由於購買再保險，在正常年份理應付出適當的再保險費；但同時因為有再保險作支柱，擴大了承保能力，又可增加保險費的收入；另外，作為無形貿易的再保險，如同有形貿易一樣，有來有往，即有出有進，通常不存在單方面只進不出或只出不進，也就是說如果擔心分出再保險可能導致分保費的外流，可以通過分入再保險的分保費

予以彌補，這種辯證關係已被日趨增多的精明保險人所運用。保險企業通過分散風險，廣接業務，自然可以累積一定數額的保險基金，一旦遇到特大自然災害或意外事故的虧損年份，便可利用累積的衡平利潤予以調劑補償。

二、再保險的分類

（一）按分保責任的分配方式分類

1. 比例再保險（Proportional Reinsurance）

比例再保險指原保險人和再保險人按保險金額的一定比例確定其分擔的保險責任限額，同時也按該比例分享保費和分攤賠款的再保險。

2. 非比例再保險（Non-proportional Reinsurance）

非比例再保險是一種以賠款為基礎計算自留責任和分保責任限額的再保險。當原保險的賠款超過一定額度或標準時，由再保險人承擔超過部分的賠款。

（二）按分保安排方式分類

1. 臨時再保險（Facultative Reinsurance）

臨時再保險是指在保險人有分保需要時，臨時與再保險人協商，訂立再保險合同，合同有關條件也都是臨時議定的。

2. 合同再保險（Treaty Reinsurance）

合同再保險也稱固定再保險合同，是分出公司就某類業務與接受公司預先簽訂合同，約定分保業務範圍、條件、額度、費用等。

3. 預約再保險（Open Cover）

預約再保險也稱臨時固定再保險，對合同約定的業務，原保險人可以自由決定是否分出；再保險人則無權選擇，有義務接受分保。

三、比例再保險

比例再保險（Proportional Reinsurance）是以保險金額為基礎來確定原保險人的自留額和再保險人的分保額的再保險方式。在比例再保險中，分出公司的自留額和接受公司的分保額都表示為保險金額的一定比例，該比例也是雙方分配保險費和分攤賠款時的依據，即分出公司和接受公司對於保險費和賠款的分配，也是按照其分配保額的同一比例進行。比例再保險主要包括成數再保險和溢額再保險兩種。

（一）成數再保險

成數再保險（Quota Share Reinsurance）是指原保險人將每一危險單位的保險金額，按照約定的比率分給再保險人的再保險方式。按照成數再保險方式，不論原保險人承保的每一危險單位的保險金額大小，只要是在合同規定的限額之內，都按雙方約定的比率來分擔責任，每一危險單位的保費和發生的賠款，也按雙方約定的同一比率進行分配和分攤。為了使雙方承擔的責任有一定範圍，每一份成數再保險合同一般要按每一危險單位或每張保單規定一個最高責任限額，分出公司和接受公司在這個最高責任限額中各自承擔一定的份額。為此，合同中通常要附有限額表（Table of Limits），以便針對各種不同的危險，分別

採用不同的最高限額。

例 7-1 有一個成數再保險合同，每一危險單位的最高限額規定為 600 萬元，自留部分為 40%，分出部分為 60%。則合同雙方的責任分配如表 7-1 所示。

表 7-1　　　　　　　　　　成數分保責任分配表　　　　　　　　單位：萬元

保險金額	自留部分 40%	分出部分 60%	其他
80	32	48	0
300	120	180	0
600	240	360	0
800	240	360	200

本例中，原保險金額為 80 萬元、300 萬元和 600 萬元時，都在最高限額內，原保險人和再保險人分別按照再保險合同約定的比例承擔責任。當原保險金額為 800 萬元時，原保險自留及再保險接受部分，與原保險金額為 600 萬元時相同，但還剩下 200 萬元的責任需尋找其他方式處理。否則，這 200 萬元的責任將復歸原保險人承擔。

例 7-2 以下通過表 7-2 來說明成數再保險責任、保費和賠款的計算。假定表中的原保險金額均在合同最高限額之內。

表 7-2　　　　　　　　　　成數分保計算表　　　　　　　　單位：萬美元

船名	總額 100%			自留 30%			分出 70%		
	保險金額	保費	賠款	自留額	保費	自負賠款	分保額	分保費	攤回賠款
A	100	1	0	30	0.3	0	70	0.7	0
B	300	3	10	90	0.9	3	210	2.1	7
C	600	6	20	180	1.8	6	420	4.2	14
D	800	8	0	240	2.4	0	560	5.6	0
E	1,000	10	0	300	3.0	0	700	7.0	0
總計	2,800	28	30	840	8.4	9	1,960	19.6	21

假定某分出公司組織一份海上運輸險的成數分保合同，規定每艘船的合同最高限額為 1,000 萬美元，分出公司的自留額為 30%，即 300 萬美元，分出部分為 70%，即 700 萬美元。這個總分保額要分別分給若干家甚至數十家保險公司或再保險公司。因此，每一家接受公司所接受的責任為 1,000 萬美元中的一定百分比率。例如，甲公司接受 5%，為 50 萬美元；乙公司接受 10%，為 100 萬美元；丙公司接受為 15%，為 150 萬美元，等等。有時，有的合同是以分出總額作為 100% 來確定接受公司承擔的責任。如本例分出總額為 700 萬美元，甲公司接受 5% 為 35 萬美元，乙公司接受 10% 為 70 萬美元，丙公司接受 15% 為 105 萬美元，等等。一旦各公司承擔責任的百分比率確定，則保費和賠款就按相應百分比率來計算。

(二) 溢額再保險

溢額再保險（Surplus Reinsurance），是由原保險人與再保險簽訂協議，對每個危險單位確定一個由原保險人承擔的自留額，保險金額超過自留額的部分稱為溢額，分給再保險人承擔。

溢額再保險也是以保險金額為基礎確定分保關係和當事人雙方的責任的，故其屬於比例再保險。在溢額再保險中，規定一個金額為自留額，對於每一筆業務，將超過自留額的部分轉移給再保險人，但以自留額的一定倍數為限。自留額和分出額與保險金額之間的比例分別稱為自留比例和分保比例。自留比例和分保比例隨不同保險標的保險金額的大小而變動。例如，溢額分保合同的自留額若確定為 50 萬元，現有三筆業務，保險金額分別為 50 萬、100 萬和 200 萬元，第一筆業務自留之內無需分保，第二筆業務在自留 50 萬元，分出 50 萬元，第三筆業務自留 50 萬元，分出 150 萬元。本例第二筆業務的自留比例為 50%，分保比例為 50%；第三筆業務自留比例為 15%，分保比例為 75%。每筆業務按照分保比例不同，分配保險費和分攤賠款。

從以上可以看出，溢額再保險與成數再保險相比較，其最大區別是：如果某一業務的保險金額在自留額之內時，就無須辦理分保，只有在保險金額超過自留額時，才將超過部分分給溢額再保險人。也就是說，溢額再保險的自留額，是一個確定的自留額，不隨保險金額的大小變動，而成數再保險的自留額表現為保險金額的固定百分比，隨保險金額的大小而變動。

在溢額再保險中，自留額是釐定再保險限額的基本單位，在溢額再保險中稱為「線」（Line），分保額是自留額的一定倍數。自留額與分保額之和稱為合同容量（Capacity），也稱為合同限額（Limit）。例如分出公司每一危險單位的自留額是 100 萬元（1 根線），分保額是 20 根線，即自留額的 20 倍，為 2,000 萬元。保險人自留 100 萬元，再保險人的最高接受限額為 2,000 萬元，這樣，保險人對每一危險單位的承保能力（容量）可以達到 2,100 萬元。在這個溢額合同中，如果承保一筆保險金額為 200 萬元的業務，則保險人和再保險人的責任各為 100 萬元，雙方的比例各為 50%。溢額再保險的比例關係隨著承保金額的大小而變動，這是與成數再保險的比例固定不變所不同的。為簡便之計，保險同業之間通常僅以線數表示溢額再保險合同。例如本例，可稱為 20 線的合同。但每線的金額大小，要同時予以註明，以便真正掌握合同容量的大小。

在溢額再保險合同中，再保險人的責任額和原保險人的自留額與總保險金額之間存在一定的比例關係，這是溢額再保險歸屬於比例再保險的原因所致。但溢額再保險的比例關係隨著保險金額的大小而變動，這是與成數再保險的比例固定不變所不同的。自留額和分出額與總保險金額之間的比例分別稱為自留比例和分保比例。在溢額再保險中，自留額是固定的，在放入合同的風險我成百上千，且每一危險單位保險金額大小不一，自留比例與分保比例也與之相應變動。但對某一危險單位而言，自留比例和分保比例一旦確定，保險費和賠款均按同一比例予以分配。

例 7-3 某一船舶溢額再保險合同，分出公司自留額為 2,000,000 元，溢額分保最高限額為 8,000,000 元，即自留額的 4 倍，編製保費賠款計算表如表 7-3 所示。

表 7-3　　　　　　　　　保險合同保險費和賠款計算　　　　　　　　單位：元

船名	總額			自留部分			分保部分		
	保額	保費	賠款	保額	保費	賠款	保額	保費	賠款
A	2,000,000	20,000	40,000	2,000,000 100%	20,000 100%	40,000 100%	0	0	0
B	4,000,000	40,000	100,000	2,000,000 50%	20,000 50%	50,000 50%	2,000,000 50%	20,000 50%	50,000 50%
C	6,000,000	60,000	0	2,000,000 33.33%	20,000 33.33%	0	4,000,000 66.67%	40,000 66.67%	0
D	8,000,000	80,000	30,000	2,000,000 25%	20,000 25%	7,500 25%	600,000 75%	60,000 75%	22,500 75%
E	10,000,000	100,000	50,000	2,000,000 20%	20,000 20%	10,000 20%	8,000,000 80%	80,000 80%	40,000 80%
共計	30,000,000	300,000	220,000	10,000,000	100,000	107,500	20,000,000	200,000	112,500

四、非比例再保險

非比例再保險是以賠款為基礎來確定原保險人的自留額和分出額，也就是說先規定一個由分出人自己負擔的賠款額度，對超過這一額度的賠款由分保接受人承擔責任。在這種分保方式中，分出公司和分保接受公司的保險責任和有關權益與保額之間沒有固定的比例關係，因此稱為非比例再保險。非比例再保險有超額賠款再保險和賠付率超賠再保險之分，而前者又分為險位超賠再保險和事故超賠再保險。

（一）超額賠款再保險

1. 險位超賠分保

險位超賠分保（Excess of Loss per Risk Basis）又稱一般超賠保障（Working Cover Underwriting Cover），它是以每一危險單位所發生的賠款為基礎來計算自負責任額和分保責任額，也就是說，當賠款金額超過起賠點時，其超過部分由接受公司賠付。

假設某一超過 100,000 英鎊以後 900,000 英鎊的火險險位超賠分保，在一次事故中四個風險單位遭受損失，損失額分別為 200,000 英鎊、300,000 英鎊、400,000 英鎊和 500,000 英鎊，那麼該次事故損失的分攤情況如表 7-4 所示：

表 7-4　　　　　　　　　　　　　　　　　　　　　　　　　　貨幣單位：英鎊

風險單位	賠款	保險人	再保險人
A	200,000	100,000	100,000
B	300,000	100,000	200,000
C	400,000	100,000	300,000
D	500,000	100,000	400,000

從上例可以設想，如果該事故涉及更多的危險單位受損，那麼分出公司和接受公司的責任額定會相當可觀，為此，分出公司往往對每次事故的危險單位加以限制，多數情況下限制為兩、三個，如果上例每次事故的危險單位限為三個，即分保接受人最高可以負責到險位額的三倍，那麼第四個危險單位的損失全部由保險人自己負責。

運用險位超賠分保，可以保障一般小額業務的損失，從而控制保險人對每一危險單位的自負責任，擴大承保能力。這種分保較適用於火險及附加險、海上運輸險等業務。

2. 事故超賠分保

事故超賠分保（Excess of Loss on Event Basis）是以一次事故所造成的賠款總額為基礎來計算自負責任和分保責任的一種超額賠款分保方式。其目的是保障一次事故造成的責任累積，常用於異常災害保險，故又稱為巨災超賠保障（Catastrophe cover）。

事故超賠分保往往保障的金額高，責任大，為此，保險人可根據自身的經濟實力、以往賠款記錄等情況，將其分成若干層次（Layers），供不同的再保險人選擇接受。譬如，為了更好地分散風險，可以把一個超過5,000,000法郎以後的100,000,000法郎的巨災超賠分為以下三層：

第一層：超過5,000,000法郎以後的20,000,000法郎
第二層：超過25,000,000法郎以後的25,000,000法郎
第三層：超過50,000,000法郎以後的50,000,000法郎

在上述三層事故超賠分保中，保險人和各層分保接受人的承擔責任如下：

第一層再保險人：20,000,000法郎
第二層再保險人：25,000,000法郎
第三層再保險人：50,000,000法郎
保險人　　　　　5,000,000法郎
　　　　　　　100,000,000法郎

事故超賠的各層，既有關係，又是相互獨立的分保。實際上，第一層的最高限額就是第二層的起賠點；而第二層的最高限額又是第三層的起賠點，以後各層以此類推。再保險人接受第一層超賠時，沒有義務參加其他層，但也可以同時接受若干層。如果發生賠款，先由最低層的再保人負擔，若尚有不足，依序再往高層攤付。當然，層數越高，保費越少，因為低層賠款出現的次數相對來說要多些，這樣，高層超賠攤付的機會自然會少些。

（二）賠付率超賠分保及其運用

賠付率超賠分保（Excess of Loss Ratio Reinsurance）又稱超額賠款率分保。它是在某特定期間內（通常為一年），分出公司或某一特定部門的業務賠付率超過約定自負責任的標準時，其超過部分的賠款由再保險接受人負責。這種分保形式只有在保險人遭受的損失較多，賠額較大，超過規定賠付率時，再保險人才對超過部分進行攤賠，直至規定的賠付率或限定的金額。

這種分保形式是對分出公司或某一部門財務損失的保障，是經營成果的分保，而不是對個別危險負責。賠付率超賠分保是在其他再保險已經完成賠付之後才負責的一種最後的保險，也可以說它是險位超賠或事故超賠在時間上的延伸，因此，不少人還籠統地把它稱

為累積超賠（Aggregate Excess of Loss）；又因此種再保險可以將分出公司某一年度的賠付率控制在一定標準之內，即保障分出人對超過預定賠付率的損失部分不再負責，故又稱為損失終止再保險（Stop loss Reinsurance）。

例 7-4　有一賠付率超賠合同，規定賠付率在 70% 以下由分出公司負責，超過 70% 至 120%，即超過 70% 以後的 50%，由接受公司負責，並規定賠付金額以 600,000 元為責任限制，兩者以較小者為準。

假設：

年淨保費收入	1,000,000 元
已發生賠款	800,000 元

則，賠付率為 80%

那麼，賠款分擔：

	分出公司負責 70%	700,000 元
	接受公司負責 10%	100,000 元

（三）非比例再保險與比例再保險的比較

（1）分保責任計算的基礎不同。比例再保險是以保險金額為基礎分配自負責任和分保責任；而非比例再保險是以賠款為基礎來確定保險人的自負責任和分出責任，接受公司的責任額不受原保險金額大小的影響，而與賠款總額相關聯。

（2）分保費計算的方法不一樣。比例再保險的分保費完全按原保險費率計收，且為被保險人支付原保險費的一部分，分保費占原保險費的比例與分保比例一致；非比例再保險是採取單獨的費率制度，再保險費以業務年度的淨保費收入為基礎，由訂約雙方協議而定另行計算，與原保險費沒有比例關係。

（3）分保費支付的方式不一樣。與比例再保險相比，非比例再保險的保費量少得多，通常採取年初預付、年終調整的付費方法。

（4）再保險人是否支付手續費的規定不同。在比例再保險中，分出公司一般都要求分保接受人支付一定比例的分保手續費，而在非比例再保險中，通常都不規定支付再保險手續費。

（5）原保險人是否扣存分保保證金的規定不同。比例再保險往往規定原保險人按分保費一定比例扣留分保保證金，以便應付未了責任或其他意外；而非比例再保險的接受公司通常不對個別風險負責，僅在賠款超過起賠點時方予負責。所以，原保險人一般均不扣存分保保證金。

（6）賠款支付的方式不同。比例再保險的賠款償付，除個別巨額賠款要求現金賠償外，通常都通過帳戶處理，按期結算，比如通過季度帳單或半年帳單等；而在非比例再保險中，賠款多以現金償付，並於收到損失清單後，再保險人在短期內如數支付。

第二節　再保險業務會計處理的概述

一、再保險合同的會計認定

(一) 國際上會計對再保險合同的認定

國際上會計對再保險合同的認定主要從質和量兩個方面考慮合同是否轉移了保險風險。這裡的保險風險包括承保風險和時間風險。承保風險是指實際發生的損失比預期更大的風險；時間風險是指保險事故賠款支付時間偏離預定時間的風險。

首先，從質上看其是否轉移與原保險合同相關的承保風險和時間風險。美國的規範以其 1992 年的財務會計準則委員會 (Financial Accounting Standards Boards，FASB) 第 113 號公報為基礎。FASB113 規定申報再保險合約帳務時，再保險交易須符合以下之條件：①轉移顯著的保險風險，包括承保風險及時間風險；②再保險人對簽訂的再保險合約須相當可能地有顯著的損失。是否轉移了保險風險要經過「9a 測試」(9a test)[①]。英國關於再保險的認定，在 1991 年 12 月英國和愛爾蘭的特許會計師協會 (Institute of Chartered Accountants，ICA) 提出對待非壽險財務再保險的會計辦法討論稿，規定不轉移任何承保風險和時間風險的合同不能劃歸為再保險。如果一個合同沒有轉移承保風險但是轉移了充足的時間風險也可以視為再保險合同。如果再保險人承擔了原保險人所承擔的理賠或未來風險暴露責任的特定部分或者百分比就可以認為該合同轉移了承保風險。如果合同規定再保險人對承擔的理賠要及時支付，該合同在會計上就可以處理為再保險合同，因為時間風險轉移給了再保險人。

其次，從量上看其是否轉移顯著的承保風險和時間風險，並且所轉移的風險將導致再保險人有顯著的損失。根據美國 FASB113 規定的再保險交易必須符合的兩個條件為：對原保險人而言在風險轉移方面，其所轉移的風險必須顯著；對再保人而言在賠償方面，僅明訴其所遭受的影響須顯著。然而何謂顯著，FASB113 並無具體的解釋。通常以超過 10% 的風險轉移，即可認定其為顯著。在風險轉移方面，如原保險人僅以比率再保，則 10% 予以認定。但再保險人是否承擔了顯著損失的認定則相對較難，FASB113 規定其須通過「9b 測試」(9b test)[②]。1998 年 12 月英國保險協會 ABI (Association of British Insurers) 提出在考慮合同中是否發生了顯著的保險風險轉移時要滿足兩個條件；一是在合理的可能性下保險人會有顯著損失，二是在合理的可能性下會存在一個顯著的損失的範圍。然而對於「顯

---

① 9a test，即針對 FASB113 中第 9 段中第 a 條的測試。測試的方法為：如果再保險人支付的金額和支付的時間選擇取決於已決賠款的金額和支付時間的選擇並隨之變化，則認為再保險合同轉移了顯著的保險風險，其中已決賠款的金額和支付的時間選擇是根據原保險合同的規定確定的。如果某個再保險人支付的金額或支付時間的重大改變的可能性是遙遠的，那麼就不應當認為這個再保險人根據再保險合同已經承擔了顯著的保險風險，推遲對分出企業適時補償的合同條款使這一條件不能滿足。

② 9b test，即針對 FASB113 中第 9 段中第 b 條的測試。測試的方法為：再保險分出企業應當根據合理的可能結果，以分出和分入企業之間所有現金流量現值為基礎對再保險交易是否出現重大損失進行評析，而不管怎樣描述單個現金流量的特徵，對每個合理的可能結果的現金流量應當用相同的利率計算其現值。通過比較以上所確定的所有現金流量的現值和已經付給再保險人的金額或認為已付給再保險人的金額的現值來評價損失的重要性。

著」的界定僅僅籠統地規定為根據商業本質的具體情況和期望結果的事務範圍來進行評估。

曾經 10-10 規則是在 FAS 113 的實施過程中出現較早的、被廣泛應用的風險轉移測試規則，它曾經一度成為行業實踐的默認標準。10-10 規則規定，10%的概率代表了「合理可能」的大小，10%的損失代表了「重大損失」。也就是說，10-10 規則的內容是，一份分保合同必須使分保接受人至少存在 10%的概率遭受至少 10%的淨損失，才能算作轉移了重大保險風險。

雖然 10-10 規則能夠較好地解釋和量化 FAS 113 的含義，但是在實際應用過程中遇到了一些有悖常理的問題。這些問題主要是，一些傳統的常規的再保險合同無法通過 10-10 規則下的風險轉移測試。在這些傳統的常規再保險合同中最為典型的是兩類合同，一類是像巨災超賠合同這樣的所謂的高危低頻合同，另一類是像比例分保合同這樣的所謂的低危高頻合同。針對第一類分保合同，比如巨災超賠合同，它所保障的損失通常是幾十年甚至上百年一遇的罕見巨災損失，因此分保接受人遭受損失的概率往往遠低於 10%，因此無法通過 10-10 規則下的風險轉移測試；針對第二類分保合同，比如傳統的比例分保合同，由於分保接受人獲得了分出人業務的一定比例，由於標的眾多、風險分散性較好，因此，即便合同遭受淨損失的概率大於 10%，但是損失現值也很少能夠超過分保費收入現值的 110%，即分保接受人遭受淨損失現值的大小幾乎不會高於分保費收入現值的 10%，因此也無法通過 10-10 規則下的風險轉移測試。然而，實際上，巨災超賠合同和比例分保合同都是傳統的再保險合同，顯然理應屬於再保險合同的範疇，而非存款合同的範疇，這反應出 10-10 規則的不合理之處。

由於 10-10 規則在實踐過程中被發現存在不合理之處，國際精算界不斷為「重大保險風險」轉移探索著更為合理的測試規則。近年來，隨著金融工程學領域裡條件在險價值（CVaR）作為風險度量新標準的興起，一些從 CVaR 體系演化而來的風險轉移測試的新規則不斷出現。近年來在風險轉移測試中出現的一個最具代表性並被許多精算界人士推薦的新規則是預期再保人赤字（ERD）規則。

ERD 規則是建立在「淨經濟損益（net economic gain/loss）」的概念上的。淨經濟損益指的是分保費收入的現值與分保賠款以及相關費用的現值的差額，若該差額是正值，則為淨經濟收益；若該差值為負值，則為淨經濟損失。由於再保險損失的不確定性，淨經濟損益對應存在著一個概率分佈。在這個概率分佈中，淨經濟損益為零時對應的點被稱為「經濟均衡點」，低於經濟均衡點的部分就是淨經濟損失發生的區域。ERD 規則的內容是，首先計算淨經濟損失的發生概率與平均淨經濟損失強度的乘積，然後將其與分保費收入的現值相除得到 ERD 數值，只有當該數值大於 1%時，才算作通過 ERD 規則下的風險轉移測試，分保合同才能被認可為轉移了重大保險風險。ERD 測試的測算原理可用下式表示：

$$ERD = a * CTE(a) / P$$

其中 a 是發生淨經濟損失的概率，CTE（a）是在發生淨經濟損失的條件下的平均損失值（也稱條件尾部期望值），P 是分保費收入的現值。

(二) 中國再保險的認定

中國在 2009 年開始要求對再保險合同進行重大風險測試,再保險合同轉移重大保險風險的,確認為再保險合同,按照再保險合同會計準則進行會計處理;否則,按照金融工具相關會計準則進行會計處理。故再保險合同確認的關鍵在於判斷再保險人是否承擔了重大保險風險。

保險人可以採取以下步驟判斷再保險保單是否轉移重大保險風險:

第一步,判斷再保險保單是否轉移保險風險。對於再保險保單,轉移保險風險是指再保險分入人支付分保賠款的金額和時間應取決於原保險合同已決賠款的支付金額和支付時間,並且直接地隨著已決賠款金額和支付時間的變化而變化。如果再保險分入人支付分保賠款的金額或時間發生重大改變的可能性是微乎其微的,則就認為該再保險保單沒有轉移保險風險,不確認為再保險合同。

例如,某再保險保單條款中包含有推遲支付分出公司分保賠款的規定,使再保險分入人支付分保賠款的時間不隨原保險合同已決賠款支付時間的變化而變化,則該再保險保單未轉移保險風險。

第二步,判斷再保險保單的保險風險轉移是否具有商業實質。對於再保險保單,如果再保險交易未對交易雙方產生可辨認的經濟影響,則該再保險保單不具有商業實質。

例如,某再保險保單規定再保險分入人需要對分出人進行賠償,但同時,再保險分出人又通過另一個保單直接或間接地、以其他形式賠償再保險分入人,由於該項交易對交易雙方沒有實質的經濟影響,因此,該再保險保單不具有商業實質。

第三步,判斷再保險保單轉移的保險風險是否重大,以再保險保單保險風險比例來衡量保險風險轉移的顯著程度,其計算公式為:

再保險保單保險風險比例 =

$$\left(\frac{\sum 再保險分入人發生淨損失情形下損失金額的現值 \times 發生概率}{再保險分入人預期保費收入的現值} \right) \times 100\%$$

再保險保單保險風險比例大於 1% 的,確認為再保險合同。

例 7-5 2017 年,ABC 再保險公司與 XYZ 原保險公司簽訂了一份超額賠款再保險保單,同意對 XYZ 公司 500 萬元以上的損失進行賠償,並且規定了賠償限額為 100 萬元,ABC 公司收取再保保費 10 萬元。

本例中,ABC 公司重大保險風險測試步驟如下:

第一步:全面理解再保險業務的背景和實質,判斷再保險保單是否轉移保險風險。本例中原保險人將超過 500 萬元以上的賠款損失通過再保險保單轉移給 ABC 再保險公司,為轉移保險風險的再保險保單。

第二步:瞭解所有相關合同及協議,明確其商業目的和轉移本質。本例中,通過對相關協議的瞭解和全面評估,如果再保險合同約定的保險事故發生,再保險分入人將按照合同條款對分出人進行賠償,且通過審查,未發現再保險分出人通過另一個保單直接或間接地以其他形式賠償再保險分入人,判定該再保險保單具有商業實質。

第三步:計算保險風險比例。首先,對損失模型、賠付模式、貼現利率等做出合理的

假設，根據以上假設對未來現金流進行隨機模擬，得到再保險分入人與分出人之間所有現金流的淨現值。本例中 ABC 公司根據經驗數據模擬 XYZ 公司損失金額及發生概率分佈如下表，並假定貼現利率為 0，通過分析預測得到 ABC 公司的損益分佈如表 7-5 所示：

表 7-5　　　　　　　　　　　ABC 公司的損益分佈　　　　　　　　　單位：萬元

XYZ 原保險公司 損失金額大於 500 萬元的數額	發生概率（%）	ABC 再保險公司 淨損益
0	91.5	10
10	7.0	0
50	1.0	-40
100	0.5	-90

其次，計算再保險分入人收取的保費現金流的現值，本例中再保險人收取的保費是 10 萬元。

再次，計算保險風險比例
$= 1.0\% \times 40/10 + 0.5\% \times 90/10 = 8.5\%$

由於該保單的保險風險比例>1%，滿足轉移重大保險風險的條件，因此，確認為再保險合同。

二、再保險會計與原保險會計的區別

（一）延時性

再保險人的會計處理要依賴原保險人傳遞有關保費和損失的數據，而這些數據的傳遞往往延遲，再保險人很少能準時地收到並處理、記錄有關的再保險業務。原保險人和再保險人的月報時滯達 4 到 6 周的時間，而季報時滯達一個季度的時間。由於業務數據傳遞的延遲，再保險人常常按季度估計應收帳款和應付帳款，這些估計一般是基於過去的數據或來自對原保險公司職員的諮詢。大於或小於實際數據的估計數在隨後的會計期間將被校正。

（二）是否按險種分類核算

原保險公司通常按險種分類進行核算，如保費收入、賠款支出都應按險種設置明細科目。再保險核算是否能按險種進行分類核算，則有所差異。一般比例再保險能按險種進行分類核算，而非比例再保險則不然。

（三）賠款不足準備金

原保險人要求建立賠款不足準備金，準備金包括賠款和理賠費用在內。再保險人同樣要求建立賠款不足準本金，尤其成數再保險，其準備金提取數額和原保險相互對應，但超賠再保險在準備金提取的數額和所包含的內容上卻和原保險存在差異。

在數額上，原保險賠款不足準備金比再保險賠款不足準備金包含較大部分的理賠費用，因為原保險公司需要雇傭更多的理賠人員。另外，原保險人將一般賠款不足準備金分

為兩部分：理賠費用和賠款。而超額賠款再保險一般沒有區分賠款和理賠費用，將超過原保險人起賠點以上的部分都看作是賠款。例如，原保險公司起賠點為25,000元，總賠付成本為35,000元，其中賠付款為20,000元，理賠費用為15,000元。再保險人根據協議沒有區分賠付款與理賠成本，則應承擔10,000元理賠成本。但如果再保險協議規定對賠付成本應區分賠款和理賠費用的話，則在上例中再保險人不承擔任何成本。

三、再保險業務核算的內容

再保險業務分為分出業務和分入業務，故對再保險業務分別按分出業務和分入業務介紹其主要核算內容，見表7-6所示。

表 7-6　　　　　分出業務和分入業務下再保險業務的主要核算內容

業務核算內容 \ 業務性質	分出業務	分入業務
分保費	支出	收入
分保手續費（分保費用）	收入	支出
分保賠款	收入	支出
應收分保準備金	債權	—
分保責任準備金	—	債務
分保保證金	債務	債權
扣存的分保準備金利息	支出	收入

（一）分保費

分保費是指分保分出人根據分保業務計算的應向分保接受人分出的保費。當保險單項下的保費分期收取時，分保費應分期支付。分保費的計算基礎有入帳保費、毛保費和淨保費三種。其中，入帳保費是分出入在某個階段內收到保單的保費累計，毛保費是扣除直接承保的經紀人手續費的總數，淨保費是應收保費減退費的淨額。

（二）分保手續費

分保手續費又稱分保佣金，是指分出公司向接受公司收取的報酬。按照再保險合同的約定，再保險接受人應向再保險分出人支付分保手續費以彌補其發生的手續費、佣金、營業費用和稅金及其附加。

對於分保佣金，分出公司和接受公司雙方都很重視。就接受公司而言，賠款、佣金及費用為三大支出項目，佣金支出的大小，對將來利潤有直接影響。就分出公司而言，各種佣金的收入，可否補償其分出業務的承攬成本，與收益密切相關。故再保險人當事人雙方，應在合同中明確佣金的給付辦法。

分保佣金採用三種方式：

1. 固定佣金（Fixed Commission）

分保佣金經合同規定後固定不變，即分保佣金不受賠付率高低的影響。這種方法的優點是使得計算較為簡單。但也存在不足，在合同虧損時，接受公司也必須按照合同規定支

付手續費，而不能減少；在合同有較多的盈餘時，分出公司又不能增收手續費，不利於鼓勵分出公司加強經營管理。

2. 浮動佣金（Sliding Scale Commission）

按照賠付率的高低來調整佣金率，使得分保佣金在一定限度內，與合同的賠付率具有直接的關係。實際做法是：規定一個最低佣金率，當賠付率逐漸下降時，佣金率逐漸提高，但不超過最高佣金率。由於每個業務年度經營的實際結果事先無法預料，因此，接受公司通常在期初按約定的臨時手續費標準先支付給分出公司，到年度終了時再按賠付率所對應的實際佣金進行調整。

例7-6 有一分保合同，規定接受公司付給分出公司的分保手續費，臨時先按分保費的30%計算，之後以每一業務年度的賠付率為依據，按相應的浮動手續費進行調整。當賠付率超過69%時，手續費為25%，賠付率每降低1%，手續費增加0.5%，最高手續費為35%。列表如下：

賠付率	分保佣金率
不超過50%	35.0%
超過50%至51%	34.5%
超過51%至52%	34.0%
超過52%至53%	33.5%
超過53%至54%	33.0%
超過55%至55%	32.5%
超過55%至56%	32.0%
超過56%至57%	31.5%
超過57%至58%	31.0%
超過58%至59%	30.5%
超過59%至60%	30.0%
超過60%至61%	29.5%
超過61%至62%	29.0%
超過62%至63%	28.5%
超過63%至64%	28.0%
超過64%至65%	27.5%
超過65%至66%	27.0%
超過66%至67%	26.5%
超過67%至68%	26.0%
超過68%至69%	25.5%
超過69%	25.0%

（1）如全年保費為280,000元，臨時分保佣金為280,000元×30% = 84,000元

（2）年終結算時賠付率為54%，則佣金率為33%，分保佣金應為：
280,000元×33% = 92,400元

(3) 接受公司還應付給分出公司分保佣金為：92,400 元 - 84,000 元 = 8,400 元

3. 盈餘佣金（Contingent Commission/Profit Commission）

盈餘佣金是在合同有盈餘時，接受公司按其年度利潤的一定比率支付給分出公司的佣金，也稱為利潤手續費或純益手續費。盈餘佣金的給付是為了鼓勵分出公司謹慎地選擇所承保的業務。因此，在採用固定分保手續費的合同中，通常有純益手續費條款。但如果採用浮動分保手續費，由於已包含了純益手續費的因素，所以一般不再運用純益手續費條款。

盈餘佣金的計算方法，通常在雙方簽訂的分保合同中載明，接受公司盈餘的計算公式如下：

$$盈餘額 = 收入項目累計 - 支出項目累計$$

$$盈餘佣金（純益手續費）= 盈餘額 \times 盈餘佣金率$$

收入項目：
(1) 本年度保費
(2) 轉回上年度未到期保費
(3) 轉回上年度未決賠款

支出項目：
(1) 本年度手續費
(2) 本年度已付賠款
(3) 提取本年度未到期保費
(4) 提取本年度未決賠款
(5) 接受人管理費用

由於業務種類不同，對於未了責任的處理和合同經營盈虧的計算存在一定的差異。

(三) 分保賠款

分出公司有全權處理賠款，但在發生賠款超過一定數額時，分出公司要將出現的情況、估計損失金額、出險日期和出險原因等用函電通知接受公司。分出公司在發生巨額賠款時，為了向接受公司及時攤回賠款，合同規定任何一筆賠款及費用的總額按 100% 計算，達到或超過雙方約定的一定金額時，分出公司可向接受公司立即攤回現金賠款，接受公司在收到現金賠款通知後 7 天或 14 天內給予支付。

(四) 應收分保責任準備金

再保險分出人應在提取原保險合同未到期責任準備金、未決賠款準備金、壽險責任準備金、長期健康險責任準備金的當期，按照相關再保險合同的約定，計算確定應向再保接受人攤回的相應準備金，確認當期損益，並同時確認相應的應收分保準備金資產。

(五) 分保業務準備金

再保險接受人應根據其接受的分保業務提取分保未到期責任準備金、分保未決賠款準備金、分保壽險責任準備金、分保長期健康險責任準備金以及進行相關分保準備金充足性測試。

（六）扣存的分保保證金

分保保證金，包括保費準備金和賠款準備金。保費準備金，是根據分保合同按分保費的一定比例，由分保分出公司從應付給分保接受人的保費中扣存，並在下一帳單期退還，扣存期一般為 12 個月。此外，若按已付賠款編製分保帳單，一般根據未決賠款的 90% 扣存賠款準備金。

設置分保保證金的目的在於，一旦分保接受人的賠償能力出現問題，分保分出人可從所扣的保證金中支付賠款或給付。分保保證金作為未了責任的保證金，一般情況下，扣存比例為分保費的 40%。

（七）分保保證金利息

歸還分保保證金時，分保分出人應按規定支付利息，作為彌補分保接受人的現金週轉損失。在實際工作中，利率由雙方協商確定。

四、分保帳單

（一）分保帳單的概念

分保帳單是分保分出公司對於分保業務活動的各項財務指標按一定格式填製的憑證。分保業務帳單的編製是分保管理程序中很關鍵的一環，是履行分保協定和條款的憑據，也是分保實務中最繁重的工作。分保帳單能否及時、準確地編製出來，不僅可以從中反應分出公司的管理水準，而且也可以保證及時結付。

接受公司的收到帳單後，一般有 2~3 周的復證期，即接受公司要就帳單的內容、計算方法以及數據正確與否，根據合同的條件或事先的約定加以核算。復證的方法，通常在原保險人所寄達帳單的副本上，加上再保險人的簽署寄回。如果再保險人逾期不復證，則視為確認。這個規定無論是對原保險人還是再保險人都是有利的。對於原保險人將業務分給多個再保險人時，可免除等候各再保險回證之煩，而對於再保險人，在許多情況下可省掉復證手續。經確認後的帳單在規定天數（一般為 30 天）內由欠方向收方進行結算。

分保帳單是再保險雙方當事人進行往來帳務清算的依據，也是調整帳務的依據。因此，為進行再保險業務核算，有必要熟悉分保帳單。

（二）分保帳單的種類

（1）分保帳單按編製期分類，可分為季度帳單、半年帳單和全年帳單。在保險實踐中，應根據合同所規定的帳單編製時間編製分保帳單。

（2）分保帳單按格式分類，可分為標準格式帳單和非標準格式帳單。標準格式帳單是在特定的國家和市場統一使用的帳單格式，非標準格式帳單是各分保分出入自己設計的格式。雖然非標準分保帳單的格式會有所不同，但其包括的基本項目是相同的。

（3）分保帳單按再保險業務的類型分類，可分為比例合同分保帳單與非比例合同分保帳單。比例合同分保帳單與非比例合同分保帳單相比，除了內容上有些項目有所不同外，最明顯的區別表現在編製的時間上。對於非比例合同分保帳單，應注意以下兩點：非比例合同分保帳單要求在業務成交後即刻發送，並立即支付保費；非比例合同分保帳單在雙方未同意按固定保費計算的情況下，一般要送預付分保費帳單和調整分保費帳單兩期帳單。

對於分保帳單的格式，儘管在不同的保險市場上具有不同的形式，但其宗旨類同，主要內容大同小異，經常項目基本一致，只是臨時性項目有所差異。表 4-7 以經常應用的項目及實際帳單格式為例，說明分保帳單的一般格式。

表 4-7　　　　　　　　　　　　　分保帳單

公司名稱：　　　　　　　　　　　　　　　　險別：
接受人名稱：　　　　　　　　　　　　　　　合同名稱：
帳單期：　　　　　　　　　　　　　　　　　貨幣單位：
業務年度：

借方		貸方	
項目	金額	項目	金額
分保手續費		分保費	
分保賠款		保費準備金返回	
保費準備金扣存		賠款準備金返回	
賠款準備金扣存		賠款追回	
稅款及雜項		退回分保手續費	
純益手續費		返還現金賠款	
未滿期保費轉出		未滿期保費轉入	
未決賠款轉出		未決賠款轉入	
分保費退回		利息	
經紀人手續費			
應付你方餘額		應收你方餘額	
合計		合計	
你方成分%			
備註	未決賠款		

(三) 分保帳單的編製方法

編製分保帳單有以下兩種方法：

（1）對分保帳單的每一個項目，都按分保接受人所接受的比例列出具體數字。例如，承保業務的總保費為 200,000 元，分保人所接受的比例是 10%，那麼在分保帳單上反應的分保費數為 20,000（200,000×10%）元。

（2）對分保帳單的每一個項目都按 100% 列示數字，再列出某保接受人所接受的比例，然後計算出該分保接受人應分擔的。例如，有一筆業務，有幾家再保險公司接受分保，可以編製統一的帳單（按 100%），然後將每一個接受公司的「應付你方」或「應付我方餘額」用其所接受的成分計算列示。

第二種方法與第一種方法比較，具有簡化分保帳單編製手續。

第三節　分出業務的會計處理

一、分出業務的會計處理原則

（一）根據權責發生制進行會計處理

根據中國過去會計制度要求，分保分出人在發出分保業務帳單時確認分出保費及各項攤回費用。由於分保帳單通常按季編製，按季發出，使得再保險分出業務和分入業務的各項收入和費用確認的時點滯後，不符合權責發生制，也不符合國際慣例的要求。

故新的會計準則《企業會計準則26號——再保險合同》要求，對於分出業務，對再保險分出人來說，應當在確認原保險合同保費收入的當期，按照相關再保險合同的約定，計算確定分出保費、應向再保險接受人攤回的分保費用，計入當期損益；在提取原保險合同未到期責任準備金、未決賠款準備金、壽險責任準備金、長期健康險責任準備金的當期，按照相關再保險合同的約定，確認相應的應收分保準備金資產；在確定支付賠付款項金額或實際發生理賠費用的當期，按照相關再保險合同的約定，計算確定應向再保險接受人攤回的賠付成本等。這樣的規定改變了目前實務中分保分出人根據分保帳單確認分出業務相關收支的做法。

（二）將再保險業務與原保險業務獨立處理

對於再保險業務性質理解的不同，會導致再保險業務會計處理與信息披露的根本不同。如果認為再保險實質上是原保險業務的一種延伸，是原保險改善財務狀況、提高經營業績的一種手段，再保險人與原保險人共同分享保費收入，共同承擔風險，那麼在會計處理上，往往將分出保費及攤回金額直接沖減原保險業務保費收入和賠款支出，對未到期責任準備金和未決賠款準備金按扣除分出責任的淨額來進行核算和列示。

中國目前認為再保險的實質是風險轉移，是原保險人以支付分保費為代價通過再保險合同把原來承擔的風險的一部分轉移給再保險人，並沒有，也不能因此而減少對保單持有人所承擔的保險責任。因此，再保險分出人通常沒有權力將應從再保險接受人收取的金額與應支付給直接投保人的金額相抵銷，再保險分出人不應當將再保險合同形成的資產與有關原保險合同形成的負債相互抵銷，也不應當將再保險合同形成的收入或費用與有關原保險合同形成的費用或收入相互抵銷。分出公司應分別根據原保險合同和再保險合同單獨進行總額列報，總額列報可以更清楚地說明再保險分出人享有的權利和承擔的義務以及相關的收益和費用。總額列報對於保險分出人的影響包括：

- 保險合同準備金不得以分保後的淨額列報；
- 保險合同保費收入不得以扣除分出保費後的淨額列報；
- 原保險合同費用不得以扣除攤回分保費用後的淨額列報；
- 保險合同賠付成本不得以扣除攤回賠付成本後的淨額列報。

（三）保險合同債權、債務不得抵銷

為真實、準確反應資產和負債，再保險合同形成的債權、債務應單獨確認、計量和報

告，不得將再保險合同產生的債權和債務相互抵銷。

這一原則有兩層含義：

第一，再保險分出人可能同時又是再保險接受人。其與同一再保險合同人同時有分出和分入業務時，分出與分入業務分別形成的債權、債務應單獨確認，不得相互抵銷，不得以抵銷後的淨額列報。即再保險合同雙方應按照自己在不同再保險合同中所處的不同角色，分別確認其對對方的債權和債務。

第二，同一筆分保業務產生的債權和債務不得相互抵銷。對於一筆分保業務，再保險分出人對再保險接受人會同時產生應收分保帳款和應付分保帳款。再保險分出人應將其單獨列示，不得相互抵銷。

但如果債權和債務的結算時點相同或者雙方在合同中約定可以抵銷，則再保險合同產生的債權和債務可以相互抵銷。

二、分出業務會計科目的設置

(一)「分出保費」科目

本科目核算公司分出業務向分保接受人分出的保費。該科目屬於損益類（費用類）科目，其借方登記分出的保費或調整的分出保費金額，貸方登記調整的分出保費金額或登記期末轉入「本年利潤」數額，期末結轉後無餘額，本科目應按險種設置明細帳。

(二)「攤回分保費用」科目

本科目核算公司分出業務向分保接受人攤回的應由其承擔的各項費用。該科目屬於損益類（收入類）科目，其貸方登記分出人按照相關再保險合同的約定，計算確定應向再保險接受人攤回的分保費用和攤回分保費用的調整金額，借方登記攤回分保費用的調整金額或登記期末轉入「本年利潤」數額，期末結轉後無餘額，本科目應按險種設置明細帳。

(三)「攤回賠付成本」科目

本科目核算再保險分出人向再保險接受人攤回的賠付成本。再保險分出人也可以單獨設置「攤回賠款支出」「攤回年金給付」「攤回滿期給付」「攤回死傷醫療給付」等科目或將以上科目作為「攤回賠付成本」的二級科目。該科目屬於損益類（收入類）科目，貸方登記分出人按照相關再保險合同約定計算確定的應向再保險接受人攤回的賠付成本金額或攤回賠付成本的調整金額，借方登記攤回賠付成本的調整金額或登記期末轉入「本年利潤」數額，期末結轉後無餘額，本科目應按險種設置明細帳。

(四)「應收分保帳款」科目

本科目核算保險公司從事再保險業務應收取的款項。該科目屬於資產類科目，下設「應收攤回分保費用」「應收攤回分保賠款」「存出分保保證金」等二級科目，其借方登記應收未收款項的發生，貸方登記收回數，本科目期末借方餘額，反應企業從事再保險業務應收取的款項。本科目可按再保險接受人、險種和再保險合同類別進行明細核算。

(五)「應付分保帳款」科目

本科目核算保險企業從事再保險業務應支付但尚未支付的款項。該科目屬於負債類科目，下設「應付分出保費」「應付存入分保保證金」「預收分保賠款」等科目作為二級科

目,其貸方登記分保業務中應付未付款項的發生數,其貸方登記實際支付的數額,本科目期末貸方餘額,反應企業從事再保險業務應支付但尚未支付的款項。本科目可按再保險接受人、險種和再保險合同類別進行明細核算。

(六)「應收分保合同準備金」科目

本科目核算再保險分出人從事再保險業務確認的應收分保未到期責任準備金,以及應向再保險接受人攤回的保險責任準備金。再保險分出人可以將「應收分保合同準備金」分解,設置「應收分保未到期責任準備金」「應收分保未決賠款準備金」「應收分保壽險責任準備金」「應收分保長期健康險責任準備金」等一級科目。該科目屬於資產類科目,借方登記應收的分保合同準備金,貸方登記衝減的應收未收的分保合同準備金。本科目期末借方餘額,反應企業從事再保險業務確認的應收分保合同準備金。本科目可按再保險接受人、險種和往來單位進行明細核算。

(七)「攤回分保責任準備金」科目

本科目核算再保險分出人應向再保險接受人攤回的保險責任準備金,包括未決賠款準備金、壽險責任準備金、長期健康險責任準備金。再保險分出人可以單獨設置「攤回未決賠款準備金」「攤回壽險責任準備金」「攤回長期健康險責任準備金」等一級科目或將以上科目作為「攤回分保責任準備金」的二級科目。該科目為損益類科目,貸方登記分出人按相關再保險合同約定計算確定的應向再保險接受人攤回的未決賠款準備金、壽險責任準備金和長期健康險責任準備金,期末,將本期發生額登記在借方並轉入「本年利潤」科目,結轉後本科目無餘額。本科目可按再保險接受人、險種和往來單位進行明細核算。

(八)「存入保證金」科目

本科目核算分出分保業務按合同約定扣存分保接受人的部分保費形成的保證金。該科目屬於負債類科目,該科目貸方登記分出人按合同約定扣存分保接受人的部分保費形成的保證金,借方登記分出人歸還再保險接受人扣存的分保保證金金額。本科目期末貸方餘額,反應公司扣存的尚未退還的分保保證金。

(九)「預付分出保費」科目

本科目核算分出人支付給非比例分保接受人的最低預付保費。該科目為資產類科目,當支付預付分保費時,借記本科目,貸記「銀行存款」科目;當預付分出保費轉為當期分出保費時,借記「分出保費」科目,貸記本科目。本科目期末餘額在借方,反應分出人支付給非比例分保接受人尚未結轉為分出保費的金額。

三、帳務處理

(一) 實務操作程序

過去分保帳單既是分出人和分入人據以進行資金結算的憑證,也是分出人帳務處理的原始憑證。由於再保險分出業務要求按權責發生制進行核算,而分保帳單一般是按季編報,具有時滯性,不能作為再保險業務發生時的原始憑證,只能作再保險業務結算的憑證和帳務調整的原始憑證。

在實務操作中,所有的再保險業務都通過保險公司的再保險業務系統來進行處理。在

每日業務終了，系統自動生成日結單，在保險業務系統於每日業務終了，將當天在再保險業務系統中操作產生的日結單，傳送到帳務系統，確認再保險業務損益和應收應付分保帳款。在每月末，財務部門按照精算部門提供的分保準備金數據，進行應收準備金的帳務處理。到季度末，再保險系統按日結單匯總，生成分保帳單信息，按照分保帳單分出人與分入人進行資金結算並對此進行帳務處理。

（二）分出保費的核算

1. 確認和計量

在原保險保費收入確認的當期確認分出保費，按照相關再保險合同的約定，計算確定分出保費，計入當期損益。

（1）合同分保業務。對於合同分保業務，再保險分出人與再保險接受人簽訂再保險合同，約定某一範圍內的所有業務自動按照預先確定的條件進行分保。因此，再保險分出人應在原保險合同保費收入確定時，即按照合約約定，計算其對應的分出保費，計入當期損益。

（2）臨時分保業務。對於臨時分保業務，再保險分出人可以視情況決定是否分出某一保單，再保險接受人也需要對每一風險單位進行獨立的核保後決定是否接受以及接受條件，因此，再保險合同的簽訂會滯後於原保險合同。如果再保險分出人在原保險合同確定當期與再保險接受人簽訂了再保險合同，再保險分出人應在再保險合同確定時，按照再保險合同約定計算原保險合同對應的分出保費；如當期未確定再保險合同，則保險責任仍由再保險分出人承擔，與原保險合同相關的經濟利益也仍屬於再保險分出人，同時，分出保費也難以可靠計量，因此，再保險分出人不應確認分出保費。

（3）預約分保業務。預約分保業務參照臨時分保業務處理。

2. 帳務處理

（1）比例再保險。

A. 預估分出保費

借：分出保費

  貸：應付分保帳款

B. 調整分出保費

如果帳單數大於預估數：

借：分出保費（差額）

  貸：應付分保帳款（差額）

如果帳單數小於預估數：

借：應付分保帳款（差額）

  貸：分出保費（差額）

C. 實際支付分出保費時

借：應付分保帳款

  貸：銀行存款

（2）非比例再保險業務。

A. 預付分保費

借：預付分出保費

　　貸：銀行存款/庫存現金

B. 每期按照超賠合同計算或估算當期分出保費時衝減此項預付款資產，衝減至零後再確認應付分保帳款。

借：分出保費

　　貸：預付分出保費

衝減至零後：

借：分出保費

　　貸：應付分保帳款

C. 調整分出保費

如果帳單數大於預估數：

借：分出保費（差額）

　　貸：應付分保帳款（差額）

如果帳單數小於預估數：

借：應付分保帳款（差額）

　　貸：分出保費（差額）

D. 實際支付分出保費時

借：應付分保帳款

　　貸：銀行存款/現金

（三）攤回分保費用的核算

1. 確認

再保險分出人應當在確認原保險合同保費收入的當期，按照相關再保險合同的約定，計算確定應向再保險接受人攤回的分保費用，計入當期損益。對於臨時分保業務和預約分保業務，如原保險合同保費收入確認的當期未能確定再保險合同，再保險分出人不確認分出保費，相應地，也不應確認攤回分保費用。

2. 計量

（1）固定手續費。固定手續費可在確認原保險合同保費收入的當期，根據原保險合同發生的費用支出，按照再保險合同約定的固定比例計算確定，計入當期損益。

（2）浮動手續費。浮動手續費中的預收分保手續費可在確認原保險合同保費收入的當期，根據原保險合同發生的費用支出，按照再保險合同約定的固定比例計算確定，計入當期損益。

浮動手續費中的調整手續費由於在業務年度結束後根據賠付情況才能準確計算，因此，應當在確認原保險合同保費收入的當期，根據當期原保險合同的賠付情況，按照合理的方法預估應攤回的分保費用，計入當期損益。

（3）純益手續費。再保險分出人應當根據相關再保險合同的約定，在能夠計算確定應

向再保接受人收取的純益手續費時，將該項純益手續費作為攤回分保費用，計入當期損益。「能夠計算確定」是指，再保險分出人能夠根據再保險合同的約定，預估當期的純益手續費金額。

3. 帳務處理

（1）按照相關再保險合同的約定，計算確定應向再保險接受人攤回的分保費用；對於浮動手續費和純益手續費，按一定的預估方法確定，會計分錄為：

借：應收分保帳款
　　貸：攤回分保費用

（2）分出保費衝減相應衝減攤回分保費用時：

借：攤回分保費用
　　貸：應收分保帳款

（四）攤回賠付成本的核算

（1）再保險分出人應當在確定支付賠款金額的當期，按照相關再保險合同的約定，計算確定應向再保險接受人攤回的賠付成本，計入當期損益。

借：應收分保帳款
　　貸：攤回賠付成本

（2）對保險公司因取得和處置損餘物資、確認和收到應收代為追償款等而調整原保險合同賠付成本的當期，應按相關的再保險合同的約定計算確定的攤回賠付成本的調整金額。

借：應收分保帳款
　　貸：攤回賠付成本

或

借：攤回賠付成本
　　貸：應收分保帳款

（3）對超額賠款再保險等非比例再保險合同，一般是在確定支付的保險合同賠款時，按再保險合同的約定預估入帳，確認當期損益；在分保接收人確認正式分保帳單後，將預估入帳的金額衝回，按分保帳單入帳，借記「應收分保帳款」，貸記「攤回賠付成本」。

（五）存入分保保證金的核算

再保險分出人在收到分保業務帳單時，根據分保業務帳單，確認本期應收到和歸還的分保保證金。

借：應收分保帳款
　　貸：存入保證金（本期分出人扣存再保險接受人保證金數額）
借：存入保證金（本期分出人歸還再保險接受人保證金數額）
　　利息支出（分出人支付給再保險接受人的保證金利息）
　　貸：應付分保帳款

（六）應收分保合同準備金

（1）再保險分出人在計算確認原保險合同保險準備金時，確認應收分保合同準備金。

借：應收分保未到期責任準備金
   貸：提取未到期責任準備金——攤回未到期責任準備金
借：應收分保未決賠款責任準備金
   貸：攤回未決賠款準備金
借：應收分保壽險責任準備金
   貸：攤回壽險責任準備金
借：應收分保長期健康險責任準備金
   貸：攤回長期健康險責任準備金

（2）在確定支付賠付款項金額或實際發生理賠費用而衝減原保險合同相應未決賠款準備金、壽險責任準備金、長期健康險責任準備金餘額的當期，應收分保保險責任準備金金額應相應衝減。

借：提取未到期責任準備金——攤回未到期責任準備金
   貸：應收分保未到期責任準備金
借：攤回未決賠款準備金
   貸：應收分保未決賠款責任準備金
借：攤回壽險責任準備金
   貸：應收分保壽險責任準備金
借：攤回長期健康險責任準備金
   貸：應收分保長期健康險責任準備金

（3）在對原保險合同未決賠款準備金、壽險責任準備金、長期健康險責任準備金進行充足性測試補提保險責任準備金時，按相關再保險合同約定計算確定的應收分保保險責任準備金應相應增加。

借：應收分保未到期責任準備金
   貸：提存未到期責任準備金
借：應收分保未決賠款責任準備金
   貸：攤回未決賠款準備金
借：應收分保壽險責任準備金
   貸：攤回壽險責任準備金
借：應收分保長期健康險責任準備金
   貸：攤回長期健康險責任準備金

（七）再保險合同損益的調整

（1）再保險分出人應當在原保險合同提前解除的當期，按照相關再保險合同的約定，計算確定分出保費、攤回分保費用的調整金額，計入當期損益。

當原保險合同提前解除時，原保險合同保險責任終止，依賴於原保險合同存在的對應的再保險責任也同時終止，按照權責發生制原則，再保險分出人需要在當期按照再保險合同的約定，計算被解除的原保險合同對應的應衝減的分出保費，應衝減的攤回分保費用。

（2）再保險分出人應當在因取得和處置損餘物資、確認和收到應收代位追償款等而調

整原保險合同賠付成本的當期,按照相關再保險合同的約定,計算確定攤回賠付成本的調整金額,計入當期損益。《企業會計準則第 25 號——原保險合同》第二十條規定,保險人承擔賠償保險金責任取得的損餘物資,應當按照同類或類似資產的市場價格計算確定的金額確認為資產,並衝減當期賠付成本。攤回賠付成本是以原保險合同賠付成本為基礎計算確定的,因此,在原保險合同賠付成本減少的同時,應相應衝減攤回賠付成本。

(3) 再保險分出人調整分出保費時應當將調整金額計入當期損益。再保險分出人在確認原保險合同保費收入的當期,在計算確定再保險合同各項損益時,雖然已採用合同預定或盡量合理的方法對再保險合同損益進行了計算或估算,但在確定分保帳單時,仍然可能因為各種情況導致帳單數據和前期計算或估算數據不一致。再保分出人應在與再保接受人確定分保帳單的當期,按照帳單數據與前期計算或估算數據的差額,調整當期相關再保險合同損益項目。

(八) 預收分保賠款

再保險分出人應在收到再保險接受人預付的攤回分保款時,確認預付款負債。

借:銀行存款

　貸:預收賠付款

將預收分保賠款確認為攤回分保賠付成本時:

借:預收賠付款

　貸:攤回分保賠付成本

例 7-7 A 財險公司 2018 年將火險業務與 B 再保險公司簽訂成數分保合同,當年 A 公司按 30%的比例將業務分給 B 公司,並且按照分保費的 30%收取分保手續費。A 公司第一個月業務數據如表 7-8 所示,未到期責任準備金按 1/24 法計提,暫不進行準備金充足性測試,請編製一月 A 公司與再保險業務相關的會計分錄。

表 7-8

	保費收入(元)	賠款(元)	未決賠款(元)
1 月	1,000,000	500,000	60,000

會計處理:

分出保費 = 1,000,000×30% = 300,000(元)

借:分出保費　　　　　　　　　　　　　　　　　　　300,000

　貸:應付分保帳款　　　　　　　　　　　　　　　　　　300,000

攤回分保賠款 = 500,000×30% = 150,000(元)

借:應收分保帳款　　　　　　　　　　　　　　　　　150,000

　貸:攤回賠付成本　　　　　　　　　　　　　　　　　　150,000

攤回分保費用 = 300,000×30% = 90,000(元)

借:應收分保帳款　　　　　　　　　　　　　　　　　 90,000

　貸:攤回分保費用　　　　　　　　　　　　　　　　　　 90,000

應收分保未到期責任準備金 = 300,000×23/24 = 287,500(元)

借：應收分保未到期責任準備金 287,500
　　貸：提取未到期責任準備金——攤回未到期責任準備金 287,500
應收未決賠款準備金 = 60,000×30% = 18,000（元）
借：應收未決賠款準備金 18,000
　　貸：攤回未決賠款準備金 18,000

例 7-8 某保險公司與 B 再保險公司簽有一份成數比例再保險合同，約定分出比例為 40%。在再保險合同期間內，保險公司投保人 C 公司遭遇火災，倉庫貨物毀損，損失達 2,000 萬元，保險公司與 C 公司達成協議，保險公司按全損全額賠償，即賠付金額為 2,000 萬元，同時貨物殘值歸保險公司所有，貨物殘值估值為 150 萬元，後變賣獲得 160 萬元。請按照再保險合同編製該保險公司分出業務相關的會計分錄。

保險公司會計分錄如下：
(1) 當保險公司確定賠付 2,000 萬元，應確認從 B 再保險公司攤回賠款 800 萬元。
借：應收分保帳款——B 公司 8,000,000
　　貸：攤回賠付成本——企業財產保險 8,000,000
(2) 當保險公司收回損餘物資時，應相應沖減攤回賠付成本。
借：攤回賠付成本——企業財產保險 600,000
　　貸：應收分保帳款——B 公司 600,000
(3) 當保險公司處理損餘物資時，由於變賣所得金額與估值不一致，應調整攤回賠付成本。
借：攤回賠付成本——企業財產保險 40,000
　　貸：應收分保帳款——B 公司 40,000

第四節　分入業務的會計處理

一、分入業務的會計處理原則

(一) 根據權責發生制進行會計處理

根據中國過去會計制度要求，分保接受人在收到分保帳單時確認分保費收入及相關費用。由於分保帳單通常按季編製，按季發出，使得再保險分入業務的各項收入和費用確認的時點滯後，不符合權責發生制。

因此，《企業會計準則 26 號——再保險合同》要求，再保險接受人應當在再保險合同生效當期，根據相關再保險合同的約定，計算確定分保費收入金額；在確認分保費收入的當期，根據相關再保險合同的約定，計算確定分保費用，計入當期損益；在收到分保業務帳單時，按照帳單標明的金額對相關分保費收入、分保費用進行調整，調整金額計入當期損益。

但是分入業務相關實際數據的獲取具有滯後性、間接性，導致分入業務預估收入和費用存在比較大的難度，故在實務中，一般專業再保險公司會在每一會計期間對該期間的分

保費收入和分保費用進行預估入帳，然後在收到的分保帳單時根據分保帳單進行調整；而分入業務量不大的非專業再保險公司，分保費收入一般都是在收到分出公司發來的分保業務帳單時，根據帳單標明金額確認相關的收入和費用。

(二) 按會計年度核算損益

分入業務會計核算期的選擇有下列兩種：

（1）按業務年度核算。按業務年度核算又稱多年期核算，核算期一般有三年或更長時間，每年收支差額結轉到下一年，直到結算年度才最後計算損益。這種方法在勞合社再保險會計中使用。

（2）按會計年度核算。按會計年度核算，也稱一年期核算，是以某一會計年度內的滿期保費和發生賠款為基礎核算經營結果。在會計年度終了，將未滿期保費和未決賠款結轉到下一年度。

表7-9為按業務年度核算和按會計年度核算的差異。

表7-9　　　　　　　按業務年度核算和按會計年度核算的差異

按會計年度核算	按業務年度核算
按日曆年度來計算損益	以承保年度為基礎，多年期核算損益
需要按時結帳，所以要以日曆年度為基礎記錄已賺保費和已發生的賠付成本，甚至需要估算已賺保費和已發生的賠付成本	不需要按日曆年度結帳，在非結算年度末不必記錄已賺保費和已發生的賠付成本
每個日曆年度都會有顯示利潤或虧損	直到最後結算年度才會顯示利潤或虧損
在每季度末和每年末採用精算的方法估算保費準備金和未決賠款準備金	沒有必要按精算的方法計算保費準備金，在最後一個結算年度需採用精算的方法估算未決賠款準備金

中國過去是採取按業務年度來核算損益，其主要原因在於中國分保的收入和費用的預估技術及經驗數據的累積都存在不足，還不足以支持分入業務按會計年度來進行核算。但按業務年度來進行核算，不能及時地反應當期的損益，所以當條件具備時還是應改為按會計年度來進行核算。

二、分入業務會計科目的設置

（一）「分保費收入」科目

本科目核算再保險接受人從事分保業務取得的保費收入。該科目屬於損益類科目，貸方登記再保險接受人按再保險合同約定計算的從事分入業務取得的分保費收入和分保費調整增加額，借方登記根據分保帳單分保費收入調整的減少金額。該科目可按險種設置明細帳，進行明細分類核算。期末，應將本科目餘額轉入「本年利潤」科目，結轉後本科目無餘額。

（二）「分保費用」科目

本科目核算再保險接受人向再保險分出人支付的分保費用。該科目為損益類科目，借

方登記再保險接受人按再保險合同約定計算確定向分出人支付的分保費用和分保費用調整增加金額，貸方登記分保費用調整時減少的金額，該科目可按險種進行明細核算。期末，應將本科目發生額轉入「本年利潤」科目，結轉後本科目無餘額。

(三)「分保賠付支出」科目

本科目核算再保險接受人向再保險分出人支付的應由其承擔的賠款。該科目為損益類科目，借方登記再保險接受人應承擔的分保賠款數額，貸方登記期末結轉「本年利潤」的金額，該本科目可按險種設置明細帳戶。

(四)「應收分保帳款」科目

本科目核算企業（保險）從事再保險業務應收取的款項。該科目為資產類科目，借方登記再保險接受人應收未收的分保費和分保費用調整增加額、分出人歸還的分保保證金及相應利息，貸方登記再保險接受人已收到的分保費和分出人已歸還的分保保證金及相應利息。該科目期末借方餘額，反應企業從事再保險業務應收取的款項。科目可按再保險分出人和再保險合同進行明細核算。

(五)「應付分保帳款」科目

本科目核算企業（保險）從事再保險業務應支付但尚未支付的款項。該科目是負債類科目，貸方登記再保險接受人應支付未支付的分保費用調整的分保費用、應付未付的分保賠付成本的金額、應付未付的存出分保保證金的金額，借方登記再保險接受人已支付的分保費用、分保賠付成本、存出分保保證金。科目期末貸方餘額，反應再保險接受人從事分入業務應支付但尚未支付的款項。本科目應當按照再保險分出人和再保險合同進行明細核算。

(六)「存出保證金」科目

本科目核算再保險接受人按合同約定存出的分保業務的保證金。該科目屬於資產類科目，借方登記再保險接受人按照合同約定存出的分保業務的保證金數額，貸方登記分出人歸還再保險接受人存出的分保業務的保證金數額。該科目餘額在借方，反應再保險接受人存出的尚未收回的分保保證金。該科目應按分出人設置明細科目。

三、分保費收入的會計處理

(一) 分保費收入的確認條件

分保費收入同時滿足下列條件的，才能予以確認：

(1) 再保險合同成立並承擔相應保險責任；
(2) 與再保險合同相關的經濟利益很可能流入；
(3) 與再保險合同相關的收入能夠可靠地計量。

分保接受人如有確鑿證據表明對分保費收入及相關分保費用無法預估，或預估金額可能與實際金額產生重大差異，從而影響信息使用者決策的，也可以根據分保帳單表明的金額確認分保費收入、分保手續費、分保稅金及附加、分保賠付費用、分保保證金及其利息收入。

(二) 分保費收入的計量

再保險業務的主要特點之一是數據的間接性、滯後性和不完整性。由於再保險接受人收到分出人提供帳單的滯後性,使再保險接受人在滿足分保費收入確認條件當期,通常無法及時收到分出人提供的實際帳單,此時再保險接受人應根據再保險合同的約定對當期分保費收入進行專業、合理和相對準確的預估。分保費收入的預估通常是由保險公司承保人員(Underwriter)完成的。

1. 比例再保險合同

對於比例再保險合同,分保費收入依賴於分出公司的保費規模。在簽訂再保險合同時,直保公司要估計再保險合同的保費,也稱估計保費收入(EPI),報告給再保險接受人。再保險人以估計保費收入(EPI)為數據基礎,結合再保險人自身累積的歷史數據、保險行業公開的統計數據、國家公布的相關經濟指標數據等,運用自身經驗對分保費收入進行估計。再保接受人可在總體基礎上採用發展法進行預測,也可以採用按合約逐單進行預測。

2. 非比例再保險合同

對於非比例再保險合同,最終保費收入除依賴於直保公司保費規模之外,還與其損失賠付經驗有關。承保人通常以合同中列明的最低保費收入(MDP)作為數據基礎進行估計。對於調整保費,按照定價基礎進行預估,根據合同規定,按照保費或時間等因素計算調整保費。對於恢復保費,按照合同規定,根據實際發生賠款攤回金額的大小,確定恢復保費的金額。

3. 臨分業務

對於臨時再保險業務,規模一般較小,通常再保險保費都為確定的值;可以逐單對費進行預估,也可以將風險相似的合同進行合併,然後運用鏈梯法進行保費預測。

(三) 預估分保費收入的入帳方法

預估分保費收入的入帳方法可以分為:終期分保費收入預估法和帳單期分保費收入預估法。

1. 終期分保費收入預估法

採用本方法預估分保費收入,再保險接受人應在再保險合同開始生效當期預估並確認該再保險合同在有效期內能給接受人帶來的全部分保費收入,在會計期末或收到分保業務帳單或業務結束時可對預估的分保費收入進行調整。調整方法如下:

(1) 當年調整:確認分保費收入當年,再保險接受人如有充分證據表明可對該最終保費進行更準確的估計,則應對原預估數據進行調整,調整金額計入當期損益。

該會計年度一旦結束,在以後年度一般不再調整保費數據,除非該業務年度實際收到帳單的保費總數大於預估總數時,才將大於的數據計入收到帳單當期。

(2) 終期調整:再保險接受人應在分保費收入相關實際帳單基本收到後(一般應為合同起期三年後),根據實際帳單累計分保費收入數據調整原預估分保費收入,差額計入當期損益。

若進行終期調整之後,還有分保費收入流入,則再保險接受人應在收到相關帳單當期

予以確認，分保費收入計入收到帳單當期。

（3）再保險接受人應當在收到分出人提供的實際帳單時，在按照帳單標明的金額入帳的同時，按照帳單標明的金額衝減預估分保費收入。

舉例如下：

例7-9 某再保險合同起期後，預估分保費收入1,500萬元，預估分保手續費500萬元。會計處理為：

借：分保費用（預估）	5,000,000
應收分保帳款（預估）	10,000,000
貸：分保費收入（預估）	15,000,000

收到第一期帳單，分保費收入200萬元，分保賠款20萬元，分保手續費60萬元，應收分保帳款120萬元。會計處理為：

借：分保費用	600,000
分保賠付支出	200,000
應收分保帳款	1,200,000
貸：分保費收入	2,000,000

收到第一期帳單，根據第一期帳單標明金額衝銷預估數據。會計處理為：

借：分保費收入（預估）	2,000,000
貸：分保費用（預估）	600,000
應收分保帳款（預估）	1,400,000

以後各期收到帳單處理重複進行第2、3項操作。

到第三個會計年度末，累計已收到保費1,600萬元，手續費550萬元，則需將業務累計數據與預估數據之間的差額調整到當期損益。會計處理為：

借：分保費用（預估）	500,000
應收分保帳款（預估）	500,000
貸：分保費收入（預估）	1,000,000

第三個會計年度後再收到帳單，若還有保費：保費10萬元，手續費2萬元，賠款20萬元，則會計處理為：

借：分保費用	20,000
分保賠付支出	200,000
貸：分保費收入	100,000
應付分保帳款	120,000

2. 帳單分保費收入預估法

採用本方法預估分保費收入，再保險接受人應在再保險合同開始生效之日起，按照帳單期（一般為按季度）分別預估確認分保費收入，計入帳單期損益。再保險接受人應當在收到分出人提供的實際帳單時，根據帳單標明的金額對原預估分保費收入進行調整，調整金額計入當期損益。在分保費收入相關實際帳單基本收到後（一般應為合同期起三年後），再保險接受人可不再對以後各帳單期保費進行預估。若在此之後，還有分保費收入流入，

則再保險接受人應在收到相關帳單當期予以確認，分保費收入計入收到帳單當期。

第一個帳單期預估分保費收入的計量，應由該再保險合同的承保人員以分出人提供的 EPI 為基礎依據，並適當考慮其他影響因素（主要包括：相同或類似合同的歷史數據、行業數據、承保人經驗等），進行計算分攤到本期。

第一個帳單期之後，承保人員可以根據歷史數據、經驗和已收到的實際帳單，運用精算方法對未來帳單期保費進行預估，同時可以根據 EPI、承保經驗、行業數據等進行適當調整，確認當期分保費收入。

再保險接受人為確保預估的合理性、準確性，可以根據再保險合同性質、分入業務性質對在當期應確認的整體分入保費進行分類預估。

例 7-10 某再保險合同起期後，第一個帳單期預估分保費收入 180 萬元，預估分保手續費 50 萬元。

會計處理：

借：分保費用（預估）   500,000
    應收分保帳款（預估）   1,300,000
  貸：分保費收入（預估）   1,800,000

收到第一期帳單，帳單標明金額為：分保費收入 200 萬元，分保賠款 20 萬元，分保手續費 60 萬元，應收分保帳款 120 萬元。會計處理為：

借：分保費用   600,000
    分保賠付支出   200,000
    應收分保帳款   1,200,000
  貸：分保費收入   2,000,000

收到第一期帳單，衝銷第一期帳單預估數據。會計處理為：

借：分保費收入（預估）   1,800,000
  貸：分保費用（預估）   500,000
    應收分保帳款（預估）   1,300,000

以後各帳單期收到帳單均重複進行第 2、3 項操作。

四、分保費用的確認和計量

（一）分保費用的確認

再保險接受人應在確認分保費收入的當期，確認相應的分保費用，計入當期損益。

（二）分保費用的計量

再保險接受人應根據當期確認的預估分保費收入和再保險合同約定的分保費用率，計算確定應計入當期的分保費用金額。

對於採用固定手續費率的，根據分保合同列明的手續費率在分保費收入預估的基礎上進行預估。

對於採用浮動手續費率的，根據估計的業務終極賠付率計算實際的手續費率；或者根據歷史賠付經驗建立模型，採用隨機模擬等技術得出平均的手續費支付水準。

對於純益手續費的預估，採用與浮動手續費相同的方法即可。

如果對於浮動手續費和純益手續費無法準確估計，應當根據相關再保險合同的約定，在能夠計算確定應向再保險分出人支付的手續費時，將浮動手續費和純益手續費作為分保費用，計入當期損益。

(三) 分保費用的調整

再保險接受人應在調整分保費收入當期，根據分保費用率或實際帳單標明分保費用金額計算調整相關分保費用，計入當期損益。

五、分保賠付支出

再保險接受人應當在收到分保業務帳單的當期，按照帳單標明的分保賠付款項金額，作為分保賠付成本，計入當期損益，借記「分保賠付支出」科目，貸記「應付分保帳款」科目。同時，衝減相應的分保未決賠款準備金。

六、分入業務準備金的評估

再保險接受人應提取分保未到期責任準備金、分保未決賠款準備金、分保壽險責任準備金、分保長期健康險責任準備金，其計提的方法以及進行相關分保準備金充足性測試，比照原保險合同的相關規定處理。會計分錄為：

借：提取未到期責任準備金——分保未到期責任準備金
　貸：未到期責任準備金——分保未到期責任準備金
借：提取未決賠款準備金——分保未決賠款準備金
　貸：未決賠款準備金——分保未決賠款準備金
借：提取壽險責任準備金——分保壽險責任準備金
　貸：壽險責任準備金——分保壽險責任準備金
借：提取長期健康險責任準備金——分保健康險責任準備金
　貸：長期健康險責任準備金——分保健康險責任準備金

七、存出保證金

在收到分保業務帳單時，根據分保業務帳單，確認本期應繳存和歸還的分保保證金
借：存出保證金
　貸：應付分保帳款
借：應收分保帳款
　貸：存出保證金
　　利息收入

復習思考題

1. 什麼是再保險？再保險業務如何分類？
2. 如何進行再保險重大風險測試？
3. 什麼是分保帳單？請說明分保帳單的基本內容。
4. 再保險業務核算的主要內容有哪些？
5. 分出業務會計處理的原則是什麼？如何進行分出業務的會計處理？
6. 分入業務的會計處理原則是什麼？
7. 分保費收入確認的條件是什麼？
8. 分保賠付支出需要每月預估嗎？

第八章 保險資金運用

第一節 保險資金運用概述

保險資金運用是保險公司為了保持自身的償付能力、增強競爭力,在業務經營過程中,按相關法律法規的要求運用積聚的保險資金,使其保值增值的活動。本節將說明保險資金運用的資金來源、資金運用範圍和保險資金運用的會計核算的分類。

一、保險資金運用的資金來源

(一) 自有資金

1. 資本金

資本金是指保險公司的所有者作為資本投入到企業的各種資產的價值。根據中國《保險公司資本保證金管理辦法》(2015),保險公司應按照其註冊資本總額的20%提取資本保證金,並開立獨立銀行帳戶存放,除保險公司清算時用於清償債務外不得動用該筆資金。在留足支付賠款、購置保險公司資產所需資金後,其餘資本金即為保險公司可運用資金。

2. 資本公積

資本公積主要包括資本溢價和股票溢價、法定財產重估增值、資本折算差額、接受捐贈等。與資本金一樣,資本公積是保險公司投資資金來源的一個組成部分,但不是主要來源。

3. 留存收益

保險公司的留存收益包括盈餘公積、一般風險準備、未分配利潤和農業保險利潤準備金,是保險公司投資的資金來源之一。

(二) 外來資金

1. 保單負債

保單負債是出售保險產品、收取保費而形成的負債,是保險投資資金的主要來源。按照保單是否承擔保險責任而劃分,可以分為保險責任準備金和金融負債:①保險責任準備金是保險公司為履行其承擔的保險責任,備付未來的賠償或給付支出提存的資金準備。保

險責任準備金包括：未到期責任準備金、未決賠款準備金、壽險責任準備金、長期健康險責任準備金及農業保險保費準備金。②出售保單、收取保費但沒有承擔保險保障責任而形成的金融負債主要是指投資性保險產品（如萬能險和投連險）進入投資帳戶的保費及其增值部分，分別記入「保戶儲金及投資款」和「獨立帳戶負債」帳戶的資金。

2. 其他資金來源

在保險公司的經營過程中，還有可能存在其他可用於投資的資金來源，主要包括：①保險公司發行的資本性債券，如次級債等；②結算中形成的短期負債，如應付工資、應付佣金等；③從銀行獲得短期貸款或從同業市場上的拆借資金等。

二、保險投資的形式

（一）銀行存款

銀行存款包括保險公司存放在銀行的活期存款、通知存款、定期存款、協議存款、結構性存款等。其中，協議存款是商業銀行根據規定，針對部分特殊性質的中資資金如保險資金、社保資金、養老保險基金等開辦的存款期限較長、起存金額較大、利率、期限、結息付息方式、違約處罰標準等由雙方商定的人民幣存款品種。結構性存款，從定義上來看是指在普通存款的基礎上，運用金融衍生工具（包括但不限於遠期、掉期、期權或期貨等），將投資與利率、匯率、股票價格（股票籃子價格）、商品價格（石油、黃金等）、信用、指數（股價指數、商品價格指數）及其他金融類或非金融類標的物掛鉤的金融產品。儘管掛鉤的衍生品不盡相同，但其基本結構即為「存款+期權」，對於投資者來說，收益也由兩部分組成，一部分是存款所產生的固定收益，另一部分則與標的資產的價格波動掛鉤，因此在基礎收益之上獲得了較高投資報酬率的可能。

（二）債券

債券是指發行者為籌集資金而向債權人發行的，在約定時間支付一定比例的利息，到期償還本金的一種有價證券。

債券可以有以下幾種分類：按照債券的發行期限，可以將債券分為短期債券、中期債券和長期債券；按照債券的發行主體，可以將債券分為政府債券、金融債券和公司債券；按照債券利率是否浮動，可以將債券分為固定利率債券和浮動利率債券；按照債券是否需要財務擔保，可以將債券分為抵押債券和信用債券；按照債券是否可轉換為股票，可以將債券分為可轉換債券和不可轉換債券；按照債券的付息方式，可以將債券分為零息債券、定息債券和浮息債券；按照債券是否可提前償還，可以將債券分為可贖回債券和不可贖回債券。

另外，保險資金投資的債券還包括非金融企業債務融資工具。非金融企業債務融資工具是指具有法人資格的非金融企業在銀行間債券市場發行的，約定在一定期限內還本付息的有價證券。非金融企業債務融資工具目前主要包括短期融資券、中期票據、非公開定向發行債務融資工具、資產支持票據等類型。

（三）股票

保險資金投資的股票，主要包括公開發行並上市交易的股票和上市公司向特定對象非

公開發行的股票。

保險資金開展股票投資，分為一般股票投資、重大股票投資和上市公司收購。一般股票投資，是指保險機構或保險機構與非保險一致行動人投資上市公司股票比例低於上市公司總股本的20%，且未擁有上市公司控制權的股票投資行為。重大股票投資，是指保險機構或保險機構與非保險一致行動人持有上市公司股票比例達到或超過上市公司總股本的20%，且未擁有上市公司控制權的股票投資行為。上市公司收購，包括通過取得股份的方式成為上市公司的控股股東，或者通過投資關係、協議、其他安排的途徑成為上市公司的實際控制人，或者同時採取上述方式和途徑擁有上市公司控制權。

（四）股權投資

股權投資是指通過投資長期擁有被投資單位（未上市）的股權，成為被投資單位的股東，按所持股份比例享有權益並承擔責任。保險資金投資的股權，應當為境內依法設立和註冊登記，且未在證券交易所公開上市的股份有限公司和有限責任公司的股權。保險集團（控股）公司、保險公司開展上市公司收購或者從事對其他企業實現控股的股權投資，應當使用自有資金。按照2018年1月頒布的《保險資金運用管理暫行辦法》的規定，實現控股的股權投資應當限於下列企業：①保險類企業，包括保險公司、保險資產管理機構以及保險專業代理機構、保險經紀機構、保險公估機構；②非保險類金融企業；③與保險業務相關的企業。

（五）證券投資基金

證券投資基金是指通過發售基金份額募集資金，由基金託管人託管，由基金管理人管理和運用資金，以資產組合方式進行證券投資，基金份額持有人按其所持有份額享受收益和承擔風險的投資工具。

證券投資基金按基金的組織形式的不同，可以分為契約型基金和公司型基金；按基金運作方式不同，可分為封閉式基金和開放式基金；按投資標的的不同，可分為債券基金、股票基金、貨幣市場基金和混合型基金；按募集對象不同分為公募基金和私募基金。

保險公司投資證券投資基金的總比例和單一證券投資基金的比例、份額不得超過保險監管機構核定的比例。

（六）同業拆借和證券回購

資金拆借是指具有法人資格的金融機構之間或具有法人資格的金融機構與經法人授權的非法人金融機構之間進行的短期資金融通。資金拆借包括資金拆入和資金拆出。作為保險公司投資渠道的資金拆借是指資金拆出，即資金多餘的保險公司向資金不足者的借出款項，收取利息。保險公司是同業拆借市場交易主體的主要組成部分之一。

保險公司還可以從事證券回購業務，即辦理中國人民銀行批准交易的國債、中央銀行融資債券、政策性銀行金融債券等債券回購的經濟活動。證券回購包括買入返售證券和賣出回購證券。買入返售證券是指保險公司與全國銀行間同業市場其他成員以合同或協議的方式，按一定的價格買入證券，至到期日再按合同或協議規定的價格賣出該批證券，以獲取買入價與賣出價之間的價差收入的行為。賣出回購證券業務指保險公司與全國銀行間同業市場其他成員以合同或協議的方式，按一定的價格賣出證券，至到期日再按合同或協議

規定的價格買回該批證券，以獲得一定時期內資金使用權的行為。

（七）不動產

保險資金投資的不動產，是指土地、建築物及其他附著於土地上的定著物。保險資金不能直接從事房地產開發建設。

（八）另類投資

按照國際上對另類投資的定義，所謂另類投資，是指投資於傳統的股票、債券和現金之外的金融和實物資產，如房地產、證券化資產、對沖基金、私人股本基金、大宗商品、藝術品等。保險公司目前以債權投資計劃或股權投資計劃方式投資基礎設施和房地產、投資創業投資基金、投資私募股權、境外投資等，都屬於另類投資。

（九）貸款

貸款是指保險公司作為信用機構直接將保險資金提供給資金需求方，以獲取利息收入的一種信用活動。保險貸款可分為一般貸款和保單質押貸款。其中，一般貸款是指保險公司作為非銀行金融機構向社會提供貸款。貸款的收益率決定於市場利率。在不存在信貸資產的二級市場的情況下，信貸資產的變現能力不如有價證券，其流動性較差。目前中國不允許將保險資金運用形成的投資資產用於向他人提供擔保或者發放貸款，保險資金只允許做保單質押貸款。保單質押貸款是指在壽險保單具有現金價值的基礎上，根據保險合同的約定，保單持有人向保險公司申請的貸款。保單質押貸款是一種安全的投資方式。

（十）金融衍生工具

金融衍生工具是隨著金融市場發展而出現的新興產品，主要包括期貨（Futures）、期權（Options）、互換（Swap）等。金融衍生工具的共同特點，一是在品種設計上有槓桿作用或稱放大作用，俗稱「四兩撥千斤」；二是具有風險的對沖作用，抵銷未來的市場變化給資產或負債帶來的風險。因此，金融衍生工具投資又稱為風險管理資產（Risk Management Assets）。保險機構參與衍生品交易，僅限於對沖或規避風險，不得用於投機目的。

三、保險資金運用核算分類

根據投資交易的目的和經濟實質反應的經濟內容，保險投資可分為三大類：金融資產、長期股權投資和投資性房地產。其中，金融資產是保險資金運用所形成的投資資產的主要形式。

（一）金融資產

金融資產，是指企業持有的現金、其他方的權益工具以及符合下列條件之一的資產：

（1）從其他方收取現金或其他金融資產的合同權利。例如，企業的銀行存款、應收帳款、應收票據和發放的貸款等均屬於金融資產。而預付帳款不是金融資產，因其產生的未來經濟利益是商品或服務，不是收取現金或其他金融資產的權利。

（2）在潛在有利條件下，與其他方交換金融資產或金融負債的合同權利。例如，企業購入的看漲期權或看跌期權等衍生金融工具。

（3）將來須用或可用企業自身權益工具進行結算的非衍生工具合同，且企業根據該合

同將收到可變數量的自身權益工具。

(4) 將來須用或可用企業自身權益工具進行結算的衍生工具合同，但以固定數量的自身權益工具交換固定金額的現金或其他金融資產的衍生工具合同除外。其中，企業自身權益工具不包括應當按照《企業會計準則第37號——金融工具列報》分類為權益工具的可回售工具或發行方僅在清算時才有義務向另一方按比例交付其淨資產的金融工具，也不包括本身就要求在未來收取或交付企業自身權益工具的合同。

根據企業管理金融資產的業務模式和金融資產的合同現金流特徵，將金融資產分為三類：以攤餘成本計量的金融資產、以公允價值計量且其變動計入其他綜合收益的金融資產和以公允價值計量且其變動計入當期損益的金融資產。金融資產的分類一經確定，不得隨意變更。具體內容請看第二節。

(二) 長期股權投資

股權投資，又稱權益性投資，是指通過付出現金或非現金資產等取得被投資單位的股份或股權，享有一定比例的權益份額代表的資產。投資企業取得被投資單位的股權，相應地享有被投資單位淨資產有關份額，通過自被投資單位分得的現金股利或利潤以及待被投資單位增值後出售等獲利。

股權投資一方面形成投資方的金融資產，另一方面形成被投資方的權益工具，原則上屬於金融工具。在大的範疇屬於金融工具的情況下，根據投資方在投資後對被投資單位施加影響的程度，企業會計準則將股權投資分為兩種情況進行核算：按照金融工具確認和計量準則核算、按照長期股權投資準則核算。

長期股權投資，是指投資方對被投資單位實施控制、重大影響的權益性投資以及對其合營企業的權益性投資。會計意義上的長期股權投資劃分為對聯營企業、合營企業以及子公司的投資三種類型。因此長期股權投資主要包括：

(1) 聯營企業投資。即投資方持有的能夠對被投資單位施加重大影響的股權投資。

(2) 合營企業投資。即投資方持有的對構成合營企業的合營安排的投資。

(3) 對子公司投資。即投資方持有的能夠對被投資單位實施控制的股權投資。

(三) 投資性房地產

房地產是土地和房屋及其權屬的總稱。在中國，土地歸國家或集體所有，企業只能取得土地使用權。因此，房地產中的土地是指土地使用權，房屋是指土地上的房屋等建築物及構築物。

投資性房地產，是指為賺取租金或資本增值，或兩者兼有而持有的房地產。投資性房地產包括已出租的土地使用權、持有並準備增值後轉讓的土地使用權和已出租的建築物，不包括自用房地產和作為存貨的房地產。

(1) 已出租的建築物和已出租的土地使用權，是指從租賃期開始日以經營租賃方式出租的建築物和土地使用權。對於以經營租賃方式租入土地使用權和建築物再轉租給其他單位的，不能確認為投資性房地產。對企業持有以備經營出租的空置建築物或在建建築物，如董事會或類似機構做出書面決議，明確表明將其用於經營出租且持有意圖短期內不再發生變化的，即使尚未簽訂租賃協議，也應視為投資性房地產。

（2）持有並準備增值後轉讓的土地使用權，是指企業取得的、準備增值後轉讓的土地使用權。按照國家有關規定認定的閒置土地，不屬於持有並準備增值後轉讓的土地使用權。在中國，土地使用權屬於稀缺資源，國家嚴格限制與之相關的投機行為，因此實務中持有並準備增值後轉讓土地使用權的情況較少。

（3）一項房地產，部分用於賺取租金或資本增值，部分自用或作為存貨處理，用於賺取租金或資本增值的部分能夠單獨計量和出售的，可以確認為投資性房地產；不能單獨計量和出售的、用於賺取租金或資本增值的部分，不確認為投資性房產。

（4）企業將建築物出租，按租賃協議向承租人提供的相關輔助服務在整個協議中不重大的，應當將該建築物確認為投資性房地產。比如，企業將辦公樓出租並向承租人提供保安、維修等輔助服務。

第二節 金融資產

企業應當根據其管理金融資產的業務模式和金融資產的合同現金流量特徵，對金融資產進行合理分類。

一、企業管理金融資產的業務模式

（一）業務模式評估

企業管理金融資產的業務模式，是指企業如何管理其金融資產以產生現金流量。業務模式決定企業所管理金融資產現金流量的來源是收取合同現金流量、出售金融資產還是兩者兼有。

一個企業可能會採用多個業務模式管理其金融資產。例如，企業持有一組以收取合同現金流量為目標的投資組合，同時還持有另一組既以收取合同現金流量為目標又以出售該金融資產為目標的投資組合。

企業確定其管理金融資產的業務模式時，應當注意以下方面：

（1）企業應當在金融資產組合的層次上確定管理金融資產的業務模式，而不必按照單個金融資產逐項確定業務模式。金融資產組合的層次應當反應企業管理該金融資產的層次。有些情況下，企業可能將金融資產組合分拆為更小的組合，以合理反應企業管理該金融資產的層次。例如，企業購買一個抵押貸款組合，一部分貸款以收取合同現金流量為目標進行管理，其他貸款以出售為目標進行管理。

（2）企業應當以企業關鍵管理人員決定的對金融資產進行管理的特定業務目標為基礎，確定管理金融資產的業務模式。企業的業務模式並非企業自願指定，而是一種客觀事實，通常可以從企業為實現其設定目標而開展的特定活動中得以反應。企業應當考慮在業務模式評估日可獲得的所有相關證據，包括企業評價和向關鍵管理人員報告金融資產業績的方式、影響金融資產業績的風險及其管理方式以及相關業務管理人員獲得報酬的方式（例如報酬是基於所管理資產的公允價值還是所收取的合同現金流量）。

（3）企業應當以客觀事實為依據，確定管理金融資產的業務模式，不得以按照合理預

期不會發生的情形為基礎確定。例如，對於某金融資產組合，如果企業預期僅會在壓力情形下將其出售，且企業合理預期該壓力情形不會發生，則該壓力情形不得影響企業對該類金融資產的業務模式的評估。

此外，如果金融資產實際現金流量的實現方式不同於評估業務模式時的預期（如企業出售的金融資產數量超出或少於在對資產作出分類時的預期），只要企業在評估業務模式時已經考慮了當時所有可獲得的相關信息，這一差異不構成企業財務報表的前期差錯，也不改變企業在該業務模式下持有的剩餘金融資產的分類。但是，企業在評估新的金融資產的業務模式時，應當考慮這些信息。

(二) 以收取合同現金流量為目標的業務模式

在以收取合同現金流量為目標的業務模式下，企業管理金融資產旨在通過在金融資產存續期內收取合同付款來實現現金流量，而不是通過持有並出售金融資產產生整體回報。

例如，甲企業購買了一個貸款組合，且該組合中有包含已發生信用減值的貸款。如果貸款不能按時償付，甲企業將通過各類方式盡可能實現合同現金流量，例如通過郵件、電話或其他方法與借款人聯繫催收。同時，甲企業簽訂了一項利率互換合同，將貸款組合的利率由浮動利率轉換為固定利率。

本例中，甲企業管理該貸款組合的業務模式是以收取合同現金流量為目標。即使甲企業預期無法收取全部合同現金流量（部分貸款已發生信用減值），但並不影響其業務模式。此外，該公司簽訂利率互換合同也不影響貸款組合的業務模式。

(三) 以收取合同現金流量和出售金融資產為目標的業務模式

在以收取合同現金流量和出售金融資產為目標的業務模式下，企業的關鍵管理人員認為收取合同現金流量和出售金融資產對於實現其管理目標而言都是不可或缺的。例如，企業的目標是管理日常流動性需求同時維持特定的收益率，或將金融資產的存續期與相關負債的存續期進行匹配。

與以收取合同現金流量為目標的業務模式相比，此業務模式涉及的出售通常頻率更高、價值更大。因為出售金融資產是此業務模式的目標之一，在該業務模式下不存在出售金融資產的頻率或者價值的明確界限。

例如甲銀行持有金融資產組合以滿足其每日流動性需求。甲銀行為了降低其管理流動性需求的成本，高度關注該金融資產組合的回報。組合回報包括收取的合同付款和出售金融資產的利得或損失。本例中，甲銀行管理該金融資產組合的業務模式以收取合同現金流量和出售金融資產為目標。

(四) 其他業務模式

如果企業管理金融資產的業務模式，不是以收取合同現金流量為目標，也不是既以收取合同現金流量又出售金融資產來實現其目標，該金融資產應當分類為以公允價值計量且其變動計入當期損益的金融資產。例如，企業持有金融資產的目的是交易性的或者基於金融資產的公允價值做出決策並對其進行管理。在這種情況下，企業管理金融資產的目標是通過出售金融資產以實現現金流量。即使企業在持有金融資產的過程中會收取合同現金流量，企業管理金融資產的業務模式不是既以收取合同現金流量又出售金融資產來實現其目

標，因為收取合同現金流量對實現該業務模式目標來說只是附帶性質的活動。

二、關於金融資產的合同現金流量特徵

金融資產的合同現金流量特徵，是指金融工具合同約定的、反應相關金融資產經濟特徵的現金流量屬性。企業分類為以攤餘成本計量的金融資產和以公允價值計量且其變動計入其他綜合收益的金融資產，其合同現金流量特徵應當與基本借貸安排相一致。即相關金融資產在特定日期產生的合同現金流量僅為對本金和以未償付本金金額為基礎的利息的支付。

本金是指金融資產在初始確認時的公允價值，本金金額可能因提前還款等原因在金融資產的存續期內發生變動；利息包括對貨幣時間價值、與特定時期未償付本金金額相關的信用分析以及其他基本借貸風險、成本和利潤的對價。其中，貨幣時間價值是利息要素中僅因為時間流逝而提供對價的部分，不包括為所持有金融資產的其他風險或成本提供的對價，但貨幣時間價值要素有時可能存在修正。在貨幣時間價值要素存在修正的情況下，企業應當對相關修正進行評估，以確定其是否滿足上述合同現金流量特徵的要求。此外，金融資產包含可能導致其合同現金流量的時間分佈或金額發生變更的合同條款（如包含提前還款特徵）的，企業應當對相關條款進行評估（如評估提前還款特徵的公允價值是否非常小），以確定其是否滿足上述合同現金流量特徵的要求。

三、金融資產的具體分類

（一）以攤餘成本計量的金融資產

金融資產同時符合下列條件的，應當分類為以攤餘成本計量的金融資產：

（1）企業管理該金融資產的業務模式是以收取合同現金流量為目標。

（2）該金融資產的合同條款規定，在特定日期產生的現金流量，僅為對本金和以未償付本金金額為基礎的利息的支付。

例如以收取利息為業務模式的普通債券，其合同現金流量是到期收回本金及按約定利率在合同期間按時收取股東或浮動利息。

（二）以公允價值計量且其變動計入其他綜合收益的金融資產

金融資產同時符合下列條件的，應當分類為以公允價值計量且其變動計入其他綜合收益的金融資產：

（1）企業管理該金融資產的業務模式既以收取合同現金流量為目標又以出售該金融資產為目標。

（2）該金融資產的合同條款規定，在特定日期產生的現金流量，僅為對本金和以未償付本金金額為基礎的利息的支付。

例如甲公司在銷售中通常會給予客戶一定期間的信用期。未來盤活存量資產，提高資金使用效率，甲公司與銀行簽訂應收款無追索權保理總協議，銀行向甲公司一次性授信1億元人民幣，甲公司可以在需要時向銀行出售應收帳款。歷史上甲公司頻繁向銀行出售應收帳款，且出售金額重大，上述出售滿足金融資產的終止確認規定。

本例中，應收帳款的業務模式符合「既以收取合同現金流量為目標又以出售該金融資產為目標」，且該應收帳款符合本金加利息的合同現金流量特徵，因此應當分為以公允價值計量且其變動計入其他綜合收益的金融資產。

(三) 以公允價值計量且其變動計入當期損益的金融資產

以攤餘成本計量的金融資產和以公允價值計量且其變動計入其他綜合收益的金融資產之外的金融資產，應當將其分類為以公允價值計量且其變動計入當期損益的金融資產。例如企業常見的股票、基金等投資產品通常分類為以公允價值計量且其變動計入當期損益的金融資產。

四、金融資產分類的特殊規定

因合同現金流量評估一般不符合基本借貸安排的權益工具，分類為以公允價值計量且其變動計入當期損益的金融資產。在初始確認時，企業可以將非交易性權益工具投資指定為以公允價值計量且其變動計入其他綜合收益的金融資產。該指定一經做出，不得撤銷。

企業在非同一控制下的企業合併中確認的或有對價構成金融資產的，該金融資產應當分類為以公允價值計量且其變動計入當期損益的金融資產，不得指定為以公允價值計量且其變動計入其他綜合收益的金融資產。

五、金融資產分類小結

如前所述，對於一項債務工具投資，首先需要對其進行現金流量測試，即看其合同現金流量是否僅為對本金和以未償付本金金額為基礎的利息的支付，如果未通過現金流量測試，則直接將其計入以公允價值計量且其變動計入當期損益的金融資產；如果通過現金流量測試，則需要進一步判斷其業務模式。如果其業務模式既不符合以收取合同現金流量為目標或者又不符合以收取合同現金流量和出售金融資產為雙目標的債務工具投資，則應將其分類為以公允價值計量且其變動計入當期損益的金融資產；如果其業務模式符合以收取合同現金流量為目標或者既以收取合同現金流量為目標又以出售金融資產為目標，且沒有運用公允價值計量的選擇權，則以收取合同現金流量為目標的債務工具投資可以分類為以攤餘成本計量的金融資產，而既以收取合同現金流量為目標又以出售金融資產為目標的債務工具投資分類為以公允價值計量且其變動計入其他綜合收益的金融資產；如果其業務模式雖然符合以收取合同現金流量為目標或者符合既以收取合同現金流量為目標又以出售金融資產為目標，但該債務工具投資擁有運用公允價值選擇權，則該債務工具投資分類為以公允價值計量且其變動計入當期損益的金融資產。

對於衍生工具、交易性權益工具投資以及未指定為以公允價值計量且其變動計入其他綜合收益的非交易性權益工具投資則應計入以公允價值計量且其變動計入當期損益的金融資產。

對於非交易性權益工具，若其指定為以公允價值計量且其變動計入其他綜合收益的，則應計入以公允價值計量且其變動計入其他綜合收益的非交易性權益工具投資。

金融資產分類流程圖如圖 8-1 所示：

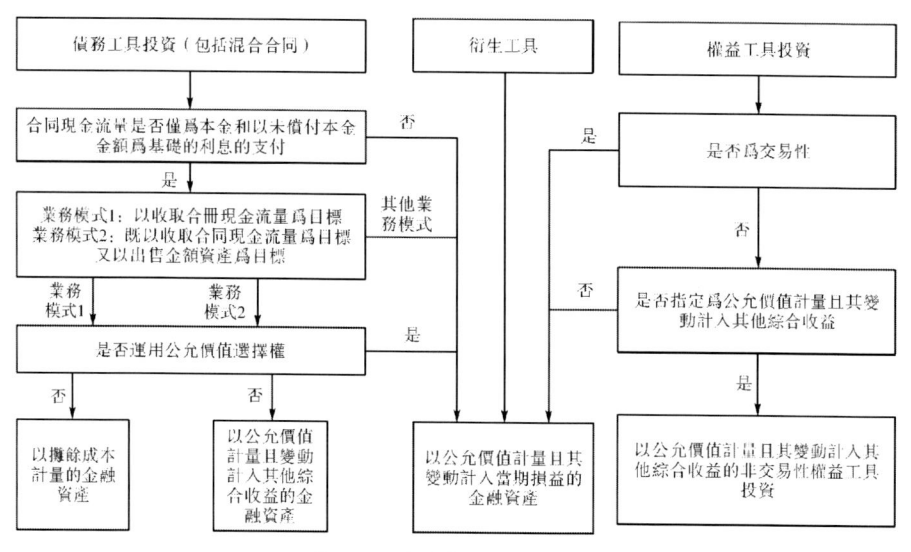

圖 8-1　金融資產分類流程圖

六、金融資產的重分類

企業改變其管理金融資產的業務模式時，應當對所有受影響的相關金融資產進行重分類。

對金融資產進行重分類時，應當自重分類日起採用未來適用法進行相關會計處理，不得對以前已確認的利得、損失（包括減值損失或利得）或利息進行追溯調整。重分類日，是指導致企業對金融資產進行重分類的業務模式發生變更後的首個報告期間的第一天。

（一）以攤餘成本計量的金融資產重分類

（1）企業將一項以攤餘成本計量的金融資產重分類為以公允價值計量且其變動計入當期損益的金融資產的，應當按照該資產在重分類日的公允價值進行計量。原帳面價值與公允價值之間的差額計入當期損益。

（2）企業將一項以攤餘成本計量的金融資產重分類為以公允價值計量且其變動計入其他綜合收益的金融資產的，應當按照該金融資產在重分類日的公允價值進行計量。原帳面價值與公允價值之間的差額計入其他綜合收益。該金融資產重分類不影響其實際利率和預期信用損失的計量。

（二）以公允價值計量且其變動計入其他綜合收益的金融資產重分類

（1）企業將一項以公允價值計量且其變動計入其他綜合收益的金融資產重分類為以攤餘成本計量的金融資產的，應當將之前計入其他綜合收益的累計利得或損失轉出，調整該金融資產在重分類日的公允價值，並以調整後的金額作為新的帳面價值，即視同該金融資產一直以攤餘成本計量。該金融資產重分類不影響其實際利率和預期信用損失的計量。

（2）企業將一項以公允價值計量且其變動計入其他綜合收益的金融資產重分類為以公允價值計量且其變動計入當期損益的金融資產的，應當繼續以公允價值計量該金融資產。

同時，企業應當將之前計入其他綜合收益的累計利得或損失從其他綜合收益轉入當期損益。

(三) 以公允價值計量且其變動計入當期損益的金融資產重分類

(1) 企業將一項以公允價值計量且其變動計入當期損益的金融資產重分類為以攤餘成本計量的金融資產的，應當以其在重分類日的公允價值作為新的帳面餘額。

(2) 企業將一項以公允價值計量且其變動計入當期損益的金融資產重分類為以公允價值計量且其變動計入其他綜合收益的金融資產的，應當繼續以公允價值計量該金融資產。

對以公允價值計量且其變動計入當期損益的金融資產進行重分類時，企業應當根據該金融資產在重分類日的公允價值確定其實際利率。同時，自重分類日起對該金融資產適用金融資產減值的相關規定，並將重分類日視為初始確認日。

七、核算使用的會計科目列表

核算使用的會計科目列表如表8-1所示：

表 8-1

金融資產分類	投資類型	具體投資形式	會計科目
以攤餘成本計量的金融工具	債務工具	銀行存款	銀行存款
		銀行匯票存款、銀行本票存款、信用卡存款、信用證保證金存款、存出投資款、外埠存款	其他貨幣資金
		企業債券、優先級資產支持債券、金融債券、國債等	債權投資
		保單質押貸款	保單質押貸款
		應收票據、應收帳款、應收利息、存出保證金、買入返售金融資產、應收股利等	應收票據、應收帳款、應收利息、存出保證金、買入返售金融資產、其他應收款
以公允價值計量且其變動計入當期損益的金融資產	債務工具	以賺取差價為目的從二級市場購入的債務工具，如債券	交易性金融資產
	權益工具	股票、基金、可轉換債券	
	衍生工具	金融衍生品	衍生工具
以公允價值計量且其變動計入其他綜合收益的金融資產	債務工具	既以收取合同現金流量為目的又以出售金融資產為目標的債券和債務工具投資	其他債權投資
	權益工具	非交易性權益工具，可指定為以公允價值計量且其變動計入其他綜合收益的金融資產，如名股實債的投資、分步收購且處於中間階段的股權投資	其他權益工具投資

八、金融資產初始計量

企業初始確認金融資產，應當按照公允價值計量。對於以公允價值計量且其變動計入

當期損益的金融資產,相關交易費用應當直接計入當期損益;對於其他類別的金融資產,相關交易費用應當計入初始確認金額。

交易費用,是指可直接歸屬於購買、發行或處置金融工具的增量費用。增量費用是指企業沒有發生購買、發行或處置相關金融工具的情形就不會發生的費用,包括支付給代理機構、諮詢公司、券商、證券交易所、政府有關部門等的手續費、佣金、相關稅費以及其他必要支出,不包括債券溢價、折價、融資費用、內部管理成本和持有成本等與交易不直接相關的費用。

如果實際支付的價款中包括已到付息期但尚未領取的利息或已宣告發放但尚未發放的現金股利,應將此項金額從實際支付的價款中扣除,作為「應收利息」或「應收股利」單獨核算。

在初始確認時,金融資產公允價值依據相同資產在活躍市場上的報價或者以僅使用可觀察市場數據的估值技術確定的,企業應當將該公允價值與交易價格之間的差額確認為一項利得或損失。

在初始確認時,金融資產公允價值以其他方式確定的,企業應當將該公允價值與交易價格之間的差額遞延。初始確認後,企業應當根據某一因素在相應會計期間的變動程度將該遞延差額確認為相應會計期間的利得或損失。該因素應當僅限於市場參與者對該金融工具定價時將予考慮的因素,包括時間等。

九、金融資產後續計量、處置

金融資產的後續計量與金融資產的分類密切相關。因此企業應當對不同類別的金融資產,分別以攤餘成本、以公允價值計量且其變動計入其他綜合收益或以公允價值計量且其變動計入當期損益進行後續計量。

如果一項以公允價值計量的金融資產,當它的公允價低於零,企業應將其確認為一項負債。

(一) 以攤餘成本計量的金融資產的會計處理

1. 實際利率

實際利率法,是指計算金融資產的攤餘成本以及將利息收入或利息費用分攤計入各會計期間的方法。

實際利率,是指將金融資產在預計存續期的估計未來現金流量,折現為該金融資產帳面餘額所使用的利率。在確定實際利率時,應當在考慮金融資產所有合同條款(如提前還款、展期、看漲期權或其他類似期權等)的基礎上估計預期現金流量,但不應當考慮預期信用損失。

經信用調整的實際利率,是指將購入或源生的已發生信用減值的金融資產在預計存續期的估計未來現金流量,折現為該金融資產攤餘成本的利率。在確定經信用調整的實際利率時,應當在考慮金融資產的所有合同條款(例如提前還款、展期、看漲期權或其他類似期權)以及初始預期信用損失的基礎上估計預期現金流量。

企業通常能夠可靠估計金融工具(或一組類似金融工具)的現金流量和預計存續期。

在極少數情況下，金融工具（或一組金融工具）的估計未來現金流量或預計存續期無法可靠估計的，企業在計算確定其實際利率（或經信用調整的實際利率）時，應當基於該金融工具在整個合同期內的合同現金流量。

合同各方之間支付或收取的、屬於實際利率或經信用調整的實際利率組成部分的各項費用、交易費用及溢價或折價等，應當在確定實際利率或經信用調整的實際利率時予以考慮。

2. 攤餘成本

金融資產的攤餘成本，應當以該金融資產的初始確認金額經下列調整後的結果確定：

（1）扣除已償還的本金。

（2）加上或減去採用實際利率法將該初始確認金額與到期日金額之間的差額進行攤銷形成的累計攤銷額。

（3）扣除累計計提的損失準備。

3. 利息收入

企業應當按照實際利率法確認利息收入。利息收入應當根據金融資產帳面餘額乘以實際利率計算確定，但下列情況除外：

（1）對於購入或源生的已發生信用減值的金融資產，企業應當自初始確認起，按照該金融資產的攤餘成本和經信用調整的實際利率計算確定其利息收入。

（2）對於購入或源生的未發生信用減值、但在後續期間成為已發生信用減值的金融資產，企業應當在後續期間，按照該金融資產的攤餘成本和實際利率計算確定其利息收入。若該金融工具在後續期間因其信用風險有所改善而不再存在信用減值，並且這一改善在客觀上可與應用上述規定之後發生的某一事件相聯繫（如債務人的信用評級被上調），企業應當轉按實際利率乘以該金融資產帳面餘額來計算確定利息收入。

4. 已發生信用減值的金融資產

當對金融資產預期未來現金流量具有不利影響的一項或多項事件發生時，該金融資產成為已發生信用減值的金融資產。金融資產已發生信用減值的證據包括下列可觀察信息：

（1）發行方或債務人發生重大財務困難；

（2）債務人違反合同，如償付利息或本金違約或逾期等；

（3）債權人出於與債務人財務困難有關的經濟或合同考慮，給予債務人在任何其他情況下都不會做出的讓步；

（4）債務人很可能破產或進行其他財務重組；

（5）發行方或債務人財務困難導致該金融資產的活躍市場消失；

（6）以大幅折扣購買或源生一項金融資產，該折扣反應了發生信用損失的事實。

金融資產發生信用減值，有可能是多個事件的共同作用所致，未必是可單獨識別的事件所致。

5. 會計處理

以攤餘成本計量的金融資產的會計處理包括三個步驟：取得投資時、持有期間和處置時。

（1）取得時。以攤餘成本計量的金融資產初始確認時，應當按照公允價值和相關費用

之和作為初始入帳金額，如果實際支付的價款中包括已到付息期但尚未領取的債券利息，則應單獨確認為應收項目。企業初始確認的應收帳款應當按照交易價格進行初始計量。

（2）持有期間。持有期間主要有兩件事：期末計提利息和期末計提減值準備。

①資產負債表日，應當採用實際利率法，按照攤餘成本和實際利率計算確認利息收入，計入投資收益。在資產負債表日應計算兩個利息：

A. 應收利息＝以攤餘成本計量的金融資產面值×票面利率×期限

B. 利息收入＝以攤餘成本計量的金融資產期初攤餘成本×實際利率×期限

②期末計提減值準備。

當以攤餘成本計量的金融資產帳面價值大於其未來現金流量現值，其差額應計提減值準備。

借：資產減值損失
　　貸：以攤餘成本計量的金融資產減值準備

（3）處置時。以攤餘成本計量的金融資產的處置包括出售、到期收回和轉換三種形式。處置以攤餘成本計量的金融資產時，應將所取得的價款與以攤餘成本計量的金融資產帳面價值之間的差額，計入當期損益。

例 8-1 甲保險公司於 2013 年 1 月 1 日支付價款 106.494,2 萬元購入乙公司同日發行的 5 年期公司債券 100 萬份，債券票面價值總額為 100 萬元，票面年利率為 6.5%，於每年年底分期付息，本金在債券到期時一次性償還。合同約定，該債券的發行方在遇到特定情況時可以將債券贖回，且不需要為提前贖回支付額外款項。甲保險公司在購買該債券時，預計發行方不會提前贖回。甲保險公司根據其管理該債券的業務模式和該債券的合同現金流量特徵，將該債券分類為以攤餘成本計量的金融資產。

假定不考慮所得稅、減值損失等因素，計算該債券的實際利率 r：

$$65\times(1+r)^{-1}+65\times(1+r)^{-2}+65\times(1+r)^{-3}+65\times(1+r)^{-4}+(65+100)\times(1+r)^{-5}=106.494,2 \text{ 萬元}$$

採用插值法，計算得出 r＝5%

各項計算數據結果如表 8-2 所示：

表 8-2　　　　　　　　　　　　數據計算結果　　　　　　　　　　　　單位：元

日期	期初攤餘成本（A）	實際利息收入（B＝A×5%）	現金流入（C）	溢價攤銷（D＝B−C）	期末攤餘成本（A＋D）
2013 年 12 月 31 日	1,064,942	53,247	65,000	−11,753	1,053,189
2014 年 12 月 31 日	1,053,189	52,659	65,000	−12,341	1 040,849
2015 年 12 月 31 日	1 040,849	52,042	65,000	−12,958	1,027,891
2016 年 12 月 31 日	1,027,891	51,395	65,000	−13,605	1,014,286
2017 年 12 月 31 日	1,014,286	50,714	65,000	−14,286	0

甲保險公司的有關帳務處理如下（金額單位：元）：

（1）2013 年 1 月 1 日購入乙公司債券時：

借：債權投資——成本　　　　　　　　　　　　　　　1,000,000

債權投資——利息調整		64,942
貸：銀行存款		1,064,942

（2）2013年12月31日，確認甲保險公司債券實際利息收入、收到債券利息：

借：應收利息		65,000
貸：債權投資——利息調整		11,753
投資收益		53,247
借：銀行存款		65,000
貸：應收利息		65,000

此時，該筆債券的帳面價值減少至攤餘成本1,053,189（1,064,942-11,753）元。

（3）2014年12月31日，確認甲保險公司債券實際利息收入、收到債券利息：

借：應收利息		65,000
貸：債權投資——利息調整		12,341
投資收益		52,659
借：銀行存款		65,000
貸：應收利息		65,000

（4）2015年12月31日，確認甲保險公司債券實際利息收入、收到債券利息：

借：應收利息		65,000
貸：債權投資——利息調整		12,958
投資收益		52,042
借：銀行存款		65,000
貸：應收利息		65,000

（5）2016年12月31日，確認甲保險公司債券實際利息收入、收到債券利息：

借：應收利息		65,000
貸：債權投資——利息調整		13,605
投資收益		51,395
借：銀行存款		65,000
貸：應收利息		65,000

（6）2017年12月31日，確認甲保險公司債券實際利息收入、收到債券利息：

借：應收利息		65,000
貸：債權投資——利息調整		14,286
投資收益		50,714
借：銀行存款		65,000
貸：應收利息		65,000
借：銀行存款		1,000,000
貸：債權投資——成本		1,000,000

（二）以公允價值進行後續計量的金融資產的會計處理

（1）對於按照公允價值進行後續計量的金融資產，其公允價值變動形成的利得或損

失，除與套期會計有關外，應當按照下列規定處理：

①以公允價值計量且其變動計入當期損益的金融資產的利得或損失，應當計入當期損益。

②分類為以公允價值計量且其變動計入其他綜合收益的金融資產所產生的所有利得或損失，除減值損失或利得和匯兌損益之外，均應當計入其他綜合收益，直至該金融資產終止確認或被重分類。但是，採用實際利率法計算的該金融資產的利息應當計入當期損益。該金融資產計入各期損益的金額應當與視同其一直按攤餘成本計量而計入各期損益的金額相等。

該金融資產終止確認時，之前計入其他綜合收益的累計利得或損失應當從其他綜合收益中轉出，計入當期損益。

③指定為以公允價值計量且其變動計入其他綜合收益的非交易性權益工具投資，除了獲得的股利（明確代表投資成本部分收回的股利除外）計入當期損益外，其他相關的利得和損失（包括匯兌損益）均應當計入其他綜合收益，且後續不得轉入當期損益。當其終止確認時，之前計入其他綜合收益的累計利得或損失應當從其他綜合收益中轉出，計入留存收益。

（2）企業只有在同時符合下列條件時，才能確認股利收入並計入當期損益：

①企業收取股利的權利已經確立；

②與股利相關的經濟利益很可能流入企業；

③股利的金額能夠可靠計量。

（3）以攤餘成本計量且不屬於任何套期關係的一部分的金融資產所產生的利得或損失，應當在終止確認、重分類、按照實際利率法攤銷或確認減值時，計入當期損益。

例 8-2 甲保險公司於 2013 年 1 月 1 日支付價款 106.494,2 萬元購入乙公司同日發行的 5 年期公司債券 100 萬份，債券票面價值總額為 100 萬元，票面年利率為 6.5%，於每年年底分期付息，本金在債券到期時一次性償還。合同約定，該債券的發行方在遇到特定情況時可以將債券贖回，且不需要為提前贖回支付額外款項。甲保險公司在購買該債券時，預計發行方不會提前贖回。甲保險公司根據其管理該債券的業務模式和該債券的合同現金流量特徵，將該債券分類為以公允價值計量且其變動計入其他綜合收益的金融資產。

其他資料如下：1,120,00+0-1,014,285 = 105,715（元）

① 2013 年 12 月 31 日，乙公司債券的公允價值為 105 萬元（不含利息）。

② 2014 年 12 月 31 日，乙公司債券的公允價值為 110 萬元（不含利息）。

③ 2015 年 12 月 31 日，乙公司債券的公允價值為 108 萬元（不含利息）。

④ 2016 年 12 月 31 日，乙公司債券的公允價值為 105 萬元（不含利息）。

⑤ 2017 年 1 月 25 日，出售了乙公司債券 100 萬份，取得價款 112 萬元。

假定不考慮所得稅、減值損失等因素，計算該債券的實際利率 r：

$65\times(1+r)^{-1} + 65\times(1+r)^{-2} + 65\times(1+r)^{-3} + 65\times(1+r)^{-4} + (65+100)\times(1+r)^{-5} = 106.494,2$ 萬元

採用插值法，計算得出 $r = 5\%$。

各科目數據如表 8-3 所示：

表 8-3 各科目計算數據 單位：元

日期	現金流入（A）	實際利息收入(B = D×5%)	已收回本金(C= A-B)	攤餘成本餘額(D = 期初 D-C)	公允價值（E）	公允價值變動額(F= E-D-期初 G)	公允價值變動累計金額(G= 期初 G+ F)
2013 年 1 月 1 日				1,064,942	1,064,942	0	0
2013 年 12 月 31 日	65,000	53,247	11,753	1,053,189	1,050,000	-3,189	-3,189
2014 年 12 月 31 日	65,000	52,659	12,341	1 040,848	1,100,000	62,341	59,152
2015 年 12 月 31 日	65,000	52,042	12,958	1,027,890	1,080,000	-7,042	52,110
2016 年 12 月 31 日	65,000	51,395	13,605	1,014,285	1,050,000	-16,395	35,715
2017 年 1 月 25 日	0	105,715	-105,715	1,120,00	1,120,000	-35,715	0
小計	260,000	315,094	-55,058	1,120,000			
2017 年 1 月 25 日	1,120,000		1,120,000	0			
合計	1,380,000	315,094	1,064,942	0			

甲保險公司有關帳務處理如下：

① 2013 年 1 月 1 日，購入乙公司債券：

借：其他債權投資——成本　　　　　　　　　　　　　　1,000,000
　　其他債權投資——利息調整　　　　　　　　　　　　　64,942
　貸：銀行存款　　　　　　　　　　　　　　　　　　　1,064,942

② 2013 年 12 月 31 日，確認乙公司債券實際利息收入、公允價值變動，收到債權利息：

借：應收利息　　　　　　　　　　　　　　　　　　　　65,000
　貸：債權投資——利息調整　　　　　　　　　　　　　　11,753
　　　投資收益　　　　　　　　　　　　　　　　　　　　53,247
借：銀行存款　　　　　　　　　　　　　　　　　　　　65,000
　貸：應收利息　　　　　　　　　　　　　　　　　　　　65,000
借：其他綜合收益——其他債權投資公允價值變動　　　　　3,189
　貸：其他債權投資——公允價值變動　　　　　　　　　　3,189

③ 2014 年 12 月 31 日：

借：應收利息　　　　　　　　　　　　　　　　　　　　65,000
　貸：債權投資——利息調整　　　　　　　　　　　　　　12,341
　　　投資收益　　　　　　　　　　　　　　　　　　　　52,659
借：銀行存款　　　　　　　　　　　　　　　　　　　　65,000
　貸：應收利息　　　　　　　　　　　　　　　　　　　　65,000
借：其他債權投資——公允價值變動　　　　　　　　　　62,341
　貸：其他綜合收益——其他債權投資公允價值變動　　　　62,341

④ 2015 年 12 月 31 日：

借：應收利息　　　　　　　　　　　　　　　　　　　　65,000
　貸：債權投資——利息調整　　　　　　　　　　　　　　12,958

    投資收益   52,042
  借：銀行存款   65,000
    貸：應收利息   65,000
  借：其他綜合收益——其他債權投資公允價值變動   7,042
    貸：其他債權投資——公允價值變動   7,042
⑤ 2016 年 12 月 31 日：
  借：應收利息   65,000
    貸：債權投資——利息調整   13,605
      投資收益   51,395
  借：銀行存款   65,000
    貸：應收利息   65,000
  借：其他綜合收益——其他債權投資公允價值變動   16,935
    貸：其他債權投資——公允價值變動   16,935
⑥ 2017 年 1 月 25 日，確認出售乙公司債券實現的損益：
  借：其他債權投資——利息調整   105,715
    貸：投資收益   105,715
  借：銀行存款   1,120,000
    投資收益   35,715
    貸：其他債權投資——成本   1,000,000
        ——公允價值變動   35,715
        ——利息調整   120,000
乙公司債券的成本＝1,000,000 萬元
乙公司債券的利息調整餘額＝64,942－11,753－12,341－12,958－13,605＋105,715＝120,000（元）
乙公司債券公允價值變動餘額＝－3,189＋62,341－7,042－16,395＝35,715（元）
同時從其他綜合收益中轉出的公允價值累計金額為 35,715 元：
  借：其他綜合收益——其他債權投資公允價值變動   35,715
    貸：投資收益   35,715

  例 8-3 2016 年 1 月 1 日，甲保險公司公司從二級市場購入乙公司債券，支付價款合計 105 萬元（含已到付息期但尚未領取的利息 5 萬元），另發生交易費用 2 萬元。該債券面值 100 萬元，剩餘期限為 3 年，票面年利率為 5%，每半年末付息一次。甲保險公司根據其管理該債券的業務模式和該債券的合同現金流量特徵，將該債券分類為以公允價值計量且其變動計入當期損益的金融資產。其他資料如下：
  ① 2016 年 1 月 5 日，收到乙公司債券 2015 年下半年利息 2.5 萬元。
  ② 2016 年 6 月 30 日，乙公司債券的公允價值為 120 萬元（不含利息）。
  ③ 2016 年 7 月 5 日，收到乙公司債券 2016 年上半年利息 2.5 萬元。
  ④ 2016 年 12 月 31 日，乙公司債券的公允價值為 110 萬元（不含利息）。

⑤ 2017 年 1 月 5 日，收到乙公司債券 2016 年下半年利息 2.5 萬元。

⑥ 2017 年 6 月 20 日，通過二級市場出售乙公司債券，取得價款 115 萬元（含 1 季度利息 1.25 萬元）。

假定不考慮其他因素，甲保險公司的帳務處理如下：

① 2016 年 1 月 1 日，從二級市場購入乙公司債券：

借：交易性金融資產——成本　　　　　　　　　　　　1,000,000
　　應收利息　　　　　　　　　　　　　　　　　　　　　50,000
　　投資收益　　　　　　　　　　　　　　　　　　　　　20,000
　　貸：銀行存款　　　　　　　　　　　　　　　　　　1,070,000

② 2016 年 1 月 5 日，收到乙公司債券 2015 年下半年利息 2.5 萬元：

借：銀行存款　　　　　　　　　　　　　　　　　　　　25,000
　　貸：應收利息　　　　　　　　　　　　　　　　　　　25,000

③ 2016 年 6 月 30 日，確認乙公司債券的公允價值變動和投資收益：

借：交易性金融資產——公允價值變動　　　　　　　　　200,000
　　貸：公允價值變動損益　　　　　　　　　　　　　　200,000
借：應收利息　　　　　　　　　　　　　　　　　　　　25,000
　　貸：投資收益　　　　　　　　　　　　　　　　　　　25,000

④ 2016 年 7 月 5 日，收到乙公司債券 2016 年上半年利息：

借：銀行存款　　　　　　　　　　　　　　　　　　　　25,000
　　貸：應收利息　　　　　　　　　　　　　　　　　　　25,000

⑤ 2016 年 12 月 31 日，確認乙公司債券的公允價值變動和投資收益：

借：公允價值變動損益　　　　　　　　　　　　　　　　100,000
　　貸：交易性金融資產——公允價值變動　　　　　　　100,000
借：應收利息　　　　　　　　　　　　　　　　　　　　25,000
　　貸：投資收益　　　　　　　　　　　　　　　　　　　25,000

⑥ 2017 年 1 月 5 日，收到乙公司債券 2016 年下半年利息 2.5 萬元：

借：銀行存款　　　　　　　　　　　　　　　　　　　　25,000
　　貸：應收利息　　　　　　　　　　　　　　　　　　　25,000

⑦ 2017 年 6 月 20 日，通過二級市場出售乙公司債券：

借：銀行存款　　　　　　　　　　　　　　　　　　　1,150,000
　　貸：交易性金融資產——成本　　　　　　　　　　1,000,000
　　　　　　　　　　　　——公允價值變動　　　　　　100,000
　　　　投資收益　　　　　　　　　　　　　　　　　　　50,000

例 8-4　2016 年 5 月 6 日，甲保險公司支付價款 1,020 萬元（含交易費用 2 萬元和已宣告發放現金股利 18 萬元），購入乙公司發行的股票 100 萬股，占乙公司有表決權股份的 0.5%。甲保險公司將其指定為以公允價值計量且其變動計入其他綜合收益的非交易性權益工具投資。其他資料如下：

① 2016 年 5 月 10 日，甲保險公司收到乙公司發放的現金股利 18 萬元。
② 2016 年 6 月 30 日，該股票市價為每股 10.2 元。
③ 2016 年 12 月 31 日，甲保險公司仍持有該股票；當日，該股票市價為每股 9.5 元。
④ 2017 年 5 月 9 日，乙公司宣告發放股利 4,000 萬元。
⑤ 2017 年 5 月 13 日，甲保險公司收到乙公司發放的現金股利。

2017 年 5 月 20 日，甲保險公司由於某特殊原因，以每股 10.3 元的價格將股票全部轉讓。假定不考慮其他因素，甲保險公司的帳務處理如下（金額單位：元）

① 2016 年 5 月 6 日，甲保險公司購入乙公司股票：

借：其他權益工具投資——成本　　　　　　　　　　　　1,002
　　應收股利　　　　　　　　　　　　　　　　　　　　　 18
　貸：銀行存款　　　　　　　　　　　　　　　　　　　 1,020

② 2016 年 5 月 10 日，甲保險公司收到乙公司發放的現金股利時

借：銀行存款　　　　　　　　　　　　　　　　　　　　　18
　貸：應收股利　　　　　　　　　　　　　　　　　　　　 18

③ 2016 年 6 月 30 日，確認股票價格變動

借：其他權益工具投資——公允價值變動　　　　　　　　　 20
　貸：其他綜合收益——其他權益工具投資公允價值變動　　 20

④ 2016 年 12 月 31 日，確認股票價格變動

借：其他綜合收益——其他權益工具投資公允價值變動　　　 70
　貸：其他權益工具投資——公允價值變動　　　　　　　　 70

⑤ 2017 年 5 月 9 日，確認乙公司宣告發放股利 4,000 萬元時

借：應收股利　　　　　　　　　　　　　　　　　　　　　20
　貸：投資收益　　　　　　　　　　　　　　　　　　　　 20

⑥ 2017 年 5 月 13 日，甲保險公司收到乙公司發放的現金股利時

借：銀行存款　　　　　　　　　　　　　　　　　　　　　20
　貸：應收股利　　　　　　　　　　　　　　　　　　　　 20

⑦ 2017 年 5 月 20 日，甲保險公司以每股 10.3 元的價格將股票全部轉讓時

借：銀行存款　　　　　　　　　　　　　　　　　　　 1,030
　　其他權益工具投資——公允價值變動　　　　　　　　　 50
　貸：其他權益工具投資——成本　　　　　　　　　　　1,002
　　　其他綜合收益——其他權益工具投資公允價值變動　　 50
　　　盈餘公積——法定盈餘公積　　　　　　　　　　　　2.8
　　　利潤分配——未分配利潤　　　　　　　　　　　　 25.2

（4）貸款的會計處理。保險公司不能做商業貸款業務，保險公司可以做保戶質押貸款，同業拆借和金融資產回購業務。

①保戶質押貸款。保戶質押貸款是以保戶的保險單為質押品所發放的貸款。長期壽險業務中的多數險種具有儲蓄性，即保單經過一定時期後將累積一定量的現金價值。如果投

保人有臨時性的經濟困難，可以持保險單、保費收據等向保險公司申請保單貸款，貸款金額以不超過保單當時現金價值的一定比例為限。

由於保險公司向保戶提供的保戶質押貸款期限一般較短，因此，實際利率與合同利率差異不大，可以按合同利率計算利息收入。

保戶質押貸款的核算包括發放保戶質押貸款、計算利息收入以及收回保戶質押貸款本息三項內容。

第一，會計科目設置。「保戶質押貸款」科目，核算保險公司按規定對保戶提供的質押貸款。本科目是資產類科目。由於保戶質押貸款的期限一般較短，因此，保險公司無須採用應計利息的政策，而是於實際收到利息時確認利息收入。本科目借方反應保險公司發放的貸款本金，貸方表示保險公司收回的貸款本金。貸款產生的利息計入利息收入科目。該科目應按貸款人設置明細科目。

「利息收入」科目，核算保戶質押貸款取得的利息。本科目是損益類科目。該科目期末發生額結轉到「本年利潤」，期末無餘額。

「應收利息」科目，核算按質押貸款合同約定，應該收到的利息。本科目是資產類科目。

「貸款損失準備」核算企業以攤餘成本計量的貸款以預期信用損失為基礎計提的損失準備。

第二，帳務處理。發放保戶質押貸款時，借記「保戶質押貸款」科目，貸記「庫存現金」「銀行存款」科目。每期收到保戶質押貸款利息或計算應收利息時，借記「銀行存款」「應收利息」科目，貸記「利息收入」科目。收回保戶質押貸款本息時，按本息合計，借記「銀行存款」科目；按本金數，貸記「保戶質押貸款」科目；按利息數，貸記「利息收入」科目。

例8-5 某保戶持有效保單等有關憑證申請保戶質押貸款 50,000 元，經審核符合條件，同意發放期限為 6 個月、月利率為 6‰的保戶質押貸款 50,000 元，到期還本付息，甲保險公司於 2017 年 6 月 1 日發放貸款。

2017 年 6 月 1 日發放貸款時：
借：保戶質押貸款——××保戶　　　　　　　　　　　　　50,000
　　貸：銀行存款　　　　　　　　　　　　　　　　　　　　50,000

2017 年 6 月 1 日到 11 月 1 日計算應計利息時：
借：應收利息——××保戶　　　　　　　　　　　　　　　　300
　　貸：利息收入——保戶質押貸款　　　　　　　　　　　　　300

2017 年 12 月 1 日還本付息時：
借：銀行存款　　　　　　　　　　　　　　　　　　　　51,800
　　貸：保戶質押貸款——××保戶　　　　　　　　　　　　50,000
　　　　應收利息——××保戶　　　　　　　　　　　　　　1,500
　　　　利息收入　　　　　　　　　　　　　　　　　　　　300

②同業拆借。同業拆借是指金融機構之間的借款活動。《中華人民共和國商業銀行法》

(2015)規定：「同業拆借，應當遵守中國人民銀行規定的期限，拆借的期限最長不得超過4個月。禁止利用拆入資金發放固定資產貸款或者用於投資。拆出資金限於充足存款準備金、留足備付金和歸還中國人民銀行到期貸款之後的閒置資金。拆入資金用於彌補票據結算、聯行匯差頭寸的不足和解決臨時性週轉資金的需要。」

根據《同業拆借管理辦法》(2007)，保險公司應在申請進入同業拆借市場前最近四個季度連續的償付能力充足率在120%以上；保險公司拆入資金的最長期限為3個月；保險公司的最高拆入限額和最高拆出限額均不超過該機構實收資本的100%。

a. 會計科目設置。「拆出資金」，資產類科目，核算保險公司按規定從事拆借業務而拆出資金的本金。拆出資金按拆入單位設置明細帳，進行明細核算。

「拆入資金」，負債類科目，核算保險公司按規定從事拆借業務而拆入資金的本金。拆入資金按拆出單位設置明細帳，進行明細核算。

b. 帳務處理。

例8-6 甲保險公司於2017年6月1日拆借資金500,000元給乙金融機構，期限15天，年利率6%，當即開出轉帳支票支付。15天後，乙金融機構到期一次性歸還本息501,250元。甲保險公司做出如下會計分錄：

甲保險公司於2017年6月1日拆出資金時：

借：拆出資金——某金融機構　　　　　　　　　　500,000
　　貸：銀行存款　　　　　　　　　　　　　　　　500,000

甲保險公司收回拆出資金的本息時：

借：銀行存款　　　　　　　　　　　　　　　　　501,250
　　貸：拆出資金　　　　　　　　　　　　　　　　500,000
　　　　利息收入　　　　　　　　　　　　　　　　　1,250

③金融資產回購業務。金融資產回購也是金融機構之間相互融通資金的活動，指票據、證券等持有人在賣出一筆金融資產的同時，與買方簽訂協議，約定一定期限和價格，買回同一筆金融資產的融資活動。其本質是：金融資產的持有方（融資者、資金需求方）以持有的金融資產作抵押，獲得一定期限內的資金使用權，期滿後則須歸還借貸的資金，並按約定支付一定的利息；而資金的貸出方（融券方、資金供應方）則暫時放棄相應資金的使用權，從而獲得融資方的金融資產抵押權，並於回購期滿時歸還對方抵押的金融資產，收回融出資金並獲得一定利息。

買入返售金融資產業務是指保險公司與全國銀行間同業市場其他成員以合同或協議的方式，按一定的價格買入金融資產，到期日再按合同或協議規定的價格賣出該批金融資產，以獲取買入價與賣出價價差收入的業務。

買入返售金融資產業務核算需要設置「買入返售金融資產」科目，其核算保險企業按照返售協議約定先買入再按固定價格返售的票據、證券、貸款等金融資產所融出的資金。本科目可按返售金融資產的類別和融資方進行明細核算。本科目期末借方餘額，反應企業買入的尚未到期返售金融資產攤餘成本。

例 8-7 甲保險公司 2017 年 9 月 1 日與華夏證券公司以合同或協議的方式，按 6,000,000 元的價格買入某證券，並約定 6 個月後再按 6,120,000 元的價格賣出該批證券。甲該保險公司應編製會計分錄如下：

甲保險公司 2017 年 9 月 1 日與華夏證券公司簽約成交時：

借：買入返售金融資產　　　　　　　　　　　　　　6,000,000
　　貸：銀行存款　　　　　　　　　　　　　　　　　6,000,000

甲保險公司於 2017 年 12 月 31 日確認利息收入時：

每月利息 = 120,000/6 = 20,000（元）

4 個月利息為 80,000 元：

借：應收利息　　　　　　　　　　　　　　　　　　　80,000
　　貸：利息收入　　　　　　　　　　　　　　　　　　80,000

2018 年 3 月 1 日返售到期的證券時：

借：銀行存款　　　　　　　　　　　　　　　　　　6,120,000
　　貸：買入返售金融資產　　　　　　　　　　　　　6,000,000
　　　　應收利息　　　　　　　　　　　　　　　　　　80,000
　　　　利息收入　　　　　　　　　　　　　　　　　　40,000

十、金融資產的減值

資產的主要特徵之一是它必須能夠為企業帶來經濟利益的流入，如果資產不能夠為企業帶來經濟利益或者帶來的經濟利益低於其帳面價值，那麼，該資產就不能再予確認，或者不能再以原帳面價值予以確認。因此，當企業資產的可收回金額低於其帳面價值時，即表明資產發生了減值，企業應當確認資產減值損失，並把資產的帳面價值減記至可收回金額。但是，由於有關資產特性不同，其減值會計處理也有所差別，因而所適用的具體準則也不盡相同。採用公允價值後續計量的投資性房地產和由《企業會計準則第 22 號——金融工具確認和計量》所規範的金融資產的減值，分別適用《企業會計準則第 3 號——投資性房地產》和《企業會計準則第 22 號——金融工具確認和計量》。遞延所得稅資產和融資租賃中出租人未擔保餘值等資產的減值，分別適用《企業會計準則第 18 號——所得稅》和《企業會計準則第 21 號——租賃》。

（一）金融工具減值判斷

企業應當以預期信用損失為基礎，對下列項目進行減值會計處理並確認損失準備：

（1）分類為以攤餘成本計量的金融資產和以公允價值計量且其變動計入其他綜合收益的金融資產。

（2）租賃應收款。

（3）合同資產。合同資產是指《企業會計準則第 14 號——收入》定義的合同資產。

（4）部分貸款承諾和財務擔保合同。

損失準備是指針對按照以攤餘成本計量的金融資產、租賃應收款和合同資產的預期信

用損失計提的準備，按照以公允價值計量且其變動計入當期損益的金融資產的累計減值金額以及針對貸款承諾和財務擔保合同的預期信用損失計提的準備。

預期信用損失是指以發生違約的風險為權重的金融工具信用損失的加權平均值。

信用損失是指企業按照原實際利率折現的、根據合同應收的所有合同現金流量與預期收取的所有現金流量之間的差額，即全部現金短缺的現值。其中，對於企業購買或源生的已發生信用減值的金融資產，應按照該金融資產經信用調整的實際利率折現。由於預期信用損失考慮付款的金額和時間分佈，因此即使企業預計可以全額收款但收款時間晚於合同規定的到期期限，也會產生信用損失。

在估計現金流量時，企業應當考慮金融工具在整個預計存續期的所有合同條款（如提前還款、展期、看漲期權或其他類似期權等）。企業所考慮的現金流量應當包括出售所持擔保品獲得的現金流量，以及屬於合同條款組成部分的其他信用增級所產生的現金流量。

企業通常能夠可靠估計金融工具的預計存續期。在極少數情況下，金融工具預計存續期無法可靠估計的，企業在計算確定預期信用損失時，應當基於該金融工具的剩餘合同期間。

（二）預期信用損失的計量

企業計量金融工具預期信用損失的方法應當反應下列各項要素：

（1）通過評價一系列可能的結果而確定的無偏概率加權平均金額。

（2）貨幣時間價值。

（3）在資產負債表日無須付出不必要的額外成本或努力即可獲得的有關過去事項、當前狀況以及未來經濟狀況預測的合理且有依據的信息。

企業應當按照下列方法確定有關金融工具的信用損失：

（1）金融資產的信用損失應為企業應收取的合同現金流量與預期收取的現金流量之間差額的現值。

（2）租賃應收款項的信用損失應為企業應收取的合同現金流量與預期收取的現金流量之間差額的現值。其中，用於確定預期信用損失的現金流量，應與按照《企業會計準則第2號——租賃》用於計量租賃應收款項的現金流量保持一致。

（3）未提用的貸款承諾的信用損失應為在貸款承諾持有人提用相應貸款的情況下，企業應收取的合同現金流量與預期收取的現金流量之間差額的現值。企業對貸款承諾預期信用損失的估計，應當與其對該貸款承諾提用情況的預期保持一致。

（4）財務擔保合同的信用損失應為企業就該合同持有人發生的信用損失向其做出賠付的預計付款額，減去企業預期向該合同持有人、債務人或任何其他方收取的金額之間差額的現值。

（5）對於資產負債表日已發生信用減值但並非購買或源生已發生信用減值的金融資產，信用損失應為該金融資產帳面餘額與按原實際利率折現的估計未來現金流量的現值之間的差額。

企業應當以概率加權平均為基礎對預期信用損失進行計量。企業對預期信用損失的計

量應當反應發生信用損失的各種可能性，但不必識別所有可能的情形。在計量預期信用損失時，企業需考慮的最長期限為企業面臨信用風險的最長合同期限（包括考慮續約選擇權），而不是更長期間，即使該期間與業務實踐相一致。

如果金融工具同時包含貸款和未提用的承諾，且企業根據合同規定要求還款或取消未提用承諾的能力並未將企業面臨信用損失的期間限定在合同通知期內的，企業對於此類金融工具（僅限於此類金融工具）確認預期信用損失的期間，應當為其面臨信用風險且無法用信用風險管理措施予以緩釋的期間，即使該期間超過了最長合同期限。

（三）金融工具減值的簡化處理

對於下列各項目，企業應當始終按照相當於整個存續期內預期信用損失的金額計量其損失準備：

（1）由《企業會計準則第14號——收入》規範的交易形成的應收款項或合同資產，且符合下列條件之一：

①該項目未包含《企業會計準則第14號——收入》所定義的重大融資成分，或企業根據《企業會計準則第14號——收入》規定不考慮不超過一年的合同中的融資成分。

②該項目包含《企業會計準則第14號——收入》所定義的重大融資成分，同時企業做出會計政策選擇，按照相當於整個存續期內預期信用損失的金額計量損失準備。企業應當將該會計政策選擇適用於所有此類應收款項和合同資產，但可對應收款項類和合同資產類分別做出會計政策選擇。

（2）由《企業會計準則第21號——租賃》規範的交易形成的租賃應收款，同時企業做出會計政策選擇，按照相當於整個存續期內預期信用損失的金額計量損失準備。企業應當將該會計政策選擇適用於所有租賃應收款，但可對應收融資租賃款和應收經營租賃款分別做出會計政策選擇。

企業可對應收款項、合同資產和租賃應收款分別選擇減值會計政策。

（四）金融工具減值的帳務處理

（1）對於購買或源生的已發生信用減值的金融資產，企業應當在資產負債表日僅將自初始確認後整個存續期內預期信用損失的累計變動確認為損失準備。在每個資產負債表日，企業應當將整個存續期內預期信用損失的變動金額作為減值損失或利得計入當期損益。即使該資產負債表日確定的整個存續期內預期信用損失小於初始確認時估計現金流量所反應的預期信用損失的金額，企業也應當將預期信用損失的有利變動確認為減值利得。

（2）企業在前一會計期間已經按照相當於金融工具整個存續期內預期信用損失的金額計量了損失準備，但在當期資產負債表日，該金融工具已不再屬於自初始確認後信用風險顯著增加的情形的，企業應當在當期資產負債表日按照相當於未來12個月內預期信用損失的金額計量該金融工具的損失準備，由此形成的損失準備的轉回金額應當作為減值利得計入當期損益。

（3）對於分類為以公允價值計量且其變動計入其他綜合收益的金融資產，企業應當在其他綜合收益中確認其損失準備，並將減值損失或利得計入當期損益，且不應減少該金融資產在資產負債表中列示的帳面價值。

十一、金融資產轉移

(一) 金融資產轉移的概念

金融資產轉移，是指企業（轉出方）將金融資產（或其現金流量）讓與或交付給該金融資產發行方以外的另一方（轉入方）。

金融資產轉移，包括下列兩種情形：

(1) 企業將收取金融資產現金流量的合同權利轉移給另一方。

(2) 企業保留了收取金融資產現金流量的權利，但承擔了將收取的該現金流量支付給一個或多個最終收款方的義務，且同時滿足下列條件：

①企業只有從該金融資產收到對等的現金流量時，才有義務將其支付給最終收款方。企業提供短期墊付款，但有權全額收回該墊付款並按照市場利率計收利息的，視同滿足本條件。

②根據合同約定禁止企業出售該金融資產或作為擔保物，但企業可以將其作為向最終收款方支付現金流量的保證。

③企業有義務將收取的現金流量及時支付給最終收款方。企業無權將該現金流量進行再投資，但按照合同約定在相鄰兩次支付間隔期內將所收到的現金流量進行現金或現金等價物投資的除外。企業按照合同約定進行再投資的，應將投資收益按合同約定支付給最終收款方。

(二) 金融資產轉移的分類

企業應當將金融資產轉移區分為金融資產整體轉移和部分轉移兩種情形，並分別進行會計處理。金融資產部分轉移是相對於金融資產整體而言的。對於金融資產的部分轉移而言，通常包括下列三種情形：

(1) 將金融資產所產生現金流量中特定、可辨認部分轉移，如企業將一組類似貸款的其他應收款轉移等。

(2) 將金融資產所產生全部現金流量的一定比例轉移，如企業將一組類似貸款的本金和其他應收款合計的一定比例轉移等。

(3) 將金融資產所產生現金流量中特定、可辨認部分的一定比例轉移，如企業將一組類似貸款的其他應收款的一定比例轉移等。

當金融資產發生部分轉移時，應當終止確認該部分金融資產。

(三) 金融資產轉移的終止確認

金融資產終止確認，是指企業將之前確認的金融資產從其資產負債表中予以轉出。

1. 金融資產終止確認的一般原則

企業有必要分析判斷金融資產轉移是否符合金融資產終止條件前，需要關注兩個方面的內容：

(1) 金融資產轉移的轉出方能否對轉入方實施控制。

(2) 終止確認適用於金融資產一部分還是金融資產整體。金融資產的一部分滿足下列條件之一的，企業應當將終止確認的規定適用於該金融資產部分，除此之外，企業應當將

終止確認的規定適用於該金融資產整體：

①該金融資產部分僅包括金融資產所產生的特定可辨認現金流量。如企業就某債務工具與轉入方簽訂一項利息剝離合同，合同規定轉入方有權獲得該債務工具利息現金流量，但無權獲得該債務工具本金現金流量，終止確認的規定適用於該債務工具的利息現金流量。

②該金融資產部分僅包括與該金融資產所產生的全部現金流量完全成比例的現金流量部分。如企業就某債務工具與轉入方簽訂轉讓合同，合同規定轉入方擁有獲得該債務工具全部現金流量一定比例的權利，終止確認的規定適用於該債務工具全部現金流量一定比例的部分。

③該金融資產部分僅包括與該金融資產所產生的特定可辨認現金流量完全成比例的現金流量部分。如企業就某債務工具與轉入方簽訂轉讓合同，合同規定轉入方擁有獲得該債務工具利息現金流量一定比例的權利，終止確認的規定適用於該債務工具利息現金流量一定比例的部分。

2. 金融資產終止確認的條件

企業收取金融資產現金流量的合同權利終止的，應當終止確認該金融資產。此外，企業已將金融資產所有權上幾乎所有的風險和報酬轉移給轉入方的，也應當終止確認該金融資產。

3. 符合終止確認條件時的計量

（1）金融資產整體轉移滿足終止條件時，相關金融資產轉移損益應按如下公式計算：

因轉移收到的對價＋原直接計入其他綜合收益的公允價值變動累計利得（如為累計損失，應為減項）－所轉移金融資產的帳面價值＝金融資產整體轉移損益。

（2）企業轉移了金融資產的一部分，且該被轉移部分整體滿足終止確認條件的，當將轉移前金融資產整體的帳面價值，在終止確認部分和繼續確認部分（在此種情形下，所保留的服務資產應當視同繼續確認金融資產的一部分）之間，按照轉移日各自的相對公允價值進行分攤，並將下列兩項金額的差額計入當期損益：

①終止確認部分在終止確認日的帳面價值。

②終止確認部分收到的對價，與原計入其他綜合收益的公允價值變動累計額中對應終止確認部分的金額（涉及轉移的金融資產為分類為以公允價值計量且其變動計入其他綜合收益的金融資產的情形）之和。對價包括獲得的所有新資產減去承擔的所有新負債後的金額。

原計入其他綜合收益的公允價值變動累計額中對應終止確認部分的金額，應當按照金融資產終止確認部分和繼續確認部分的相對公允價值，對該累計額進行分攤後確定。

企業將轉移前金融資產整體的帳面價值按相對公允價值在終止確認部分和繼續確認部分之間進行分攤時，應當按照下列規定確定繼續確認部分的公允價值：

a. 企業出售過與繼續確認部分類似的金融資產，或繼續確認部分存在其他市場交易的，近期實際交易價格可作為其公允價值的最佳估計。

b. 繼續確認部分沒有報價或近期沒有市場交易的，其公允價值的最佳估計為轉移前金

融資產整體的公允價值扣除終止確認部分的對價後的差額。

4. 不符合終止確從條件的情形

（1）不符合終止確認條件的判斷：金融資產轉移後，企業（轉出方）仍保留了該金融資產所有權上幾乎所有的風險和報酬的，則應當繼續確認該金融資產。

（2）不符合終止確認時的計量。企業仍保留與所轉移金融資產所有權上幾乎所有的風險和報酬的，應當繼續確認所轉移金融資產整體，並將收到的對價確認為一項金融負債。

在繼續確認被轉移金融資產的情形下，金融資產轉移所涉及的金融資產與所確認的相關金融負債不得相互抵銷。在後續會計期間，企業應當繼續確認該金融資產產生的收入（或利得）和該金融負債產生的費用（或損失），不得相互抵銷。

5. 繼續涉入的判斷和計量

（1）繼續涉入的判斷。企業既沒有轉移也沒有保留金融資產所有權上幾乎所有的風險和報酬的，應當分下列情況進行處理：①企業未保留對該金融資產控制的，應當終止確認該金融資產，並將轉移中產生或保留的權利和義務單獨確認為資產或負債；②企業保留了對該金融資產控制的，應當按照其繼續涉入被轉移金融資產的程度繼續確認有關金融資產，並相應確認相關負債。繼續涉入被轉移金融資產的程度，是指企業承擔的被轉移金融資產價值變動風險或報酬的程度。

企業在判斷是否保留了對被轉移金融資產的控制時，應當根據轉入方是否具有出售被轉移金融資產的實際能力而確定。轉入方能夠單方面將被轉移金融資產整體出售給不相關的第三方，且沒有額外條件對此項出售加以限制的，表明轉入方有出售被轉移金融資產的實際能力，從而表明企業未保留對被轉移金融資產的控制；在其他情形下，表明企業保留了對被轉移金融資產的控制。

在判斷轉入方是否具有出售被轉移金融資產的實際能力時，企業考慮的關鍵應當是轉入方實際上能夠採取的行動。被轉移金融資產不存在市場或轉入方不能單方面自由地處置被轉移金融資產的，通常表明轉入方不具有出售被轉移金融資產的實際能力。

轉入方不大可能出售被轉移金融資產並不意味著企業（轉出方）保留了對被轉移金融資產的控制。但存在看跌期權或擔保而限制轉入方出售被轉移金融資產的，轉出方實際上保留了對被轉移金融資產的控制。如存在看跌期權或擔保且很有價值，導致轉入方實際上不能在不附加類似期權或其他限制條件的情形下將該被轉移金融資產出售給第三方，從而限制了轉入方出售被轉移金融資產的能力，轉入方將持有被轉移金融資產以獲取看跌期權或擔保下相應付款的，企業保留了對被轉移金融資產的控制。

（2）繼續涉入的計量。企業既沒有轉移也沒有保留金融資產所有權上幾乎所有風險和報酬，且保留了對該金融資產控制的，應當按照其繼續涉入被轉移金融資產的程度繼續確認該金融資產，並相應確認相關負債。被轉移金融資產和相關負債應當在充分反應企業因金融資產轉移所保留的權利和承擔的義務的基礎上進行計量。企業應當按照下列規定對相關負債進行計量：

①被轉移金融資產以攤餘成本計量的，相關負債的帳面價值等於繼續涉入被轉移金融資產的帳面價值減去企業保留的權利（如果企業因金融資產轉移保留了相關權利）的攤餘

成本並加上企業承擔的義務（如果企業因金融資產轉移承擔了相關義務）的攤餘成本；相關負債不得指定為以公允價值計量，且其變動計入當期損益的金融負債。

②被轉移金融資產以公允價值計量的，相關負債的帳面價值等於繼續涉入被轉移金融資產的帳面價值減去企業保留的權利（如果企業因金融資產轉移保留了相關權利）的公允價值並加上企業承擔的義務（如果企業因金融資產轉移承擔了相關義務）的公允價值，該權利和義務的公允價值應為按獨立基礎計量時的公允價值。

企業通過對被轉移金融資產提供擔保方式繼續涉入的，應當在轉移日按照金融資產的帳面價值和擔保金額兩者的較低者，繼續確認被轉移金融資產，同時按照擔保金額和擔保合同的公允價值（通常是提供擔保收到的對價）之和確認相關負債。擔保金額，是指企業所收到的對價中，可被要求償還的最高金額。

在後續會計期間，擔保合同的初始確認金額應當隨擔保義務的履行進行攤銷，計入當期損益。被轉移金融資產發生減值的，計提的損失準備應從被轉移金融資產的帳面價值中抵減。

企業按繼續涉入程度繼續確認的被轉移金融資產以及確認的相關負債不應當相互抵銷。企業應當對繼續確認的被轉移金融資產確認所產生的收入（或利得），對相關負債確認所產生的費用（或損失），兩者不得相互抵銷。繼續確認的被轉移金融資產以公允價值計量的，在後續計量時對其公允價值變動應根據《企業會計準則第 22 號——金融工具確認和計量》進行確認，同時相關負債公允價值變動的確認應當與之保持一致，且兩者不得相互抵銷。

企業僅繼續涉入所轉移金融資產一部分的，應當將該部分金融資產視作一個整體，並在此基礎上運用上述繼續涉入會計處理原則。

第三節　長期股權投資

一、長期股權投資的確認

長期股權投資的確認，是指投資方能夠在自身帳簿和報表中確認對被投資單位股權投資的時點。對子公司投資的確認時點是企業合併的合併日（或購買日）；對聯營企業、合營企業等投資的確認時點一般應參照對子公司長期股權投資的確認條件進行。

合併日（或購買日）是指合併方（或購買方）實際取得對被合併方（或被購買方）控制權的日期。對於合併日（或購買日）的判斷，應滿足以下有關條件：①企業合併合同或協議已獲股東大會通過；②企業合併事項需要經過國家有關主管部門審批的，已獲得批准；③參與合併各方已辦理了必要的財產權轉移手續；④合併方或購買方已支付了合併價款的大部分（一般應超過 50%），並且有能力、有計劃支付剩餘款項；⑤合併方或購買方實際上已經控制了被合併方或被購買方的財務和經營政策，並享有相應的利益、承擔相應的風險。

（一）對子公司投資的初始計量

企業因控股合併形成的長期股權投資，其初始投資成本的確定應按照企業合併的類

型，分為同一控制下控股合併與非同一控制下控股合併分別確定長期股權投資的初始成本。

1. 同一控制下控股合併形成的長期股權投資

（1）同一控制下的企業合併中，合併方以支付現金、轉讓非現金資產或承擔債務方式作為合併對價的，應當在合併日按照取得被合併方所有者權益在最終控制方合併財務報表中的帳面價值的份額作為長期股權投資的初始投資成本。長期股權投資初始投資成本與支付的現金、轉讓的非現金資產以及所承擔債務帳面價值之間的差額，應當調整資本公積；資本公積的餘額不足衝減的，調整留存收益。

具體進行會計處理時，合併方在合併日按取得被合併方所有者權益在最終控制方合併財務報表中的帳面價值的份額，借記「長期股權投資」科目，按應享有被投資單位已宣告但尚未發放的現金股利或利潤，借記「應收股利」科目，按支付的合併對價的帳面價值，貸記有關資產或借記有關負債科目，如為貸方差額，貸記「資本公積——資本溢價或股本溢價」科目；如為借方差額，應借記「資本公積——資本溢價或股本溢價」科目，資本公積（資本溢價或股本溢價）不足衝減的，借記「盈餘公積」「利潤分配——未分配利潤」科目。

（2）合併方以發行權益性證券作為合併對價的，應當在合併日按照取得被合併方所有者權益在最終控制方合併財務報表中的帳面價值的份額作為長期股權投資的初始投資成本，按照發行權益性證券的面值總額作為股本，長期股權投資初始投資成本與所發行權益性證券面值總額之間的差額，應當調整資本公積（資本溢價或股本溢價）；資本公積（資本溢價或股本溢價）不足衝減的，調整留存收益。

具體進行會計處理時，在合併日合併方應按取得被合併方所有者權益在最終控制方合併財務報表中的帳面價值的份額，借記「長期股權投資」科目，按應享有被投資單位已宣告但尚未發放的金股利或利潤，借「應收股利」科目，按發行權益性證券的面值，貸記「股本」科目，如為貸方差額，貸記「資本公積——資本溢價或股本溢價」科目；如為借方差額，應借記「資本公積——資本溢價或股本溢價」科目，資本公積（資本溢價或股本溢價）不足衝減的，借記「盈餘公積」「利潤分配——未分利潤」科目。

（3）形成同一控制下控股合併的長期股權投資，如果子公司按照改制時確定的資產、負債經評估確認的價值調整資產、負債帳面價值的，合併方應當按照取得子公司經評估確認的淨資產的份額，作為長期股權投資的初始投資成本。

（4）通過多次交換交易，分步取得股權最終形成同一控制下控股合併的，在個別財務報表中，應當以持股比例計算的合併日享有被合併方所有者權益在最終控制方合併財務報表中的帳面價值份額，作為該項投資的初始投資成本。初始投資成本與其原長期股權投資帳面價值加上合併日為取得新的股份所支付對價的現金、轉讓的非現金資產及所承擔債務帳面價值之和的差額，調整資本公積（資本溢價或股本溢價），資本公積（資本溢價或股本溢價）不足衝減的，衝減留存收益。

（5）在企業合併中，合併方發生的審計、法律服務、評估諮詢等仲介費用以及其他相關管理費用，應當於發生時計入當期損益（管理費用）。

例8-8 甲保險公司於2017年4月1日自其母公司（A公司）取得B公司100%股權並能夠對B公司實施控制。購買日B公司淨資產價值為9億元。甲保險公司用以支付購買B公司股權的對價為其帳面持有的一項專利技術，成本為6.8億元，已攤銷1.2億元，甲保險公司另支付現金5億元。當日，甲保險公司帳面所有者權益項目構成為：股本7億元，資本公積3億元，盈餘公積2億元，未分配利潤6億元。

甲保險公司應進行的會計處理為：

借：長期股權投資	900,000,000
累計攤銷	120,000,000
資本公積	160,000,000
貸：無形資產	680,000,000
銀行存款	500,000,000

2. 非同一控制下的控股合併形成的長期股權投資

（1）非同一控制下的企業合併，長期股權投資的初始投資成本為合併成本。合併成本包括購買方付出的資產、發生或承擔的負債、發行的權益性證券的公允價值之和。發生的直接相關費用，應當於發生時計入當期損益。

資產帳面價值與公允價值之間的差額計入當期損益，反應在營業外收支和投資收益中。

具體進行會計處理時，對於非同一控制下控股合併形成的長期股權投資，應在購買日按企業合併成本（不含應自被投資單位收取的現金股利或利潤），借記「長期股權投資」科目；按享有被投資單位已宣告但尚未發放的現金股利或利潤，借記「應收股利」科目；按支付合併對價的帳面價值，貸記有關資產或負債科目；按其差額，貸記「營業外收入」或「投資收益」等科目，或借記「營業外支出」「投資收益」等科目；按發生的直接相關費用，借記「管理費用」科目，貸記「銀行存款」等科目。

非同一控制下控股合併涉及以庫存商品等作為合併對價的，應按庫存商品的公允價值，貸記「主營業務收入」或「其他業務收入」科目，並同時結轉相關的成本。

非同一控制下控股合併涉及以公允價值計量且其變動計入其他綜合收益的債權性金融資產作為合併對價的，原持有期間公允價值變動形成的其他綜合收益應一併轉入投資收益，借記「其他綜合收益」科目，貸記「投資收益」科目。

例8-9 A保險公司於2016年3月31日取得B公司70%的股權。為核實B公司的資產價值，A保險公司聘請專業資產評估機構對B公司的資產進行評估，支付評估費用300萬元。合併中，A保險公司支付的有關資產在購買日的帳面價值與公允價值如表8-4所示。

表8-4　　　　　　2016年3月31日帳面價值與公允價值　　　　　　單位：萬元

項目	帳面價值	公允價值
無形資產	8,400	12,600
銀行存款	2,400	2,400
合計	10,800	15,000

假定合併前 A 保險公司與 B 公司不存在任何關聯方關係，且 B 公司所持有資產、負債構成業務，A 保險公司用作合併對價的無形資產原價為 9,600 萬元，至控股合併發生時已累計攤銷 1,200 萬元。

A 保險公司應進行如下帳務處理：

借：長期股權投資　　　　　　　　　　　　　　　　　150,000,000
　　累計攤銷　　　　　　　　　　　　　　　　　　　　12,000,000
　　貸：無形資產　　　　　　　　　　　　　　　　　　96,000,000
　　　　銀行存款　　　　　　　　　　　　　　　　　　24,000,000
　　　　營業外收入　　　　　　　　　　　　　　　　　42,000,000
借：管理費用　　　　　　　　　　　　　　　　　　　　3,000,000
　　貸：銀行存款　　　　　　　　　　　　　　　　　　 3,000,000

（2）通過多次交換分步取得股權形成非同一控制下的控股合併，若形成控股合併前對長期股權投資採用權益法核算的，購買日的長期股權投資的初始投資成本為原權益法下的帳面價值加上購買日為取得新的股份所支付的對價的公允價值之和，購買日之前因權益法形成的其他綜合收益或其他資本公積，暫時不作處理，待處置該項投資時採用與被購買方直接處置相關資產或負債相同的基礎進行會計處理。若形成控股合併前對長期股權投資採用公允價值計量的，購買日的長期股權投資的初始投資成本為原公允價值計量的帳面價值加上購買日為取得新的股份所支付的對價的公允價值之和，購買日之前持有的被購買方的股權涉及其他綜合收益的，轉入當期損益。

（二）對聯營企業、合營企業投資的初始計量

除企業合併形成的長期股權投資外，其他方式取得的長期股權投資，應當按照下列規定確定其初始投資成本：

（1）以支付現金取得的長期股權投資，應當按照實際支付的購買價款作為初始投資成本。初始投資成本包括與取得長期股權投資直接相關的費用、稅金及其他必要支出。但所支付價款中包含的被投資單位已宣告但尚未發放的現金股利或利潤，應作為應收項目核算，不構成取得長期股權投資的成本。

例 8-10　X 保險公司於 2017 年 6 月 5 日從公開市場上買入乙公司股票 2,000 萬股，取得乙公司 20% 的股權，實際支付價款 8,800 萬元，此前，乙公司宣布的每 10 股派發現金紅利 0.5 元還尚未發放。另外，X 保險公司在購買過程中支付手續費等相關費用 140 萬元。X 保險公司取得該部分股權後，能夠對乙公司的生產經營決策施加重大影響。

X 保險公司應當按照實際支付的購買價作為取得長期股權投資的成本，其帳務處理為：

借：長期股權投資　　　　　　　　　　　　　　　　　88,400,000
　　應收股利　　　　　　　　　　　　　　　　　　　　 1,000,000
　　貸：銀行存款　　　　　　　　　　　　　　　　　　89,400,000

（2）以發行權益性證券取得的長期股權投資，應當按照發行權益性證券的公允價值作為初始投資成本。為發行權益性證券支付給證券承銷機構等的手續費、佣金等與權益性證券發行直接相關的費用，不構成取得長期股權投資的成本。該部分費用按照《企業會計準

則第37號——金融工具列報》的規定，應自權益性證券的溢價發行收入中扣除，權益性證券的溢價收入不足衝減的，應當衝減盈餘公積和未分配利潤。

例8-11 2017年5月，F保險公司通過向H公司原股東定向增發2,000萬股本公司普通股（每股面值1元）取得H公司20%的股權，按照增發前後的平均股價計算，2,000萬股股份的公允價值為16,600萬元。為增發該部分股份，F保險公司向證承銷機構等支付了200萬元的佣金和手續費。假定F保險公司取得該部分股權後能夠對H公司的經營決策施加重大影響。

F保險公司應當以所發行股份的公允價值作為取得長期股權投資的成本，帳務處理為：

借：長期股權投資　　　　　　　　　　　　　　　166,000,000
　　貸：股本　　　　　　　　　　　　　　　　　　 20,000,000
　　　　資本公積——股本溢價　　　　　　　　　　146,000,000

發行權益性證券過程中支付的佣金和手續費，應衝減權益性證券的溢價收入，帳務處理為：

借：資本公積——股本溢價　　　　　　　　　　　　　2,000,000
　　貸：銀行存款　　　　　　　　　　　　　　　　　2,000,000

（3）以債務重組、非貨幣性資產交換等方式取得的長期股權投資，其初始投資成本應按照《企業會計準則第12號——債務重組》和《企業會計準則第7號——非貨幣性資產交換》的規定確定。

二、後續計量

長期股權投資在持有期間，應當根據投資企業對被投資單位能夠施加影響的程度在個別財務報表中分別採用成本法及權益法進行核算。

（一）成本法

1. 適用情況

會計準則規定，投資企業能夠對被投資單位實施控制的可採用成本法對長期股權投資進行核算。控制，是指投資方擁有對被投資方的權力，通過參與被投資方的相關活動而享有可變回報，並且有能力運用對被投資方的權力影響其回報金額。

2. 核算方法

長期股權投資的核算方法如下：

（1）初始投資或追加投資時，按照初始投資或追加投資時的成本增加長期股權投資的帳面價值。

（2）除取得投資時實際支付的價款或對價中包含的已宣告但尚未發放的現金股利或利潤外，投資企業應按享有被投資企業宣告發放的現金股利或利潤，確認為投資收益，不管有關利潤分配是屬於對取得投資前還是取得投資後被投資單位實現淨利潤的分配。

（3）子公司將未分配利潤或盈餘公積金轉增股本，且未向投資方提供等值現金股利或利潤的選擇權時，因該項交易屬於子公司自身權益結構的重分類，故投資方不應確認相關的投資收益。

例8-12 2017年5月1日，甲保險公司以2,000萬元的購入乙公司70%的股權。甲保險公司取得該股權後，能夠有權利主導乙公司的相關活動，並獲得可變回報。2017年9月30日，乙公司宣告分派現金股利，甲保險公司按照持股比例確定可分回30萬元。

甲保險公司購入乙公司股權，進行長期股權投資時，帳務處理為：

借：長期股權投資　　　　　　　　　　　　　　　20,000,000
　貸：銀行存款　　　　　　　　　　　　　　　　　20,000,000

乙公司宣告分派現金股利時，甲保險公司按照持股比例確定可分回30萬元時，帳務處理為：

借：應收股利　　　　　　　　　　　　　　　　　　300,000
　貸：投資收益　　　　　　　　　　　　　　　　　　300,000

（二）權益法

1. 權益法的定義及適用範圍

權益法是指長期股權投資以初始投資成本計量後，在投資持有期間，根據投資企業享有被投資單位所有者權益份額的變動對其投資的帳面價值進行調整的方法。

投資企業對被投資單位具有共同控制或重大影響的長期股權投資，即對合營企業投資或聯營企業投資，應採用權益法核算。

共同控制是指按照相關約定對某項安排所共有的控制，並且該安排的相關活動必須經過分享控制權的參與方一致同意後才能決策。

重大影響是指投資方對被投資方的財務和生產經營決策有參與決策的權力，但並不能控制或者與其他方一起共同控制這些政策的制定。

風險投資機構、共同基金以及類似主體持有的、在初始確認時按照《企業會計準則第22號——金融工具確認和計量》的規定以公允價值計量且其變動計入當期損益的金融資產，無論以上主體是否對這部分投資具有重大影響，應按照《企業會計準則第22號——金融工具確認和計量》的規定進行確認和計量。

投資方對聯營企業的權益性投資，其中一部分通過風險投資機構、共同基金、信託公司或包括投連險基金在內的類似主體間接持有的，無論以上主體是否對這部分投資具有重大影響，投資方都可以按照《企業會計準則第22號——金融工具確認和計量》的有關規定，對間接持有的該部分投資選擇以公允計量且其變動計入當期損益，並對其餘部分採用權益法核算。

2. 權益法的核算

（1）初始投資成本的調整。當長期股權投資的初始投資成本大於投資時應享有被投資單位可辨認淨資產公允價值份額時，不調整長期股權投資的初始投資成本；當長期股權投資的初始投資成本小於投資時應享有被投資單位可辨認淨資產公允價值份額的，其差額在取得投資時直接計入營業外收入，同時調整長期股權投資的帳面價值。

例8-13 甲保險公司於2017年1月以2,000萬元取得乙公司30%的股權，取得投資時被投資單位可辨認淨資產的公允價值為6,000萬元。假設甲保險公司能夠對乙公司施加重大影響，則甲保險公司應進行的會計處理如下：

當甲保險公司於 2017 年 1 月取得乙公司 30%股權時，帳務處理為：

借：長期股權投資——投資成本　　　　　　　　　　　　20,000,000

　　貸：銀行存款　　　　　　　　　　　　　　　　　　　20,000,000

長期股權投資的初始成本 2,000 萬元大於取得投資時應享有被投資單位可辨認淨資產公允價值的份額 1,800 萬元（6,000×30%），兩者之間的差額不調整長期股權投資的帳面價值。

如果本例中，投資時乙公司可辨認淨資產的公允價值為 7,000 萬元，則甲保險公司取得投資時應享有被投資單位可辨認淨資產公允價值的份額 2,100 萬元（7,000×30%）與初始投資成本之間的差額 100 萬元應計入取得投資當期的營業外收入，此時的帳務處理為：

①確定長期股權投資初始投資成本時：

借：長期股權投資——投資成本　　　　　　　　　　　　20,000,000

　　貸：銀行存款　　　　　　　　　　　　　　　　　　　20,000,000

②調整長期股權投資初始投資成本時：

借：長期股權投資——投資成本　　　　　　　　　　　　　1,000,000

　　貸：營業外收入　　　　　　　　　　　　　　　　　　　1,000,000

（2）投資損益的確認。投資企業取得長期股權投資後，應當按照應享有或應分擔被投資單位實現淨利潤或發生淨虧損的份額，調整長期股權投資的帳面價值，並確認為當期投資損益。

在確認應享有或應分擔被投資單位的淨利潤或淨虧損時，在被投資單位帳面淨利潤的基礎上，應考慮以下因素的影響進行適當調整：

①被投資單位採用的會計政策及會計期間與投資企業不一致的，應按投資企業的會計政策及會計期間對被投資單位的財務報表進行調整。

②以取得投資時被投資單位固定資產、無形資產的公允價值為基礎計提的折舊額或攤銷額，以及以投資企業取得投資時的公允價值為基礎計算確定的資產減值準備金額等對被投資單位淨利潤的影響。

例 8-14　甲公司於 2017 年 1 月 30 日購入乙公司 30%的股份，購買價款為 1,500 萬元，並自取得投資之日起派人參與乙公司的生產經營決策。取得投資當日，乙公司可辨認淨資產公允價值為 5,500 萬元，除表 8-5 所列外，乙公司其他資產、負債的公允價值與帳面價值相同。

表 8-5　　　　　　　　　　甲公司固定資產、無形資產基本情況　　　　　　　　　單位：萬元

項　目	帳面原價	已提折舊或攤銷	公允價值	乙公司預計使用年限	甲公司取得投資後剩餘使用年限
固定資產	800	460	960	20	12
無形資產	700	380	880	10	8
合計	1,500	840	1,840		

假定乙公司實現淨利潤270萬元，甲公司與乙公司的會計年度及採用的會計政策相同。固定資產、無形資產均按直線法提取折舊或攤銷，預計淨殘值均為0。

甲公司在確定其應享有的投資收益時，應在乙公司實現淨利潤的基礎上，根據取得投資時乙公司有關資產的帳面價值與其公允價值差額的影響進行調整（假定不考慮所得稅影響）：

固定資產公允價值與帳面價值差額應調整增加的折舊額：

960÷12−800÷20＝40（萬元）

無形資產公允價值與帳面價值差額調整增加的攤銷額：

880÷8−700÷10＝40（萬元）

調整後的淨利潤為：270−40−40＝190（萬元）

甲公司應享有的份額：190×30％＝57（萬元）

借：長期股權投資——損益調整　　　　　　　　　　570,000
　貸：投資收益　　　　　　　　　　　　　　　　　　　570,000

③在評估投資方對被投資單位是否具有重大影響時，應當考慮潛在表決權的影響，但是確定應享有的被投資單位實現的淨損益、其他綜合收益和其他所有者權益變動的份額時，潛在表決權所對應的權益份額不應予以考慮。

④在確認應享有或應分擔的被投資單位淨利潤（或虧損）額時，法規或章程規定不屬於投資企業的淨損益應當予以剔除後計算，例如，被投資單位發行了分類為權益的可累積優先股等類似的權益工具，無論被投資單位是否宣告分配優先股股利，投資方計算應享有被投資單位的淨利潤時，均應將歸屬於其他投資方的累積優先股股利予以扣除。

⑤在確認投資收益時，除考慮公允價值的調整外，對於投資企業與其聯營企業及合營企業之間發生的未實現內部交易損益應予抵銷。未實現內部交易損益的抵銷既包括順流交易也包括逆流交易，其中，順流交易是指投資企業向其聯營企業或合營企業出售資產，逆流交易是指聯營企業或合營企業向投資企業出售資產。

a. 逆流交易的處理在投資方的個別財務報表及合併財務報表中有所不同。個別報表體現的是法律主體理念，投資方以支付既定的價款自其聯營企業、合營企業取得有關資產後，在有關資產未對外部獨立第三方出售的情況下，該資產的價值應體現為按照實際支付的購買價款確定的成本。合併財務報表體現的是會計主體的理念，將投資方與其在聯營企業、合營企業中持有的股權作為一個整體反應，故對長期股權投資及包含未實現內部交易損益的資產帳面價值進行調整時，須抵銷有關資產帳面價值中包含的未實現內部交易損益，並相應調整對聯營企業或合營企業的長期股權投資。

例8-15　甲保險公司於2017年1月取得乙公司30％有表決權股份，能夠對乙公司施加重大影響。假定甲保險公司取得該項投資時，乙公司各項可辨認資產、負債的公允價值與其帳面價值相同。2017年6月，乙公司將其成本為300萬元的某商品以500萬元的價格出售給甲保險公司，甲保險公司將取得的商品作為存貨。至2017年資產負債表日，甲保險公司仍未對外出售該存貨。乙公司2017年實現淨利潤為1,000萬元。假定不考慮所得稅因素。

甲保險公司在按照權益法確認應享有乙公司2017年淨損益時，因以500萬元購入的某存貨未對外銷售，故乙公司2017年實現的淨利潤1,000萬元中，有200萬元並未實現，因此應先調整乙公司的淨利潤，調整過程如下：

乙公司經調整淨利潤=1,000-（500-300）= 800（萬元）

此時，甲保險公司根據乙公司經調整後的淨利潤，按照其對乙公司持有的股權比例確認應享有乙公司2017年的淨損益：

借：長期股權投資——損益調整（8,000,000×30%）　　2,400,000
　　貸：投資收益　　　　　　　　　　　　　　　　　　2,400,000

進行上述處理後，投資企業有子公司需要編製合併財務報表的，在合併財務報表中，因該未實現內部交易損益體現在投資企業持有存貨的帳面價值當中，應在合併財務報表中進行以下調整：

借：長期股權投資——損益調整 [（5,000,000-3,000,000）×30%］
　　　　　　　　　　　　　　　　　　　　　　　　　　600,000
　　貸：存貨　　　　　　　　　　　　　　　　　　　　600,000

假定在2018年，甲保險公司將該商品以500萬元的價格向外部獨立第三方出售，因該部分內部交易損益已經實現，甲保險公司在確認應享有乙公司2018年淨損益時，應考慮將原未確認的該部分內部交易損益計入投資損益，即應在考慮其他因素計算確定的投資損益基礎上調整增加60萬元。

b. 順流交易的處理在投資方的個別財務報表及合併財務報表中也有所不同。個別報表反應的是獨立的法律主體的經濟利益變動情況，在有關資產流出投資方且投資方收取價款或取得收取價款等權利，滿足收入確認條件時，因該未實現內部交易損益相應進行的調整無法調減上述收入和成本，在個別財務報表中僅能通過長期股權投資的損益確認予以體現。合併財務報表體現的是會計主體的理念，有關未實現的收入和成本可以在合併財務報表中予以抵銷，相應地調整原權益法下確認的投資收益。

例8-16　甲保險公司持有乙公司30%有表決權股份，能夠對乙公司的財務和生產經營決策施加重大影響。2017年，甲保險公司將其帳面價值為300萬元的商品以500萬元的價格出售給乙公司。至2017年資產負債表日，該批商品尚未對外部第三方出售。假定甲保險公司取得該項投資時，乙公司各項可辨認資產、負債的公允價值與其帳面價值相同，兩者在以前期間未發生過內部交易。乙公司2017年淨利潤為1,000萬元。假定不考慮所得稅因素。

甲保險公司在該項交易中實現利潤200萬元，其中的60萬元（200×30%）是針對本公司持有的對聯營企業的權益份額，在採用權益法計算確認投資損益時應予抵銷，即甲保險公司應當進行的帳務處理為：

借：長期股權投資——損益調整[（1,000萬元-200萬元）×30%］　2,400,000
　　貸：投資收益　　　　　　　　　　　　　　　　　　　　　　2,400,000

甲保險公司如需編製合併財務報表，在合併財務報表中對該未實現內部交易損益應在

219

個別報表已確認投資損益的基礎上進行以下調整：

借：營業收入（500萬元×30%）　　　　　　　　　　　　1,500,000
　貸：營業成本（300萬元×30%）　　　　　　　　　　　　　900,000
　　　投資收益　　　　　　　　　　　　　　　　　　　　　　600,000

需要說明的是：

第一，投資企業與其聯營企業及合營企業之間發生的無論是順流交易還是逆流交易產生的未實現內部交易損失，屬於所轉讓資產發生減值損失的，有關的未實現內部交易損失不應予以抵銷。

第二，投資方與聯營、合營企業之間發生的投出或出售資產的交易構成業務的，應當按照《企業會計準則第20號——企業合併》《企業會計準則第33號——合併財務報表》有關規定進行會計處理。

c. 合營方向合營企業投出非貨幣性資產產生損益的處理。合營方向合營企業投出或出售非貨幣性資產的相關損益，應當按照以下原則處理：

符合下列情況之一的，合營方不應確認該類交易的損益：與投出非貨幣性資產所有權有關的重大風險和報酬沒有轉移給合營企業；投出非貨幣性資產的損益無法可靠計量；投出非貨幣性資產交易不具有商業實質。

合營方轉移了與投出非貨幣性資產所有權有關的重大風險和報酬並且投出資產留給合營企業使用的，應在該項交易中確認屬於合營企業其他合營方的利得和損失。交易表明投出或出售非貨幣性資產發生減值損失的，合營方應當全額確認該部分損失。

在投出非貨幣性資產的過程中，合營方除了取得合營企業的長期股權投資外還取得了其他貨幣性或非貨幣性資產的，應當確認該項交易中與所取得其他貨幣性、非貨幣性資產相關的損益。

d. 取得現金股利或利潤的處理。按照權益法核算的長期股權投資，投資企業自被投資單位取得的現金股利或利潤，應抵減長期股權投資的帳面價值。在被投資單位宣告分派現金股利或利潤時，借記「應收股利」科目，貸記「長期股權投資（損益調整）」科目。

e. 超額虧損的確認。按照權益法核算的長期股權投資，投資企業確認應分擔被投資單位發生的損失，原則上應以長期股權投資及其他實質上構成對被投資單位淨投資的長期權益減記至零為限，投資企業負有承擔額外損失義務的除外。

投資企業在確認應分擔被投資單位發生的虧損時，具體應按照以下順序處理：

第一步，減記長期股權投資的帳面價值。帳務處理為：借記「投資收益」科目，貸記「長期股權投資——損益調整」科目。

第二步，在長期股權投資的帳面價值減記至零的情況下，對於未確認的投資損失，應考慮除長期股權投資以外，投資方的帳面上是否有其他實質上構成對被投資單位淨投資的長期權益項目，如果有，則應以其他長期權益的帳面價值為限，繼續確認投資損失，衝減長期應收項目等的帳面價值。帳務處理為：借記「投資收益」科目，貸記「長期應收款」等科目。

第三步，經過上述處理，按照投資合同或協議約定，投資企業仍需要承擔額外損失彌

補等義務的，應按預計將承擔的義務金額確認預計負債，計入當期投資損失。帳務處理為：借記「投資收益」科目，貸記「預計負債」科目。

除上述情況仍未確認的應分擔被投資單位的損失，應在帳外備查登記。

在確認了有關的投資損失以後，被投資單位於以後期間實現盈利的，應按以上相反順序分別減記帳外備查登記的金額、已確認的預計負債、恢復其他長期權益及長期股權投資的帳面價值，同時確認投資收益。即應當按順序分別借記「預計負債」「長期應收款」「長期股權投資」等科目，貸記「投資收益」科目。

f. 其他綜合收益的處理。在權益法核算下，被投資單位確認的其他綜合收益及其變動，也會影響被投資單位所有者權益總額，進而影響投資企業應享有被投資單位所有者權益的份額。因此，當被投資單位其他綜合收益發生變動時，投資企業應當按照歸屬於本企業的部分，相應調整長期股權投資的帳面價值，同時增加或減少其他綜合收益

g. 被投資單位所有者權益其他變動的處理。採用權益法核算時，投資企業對於被投資單位除淨損益、其他綜合收益以及利潤分配以外所有者權益的其他變動，應按照持股比例與被投資單位所有者權益的其他變動計算的歸屬於本企業的部分，相應調整長期股權投資的帳面價值，同時增加或減少資本公積（其他資本公積）。

被投資單位除淨損益、其他綜合收益以及利潤分配以外的所有者權益的其他變動，主要包括：被投資單位接受其他股東的資本性投入、被投資單位發行可分離交易的可轉換公司債券中包含的權益成分、以權益結算的股份支付等。

h. 股票股利的處理。被投資單位分派的股票股利，投資企業不作帳務處理，但應於除權日註明所增加的股數，以反應股份的變化情況。

3. 長期股權投資的減值

長期股權投資在按照規定進行核算確定其帳面價值的基礎上，如果存在減值跡象的，應當按照《企業會計準則第 8 號——資產減值》的規定確定其可收回金額及應予計提的減值準備，長期股權投資的減值準備在提取以後，不允許轉回。計提減值的帳務處理為：借記「資產減值損失」，貸記「長期股權 減值準備」。

三、長期股權投資的處置

長期股權投資在持有期間因各方面情況的變化，可能導致其核算需要由一種方法轉換為另外一種方法，或者資產類型由長期股權投資轉為金融資產，此時需要區分情況，採取不同的核算方法進行核算。當投資方由對被投資單位不具有控制、共同控制或重大影響轉為能夠對被投資方施加重大影響或共同控制時，因該轉變是一種實質性的轉變，故轉換時點應以公允價值重新計量，公允價值與帳面價值間的變動計入損益。當因增資等原因導致投資方對其原持有的對聯營企業、合營企業投資轉變為對子公司投資時，需要編製合併財務報表的，因該轉變亦為實質性的，故有關投資在合併報表層面需要重新計量，因重新計量產生的價值調整視為原股權的處置計入損益。當由於實際出售等原因導致投資方對被投資單位不具有共同控制或重大影響時，需要將長期股權投資作為金融資產核算的，應將有關價值量變動計入變動當期損益。

(一) 成本法轉換為權益法

因處置投資導致對被投資單位的影響能力下降,由控制轉為具有重大影響,或是與其他投資方一起實施共同控制的情況下,在投資企業的個別財務報表中,首先應按處置或收回投資的比例結轉應終止確認的長期股權投資成本。在此基礎上,將剩餘的長期股權投資轉為採用權益法核算,即應當比較剩餘的長期股權投資成本與按照剩餘持股比例計算原投資時應享有被投資單位可辨認淨資產公允價值的份額,屬於投資作價中體現的商譽部分,不調整長期股權投資的帳面價值;屬於投資成本小於應享有被投資單位可辨認淨資產公允價值份額的,在調整長期股權投資成本的同時,應調整留存收益。對於原取得投資後至轉變為權益法核算之間被投資單位實現的淨損益中應享有的份額,一方面應調整長期股權投資的帳面價值,同時對於原取得投資時至處置投資當期期初被投資單位實現的淨損益(扣除已發放及已宣告發放的現金股利及利潤)中應享有的份額,調整留存收益,對於處置投資當期期初至處置投資之日被投資單位實現的淨損益中享有的份額,調整當期損益;其他原因導致被投資單位所有者權益變動中應享有的份額,在調整長期股權投資帳面價值的同時,應當計入「其他綜合收益」或「資本公積——其他資本公積」。

在合併財務報表中,對於剩餘股權,應當按照其在喪失控制權日的公允價值進行重新計量。處置股權取得的對價與剩餘股權公允價值之和,減去按原持股比例計算應享有原有子公司自購買日開始持續計算的淨資產的份額之間的差額,計入喪失控制權當期的投資收益。與原有子公司股權投資相關的其他綜合收益,應當在喪失控制權時轉為當期投資收益。企業應當在附註中披露處置後的剩餘股權在喪失控制權日的公允價值、按照公允價值重新計量產生的相關利得或損失的金額。

例 8-17 2016 年 1 月 1 日,A 保險公司支付 700 萬元取得 B 公司 100% 的股權,投資時 B 公司可辨認淨資產的公允價值為 600 萬元,商譽 100 萬元。2016 年 1 月 1 日至 2017 年 12 月 31 日,B 公司的淨資產增加了 200 萬元,其中按購買日公允價值計算實現的淨利潤 160 萬元,持有的非交易性權益工具投資以公允價值計量且其變動計入其他綜合收益的金融資產的公允價值升值 40 萬元。

2018 年 1 月 6 日,A 保險公司轉讓 B 公司 60% 的股權,收取現金 720 萬元存入銀行,轉讓後 A 保險公司對 B 公司的持股比例為 40%,能對其施加重大影響。2018 年 1 月 6 日,即 A 保險公司喪失對 B 公司的控制權日,A 保險公司剩餘 40% 股權的公允價值為 480 萬元。假定 A 保險公司、B 公司提取盈餘公積的比例均為 10%。假定 B 公司未分配現金股利,並不考慮其他因素 A 保險公司在其個別和合併財務報表中的處理分別如下:

1. A 保險公司個別財務報表的處理
(1) 確認部分股權處置收益:

借:銀行存款　　　　　　　　　　　　　　　　　　　　7,200,000
　　貸:長期股權投資　　　　　　　　　(700 萬元×60%) 4,200,000
　　　　投資收益　　　　　　　　　　　　　　　　　　 3,000,000

(2) 對剩餘股權改按權益法核算:

借:長期股權投資　　　　　　　　　　　　　　　　　　　800,000

貸：盈餘公積　　　　　　　　　　　　　　（160萬元×40%×10%）640,000
　　　　未分配利潤　　　　　　　　　　　　　（160萬元×40%×90%）576,000
　　　　其他綜合收益　　　　　　　　　　　　　　　（40萬元×40%）160,000
　　經上述調整後，在個別財務報表中，剩餘股權的帳面價值為360（700×40%+80＝360）萬元。

　　2. A保險公司合併財務報表的處理
　　合併財務報表中應確認的投資收益為340（720+480-900+40）萬元，由於個別財務報表中已經確認了300萬元投資收益，在合併報表中做如下調整：
　　（1）對剩餘股權按喪失控制權日的公允價值重新計量的調整：
　　借：長期股權投資　　　　　　　　　　　　　　　　　　　　　　4,800,000
　　　貸：長期股權投資　　　　　　　　　　　　　　（900萬元×40%）3,600,000
　　　　　投資收益　　　　　　　　　　　　　　　　　　　　　　　1,200,000
　　（2）對個別財務報表中的部分處置收益歸屬期間進行調整：
　　借：投資收益　　　　　　　　　　　　　　　　（160萬元×60%）960,000
　　　貸：未分配利潤　　　　　　　　　　　　　　　　　　　　　　　960,000
　　（3）轉出與剩餘股權相對應的其他綜合收益16萬元，重分類轉入投資收益：
　　借：其他綜合收益　　　　　　　　　　　　　　　　　　　　　　　160,000
　　　貸：投資收益　　　　　　　　　　　　　　　　　　　　　　　　160,000

　　（二）公允價值計量或權益法轉換為成本法
　　因追加投資原因導致原持有的分類為以公允價值計量且其變動計入當期損益的金融資產，或非交易性權益工具投資分類為公允價值計量且其變動計入其他綜合收益的金融資產，以及對聯營企業或合營企業的投資轉變為對子公司投資的，長期股權投資帳面價值的調整應當按照對子公司投資初始計量的相關規定處理。
　　對於原作為金融資產，轉換為採用成本法核算的對子公司投資的，如有關金融資產分類為以公允價值計量且其變動計入當期損益的金融資產，應當按照轉換時的公允價值確認為長期股權投資，公允價值與其原帳面價值之間的差額計入當期損益；如非交易性權益工具投資分類為以公允價值計量且其變動計入其他綜合收益的金融資產，在按照轉換時的公允價值確認長期股權投資，該公允價值與帳面價值之間的差額計入當期損益外，原確認計入其他綜合收益的前期公允價值變動亦應結轉計入當期損益。

　　（三）公允價值計量轉為權益法核算
　　投資企業對原持有的被投資單位的股權不具有控制、共同控制或重大影響，按照金融工具確認和計量準則進行會計處理的，因追加投資等原因導致持股比例增加，使其能夠對被投資單位實施共同控制或重大影響而轉按權益法核算的，應在轉換日，按照原股權的公允價值加上為取得新增投資而應支付對價的公允價值，作為改按權益法核算的初始投資成本；原股權投資於轉換日的公允價值與帳面價值之間的差額，以及原計入其他綜合收益的累計公允價值變動轉入改按權益法核算的當期損益。在此基礎上，比較初始投資成本與獲得被投資單位共同控制或重大影響時應享有被投資單位可辨認淨資產公允價值份額之間的

差額，前者大於後者的，不調整長期股權投資的帳面價值；前者小於後者的，調整長期股權投資的帳面價值，並計入當期營業外收入。

例8-18 甲保險公司於2017年2月以800萬元投資成本取得乙公司10%股權，對乙公司不具有控制、共同控制和重大影響，甲保險公司將其分類為以公允計量且其變動計入其他綜合收益的金融資產。2017年12月31日，該金融資產的公允價值為1,000萬元。2018年2月1日，甲保險公司又支付了1,200萬元取得乙公司10%的股權，當日乙公司可辨認淨資產的公允價值為9,000萬元，取得該部分股權後，甲保險公司能對乙公司具有重大影響，當日原持有乙公司10%的股份的公允價值為1,100萬元，假設不考慮其他因素，甲保險公司的帳務處理如下：

（1）2017年2月甲保險公司取得乙公司10%股權時：

借：以公允價值計量且其變動計入其他綜合收益的金融資產——成本

                           8,000,000

 貸：銀行存款   8,000,000

（2）2017年12月31日，該金融資產的公允價值變為1,000萬元時：

借：以公允價值計量且其變動計入其他綜合收益的金融資產——公允價值變動

                           2,000,000

 貸：其他綜合收益   2,000,000

（3）因追加投資，持股比例由10%上升到20%，甲保險公司對乙公司具有重大影響時，其初始投資成本為2,300（1,100+1,200）萬元，應享有乙公司可辨認淨資產的公允價值為1,800（9,000×20%）萬元，前者大於後者500萬元，不調整長期股權投資的帳面價值，甲保險公司對上述交易的會計處理如下：

借：長期股權投資   （11,000,000+12,000,000）23,000,000

 貸：以公允價值計量且其變動計入其他綜合收益的金融資產——成本 8,000,000

                   ——公允價值變動

                         2,000,000

  銀行存款   12,000,000

  投資收益   1,000,000

借：其他綜合收益   2,000,000

 貸：投資收益   2,000,000

（四）權益法轉公允價值計量的金融資產

  投資企業原持有的被投資單位的股權對其具有共同控制或重大影響，因部分處置等原因導致持股比例下降，不能再對被投資單位實施共同控制或重大影響的，應於失去共同控制或重大影響時，改按金融工具確認和計量準則的規定對剩餘股權進行會計處理。即，對剩餘股權在改按公允價值計量時，公允價值與其原帳面價值之間的差額計入當期損益。同時，原採用權益法核算的相關其他綜合收益應當在終止採用權益法核算時，採用與被投資單位直接處置相關資產或負債相同的基礎進行會計處理；因被投資單位除淨損益、其他綜合收益和利潤分配以外的其他所有者權益變動而確認的所有者權益，應當在終止採用權益

法時全部轉入當期損益。

例8-19 甲保險公司持有乙公司30%的有表決權股份，能夠對乙公司施加重大影響，對該股權投資採用權益法核算。2017年10月，甲保險公司將該項投資中的15%對外出售，取得價款2,700萬元。相關股權劃轉手續於當日完成。甲保險公司持有乙公司剩餘15%股權，無法再對乙公司施加重大影響，轉為以公允價值計量且其變動計入其他綜合收益的權益的金融資產核算。股權出售日，剩餘股權的公允價值為2,700萬元。

出售該股權時，長期股權投資的帳面價值為4,800萬元，其中投資成本4,000萬元，損益調整為300萬元，因被投資單位的非交易性權益工具投資以公允價值計量且其變動計入其他綜合收益的金融資產的累計公允價值變動享有部分為300萬元，除淨損益、其他綜合收益和利潤分配外的其他所有者權益變動為200萬元。不考慮相關稅費等其他因素影響。甲保險公司的會計處理如下：

（1）確認有關股權投資的處置損益：

借：銀行存款　　　　　　　　　　　　　　　　　　27,000,000
　　貸：長期股權投資　　　　　　　　　　　　　　　　24,000,000
　　　　投資收益　　　　　　　　　　　　　　　　　　 3,000,000

（2）由於終止採用權益法核算，將原確認的相關其他綜合收益全部轉入當期損益：

借：其他綜合收益　　　　　　　　　　　　　　　　　 3,000,000
　　貸：投資收益　　　　　　　　　　　　　　　　　　 3,000,000

（3）由於終止採用權益法核算，將原計入資本公積的其他所有者權益變動全部轉入當期損益：

借：資本公積——其他資本公積　　　　　　　　　　　 2,000,000
　　貸：投資收益　　　　　　　　　　　　　　　　　　 2,000,000

（4）剩餘股權投資轉為以公允價值計量且其變動計入其他綜合收益的金融資產，當日公允價值為2,700萬元，帳面價值為2,400萬元，兩者差異計入當期投資收益。

借：其他權益工具投資　　　　　　　　　　　　　　　27,000,000
　　貸：長期股權投資　　　　　　　　　　　　　　　　24,000,000
　　　　投資收益　　　　　　　　　　　　　　　　　　 3,000,000

（五）成本法轉公允價值計量的金融資產

投資企業原持有被投資單位的股份使得其能夠對被投資單位實施控制，其後因部分處置等原因導致持股比例下降，不能再對被投資單位實施控制，同時對被投資單位亦不具有共同控制能力或重大影響的，應將剩餘股權改按金融工具確認和計量準則的要求進行會計處理，並於喪失控制權日將剩餘股權按公允價值重新計量，公允價值與其帳面價值的差額計入當期損益。

例8-20 甲保險公司於2016年1月支付5,000萬元價款取得乙公司60%股權並能控制乙公司，按成本法核算。2017年1月12日，甲保險公司出售所持乙公司股權的90%給非關聯方，收取價款為4,800萬元，轉讓後甲保險公司對乙公司的持股比例為6%，對乙公司不具有控制、共同控制和重大影響。剩餘6%股權於喪失控制權日的公允價值為400萬

元，甲保險公司將其分類為以公允價值計量且其變動計入當期損益的金融資產。假定不考慮其他因素，甲保險公司於喪失控制權日的會計處理如下：

（1）出售股權時：

借：銀行存款　　　　　　　　　　　　　　　　　　　　48,000,000
　　貸：長期股權投資　　　　　　　　　　　　　　　　　　45,000,000
　　　　投資收益　　　　　　　　　　　　　　　　　　　　 3,000,000

（2）剩餘股權的處理：

借：以公允價值計量且其變動計入當期損益的金融資產　　　 4,000,000
　　投資收益　　　　　　　　　　　　　　　　　　　　　　1,000,000
　　貸：長期股權投資　　　　　　　　　　　　　　　　　　 5,000,000

（六）長期股權投資的處置

企業處置長期股權投資時，應相應結轉與所售股權相對應的長期股權投資的帳面價值，出售所得價款與處置長期股權投資帳面價值之間的差額，應確認為處置損益。

採用權益法核算的長期股權投資，原計入其他綜合收益（不能結轉損益的除外）或資本公積（其他資本公積）中的金額，如處置後因具有重大影響或共同控制仍然採用權益法核算的，在處置時亦應進行結轉，將與所出售股權相對應的部分在處置時自其他綜合收益或資本公積轉入當期損益。如處置後對有關投資終止採用權益法的，則原計入其他綜合收益（不能結轉損益的除外）或資本公積（其他資本公積）中的金額應全部結轉。

例8-21　甲保險公司原持有乙公司40%的股權，2017年12月31日，甲保險公司出售10%的乙公司股權，收取現金2,000萬元，出售時甲保險公司帳面上對乙公司長期股權投資的構成為：投資成本3,600萬元，損益調整300萬元，可轉入損益的其他綜合收益400萬元，其他權益變動500萬元。

（1）甲保險公司確認處置損益的帳務處理為：

借：銀行存款　　　　　　　　　　　　　　　　　　　　20,000,000
　　貸：長期股權投資［（3,600+300+400+500）萬元÷40%×10%］　12,000,000
　　　　投資收益　　　　　　　　　　　　　　　　　　　 8,000,000

（2）除應將實際取得價款與出售長期股權投資的帳面價值進行結轉，確認出售損益以外，還應將原計入其他綜合收益或資本公積的部分按比例轉入當期損益。

借：資本公積——其他資本公積　　　　　　　　　　　　　 1,250,000
　　其他綜合收益　　　　　　　　　　　　　　　　　　　 1,000,000
　　貸：投資收益　　　　　　　　　　　　　　　　　　　 2,250,000

第四節　投資性房地產

一、投資性房地產的確認和初始計量

（一）投資性房地產確認的條件

投資性房地產在符合定義且同時滿足下列條件時才能予以確認：

（1）與該投資性房地產有關的經濟利益很可能流入企業；

（2）該項投資性房地產的成本能夠可靠地計量。

對於已出租的土地使用權、已出租的建築物，其作為投資性房地產的確認時點為租賃期開始日，即土地使用權、建築物進入出租狀態、開始賺取租金的日期。對持有並準備增值後轉讓的土地使用權，其作為投資性房地產的確認時點為企業將自用土地使用權停止自用、準備增值後轉讓的日期。

(二) 投資性房地產的入帳價值確認

（1）一般性原則：歷史成本原則。即企業取得投資性房地產時，應當按照取得時的實際成本進行初始計量，這與普通資產的核算標準相同。

（2）不同取得渠道下，投資性房地產的入帳成本的構成有所不同：

①外購的投資性房地產。按購買價款、相關稅費和可直接歸屬於該資產的其他支出作為其入帳價值。

②自行建造的投資性房地產。按建造該資產達到預定可使用狀態前所發生的必要支出，作為入帳價值，包括土地開發費、建築成本、安裝成本、應予資本化的借款費用、支付的其他費用和分攤的間接費用等。在建造過程中發生的非正常性損失，直接計入當期損益，不計入建造成本。

③非投資性房地產轉換為投資性房地產。非投資性房地產轉換為投資性房地產，實質上是因房地產用途發生改變而對房地產進行的重新分類。如果投資性房地產採用成本模式計量，則按照該項房地產在轉換日的帳面價值入帳；如果投資性房地產採用公允價值模式計量，則按該項房地產在轉換日的公允價值入帳。

（3）投資性房地產的後續支出

①費用化的後續支出

如果後續支出不能滿足投資性房地產確認條件的，應當計入當期費用，其處理原則等同於固定資產、無形資產的相關規定。比如，對出租用房地產進行的日常維修支出就屬於這種情況。

②資本化的後續支出

如果後續支出滿足投資性房地產確認條件的，應當將其計入投資性房地產成本。例如對投資性房地產進行改建、擴建和裝修等。

例8-22 甲保險公司2016年1月1日開始對其出租用辦公樓進行改擴建，該投資性房地產採用成本計量模式，原價為1,000萬元，已提折舊600萬元。工程期為半年，於7月1日達到預定可使用狀態。甲公司共支付了2,100萬元的工程款，殘值回收2萬元，款項均以銀行存款方式結算。

投資性房地產轉入改擴建工程時：

借：投資性房地產——辦公樓（在建）　　　　　　　4,000,000
　　投資性房地產累計折舊　　　　　　　　　　　　6,000,000
　　貸：投資性房地產（辦公樓）　　　　　　　　　　10,000,000

支付改擴建工程款時：

借：投資性房地產——辦公樓（在建） 21,000,000
   貸：銀行存款 21,000,000
回收殘值時：
借：銀行存款 20,000
   貸：投資性房地產——辦公樓（在建） 20,000
工程完工時：
借：投資性房地產——辦公樓 24,980,000
   貸：投資性房地產——辦公樓（在建） 24,980,000

例 8-23　甲保險公司對其擁有的投資性房地產進行日常維修，發生維修支出 20,000 元。

帳務處理如下：
借：其他業務支出 20,000
   貸：銀行存款 20,000

（三）投資性房地產增加時的會計處理

1. 科目設置：「投資性房地產」科目

本科目核算成本模式計量下的投資性房地產的成本；本科目也核算公允價值模式下投資性房地產的成本和公允價值的變動。本科目借方登記投資性房地產的成本和公允價值的增加值，貸方登記投資性房地產公允價值的減少值。期末餘額為借方餘額，表示目前企業投資性房地產的結餘價值。

2. 帳務處理

例 8-24　甲保險公司於 2016 年 3 月 1 日以銀行存款方式購得位於繁華商業區的一層商務用樓，該層商務樓的買價為 600 萬元，相關稅費為 30 萬元，並當即進行招租，與乙公司簽訂了經營租賃合同，約定自該商務樓購買日起便出租給乙公司。

甲保險公司會計處理如下：
①該商務樓的入帳成本＝買價＋相關稅費＝600+30＝630（萬元）；
②帳務處理如下：
借：投資性房地產 6,300,000
   貸：銀行存款 6,300,000

二、投資性房地產的後續計量

（一）計量模式的選擇

投資性房地產後續計量可以選擇成本模式或公允價值模式，但同一企業只能採用一種模式對其所有投資性房地產進行後續計量，不得同時採用兩種計量模式。

為保證會計信息的可比性，企業對投資性房地產的計量模式一經確定，不得隨意變更。因為公允價值模式的採用就意味著期末投資性房地產帳面價值總是處於變動狀態，而且準則規定因公允價值變動產生的價值調整要計入當期損益，這就為企業操縱利潤提供了運作空間。為避免這種情況的發生，投資性房地產準則規定其核算模式一經確定不得隨意

更改，只有在房地產市場活躍且能獲得持續可靠的公允價值時，才允許對投資性房地產從成本模式變更為公允價值模式計量。且這種變更應作為會計政策變更處理，並按計量模式變更時公允價值與帳面價值的差額調整期初留存收益。而已採用公允價值模式計量的企業，不得從公允價值模式轉為成本模式。

(二) 成本計量模式的核算方法

企業採用成本模式進行後續計量的，對於固定資產形式的投資性房地產，應當比照《企業會計準則第 4 號——固定資產》的相關規定處理；對於無形資產形式的投資性房地產，應當比照《企業會計準則第 6 號——無形資產》的相關規定處理。

1. 會計科目的設置

(1)「投資性房地產累計折舊（攤銷）」科目。本科目核算按成本模式計量的投資性房地產累計折舊（或攤銷）。借方反應處置投資性房地產時結轉的累計折舊或攤銷，貸方登記按期計提的投資性房地產的折舊或攤銷。本科目期末貸方餘額，反應投資性房地產的累計折舊（攤銷）額。本科目可按投資性房地產的項目進行明細核算。

(2)「投資性房地產減值準備」科目。本科目借方反應處置投資性房地產時結轉的減值準備金，貸方反應投資性房地產發生減值時，按規定提取的減值準備金。本科目期末貸方餘額反應已計提但尚未轉銷的投資性房地產的減值準備。

2. 帳務處理

例 8-25 甲保險公司 2016 年 6 月 1 日購入一幢辦公樓，用於對外出租。該資產的買價為 3,000 萬元，相關稅費 20 萬元，預計使用壽命為 40 年，預計殘值為 21 萬元，預計清理費用 1 萬元，甲保險公司採用直線法提取折舊。該辦公樓的年租金為 360 萬元，每月支付租金 30 萬元，自 2016 年 6 月 1 日開始出租。在年底時，這棟辦公樓發生減值現象，經減值測試，其可收回金額為 2,850 萬元。

[解析] 根據投資性房地產準則，甲保險公司所購辦公樓符合投資性房地產的界定條件，應單獨列於「投資性房地產」科目核算，其後續會計處理應參照《企業會計準則——固定資產》的相關規定處理。具體如下：

(1) 該投資性房地產的入帳成本 = 3,000+20 = 3,020（萬元）；

(2) 每月計提的折舊 = ［3,020-（21-1）］÷40÷12 = 6.25（萬元）；

會計分錄如下：

①確認租金時：

借：銀行存款　　　　　　　　　　　　　　　　　300,000
　　貸：其他業務收入　　　　　　　　　　　　　　　　300,000

②提取折舊時：

借：其他業務成本　　　　　　　　　　　　　　　62,500
　　貸：投資性房地產累計折舊　　　　　　　　　　　　62,500

③計提減值準備時：

借：資產減值損失　　　　　　　　　　　　　　　1,700,000
　　貸：投資性房地產減值準備　　　　　　　　　　　　1,700,000

(三) 公允價值計量模式的核算方法

1. 採用公允價值模式計量投資性房地產應當具備兩個條件

（1）有活躍的房地產交易市場；

（2）同類或類似房地產的市場價格及其他相關信息能夠從房地產交易市場上取得。

另外，如果企業原先按公允價值計量某一項投資性房地產，即使可比的市場交易變得不經常發生或市場價格變得不易取得，在該項投資性房地產處置，或變為自用，或企業為以後在正常經營過程中銷售而開發之前，仍應一直按公允價值計量。

2. 投資性房地產的公允價值的獲取方式

（1）活躍市場上存在與投資性房地產有相同或相近地理位置和資產狀況以及有類似租賃合同的房地產，在確定投資性房地產公允價值時，可以參照類似房地產的現行市場價格。

（2）活躍市場上存在與投資性房地產有不同地理位置和資產狀況的房地產，在估計投資性房地產的公允價值時，可以參照不同地理位置和資產狀況的房地產的現行市場價格。

（3）最近期間房地產交易不活躍，但交易市場上存在著與投資性房地產同類或類似的其他房地產的最近交易價格，在估計投資性房地產的公允價值時，可以參照此類房地產的最近交易價格。

（4）估計未來現金流量的現值。預計未來現金流量時，應當以租賃合同和其他合同為依據，並參考同類或類似房地產的當前市場租金等外部信息。採用的折現率應當能夠反應當前市場貨幣時間價值和資產特定風險。

3. 公允價值模式的具體核算方法

企業採用公允價值模式計量的，不對投資性房地產計提折舊或進行攤銷，應當以資產負債表日投資性房地產的公允價值計量，並以此為基礎調整其帳面價值，公允價值與原帳面價值之間的差額計入當期損益。

（1）會計科目的設置。「投資性房地產」科目設兩個明細科目，即「投資性房地產——成本」和「投資性房地產——公允價值變動」，另外還需設置「公允價值變動損益」科目。「公允價值變動損益」科目核算採用公允價值模式計量的投資性房地產和金融資產的公允價值變動形成的應計入當期損益的利得或損失，該科目借方反應投資性房地產等公允價值低於其帳面餘額的差額，貸方反應投資性房地產等公允價值高於其帳面餘額的差額。期末，應將本科目餘額轉入「本年利潤」科目，結轉後本科目無餘額。

資產負債表日，投資性房地產的公允價值高於帳面價值的差額，借記「投資性房地產——公允價值變動」科目，貸記「公允價值變動損益」科目；公允價值低於其帳面價值的差額做相反的帳務處理。

（2）帳務處理。

例8-26 宏遠保險公司2016年7月1日購買一棟樓房，買價和相關稅費總計3,000萬元。宏遠保險公司將此樓房用於出租，於2016年10月1日與丁公司簽訂了租賃協議，租期為10年，年租金為120萬元，租金於每年年末結清。按照當地的房地產交易市場的價格體系，該房產2016年年末的公允價值為3,200萬元，2017年年末的公允價值為3,120

萬元。

[解析] 對此，宏遠保險公司應作如下會計處理：

（1）該投資性房地產的入帳成本：3,000（萬元）；

（2）取得該樓房時：

借：投資性房地產——成本　　　　　　　　　　　30,000,000
　　貸：銀行存款　　　　　　　　　　　　　　　　　　30,000,000

（3）每月確認租金時：

借：其他應收款　　　　　　　　　　　　　　　　100,000
　　貸：其他業務收入　　　　　　　　　　　　　　　　100,000

（4）2016年底收到租金：

借：銀行存款　　　　　　　　　　　　　　　　　300,000
　　貸：其他應收款　　　　　　　　　　　　　　　　　200,000
　　　　其他業務收入　　　　　　　　　　　　　　　　100,000

（5）2016年年末當該房產的公允價值達到3,200萬元時，此時的帳面價值為3,000萬元，

由此造成的增值200萬元應作為當年的投資收益，具體處理如下：

借：投資性房地產——公允價值變動　　　　　　　2,000,000
　　貸：公允價值變動損益　　　　　　　　　　　　　2,000,000

（6）2017年年末取得租金時：

借：銀行存款　　　　　　　　　　　　　　　　1,200,000
　　貸：其他應收款　　　　　　　　　　　　　　　1,100,000
　　　　其他業務收入　　　　　　　　　　　　　　　100,000

（7）2017年年末當該房產的公允價值達到3,120萬元時，此時的帳面價值為3,200萬元。

由此造成的貶值80萬元應作為當年的投資損失，具體處理如下：

借：公允價值變動損益　　　　　　　　　　　　　800,000
　　貸：投資性房地產——公允價值變動　　　　　　　　800,000

三、投資性房地產的轉換與處置

（一）投資性房地產的轉換

1. 房地產轉換條件和形式

房地產的轉換，實質上是因房地產用途發生改變而對房地產進行的重新分類。這裡所說的房地產轉換是針對房地產用途發生改變而言，而不是後續計量模式的轉變。企業必須有確鑿證據表明房地產用途發生改變，才能將投資性房地產轉換為非投資性房地產或者將非投資性房地產轉換為投資性房地產，例如自用的辦公樓改為出租等。這裡的確鑿證據包括兩個方面，一是企業管理當局就改變房地產用途形成正式的書面決議；二是房地產因用途改變而發生實際狀態上的改變，如從自用狀態改為出租狀態。房地產轉換形式主要包括：

（1）投資性房地產開始自用，相應地由投資性房地產轉換為固定資產或無形資產。例如，原來出租的房地產現改為自用房地產。

（2）自用房地產停止自用，擬用於賺取租金或資本增值，相應地由固定資產轉換為投資性房地產。例如，過去是辦公用的大樓，現在騰出來作為投資性房地產出租出去。

（3）自用土地使用權停止自用，用於賺取租金或資本增值，相應地由無形資產轉換為投資性房地產。

投資性房地產轉換日的確定：

轉換日的確定關係到資產的確認時點和入帳價值，因此非常重要。轉換日是指房地產的用途發生改變、狀態相應發生改變的日期。轉換日的確定標準主要包括：

①投資性房地產開始自用，轉換日是指房地產達到自用狀態，企業開始將房地產用於生產商品、提供勞務或者經營管理的日期。

②自用土地使用權停止自用，改為用於資本增值，轉換日是指企業停止將該項土地使用權用於生產商品、提供勞務或經營管理且管理當局作出房地產轉換決議的日期。

2. 轉換時入帳口徑的選擇

（1）在成本模式下，房地產轉換後的入帳價值，以其轉換日的帳面餘額確定。

①由自用房地產轉入投資性房地產時：

借：投資性房地產
　　累計折舊——累計攤銷
　貸：固定資產或無形資產
　　　投資性房地產累計折舊（攤銷）

同時對原已計提價值準備的：

借：固定資產減值準備或無形資產減值準備
　貸：投資性房地產減值準備

②由投資性房地產轉為自用房地產時：

借：固定資產或無形資產
　　投資性房地產累計折舊
　貸：投資性房地產
　　　累計折舊

同時對原已計提減值準備的：

借：投資性房地產減值準備
　貸：固定資產價值準備或無形資產減值準備

（2）公允價值計價模式下：

①自用房地產轉換為以公允價值計價的投資性房地產時，如果轉換當日該項土地使用權或建築物的公允價值小於原帳面價值，應當將差額借記「公允價值變動損益」科目；如果轉換當日該項土地使用權或建築物的公允價值大於原帳面價值，應當將其差額貸記「其他綜合收益」科目。當該項投資性房地產處置時，因轉換計入其他綜合收益的部分應轉入當期損益。

例 8-27 企業將一棟原自用的辦公樓作為投資性房地產對外出租。該辦公樓的帳面原值為 1,000 萬元，已計提折舊 300 萬元。轉換當日，其公允價值為 680 萬元。

會計處理：

借：投資性房地產——成本　　　　　　　　　　　　　6,800,000
　　公允價值變動損益　　　　　　　　　　　　　　　　200,000
　　累計折舊　　　　　　　　　　　　　　　　　　　3000,000
　貸：固定資產　　　　　　　　　　　　　　　　　　10,000,000

②以公允價值計價的投資性房地產轉換為自用房地產時，應當以其轉換當日的公允價值作為自用房地產的帳面價值，轉換當日的公允價值與投資性房地產原帳面價值之間的差額計入當期損益。

會計分錄為：

借：固定資產或無形資產（以轉換當日的公允價值作為入帳口徑）
　　公允價值變動損益（公允價值小於帳面價值的差額列為損失）
　貸：投資性房地產——成本
　　　投資性房地產——公允價值變動
　　　公允價值變動損益（公允價值大於帳面價值的差額計收益）

(二) 投資性房地產的處置

企業出售、轉讓、報廢投資性房地產或者投資性房地產發生損毀時，應當終止確認該項投資性房地產，將處置收入扣除其帳面價值和相關稅費後的差額計入當期損益。

1. 採用成本模式計量的投資性房地產的處置

處置按成本模式進行後續計量的投資性房地產時，應當按實際收到金額，借記「銀行存款」等科目，貸記「其他業務收入」「應交稅費——應交增值稅（銷項稅額）」科目；按該項投資房地產的帳面價值，借記「其他業務成本」科目，按其帳面餘額，貸記「投資性房地產」科目；按照已計提的折舊或攤銷，借記「投資性房地產累計折舊」科目；原已計提減值準備的，借記「投資性房地產減值準備」科目。

例 8-28 甲保險公司於 2017 年 12 月 31 日以 500 萬元的價格對外轉讓一處房產。該房產系甲保險公司於 2015 年 12 月 1 日以 400 萬元的價格購入，用作對外出租，採用成本計量模式進行後續計量。購入時該房產的預計使用年限為 20 年，假定無殘值，甲保險公司採用直線法提取折舊。不考慮相關稅費。

[解析] 甲保險公司處置此房產的會計處理如下：

(1) 該房產已提折舊=（400-0）÷20×12=40（萬元）；
(2) 該房產出售時的帳面價值=400-40=360（萬元）；

處置時的會計分錄如下：

借：銀行存款　　　　　　　　　　　　　　　　　　5,000,000
　貸：其他業務收入　　　　　　　　　　　　　　　　5,000,000
借：投資性房地產累計折舊　　　　　　　　　　　　　　400,000
　　其他業務成本　　　　　　　　　　　　　　　　3,600,000

貸：投資性房地產　　　　　　　　　　　　　　　　　4,000,000

2. 採用公允價值模式計量的投資性房地產的處置

　　處置採用公允價值模式計量的投資性房地產，應當按實際收到金額，借記「銀行存款」等科目，貸記「其他業務收入」「應交稅費——應交增值稅（銷項稅額）」科目；按該項投資資產的帳面餘額，借記「其他業務成本」科目，按其成本，貸記「投資性房地產——成本」科目，按其累計公允價值變動，貸記或借記「投資性房地產——公允價值變動」科目。同時，結轉投資性房地產累計公允價值變動。若存在原轉換日計入其他綜合收益的金額，也一併結轉。

例8-29 甲保險公司於2017年3月10日與乙公司簽訂了租賃協議，將其自用的一棟辦公樓出租給乙公司使用，租賃期開始日為2017年4月8日。2017年4月8日，該辦公樓的帳面餘額為4,500萬元，公允價值為4,700萬元。2017年12月31日，該項投資性房地產的公允價值為4,800萬元。2018年4月8日租賃期屆滿，甲保險公司收回該項投資性房地產，並以5,500萬元出售，出售款項已收訖。甲保險公司採用公允價值模式計量，不考慮相關稅費。

甲保險公司的帳務處理如下：

（1）2017年4月8日，自用辦公樓轉換為投資性房地產：

借：投資性房地產——成本　　　　　　　　　　　　47,000,000
　　貸：固定資產　　　　　　　　　　　　　　　　45,000,000
　　　　其他綜合收益　　　　　　　　　　　　　　 2,000,000

（2）2017年12月31日，公允價值變動時：

借：投資性房地產——公允價值變動　　　　　　　　 1,000,000
　　貸：公允價值變動損益　　　　　　　　　　　　 1,000,000

（3）2018年4月出售投資性房地產：

借：銀行存款　　　　　　　　　　　　　　　　　　55,000,000
　　公允價值變動損益　　　　　　　　　　　　　　 1,000,000
　　其他綜合收益　　　　　　　　　　　　　　　　 2,000,000
　　其他業務成本　　　　　　　　　　　　　　　　45,000,000
　　貸：投資性房地產——公允價值變動　　　　　　 1,000,000
　　　　投資性房地產——成本　　　　　　　　　　47,000,000
　　　　其他業務收入　　　　　　　　　　　　　　55,000,000

復習思考題

1. 保險資金運用的核算如何分類？
2. 金融資產的概念及其分類。
3. 金融資產如何進行初始計量和後續計量？

4. 什麼是金融資產的重分類？金融資產重分類時如何進行相應會計處理？
5. 金融工具減值的判斷及其會計處理。
6. 何為金融資產轉移？如何判斷金融資產是否發生轉移？金融資產轉移如何計量？
7. 長期股權投資如何確認？怎樣對長期股權投資進行初始計量和後續計量？
8. 長期股權投資核算方法轉換的條件是什麼？不同轉換下如何進行相應的會計核算？
9. 長期股權投資處置時如何進行會計處理？
10. 投資性房地產如何確認？怎樣對投資性房地產進行初始計量？
11. 投資性房地產後續計量的模式有哪些？不同計量模式下，如何進行相應的會計處理？
12. 什麼是投資性房地產的轉換？投資性房地產轉換的條件和形式是什麼？
13. 投資性房地產發生轉換時，不同計量模式下如何進行相應的會計處理？
14. 投資性房地產處置時，不同計量模式下如何進行相應的會計處理？

第九章　保險公司稅務會計

稅法作為調節國家與納稅人之間利益分配關係的法律制度，對於保險公司的會計行為，特別是淨利潤、稅收籌劃等都非常重要。本章主要介紹所得稅、「營改增」後保險公司的增值稅的會計核算。

第一節　增值稅

一、增值稅概述

(一) 增值稅內涵

1. 增值稅和營業稅概念

流轉稅是以各種商品勞務作為課稅對象徵收的稅種，稅基為銷售商品或提供勞務而取得的銷售收入額或營業收入額。流轉稅包括增值稅、營業稅、關稅、消費稅等。下面主要闡述營業稅和增值稅的概念。

營業稅（Business tax），是對在中國境內提供應稅勞務、轉讓無形資產或銷售不動產的單位和個人，就其所取得的營業額徵收的一種稅。稅基為營業收入全額，一般按行業設計稅目及稅率計算營業稅額。

增值稅是以商品（含應稅勞務）在流轉過程中產生的增值額作為計稅依據而徵收的一種流轉稅。不同於營業稅按營業收入全額徵收稅收，增值稅只針對流轉每一環節新增加的價值徵稅，稅負合理，消除了重複徵稅現象。

2. 增值額的內涵

理解增值稅，關鍵在於理解增值額。增值額是指企業或個人在生產經營過程中新創造的價值或商品的附加值，即貨物或勞務價值 $C+V+M$ 中 $V+M$ 部分。對於一件商品經營的全過程而言，一件商品生產經營無論經歷幾個環節，最終實現消費時的銷售額相當於該件商品各個環節的增值額之和。對於一個生產經營企業而言，增值額是本企業商品銷售收入額或經營收入額扣除購進貨物和服務金額後的餘額，是該企業全體勞動者創造的價值。

3. 增值稅一般不以增值額作為直接計稅依據

從以上對增值額這一概念的分析來看，純理論的增值額對於計算增值稅沒有實際意

義，而僅僅是對增值稅本質的一種理論抽象，因為各國都是根據法定增值額計算增值稅的。但是徵收增值稅的國家無論以哪種增值額作為課稅基數，在實際計算增值稅稅款時都不是以增值額作為計稅依據，各國計算增值稅時都不是先求出生產經營環節的增值額，然後再據以計算增值稅，而是採取在銷售總額的應納稅款中扣除外購項目的已納稅稅款的抵扣法。可見增值額這一概念在實際計稅中並不直接發揮作用，在實際工作中確定增值額是一件比較困難的事。

（二）增值稅一般納稅人和小規模納稅人

理論上，只要是增值稅都應採取專用發票抵扣稅款的方法繳納，但是抵扣憑證的開具和使用必須建立在納稅人會計核算制度健全的基礎上，中國大量的小企業以及個人因沒有健全的核算制度並不具備抵扣稅款的條件，為了簡化便於徵管，並填補徵管漏洞，中國將增值稅納稅人分為一般納稅人和小規模納稅人。

1. 一般納稅人和小規模納稅人的定義

一般說來，應稅行為的年應徵增值稅銷售額（以下稱應稅銷售額）超過財政部和國家稅務總局規定標準的納稅人為一般納稅人，未超過規定標準的納稅人為小規模納稅人。按照《關於統一增值稅小規模納稅人標準的通知》，2018 年 5 月 1 日之後增值稅小規模納稅人標準為年應徵增值稅銷售額 500 萬元及以下。

未超過小規模納稅人標準的是否可以成為一般納稅人呢？根據財政部、國家稅務總局《關於全面推開營業稅改徵增值稅試點的通知》財稅〔2016〕36 號附件一《營業稅改徵增值稅試點實施辦法》第四條規定：年應稅銷售額未超過規定標準的納稅人，會計核算健全，能夠提供準確稅務資料的，可以向主管稅務機關辦理一般納稅人資格登記，成為一般納稅人。

2. 一般納稅人的認定和管理

一般納稅人是指通過申請，獲得主管稅務機關一般納稅人資格認定的增值稅納稅人。

（1）年應稅銷售額超過財政部、國家稅務總局規定的小規模納稅人標準的，應當向主管稅務機關申請一般納稅人資格認定。稅法規定，納稅人年應稅銷售額超過規定標準應辦理一般納稅人資格登記手續而未辦理的，經稅務機關下達稅務事項通知書後，逾期仍不辦理的，將按銷售額依照增值稅適用稅率計算應納稅額，不得抵扣進項稅額，也不得使用增值稅專用發票。

（2）年應稅銷售額未超過財政部、國家稅務總局規定的小規模納稅人標準以及新開業的納稅人，可以向主管稅務機關申請一般納稅人資格認定。對提出申請並且同時符合下列條件的納稅人，主管稅務機關應當為其辦理一般納稅人資格認定：

①有固定的生產經營場所；

②能夠按照國家統一的會計制度規定設置帳簿，根據合法、有效憑證核算，能夠提供準確稅務資料。

納稅人一經認定為一般納稅人後，不得轉為小規模納稅人。

但下列納稅人不辦理一般納稅人資格認定：

（1）個體工商戶以外的其他個人；

（2）選擇按照小規模納稅人納稅的非企業性單位；

（3）選擇按照小規模納稅人納稅的不經常發生應稅行為的企業。

3. 一般納稅人和小規模納稅人在稅務處理上的不同

一般納稅人開具的是增值稅專用發票，增值稅的稅率目前有16%、10%、6%和零稅率共四檔稅率，一般納稅人的增值稅應納稅額的計算方法是採取進項稅額抵扣銷項稅額的購進扣稅法，即：應納稅額＝當期銷項稅額−當期進項稅額。

小規模納稅人開具的是增值稅普通發票，適用3%的徵收率，小規模納稅人按照銷售額全額和規定的徵收率，實行簡易辦法計算應納稅額，即：應納稅額 = 銷售額×徵收率。

（三）增值稅稅率

（1）適用於一般納稅人的增值稅的稅率（見表9-1），2018年5月1日後有16%、10%、6%和零稅率共四檔稅率。

表9-1　　　　　　　　　　一般納稅人增值稅稅率

稅率名稱	稅目	具體稅率
基本稅率	增值稅應稅銷售行為或者進口貨物、有形動產租賃服務	16%
低稅率	農產品	10%
	食用植物油、自來水、暖氣、冷氣、熱水、煤氣、石油液化氣、天然氣、沼氣、居民用煤炭製品、圖書、報紙、雜誌、化肥、農藥、農機、農膜	
	飼料	
	音像製品	
	電子出版物	
	二甲醚	
	食用鹽	
	交通運輸服務、郵政服務、基礎電信服務、建築、不動產租賃服務、銷售不動產、轉讓土地使用權	
超低稅率	增值電信服務、現代服務業（金融服務、研發技術服務、文化創意服務、物流輔助服務、廣播影視服務、商務輔助服務、教育醫療服務、文化體育服務、旅遊娛樂服務、餐飲住宿服務等）	6%

境內單位和個人發生的跨境應稅行為，稅率為零。

（2）增值稅的徵收率，適用於小規模納稅人和特定一般納稅人。小規模納稅人統一按3%的徵收率計徵。

（四）應納稅額的計算

增值稅納稅人銷售貨物或應稅勞務和服務，因為採用的增稅方法不同，增值稅應納稅額的計算分為一般納稅人應納稅額的計算、採用簡易辦法的應納稅額的計算、進口貨物應納稅額的計算。

1. 一般納稅人應納稅額的計算

一般納稅人發生應稅行為採用一般計稅方法計稅。一般計稅方法的應納稅額，是指當期銷項稅額抵扣當期進項稅額後的餘額。應納稅額計算公式：

$$應納稅額＝當期銷項稅額-當期進項稅額$$

當期銷項稅額小於當期進項稅額不足抵扣時，其不足部分可以結轉下期繼續抵扣。

（1）銷項稅額。

銷項稅額，是指納稅人發生應稅行為按照銷售額和增值稅稅率計算並收取的增值稅額。銷項稅額計算公式：

$$銷項稅額＝銷售額 \times 稅率$$

一般計稅方法的銷售額不包括銷項稅額，納稅人採用銷售額和銷項稅額合併定價方法的，按照下列公式計算銷售額：

$$銷售額＝含稅銷售額 \div （1+稅率）$$

（2）進項稅額。

進項稅額，是指納稅人購進貨物、加工修理修配勞務、服務、無形資產或者不動產，支付或者負擔的增值稅額。

①準予從銷項稅額中抵扣的進項稅額包括：

A. 從銷售方取得的增值稅專用發票上註明的增值稅額。

B. 從海關取得的海關進口增值稅專用繳款書上註明的增值稅額。

C. 購進農產品，除取得增值稅專用發票或者海關進口增值稅專用繳款書外，按照農產品收購發票或者銷售發票上註明的農產品買價和10%、12%（納稅人購進用於生產銷售或委託加工）的扣除率計算的進項稅額。計算公式為：

$$進項稅額＝買價 \times 扣除率$$

買價，是指納稅人購進農產品在農產品收購發票或者銷售發票上註明的價款和按照規定繳納的菸葉稅。

②不得從銷項稅額中抵扣的進項稅額：

A. 用於簡易計稅方法計稅項目、免徵增值稅項目、集體福利或者個人消費的購進貨物、加工修理修配勞務、服務、無形資產和不動產。其中涉及的固定資產、無形資產、不動產，僅指專用於上述項目的固定資產、無形資產（不包括其他權益性無形資產）、不動產。納稅人的交際應酬消費屬於個人消費。

B. 非正常損失的購進貨物以及相關的加工修理修配勞務和交通運輸服務。

C. 非正常損失的在產品、產成品所耗用的購進貨物（不包括固定資產）、加工修理修配勞務和交通運輸服務。

D. 非正常損失的不動產以及該不動產所耗用的購進貨物、設計服務和建築服務。

E. 非正常損失的不動產在建工程所耗用的購進貨物、設計服務和建築服務。納稅人新建、改建、擴建、修繕、裝飾不動產，均屬於不動產在建工程。

F. 購進的旅客運輸服務、貸款服務、餐飲服務、居民日常服務和娛樂服務。

G. 財政部和國家稅務總局規定的其他情形。

上述第D項、第E項所稱貨物，是指構成不動產實體的材料和設備，包括建築裝飾材料和給排水、採暖、衛生、通風、照明、通訊、煤氣、消防、中央空調、電梯、電氣、智能化樓宇設備及配套設施。

非正常損失，是指因管理不善造成貨物被盜、丟失、霉爛變質，以及因違反法律法規造成貨物或者不動產被依法沒收、銷毀、拆除的情形。

適用一般計稅方法的納稅人，兼營簡易計稅方法計稅項目、免徵增值稅項目而無法劃分不得抵扣的進項稅額，按照下列公式計算不得抵扣的進項稅額：

不得抵扣的進項稅額＝當期無法劃分的全部進項稅額×（當期簡易計稅方法計稅項目銷售額＋免徵增值稅項目銷售額）÷當期全部銷售額

例 9-1 某企業為一般納稅人，主要生產銷售家用冰箱，2018 年 6 月主要會計核算資料如下：

A. 銷售取得含稅收入 6,786 元
B. 購進原材料共計 3,000 萬元，取得增值稅發票註明進項稅額合計 480 萬元
C. 上月進項稅款餘額 235 萬元

根據以上資料計算該企業該月應納的增值稅額。

答案：當月銷項稅額＝6,786÷（1＋16%）×16%＝936 萬元

當月進項稅額＝480＋235＝715 萬元

當月應納增值稅＝936－715＝221 萬元

2. 簡易計稅方法

簡易計稅方法的應納稅額，是指按照銷售額和增值稅徵收率計算的增值稅額，不得抵扣進項稅額。應納稅額計算公式：

$$應納稅額＝銷售額×徵收率$$

簡易計稅方法的銷售額不包括其應納稅額，納稅人採用銷售額和應納稅額合併定價方法的，按照下列公式計算銷售額：

$$銷售額＝含稅銷售額÷（1＋徵收率）$$

一般納稅人發生財政部和國家稅務總局規定的特定應稅行為，可以選擇適用簡易計稅方法計稅，但一經選擇，36 個月內不得變更。小規模納稅人發生應稅行為適用簡易計稅方法計稅。

二、保險公司增值稅政策

財政部及國家稅務總局於發布《關於全面推開營業稅改徵增值稅試點的通知》，規定自 2016 年 5 月 1 日起，在全國範圍內全面推開「營改增」試點，建築業、房地產業、金融業、生活服務業等納入試點範圍。保險服務是金融業增值稅增稅範圍，保險公司為金融業增值稅納稅人，自 2016 年 5 月 1 日起應當繳納增值稅，不繳納營業稅。關於保險公司增值稅有相關如下規定：

（一）保險公司保險業務適用稅率為 6%

金融業增值稅納稅人分為一般納稅人和小規模納稅人。應稅行為的年應徵增值稅銷售額超過 500 萬元的納稅人為一般納稅人，未超過規定標準的納稅人為小規模納稅人。保險公司通常為一般納稅人。

營業稅改增值稅後附加稅的規定不變，包括城市維護建設稅 7%、5%、1%，教育費附

加3%和地方教育費附加1%~2%。只是從營業稅的附加轉換為增值稅的附加，增值稅的附加合計如下：

$$增值稅附加 = 增值稅 \times 稅率（費率）$$

(二) 銷項稅額和進項稅額

1. 銷項稅額

增值稅銷售額是指納稅人發生應稅行為取得的全部價款和價外費用。保險公司增值稅的銷售額主要有：

(1) 保費收入；

(2) 提供服務收取的手續費、管理費或服務費等；

(3) 金融商品轉讓，按照賣出價扣除買入價後的餘額為銷售額。

銷項稅額是指納稅人發生應稅行為按照銷售額和增值稅稅率計算並收取的增值稅額。

$$銷項稅額 = 銷售額 \times 稅率$$

一般計稅方法的銷售額不包括銷項稅額，納稅人採用銷售額和銷項稅額合併定價方法的，按照下列公式計算銷售額：

$$銷售額 = 含稅銷售額 \div (1+稅率)$$

2. 進項稅額

保險業納稅人為經營活動而購買的貨物、服務、無形資產、不動產，除有特別規定之外，均允許抵扣。例如：

(1) 購買各類信息系統硬件設備及委託其他單位維護系統的支出；

(2) 購買網絡信息傳輸等電信服務的支出；

(3) 外包的呼叫中心服務；

(4) 委託開發各類軟件系統的支出；

(5) 保險業分保的支出；

(6) 外購的廣告、宣傳服務；

(7) 外購的安保、押運服務支出；

(8) 委託保險仲介機構代辦保險業務的手續費佣金支出；

(9) 2016年5月1日後取得不動產的支出、租賃不動產的支出以及不動產修繕、裝飾的支出；

(10) 各類辦公用品、水電費等營運支出；

(11) 其他允許抵扣的項目。

進項稅額，是指納稅人購進貨物、加工修理修配勞務、服務、無形資產或者不動產，支付或者負擔的增值稅額。

關於進項稅額的抵扣，需要注意以下三點：

(1) 適用一般計稅方法的納稅人，兼營簡易計稅方法計稅項目、免徵增值稅項目而無法劃分不得抵扣的進項稅額，按照下列公式計算不得抵扣的進項稅額：

$$不得抵扣的進項稅額 = 當期無法劃分的全部進項稅額 \times（當期簡易計稅方法計稅項目銷售額+免徵增值稅項目銷售額）\div 當期全部銷售額$$

保險公司通常兼營免徵增值稅項目，如免徵增值稅的保險項目和投資收入項目，在購進貨物或服務，在無法判斷是否專門用於進項稅全額可抵扣項目時，可按上述公式計算不得抵扣的進項稅額。

（2）《營業稅改徵增值稅試點有關事項的規定》中明確「被保險人獲得的保險賠付」不徵收增值稅，這似乎表明以貨物或服務等方式賠付，也都不屬於增值稅徵稅範圍。但實際上賠付中的增值稅能否抵扣進項稅尚不明確，車險部分損失下的修理費用可能取得增值稅專用發票，用以抵扣進項稅額，這使得保險公司甚至可能會改變賠付方式，從現金賠付轉向貨物或服務賠付。

（3）2016年5月1日後取得並在會計制度上按固定資產（生產經營用固定資產）核算的不動產或者2016年5月1日後取得的不動產、在建工程，其進項稅額應自取得之日起分2年從銷項稅額中抵扣，第一年抵扣比例為60%，第二年抵扣比例為40%。取得不動產，包括以直接購買、接受捐贈、接受投資入股、自建以及抵債等各種形式取得不動產，不包括房地產開發企業自行開發的房地產項目。

（三）享受稅收優惠的業務

1. 下列保險項目免徵增值稅：

（1）保險公司開辦的一年期以上人身保險產品取得的保費收入，包括保險公司開辦的一年期及以上返還本利的人壽保險、養老年金保險以及保險期間為一年期及以上的健康保險。

上述免稅險種實行備案管理，具體備案管理辦法按照《國家稅務總局關於一年期以上返還性人身保險產品免徵營業稅審批事項取消後有關管理問題的公告》（國家稅務總局公告2015年第65號）規定執行。

（2）為出口貨物提供的保險服務，包括出口貨物保險和出口信用保險。

（3）農牧保險，是指為種植業、養殖業、牧業種植和飼養的動植物提供保險的業務。

2. 下列投資業務利息收入不徵收增值稅或免徵增值稅：

（1）銀行存款利息、股息、分紅不徵收增值稅.

（2）國債利息、地方政府債利息、買入返售金融商品利息、金融債券利息等免徵增值稅。

（3）金融同業往來利息免徵增值稅，納稅人支付同業往來的利息支出不能抵扣進項稅額。

三、保險公司增值稅的會計科目的設置

根據《增值稅會計處理規定》（財會〔2016〕22號）及企業會計準則相關規定，結合保險公司實際經營管理情況，保險公司核算增值稅可以設下列會計科目（見表9-2）。

表 9-2　　　　　　　　　　　增值稅相關科目設置表

一級科目	二級科目	明細科目	明細項目
應交稅費	應交增值稅	銷項稅額	保費收入
			保單質押貸款利息收入
			動產租賃收入
			不動產租賃收入
			其他收入
			投資利息收入
			視同銷售
			固定資產報廢
		進項稅額	
		進項稅額轉出	
		減免稅款	
		已交稅金	
		轉出未交增值稅	
		轉出多交增值稅	
	轉讓金融商品應交增值稅		
	預交增值稅		
	未交增值稅		
	待轉銷項稅額		
	簡易計稅		
	待抵扣進項稅額		
	待認證進項稅額		
	應交城市維護建設稅——實繳增值稅		
	應交教育費附加——實繳增值稅		
	應交地方教育費附加——實繳增值稅		
	代扣代交增值稅		
	應交城市維護建設稅——代扣代繳		
	應交教育費附加——代扣代繳		
	地方教育費附加——代扣代繳		
稅金及附加	城市維護建設稅——實繳增值稅		
	教育費附加——實繳增值稅		
	地方教育費附加——實繳增值稅		

科目使用說明如下：

1. 應交稅費——應交增值稅——銷項稅額

「應交稅費——應交增值稅——銷項稅額」，記錄公司（一般納稅人）銷售貨物、加工修理修配勞務、服務、無形資產或不動產對應的增值稅額。為分別核算不同業務增值稅銷

243

項稅額，在該專欄下按業務類別設置明細專欄。

「應交稅費——應交增值稅——銷項稅額——保險收入」核算提供徵稅保險服務應交納的增值稅額。發生該業務時，借記銀行存款、預收保費等科目，貸記本科目。如發生退費業務且滿足衝減條件時，做相反的會計記錄。

「應交稅費——應交增值稅——銷項稅額——保單質押貸款利息」核算提供與保單相關的資金占用服務應交納的增值稅額。合同約定的收息日或收到保單貸款利息時，借記銀行存款、利息收入-業務利息等科目，貸記本科目。

「應交稅費——應交增值稅——銷項稅額——不動產租賃收入」核算提供不動產租賃服務且適用一般徵收條件時應交納的增值稅額。提供不動產租賃服務並收訖銷售款項或者取得索取銷售款項憑據時，借記銀行存款、其他應收款等科目，貸記本科目。如發生退租業務，做相反的會計記錄。

「應交稅費——應交增值稅——銷項稅額——其他收入」核算保險公司提供服務，如投資服務，取得的資產管理費、手續費等收入應繳納的增值稅額，借記銀行存款等科目，貸記本科目。

「應交稅費——應交增值稅——銷項稅額——視同銷售收入」核算視同銷售行為應交納的增值稅額。發生視同銷售時，借記相關費用，貸記本科目。

「應交稅費——應交增值稅——銷項稅額——投資業務利息」核算取得徵稅投資利息收入時應交納的增值稅。合同約定的付息日或收到利息時，借記銀行存款、應收利息、投資收益等科目，貸記本科目。

「應交稅費——應交增值稅——銷項稅額——固定資產/低值易耗品/物料用品報廢收入」核算銷售自己使用過的固定資產（且購進或者自制固定資產時為增值稅一般納稅人）/低值易耗品/物料用品取得的報廢收入按一般計稅方式應交納的增值稅。收到款項時，借記銀行存款，貸記本科目及固定資產清理、營業外收入等科目。

2. 應交稅費——應交增值稅——進項稅額

「應交稅費——應交增值稅——進項稅額」核算購入貨物、接受應稅勞務或應稅服務而支付的、取得抵扣憑據的、準予從銷項稅額中全額抵扣的增值稅額。滿足抵扣條件的，借記本科目，貸記銀行存款、應付帳款等。

3. 應交稅費——應交增值稅——進項稅額轉出

「應交稅費——應交增值稅——進項稅額轉出」核算購進貨物、在產品、產成品發生非正常損失，以及購進貨物改變用途、無法區分用途等其他原因不得從銷項稅額抵扣，按規定轉出的增值稅進項稅額。借記相關費用/固定資產等科目，貸記本科目。

4. 應交稅費——應交增值稅——減免稅款

「應交稅費——應交增值稅——減免稅款」核算按規定減免的增值稅款。按規定直接減免的增值稅額借記本科目，貸記營業外收入。

5. 應交稅費——應交增值稅——已交稅金

「應交稅費——應交增值稅——已交稅金」核算核算當月交納本月增值稅額。交納稅款時，借記本科目，貸記銀行存款。

6. 應交稅費——應交增值稅——轉出未交增值稅

「應交稅費——應交增值稅——轉出未交增值稅」核算月終轉出應交未交的增值稅。月末，當銷項扣除進項、已交稅金後大於 0 時，借記本科目，貸記「應交稅費——未交增值稅——一般徵收」科目。

7. 應交稅費——應交增值稅——轉出多交增值稅

「應交稅費——應交增值稅——轉出多交增值稅」核算月終轉出多交的增值稅。月末，當銷項扣除進項、已交稅金後小於 0 時，借記「應交稅費——未交增值稅——一般徵收」科目，貸記本科目。

8. 應交稅費——轉讓金融商品應交增值稅

核算取得投資價差收入時應交納的增值稅。轉讓金融商品當年累計收益為正差時，按累計數借記投資收益，貸記本科目，並衝銷截至日期的金額。

9. 應交稅費——待轉銷項稅額

核算會計上已確認相關收入（或利得）但尚未發生增值稅納稅義務而需於以後期間確認為銷項稅額的增值稅額。根據實際經營情況，分別按保戶質押代扣利息、投資業務利息等設置明細科目。「應交稅費——待轉銷項稅額——業務利息」核算預提與保單相關的資金占用服務收入時應預提的增值稅；「應交稅費——待轉銷項稅額——投資利息」核算預提投資利息收入時應預提的增值稅。會計上確認應稅收入時，借記銀行存款、應收利息、應收保費等科目，貸記利息收入、投資收益、保費收入本科目。發生納稅義務時，借記本科目，貸記應交稅費——應交增值稅額——銷項稅額。

10. 應交稅費——預交增值稅

核算按徵收率預交的增值稅，包括：匯總納稅申報方式下，機構按當地稅務監管要求預徵的稅款；異地不動產租賃業務或處置業務，出租方或處置方按政策規定向不動產所在地國稅機關預交的稅款。預交時，借記本科目，貸記銀行存款。月度終了，將該科目餘額結轉至「應交稅費——未交增值稅」相應科目。

11. 應交稅費——未交增值稅

「應交稅費——未交增值稅——一般徵收」核算月終時轉入的按一般徵收方式計算的應交未交或多交的增值稅，借方餘額反應的是期末留抵稅額、預交等多交的增值稅款，貸方餘額反應的是期末結轉下期應交的增值稅額。

「應交稅費——未交增值稅——簡易計稅」核算月終時轉入的按簡易計稅項目計算的應交未交增值稅。

12. 應交稅費——簡易計稅

「應交稅費——簡易徵收——處置營改增前非不動產類固定資產」核算銷售公司自己使用過的固定資產（且購進或者自製固定資產時為小規模納稅人）取得的報廢收入，按簡易徵收方式應交納的增值稅。

「應交稅費——簡易徵收——不動產出租增值稅」核算選擇簡易徵收辦法（按 5% 稅率）繳納增值稅的不動產租賃業務，以及銷售 2016 年 4 月 30 日前購入的不動產，按簡易徵收方式應繳納的增值稅。

13. 應交稅費——待抵扣進項稅額（不動產）

核算增值稅專用發票已認證通過（或勾選確認）且尚未分期抵扣完畢的「購入不動產而支付的、準予從銷項稅額中抵扣的增值稅額」。購進不動產滿足首次抵扣條件時，按增值稅專用發票上註明稅額的 60%、40% 分別借記應交稅費——應交增值稅——進項稅額、應交稅費——待抵扣進項稅額（不動產），按專用發票上註明的不含稅銷售額借記固定資產、在建工程等，貸記銀行存款、其他應付款等。待第 13 個月繼續抵扣稅額的 40% 時，借記應交稅費——應交增值稅——進項稅額，貸記應交稅費——待抵扣進項稅額（不動產）。

14. 應交稅費——待認證進項稅額

一般納稅人購進貨物、加工修理修配勞務、服務、無形資產或不動產，用於簡易計稅方法計稅項目、免徵增值稅項目、集體福利或個人消費等，其進項稅額按照現行增值稅制度規定不得從銷項稅額中抵扣的，取得增值稅專用發票時，應借記相關成本費用或資產科目，借記「應交稅費—待認證進項稅額」，貸記「銀行存款/應付帳款」。等稅務機關認證後，借記「應交稅費——應交增值稅——進項稅額」，貸記本科目；然後借記相關成本或費用，貸記「應交稅費——應交增值稅——進項稅額轉出」。

15. 應交稅費——應交城市維護建設稅/應交教育費附加/應交地方教育附加——實繳增值稅

分別核算按實繳增值稅額相應繳納的城市維護建設稅/教育費附加//地方教育附加。

16. 應交稅費——代扣代繳增值稅

核算按稅法規定為其他單位或個人應代扣代繳的增值稅。

17. 應交稅費——應交城市維護建設稅/應交教育費附加/地方教育附加/地方稅費——代扣代繳

分別核算按代扣代繳增值稅額相應繳納的城市維護建設稅/教育費附加//地方教育附加，以及地方政府及其組成部門規定代扣代繳的其他地方徵費。

18. 稅金及附加——城市維護建設稅/教育費附加/地方教育附加

核算實繳增值稅核算按實繳增值稅額相應繳納的城市維護建設稅/教育費附加/地方教育附加。

四、保險公司增值稅主要帳務處理

（一）銷項業務

1. 保費收入

（1）壽險合同。按照會計的分類，壽險合同是指在一個延長期內仍然有效的合同，主要包括長期壽險合同和長期健康保險合同。這些保險合同通常符合免徵增值稅的條件，其會計核算不受營改增影響。

（2）非壽險合同。非壽險合同包括財產與責任保險、意外險、一年期以下健康保險。這些保險合同除農業險、出口貨物保險、出口信用保險、一年期健康保險外，保費收入應繳納增值稅，增值稅率為 6%。

例 9-2 某企業投保企業財產保險，含稅保費為 10,600 元，合同成立並生效時企業銀

行轉帳繳 10,600 元給保險公司。則：

計算：應納稅保費收入 = 10,600÷（1+6%）= 10,000（元）

保費收入銷項稅額 = 10,000×6% = 600（元）

會計處理：

借：銀行存款　　　　　　　　　　　　　　　　　　　　　　10,600

　　貸：保費收入——企業財產保險　　　　　　　　　　　　　　10,000

　　　　應交稅費——應交增值稅——銷項稅額——保費收入　　　　600

例 9-3　某保戶在 3 月投保意外傷害保險，不含稅保費為 300 元，與保費相關的增值稅為 18 元，保戶在 3 月 5 日填寫投保單並繳費，公司營運部門在 3 月 7 日簽發保險合同。

會計處理：

保戶繳費時：

借：銀行存款　　　　　　　　　　　　　　　　　　　　　　318

　　貸：預收保費——意外傷害保險　　　　　　　　　　　　　　300

　　　　應交稅費——應交增值稅——銷項稅額——保費收入　　　　18

2016 年《營業稅改徵增值稅試點實施辦法》規定增值稅納稅義務、扣繳義務發生時間為納稅人發生應稅行為並收訖銷售款項或者取得索取銷售款項憑據的當天；先開具發票的，為開具發票的當天。以上會計處理時認為保險公司收到投保人繳納保費時就開具了發票。

當保險公司簽發保險合同時：

借：預收保費——意外傷害保險　　　　　　　　　　　　　　　300

　　貸：保費收入——意外傷害保險　　　　　　　　　　　　　　300

例 9-4　續上例，假如該保戶在猶豫期退保，則會計處理為：

借：保費收入——意外傷害保險　　　　　　　　　　　　　　　300

　　應交稅費——應交增值稅——銷項稅額——保費收入　　　　　18

　　貸：銀行存款　　　　　　　　　　　　　　　　　　　　　318

2. 萬能保險和投連險取得的初始費用、保單管理費或資產管理費等

（1）萬能險。承保時，保險公司收取初始費用時，貸記「其他業務收入——初始費用」，同時需要計提銷項稅款，稅率為 6%，帳務處理如下：

借：其他業務收入——萬能險——初始扣費

　　貸：應交稅費——應交增值稅——銷項稅額——其他收入

每月公司以扣減保單帳戶價值的方式收取相應的保單管理費並確認為其他業務收入，同時計提增值稅銷項稅，稅率為 6%。

借：保戶儲金及投資款——保單管理費支出

　　貸：其他業務收入——保戶投資款——保單管理費

　　　　應交稅費——應交增值稅——銷項稅額——其他收入

（2）投連險。在合同成立時，保險公司收取初始費用，貸記「其他業務收入——初始費用」，同時需要計提銷項稅款，稅率為 6%，帳務處理如下：

借：其他業務收入——投連險——初始扣費
　　貸：應交稅費——應交增值稅——銷項稅額——其他收入

在合同存續期，對投連產品收取的資產管理費（或投資帳戶管理費）確認，為其他業務收入，同時計提增值稅銷項稅，稅率為 6%。

保險公司帳務處理：

借：銀行存款
　　貸：其他業務收入——投連險——資產管理費
　　　　應交稅費——應交增值稅——銷項稅額——其他收入

3. 保戶質押貸款利息

公司將按規定對保戶提供的保單質押貸款，取得的利息屬於增值稅「貸款服務」類別，合同確定的利息支付日期為增值稅納稅義務發生時間。

借：其他應收款——保單質押貸款及利息/銀行存款
　　貸：保戶質押貸款
　　　　利息收入
　　　　應交稅費——應交增值稅——銷項稅額——利息收入

4. 購買公司債券等所得利息收入

進行如下帳務處理：

借：利息收入——次級債券/央行票據/企業債/公司債等
　　貸：應交稅費——應交增值稅——銷項稅額——投資利息

5. 不動產租賃收入

根據「營改增」政策規定，不動產租賃以「確認會計收入、收取租金」孰早發生原則來確定增值稅納稅義務發生時間，並確認銷項稅。目前不動產出租取得的租金收入適用一般計稅方法，按照 10% 的稅率計算增值稅銷項稅。納稅發生時間為納稅義務人收訖銷售款或者取得銷售款項憑證的當天，納稅人提供租賃服務採取預收款方式的，其納稅義務發生時間為收到預收款的當天。帳務處理為：

借：銀行存款/其他應收款等
　　貸：其他業務收入——不動產租賃收入
　　　　應交稅費——應交增值稅——銷項稅額——不動產租賃收入

例 9-5　A 保險公司將自己的辦公大樓的辦公室出租給 B 公司，合同約定租金按季度預付，3 月 31 日收到 B 公司預付的二季度的租金，共 33,000 元。帳務處理如下：

收到租金時：

借：銀行存款	33,000
貸：其他應付帳款——預收租金——投資型房地產	30,000
應交稅費——應交增值稅——銷項稅額——不動產租賃收入	3,000

4 月確認當月租金收入：

借：其他應付帳款——預收租金——投資型房地產	10,000
貸：其他業務收入——不動產租金收入	10,000

(二) 進項業務

1. 可全額抵扣增值稅銷項稅額的進項項目

公司購進固定資產、無形資產、專用於應稅項目的服務等，且符合增值稅抵扣條件的，按增值稅抵扣憑證上載明的可抵扣增值稅額，借記「應交稅費——應交增值稅——進項稅額」科目，帳務處理：

(1) 不動產以外的其他購進項目。

借：固定資產/低值易耗品/在建工程/××費支出

　　應交稅費——應交增值稅——進項稅額

貸：應付帳款/銀行存款

(2) 不動產購進項目。

借：固定資產/在建工程等

　　應交稅費——應交增值稅——進項稅額（60%）

　　應交稅費——待抵扣進項稅額（不動產）（40%）

貸：應付帳款/銀行存款等

首次抵扣後的第 13 個月，繼續抵扣剩餘的待抵扣進項稅額，帳務處理：

借：應交稅費——應交增值稅——進項稅額（40%）

貸：應交稅費——待抵扣進項稅額（不動產）（40%）

2. 購進無法區分的可抵扣進項稅項目

公司購進同時用於免稅、簡易徵稅業務且無法準確劃分各業務具體金額的以及對判斷是否專門用於進項稅全額可抵扣項目或專門用於不得抵扣增值稅項目存在技術困難的。在取得合規增值稅抵扣憑證情況下，帳務處理分下面兩種情況：

(1) 增值稅發票當月已認證

借：業務及管理費用等

　　應交稅費——應交增值稅——進項稅額

貸：應付帳款/應付票據/銀行存款等

月末，根據公式「不得抵扣的進項稅額＝當期無法劃分的全部進項稅額×（當期簡易計稅方法計稅項目銷售額+免徵增值稅項目銷售額）÷當期全部銷售額」計算出不得抵扣的進項稅額後，帳務處理為：

借：業務及管理費用

貸：應交稅費——應交增值稅——進項稅額轉出

(2) 增值稅發票當月未認證

增值稅發票取得且未認證時：

借：業務及管理費用費用 等

　　應交稅費——待認證進項稅額

貸：應付帳款/應付票據/銀行存款等

增值稅發票通過認證時：

借：應交稅費——應交增值稅——進項稅額轉出

貸：應交稅費——待認證進項稅額

　　月末，根據公式「不得抵扣的進項稅額＝當期無法劃分的全部進項稅額×（當期簡易計稅方法計稅項目銷售額＋免徵增值稅項目銷售額）÷當期全部銷售額」計算出不得抵扣的進項稅額後，帳務處理為：

　　借：業務及管理費用 等
　　　　貸：應交稅費——應交增值稅——進項稅額轉出

（三）金融商品轉讓價差

1. 金融商品轉讓

　　金融商品主要指外匯、有價證券、非貨物期貨基金、信託、理財產品等各類資產管理產品、各種金融衍生品，其中，有價證券主要指股票、債券。

　　金融商品轉讓是指轉讓外匯、有價證券、非貨物期貨和其他金融商品所有權的業務活動，其他金融商品轉讓包括基金、信託、理財產品等各類資產管理產品和各種金融衍生品的轉讓。

　　購入基金、信託、理財產品等各類資產管理產品持有至到期的，不屬於金融商品轉讓行為。

2. 稅率及納稅義務發生時間

　　金融商品轉讓的增值稅稅率為6%，小規模納稅人適用的徵收率為3%。

　　金融商品轉讓增值稅納稅義務發生時間為金融商品所有權轉移的當天。金融商品轉讓，不得開具增值稅專用發票，只能開具普通發票。

3. 銷售額的確認

　　金融商品轉讓按照賣出價扣除買入價後的餘額為銷售額。轉讓金融商品出現的正負差，按盈虧相抵後的餘額為銷售額。若相抵後出現負差，可結轉下一納稅期與下期轉讓金融商品銷售額相抵，但年末時仍出現負差的，不得轉入下一個會計年度。

　　金融商品的買入價，可以選擇按照加權平均法或者移動加權平均法進行核算，選擇後36個月內不得變更。金融商品的買出價是賣出原價，不得扣除賣出過程中支付的稅費和交易費用。

4. 帳務處理

　　金融商品轉讓以盈虧相抵後的餘額作為銷售額，企業應設置「應交稅費——轉讓金融商品應交增值稅」科目核算其增值稅處理。

　　金融商品實際轉讓若產生轉讓收益，按收益額/1.06×6%，計算出稅額，做如下會計分錄：

　　借：投資收益
　　　　貸：應交稅費——轉讓金融商品應交增值稅

　　月末金融商品轉讓產生收益，確認的「應交稅費——轉讓金融商品應交增值稅」為銷項稅額，不是實際繳納稅款。建議將該金額轉到銷項稅額，即：

　　借：應交稅費——轉讓金融商品應交增值稅
　　　　貸：應交稅費——應交增值稅——銷項稅額

若產生轉讓損失，按損失額/1.06×6%，計算可結轉下月抵扣稅額：

借：應交稅費——轉讓金融商品應交增值稅

　　貸：投資收益

年末，「應交稅費——轉讓金融商品應交增值稅」科目如果有借方餘額，則帳務處理如下：

借：投資收益

　　貸：應交稅費——轉讓金融商品應交增值稅

5. 核算舉例

例9-6　某保險公司2016年1月購入A股票（10萬股）100萬元，每股市價10元。2016年3月購入A股票（10萬股）120萬元，每股市價12元。2016年10月購入A股票（10萬股）80萬元，每股市價8元。2016年12月31日，每股市價11元。年末取得股票股息15萬元。

2017年1月轉讓A股票10萬股，每股市價9元。2017年9月轉讓10萬股，每股市價15元。

該保險公司對A股票的業務分類為交易性金融資產，要求對股票業務作出會計處理。交易費用和證券交易印花稅略。

計算：

A股票每股平均買入價＝（100+120+80）÷30萬股＝10元

會計處理如下：

2016年1月

借：交易性金融資產——A股票（成本）　　　　　　　　　1,000,000

　　貸：銀行存款　　　　　　　　　　　　　　　　　　　1,000,000

2016年3月

借：交易性金融資產——A股票（成本）　　　　　　　　　1,200,000

　　貸：銀行存款　　　　　　　　　　　　　　　　　　　1,200,000

2016年10月

借：交易性金融資產——A股票（成本）　　　　　　　　　　800,000

　　貸：銀行存款　　　　　　　　　　　　　　　　　　　　800,000

2016年12月

（1）應收股息。

借：應收股利　　　　　　　　　　　　　　　　　　　　　150,000

　　貸：投資收益　　　　　　　　　　　　　　　　　　　　150,000

借：銀行存款　　　　　　　　　　　　　　　　　　　　　150,000

　　貸：應收股利　　　　　　　　　　　　　　　　　　　　150,000

（2）年末股票公允價與成本價差額的處理。

股票成本價＝100+120+80＝300（萬元）

股票公允價＝11元×30萬股＝330（萬元）

股票公允價與成本價的差額＝330－300＝30（萬元）

借：交易性金融資產——公允價值變動　　　　　　　　　300,000
　　貸：公允價值變動損益　　　　　　　　　　　　　　　300,000

2017 年 1 月

（1）出售交易性金融資產。

轉讓收入＝9 元×10 萬股＝90（萬元）

應轉出的公允價值變動額＝30 萬元÷30 萬股×10 萬股＝10（萬元）

借：銀行存款　　　　　　　　　　　　　　　　　　　　900,000
　　投資收益　　　　　　　　　　　　　　　　　　　　200,000
　　貸：交易性金融資產——A 股票（成本）　　　　　　1,000,000
　　　　　　　　　　　　——公允價值變動　　　　　　　100,000

（2）月末交易性金融資產轉讓損失增值稅處理。

轉讓股票買入價＝10 元×10 萬股＝100（萬元）

轉讓股票賣出價＝9 元×10 萬股＝90（萬元）

轉讓股票的價差＝90－100＝－10（萬元）（不交增值稅）

增值稅帳務處理為：

借：應交稅費——轉讓金融商品應交增值稅　（100,000/1.06×6%）5,660.38
　　貸：投資收益　　　　　　　　　　　　　　　　　　　5,660.38

2017 年 9 月

（1）出售交易性金融資產。

轉讓收入＝15 元×10 萬股＝150 萬元

應轉出的公允價值變動額＝30 萬元÷30 萬股×10 萬股＝10 萬元

借：銀行存款　　　　　　　　　　　　　　　　　　　　1,500,000
　　貸：交易性金融資產——A 股票（成本）　　　　　　1,000,000
　　　　　　　　　　　　——公允價值變動　　　　　　　100,000
　　　　投資收益　　　　　　　　　　　　　　　　　　400,000

（2）月末交易性金融資產轉讓收益的稅收和會計處理。

轉讓股票買入價＝10 元×10 萬股＝100（萬元）

轉讓股票賣出價＝15 元×10 萬股＝150（萬元）

轉讓股票差額＝150－100＝50（萬元）

所以，含稅銷售額＝Σ（當期賣出價－買入價）＝500,000（元）

不含稅銷售額＝含稅銷售額÷(1＋稅率或徵收率)＝500,000÷(1＋6%)＝471,698.11（元）

銷項稅額＝471,698.1×6%＝28,301.89（元）

借：投資收益　　　　　　　　　　　　　　　　　　　　28,301.89
　　貸：應交稅費——轉讓金融商品應交增值稅　　　　　28,301.89

金融商品轉讓收益增值稅扣除之前轉讓損失的抵扣稅額後當月應繳納的稅款，即

28,301.89-5,660.38＝22,641.51（元）

　　借：應交稅費——轉讓金融商品應交增值稅　　　　　　　22,641.51
　　　貸：應交稅費——應交增值稅（銷項稅額）　　　　　　22,641.51

(四) 月結增值稅帳務處理

應納增值稅＝銷項稅額-進項稅額，如果金額小於0，則不用交稅，就變成「本期留抵稅額」了。具體帳務處理如下：

第一步：判斷當月應交增值稅各科目進項、銷項相抵後的合計情況。比較「應交稅費——應交增值稅——銷項稅額」「應交稅費——應交增值稅——進項稅額轉出」當期貸方餘額與「應交稅費——應交增值稅——進項稅額」當期借方餘額的大小，根據不同的情況，帳務具體處理如下：

（1）當貸方餘額＞借方餘額，則完成如下會計分錄：
　　借：應交稅費——應交增值稅——轉出未交增值稅
　　　貸：應交稅費——未交增值稅

（2）當貸方餘額＜借方餘額，公司存在留抵稅額，月度終了，不需要結轉「應交稅費——應交增值稅」借方餘額與貸方餘額之間的差額，不做帳務處理。留抵稅額在資產負債表中的「其他流動資產」項目或「其他非流動資產」項目列示。年度終了，存在「應交稅費——應交增值稅」借方餘額，下年年初將此留抵稅額轉入「應交稅費——應交增值稅——進項稅額（期初留抵稅額）」科目中。

第二步：若「應交稅費——未交增值稅」累計貸方餘額，按當地要求的稅率或徵收率計提增值稅相關附加稅費。

會計分錄如下：
　　借：稅金及附加——城市維護建設稅——實繳增值稅
　　　　稅金及附加——教育費附加——實繳增值稅
　　　　稅金及附加——地方教育附加——實繳增值稅
　　　　稅金及附加——地方稅費
　　　貸：應交稅費——應交城市維護建設稅——實繳增值稅
　　　　　應交稅費——應交教育費附加——實繳增值稅
　　　　　應交稅費——應交地方教育附加——實繳增值稅
　　　　　應交稅費——地方稅費

在納稅申報期實際交納上月計提稅款後，相關帳務處理如下：
　　借：應交稅費——未交增值稅（上月期末的累計貸方餘額）
　　　　應交稅費——應交城市維護建設稅——實繳增值稅
　　　　應交稅費——應交教育費附加——實繳增值稅
　　　　應交稅費——應交地方教育附加——實繳增值稅
　　　　應交稅費——地方稅費
　　　貸：銀行存款

需要注意的是，全面試行營業稅改徵增值稅後，「營業稅金及附加」科目名稱調整為

「稅金及附加」科目，該科目核算企業經營活動發生的消費稅、城市維護建設稅、資源稅、教育費附加及房產稅、土地使用稅、車船使用稅、印花稅等相關稅費；利潤表中的「營業稅金及附加」項目調整為「稅金及附加」項目。也就是說，房產稅、車船稅、城鎮土地使用稅、印花稅由原來在「業務及管理費用」科目中核算，統一調整在「稅金及附加」科目中核算。

「稅金及附加」科目是損益類科目，當企業按規定計算應繳納的車船稅、城鎮土地使用稅、印花稅等，借記「稅金及附加」科目，貸記「應交稅費」及相關的明細科目。期末本科目餘額轉入本年利潤科目。

另外，還需注意的是增值稅不通過「稅金及附加」科目核算，不列示在利潤表中。

第二節　企業所得稅

一、所得稅核算的一般原理

所得稅會計一般採用資產負債表債務法，要求企業從資產負債表出發，通過比較資產、負債等項目按照會計準則規定確定的帳面價值與按照稅法規定確定的計稅基礎之間的差異，將該差異的所得稅影響分為應納稅暫時性差異與可抵扣暫時性差異，分別確認相關的遞延所得稅負債與遞延所得稅資產，並在此基礎上確定所得稅費用。

在採用資產負債表債務法核算所得稅的情況下，企業一般應於每一個資產負債表日進行所得稅的核算，一般應遵循以下程序：

（一）確定資產負債的帳面價值

按照相關會計準則的規定，確定除遞延所得稅資產和遞延所得稅負債以外的其他資產和負債的帳面價值。

（二）確定資產負債的計稅基礎

按照會計準則中對於資產負債計稅基礎的確定方法，以適用的稅收法規為基礎，確定資產負債表中有關資產、負債項目的計稅基礎。

（三）確定遞延所得稅

比較資產、負債的帳面價值與其計稅基礎，對於兩者之間存在差異的，分析其性質，除會計準則規定的特殊情況外，分別應納稅暫時性差異與可抵扣暫時性差異，確定資產負債表日遞延所得稅負債和遞延所得稅資產的應有金額，並與期初遞延所得稅資產和遞延所得稅負債的餘額相比，確定當期應予進一步確認的遞延所得稅資產和遞延所得稅負債金額或應予轉銷的金額，作為遞延所得稅。

（四）確定當期應付所得稅

對公司當期發生的交易或事項，按照適用的稅法規定計算確定當期應納稅所得額，將應納稅所得額與適用所得稅稅率計算的結果確認為當期應交所得稅，作為當期所得額。

（五）確定所得稅費用

利潤表中的所得稅費用包括當期應付所得稅和遞延所得稅兩部分，公司在計算確定了

當期所得稅和遞延所得稅後，兩者之和（或之差），是利潤表中的所得稅費用。

二、資產和負債的計稅基礎

所得稅會計的關鍵在於確定資產、負債的計稅基礎。在確定資產、負債的計稅基礎時，應嚴格遵循稅法對於資產的稅務處理以及可稅前扣除的費用等的規定進行。

(一) 資產的計稅基礎

資產的計稅基礎，是指公司收回資產帳面價值過程中，計算應納稅所得額時按照稅法規定可以自應稅經濟利益中抵扣的金額，即某一項資產在未來期間計稅時按照稅法規定可以稅前扣除的金額。如果這些經濟利益不需要納稅，那麼該項資產的計稅基礎即為其帳面價值，簡單地說，資產的計稅基礎就是將來收回資產時可以抵稅的金額。

資產在初始確認時，其計稅基礎一般為取得成本，即企業為取得某項資產支付的成本在未來期間準予稅前扣除的金額。在資產持續持有的過程中，其計稅基礎是指資產的取得成本減去以前期間按照稅法規定已經稅前扣除的金額後的餘額。如固定資產、無形資產等長期資產在某一資產負債表日的計稅基礎是指其成本扣除按照稅法規定已在以前期間稅前扣除的累積折舊額或累積攤銷額後的金額。

先舉例說明部分資產項目計稅基礎的確定。

1. 固定資產

以各種方式取得的固定資產，初始確認時按照會計準則規定確定的入帳價值基本上是被稅法認可的，即取得時期帳面價值一般等於計稅基礎。

固定資產在持有期間進行後續計量時，由於會計與稅法規定就折舊方法、折舊年限以及固定資產減值準備的提取等處理的不同，可能造就固定資產的帳面價值與計稅基礎的差異。

譬如就折舊方法來說，會計上准許公司按照年限平均法、雙倍餘額遞減法、年限總和法等，而稅法上除某些按照規定可以加速折舊的情況外，基本上要求按照年限平均法計提折舊。另外，稅法還就每一類固定資產的最低折舊年限作出了規定，也許和企業進行會計處理時確定的折舊年限不一致。

此外，持有固定資產期間，在對固定資產計提了減值準備後，因稅法規定公司計提的資產減值準備在發生實質性損失前不允許稅前扣除，在有關減值準備轉變為實質性損失前，也會造成固定資產的帳面價值與計稅基礎的差異。

例 9-7　A 保險公司於 2016 年 12 月 20 日取得的某項固定資產，原價為 750 萬元，使用年限為 10 年，會計上採用年限平均法計提折舊，淨殘值為零。稅法規定該類固定資產採用可採用雙倍餘額遞減法計提的折舊予以稅前扣除，根據以上資料，計算結果如表 9-3 所示。

表 9-3　　　　　　　　　　　　固定資產計稅基礎確認表　　　　　　　　　　單位：萬元

年份	會計折舊	帳面價值	稅務折舊	計稅基礎	差額
2017 年 12 月 31 日	75	675	150	600	75
2018 年 12 月 31 日	75	550	120	480	70
2019 年 12 月 31 日	75	475	96	384	91
2020 年 12 月 31 日	75	400	76.8	307.2	92.8
2021 年 12 月 31 日	75	325	61.44	245.76	79.24
2022 年 12 月 31 日	75	250	49.15	196.61	53.39
2023 年 12 月 31 日	75	175	39.32	157.29	17.71
2024 年 12 月 31 日	75	100	31.46	125.83	-25.83
2025 年 12 月 31 日	75	25	62.92	62.92	-37.92
2026 年 12 月 31 日	75	0	62.92	0	0

該固定資產的帳面價值與其計稅基礎之間的差額，將於未來期間計入或減少企業應納稅所得額。

2. 無形資產

除內部研究開發形成的無形資產以外，其他方式取得的無形資產，初始確認時按照會計準則規定確定的入帳價值與按照稅法規定確定的計稅成本之間一般不存在差異。無形資產的差異主要產生於內部研究開發形成的無形資產以及使用壽命不確定的無形資產。

（1）對於內部研究開發形成的無形資產，一般情況下初始確認時按照會計準則規定確定的成本與計稅基礎應當是相同的。對於享受稅收優惠的研究開發支出，在形成無形資產時，按照會計準則規定確定的成本為研究開發過程中符合資本化條件後達到預定用途前發生的支出，而因稅法規定按照無形資產成本的 150% 攤銷，則其計稅基礎應在會計入帳價值的基礎上加計 50%，因而產生帳面價值與計稅基礎在初始確認時的差異。但如該無形資產的確認不是產生於合併交易、同時在確認時既不影響會計利潤也不影回應納稅所得額，則按照所得稅會計準則的規定，不確認有關暫時性差異的所得稅影響。

（2）無形資產在後續計量時，會計與稅收的差異主要產生於是否需要攤銷及無形資產減值準備的提取。會計準則規定，應根據無形資產的使用壽命情況，區分為使用壽命有限的無形資產與使用壽命不確定的無形資產。對於使用壽命不確定的無形資產，不要求攤銷，但持有期間每年應進行減值測試。稅法規定，企業取得的無形資產成本，應在一定期限內攤銷。對於使用壽命不確定的無形資產，會計核算時不予攤銷，但計稅時按照稅法規定確定的攤銷額允許稅前扣除，造成該類無形資產帳面價值與計稅基礎的差異。

3. 以公允價值計量且變動計入當期損益的金融資產

按照會計準則規定，以公允價值計量的金融資產於某一會計期末的帳面價值為公允價值。按照稅法規定，以公允價值計量的金融資產在持有期間市價的波動在計稅時不予考慮，有關金融資產在某一會計期末的計稅基礎為其取得成本，從而造成在公允價值變動的情況下，對以公允價值計量的金融資產帳面價值與計稅基礎之間的差異。

4. 其他資產

因會計準則規定與稅收法規規定不同，企業持有的其他資產，可能造成其帳面價值與計稅基礎之間存在差異的，包括：

（1）投資性房地產。保險公司持有的投資性房地產進行後續計量時，會計準則規定可以採用兩種模式：一種是成本模式；另一種是符合規定條件的情況下，可以採用公允價值模式。由於投資性房地產的計稅基礎的確定與固定資產類同，當投資性房地產按公允價值進行計量時，帳面價值與計稅基礎之間就存在差異。

（2）其他計提了資產減值準備的各項資產。有關資產計提了減值準備後，其帳面價值會隨之下降，而稅法規定資產在發生實質性損失之前，不允許稅前扣除，即其計稅基礎不會因減值準備的提取而變化，造成在計提資產減值準備以後，資產的帳面價值與計稅基礎之間的差異。

例 9-8 A 保險公司 2016 年 12 月 31 日對其投資的 1,000 萬公司債券計提了 500 萬元的資產減值，假定該公司以前未計提該項投資的資產減值準備。

分析：該企業債券在 2016 年資產負債表日的帳面價值 500 萬元，因資產減值不允許稅前扣除，其計稅基礎為 1,000 萬元，該計稅基礎與其帳面價值之間產生 500 萬元暫時性差異，在該項投資發生實質性損失時，會減少未來期間的應納稅所得額。

（二）負債的計稅基礎

負債的計稅基礎，是指負債的帳面價值減去未來期間計算應納稅所得額時按照稅法規定可予抵扣的金額。簡單地說，負債的計稅基礎就是將來支付時不能抵稅的金額。用公式表示即為：

負債的計稅基礎=帳面價值-未來期間按照稅法規定可予稅前扣除的金額

負債的確認與償還一般不會影響公司的損益，也不會影響其應納稅所得額，未來期間計算應納稅所得額時按照稅法規定可予以抵扣的金額為零，計稅基礎即為帳面價值。但是，某些情況下，負債的計稅基礎與帳面價值不一致。

1. 未決賠款準備金

2016 年《關於保險公司準備金支出企業所得稅稅前扣除有關政策問題的通知》規定，已發生已報案未決賠款準備金，按最高不超過當期已經提出的保險賠款或者給付金額的 100% 提取；已發生未報案未決賠款準備金按不超過當年實際賠款支出額的 8% 提取。壽險公司按照監管規定與精算估計計提的未決賠款準備金，可能比稅法規定的允許列支金額要大，由此會減少公司於未來期間的應納稅所得額。

2. 應付職工薪酬

《企業會計準則第 9 號——職工薪酬準則》規定，職工薪酬，是指企業為獲得職工提供的服務而給予各種形式的報酬以及其他相關支出。職工薪酬包括短期薪酬、離職後福利、辭退福利和其他長期職工福利。短期薪酬具體包括：職工工資、獎金、津貼和補貼，職工福利費、醫療保險費、工傷保險費和生育保險費等社會保險費，住房公積金，工會經費和職工教育經費。

而稅法上強調了對企業合理的工資、薪金的扣除，《企業所得稅法實施條例》和《國

家稅務總局關於企業工資薪金及職工福利費扣除問題的通知》（國稅函〔2009〕3號）文件對合理的工資、薪金範圍有下列規定。

（1）合理的工資、薪金是指企業按照股東大會、董事會、薪酬委員會或相關管理機構制訂的符合行業及地區水準的、較為規範的員工工資、薪金制度規定在每一納稅年度實際支付給在本企業任職或者受雇的員工的所有現金形式或者非現金形式的勞動報酬，包括基本工資、獎金、津貼、補貼、年終加薪、加班工資，以及與員工任職或者受雇有關的其他支出。

（2）稅法規定工資、薪金總額不包括企業的職工福利費、職工教育經費、工會經費以及養老保險費、醫療保險費、失業保險費、工傷保險費、生育保險費等社會保險費和住房公積金。

（3）《企業所得稅法實施條例》第三十五條規定，企業依照國務院有關主管部門或者省級人民政府規定的範圍和標準為職工繳納的基本養老保險費、基本醫療保險費、失業保險費、工傷保險費、生育保險費等基本社會保險費和住房公積金，準予扣除。

（4）對於上述應納入工資薪金支出範圍的金額，按照實際支付數或者撥繳數扣除，提取數大於發放數的部分，不得扣除，應調增所得。

職工福利費、職工教育經費、工會經費的稅前扣除限額的標準是按每月全部職工工資總額的14%、2.5%、2%可稅前扣除。

3. 其他負債

其他交易或事項產生的負債，其計稅基礎的確定應當按照適用稅法的相關規定確定。如企業應交的罰款和滯納金等，在尚未支付之前按照會計規定確認為費用，同時作為負債反應。稅法規定，罰款和滯納金不得稅前扣除。其計稅基礎為帳面價值減去未來期間計稅時可予稅前扣除金額零之間的差額，即計稅基礎等於帳面價值。

(三) 特殊交易或事項中產生的資產、負債計稅基礎的確定

除公司在正常生產經營活動過程中取得的資產和負債以外，對於某些特殊交易中產生的資產、負債，其計稅基礎的確定應遵從稅法規定，如公司合併過程中取得資產、負債計稅基礎的確定。由於會計與稅收法規對企業合併的劃分標準不同，處理原則不同，某些情況下，會造成企業合併中取得的有關資產、負債的如在價值與其計稅基礎的差異。

三、暫時性差異

暫時性差異是指資產、負債的帳面價值與其計稅基礎不同產生的差額。因資產、負債的帳面價值與計稅基礎不同，產生了在未來收回資產或清償負債的期間內，應納所得額增加或減少並導致未來期間應交所得稅增加或減少的情況，形成企業的資產和負債，在有關暫時性差異發生當期，符合確認條件的情況下，應當確認相關的遞延所得稅負債或遞延所得稅資產。根據暫時性差異對未來期間應納稅所得額的影響，分為應納稅暫時性差異和可抵扣暫時性差異。

(一) 應納稅暫時性差異

應納稅暫時性差異，是指在確定未來收回資產或清償負債期間的應納稅所得額時，將

導致產生應稅金額的暫時性差異，即在未來期間不考慮該事項影響的應納稅所得額的基礎上，由於該暫時性差異的轉回，會進一步增加轉回期間的應納稅所得額和應繳所得稅金額，在其產生當期應當確認相關的遞延所得稅負債。

應納稅暫時性差異通常產生於以下情況：

1. 資產的帳面價值大於其計稅基礎

資產的帳面價值大於其計稅基礎，該項資產未來期間產生的經濟利益不能全部稅前抵扣，兩者之間的差額需要繳稅，產生應納稅暫時性差異。例如，固定資產帳面價值為675元，計稅基礎為600元，二者之間的差額會造成未來期間應納稅所得額和應交所得稅的增加，在產生當期，應確認相關的遞延所得稅負債。

2. 負債的帳面價值小於其計稅基礎

負債的帳面價值小於其計稅基礎，則意味著就該項負債在未來期間可以稅前抵扣的金額為負數，即應在未來期間應納稅所得額的基礎上調增，增加應納稅所得額和應交所得稅金額，產生應納稅暫時性差異，應確認相關的遞延所得稅負債。

（二）可抵扣暫時性差異

可抵扣暫時性差異是指在未來未收回資產或清償負債期間的應納稅所得額時，將導致產生可抵扣金額的暫時性差異。該差異在未來期間轉回時會減少轉回期間的應納稅所得額，減少未來期間的應交所得稅。在可抵扣暫時性差異產生當期，符合確認條件時，應當確認相關的遞延所得稅資產。

可抵扣暫時性差異一般產生於以下情況：

1. 資產的帳面價值小於其計稅基礎，意味著資產在未來期間產生的經濟利益少，按照稅法規定允許稅前扣除的金額多，兩者之間的差額可以減少企業在未來期間的應納稅所得額並較少應交所得稅，符合有關條件時，應當確認相關的遞延所得稅資產。

2. 負債的帳面價值大於其計稅基礎，意味著未來期間按照稅法規定與負債相關的全部或部分支出可以自未來應稅經濟利益中扣除，減少未來期間的應納稅所得額和應交所得稅，符合有關確認條件，應確認相關的遞延所得稅資產。

（三）特殊項目產生的暫時性差異

1. 未作為資產、負債確認的項目產生的暫時性差異

某些交易或事項發生以後，因為不符合資產、負債確認條件而未體現為資產負債表中的資產或負債，但按照稅法規定能夠確定其計稅基礎的，其帳面價值零與計稅基礎之間的差異也構成暫時性差異。如保險公司發生的符合條件廣告費和業務宣傳費，除另有規定外，不超過當年銷售收入15%的部分，準予扣除；超過部分準予在以後納稅年度結轉扣除。該類費用在發生時按照會計準則規定計入當期損益，不形成資產負債表中的資產，但按照稅法規定可以確定其計稅基礎，兩者之間的差異也形成暫時性差異。

例9-9 A保險公司在2017年發生了5,000萬元廣告支出，發生時已計入當期損益。該公司2017年實現保費收入3萬億元。

該廣告費支出按照會計準則規定在發生時已計入當期損益，不體現為期末資產負債表中的資產，其帳面價值為0。按照稅法規定，該公司當期可予稅前扣除4,500萬元，當期

未予稅前扣除的 500 萬元可以向以後年度結轉，其計稅基礎為 500 萬元。該項資產的帳面價值 0 與其計稅基礎 500 萬元之間產生了 500 萬元的暫時性差異，該暫時性差異在未來期間可減少企業的應納稅所得額，為可抵扣暫時性差異，應確認相關的遞延所得稅資產。

2. 可抵扣虧損及稅款抵減產生的暫時性差異

按照稅法規定可以結轉以後年度的為彌補虧損及稅款抵減，雖不是因資產、負債的帳面價值與計稅基礎不同產生的，但與可抵扣暫時性差異具有同樣的作用，均能減少未來期間的應納稅所得額，進而減少未來期間的應交所得稅，會計核算上視同可抵扣暫時性差異，符合條件的情況下，應確認與其相關的遞延所得稅資產。

四、遞延所得稅資產及負債的確認和計量

公司在計算確定了應納稅暫時性差異與可抵扣暫時性差異後，應當按照所得稅會計準則規定的原則確認相關的遞延所得稅負債以及遞延所得稅資產。

（一）遞延所得稅負債的確認和計量

1. 遞延所得稅負債的確認

公司在確認因應納稅暫時性差異產生的遞延所得稅負債時，應遵循以下原則：

（1）除所得稅準則中明確規定可不確認遞延所得稅負債的情況以外，公司對於所有的應納稅暫時性差異均確認相關的遞延所得稅負債。除與直接計入所得稅的交易或事項以及企業合併中取得資產、負債相關的以外，在確認遞延所得稅負債的同時，應增加利潤表中的所得稅費用。

例9-10 如果 A 保險公司使用的所得稅率稅率為25%，並假定該公司不存在其他會計與稅收處理的差異。2017 年資產負債表日，該項固定資產的帳面價值 675 萬元與計稅基礎 600 萬元的差額 75 萬元構成應納稅暫時性差異，企業應確認相關的遞延所得稅負債，同時應增加利潤表中的所得稅費用，金額為 18.75 萬元。帳務處理為：

借：所得稅費用　　　　　　　　　　　　　　　　180,750
　　貸：遞延所得稅負債　　　　　　　　　　　　　　　180,750

（2）不確認遞延所得稅負債的特殊情況。有些情況下，雖然資產、負債的帳面價值與其計稅基礎不同，產生了應納稅暫時性差異，但由於各方面考慮，所得稅準則中規定不確認相應的遞延所得稅負債，主要包括：

①商譽的初始確認。因會計與稅收的劃分標準不同，會計上作為非同一控制下的企業合併但按照稅法規定計稅時在免稅合併的情況下，商譽的計稅基礎為零，其帳面價值與計稅基礎形成應納稅暫時性差異，準則中規定不確認與其相關的遞延所得稅負債。

②除企業合併以外的其他交易或事項中，如果該項交易或事項發生時既不影響會計利潤，也不影回應納稅所得額，則所產生的資產、負債的初始確認金額與其計稅基礎不同，形成應納稅暫時性差異的，交易或事項發生時不確認相應的遞延所得稅負債。因為確認遞延所得稅負債的直接結果是增加有關資產的帳面價值或是降低所確認負債的帳面價值，使得資產、負債在初始確認時，違背歷史成本原則，影響會計信息的可靠性。

③與子公司、聯營企業、合營企業投資等相關的應納稅暫時性差異，一般應確認相應

的遞延所得稅負債，但同時滿足以下兩個條件的除外：一是投資企業能夠控制暫時性差異轉回的時間；二是該暫時性差異在可預見的未來很可能不會轉回。滿足上述條件時，投資企業可以運用自身的影響力決定暫時性差異的轉回，如果不希望其轉回，則可預見的未來該項暫時性差異即不會轉回，從而無須確認相應的遞延所得稅負債。對於採用權益法核算的長期股權投資，其帳面價值與計稅基礎產生的有關暫時性差異，在準備長期持有的情況下，投資企業一般不確認相關所得稅的影響。在持有意圖由長期持有轉變為擬近期出售的情況下，因長期股權投資的帳面價值與計稅基礎不同產生的有關暫時性差異，均應確認相關的所得稅影響。

2. 計量

所得稅準則規定，在資產負債日對於遞延所得稅負債，應當根據使用稅法規定，按照預期收回該資產或清償該負債期間的適用稅率計量，即遞延所得稅負債應以相關應納稅暫時性差異轉回期間按照稅法規定使用的所得稅稅率計量。無論應納稅暫時性差異的轉回期間如何，相關的遞延所得稅負債不要求折現。

(二) 遞延所得稅資產的確認和計量

1. 遞延所得稅資產的確認

遞延所得稅資產產生於可抵扣暫時性差異。確認因可抵扣暫時性差異產生的遞延所得稅資產應以未來期間可能取得的應納所得額為限。在可抵扣暫時性差異轉回的未來期間內，公司無法產生足夠的應納稅所得額用以利用可抵扣暫時性差異的影響，使得與可抵扣暫時性差異相關的經濟利益無法實現的，不應確認遞延所得稅資產。公司有明確的證據表明其於可抵扣暫時性差異轉回的未來期間能夠產生足夠的應納稅所得額，進而利用可抵扣暫時性差異的，則應以可能取得的應納稅所得額為限，確認相關的遞延所得稅資產。

在判斷公司於可抵扣暫時性差異轉回的未來期間是否能夠產生足夠的應納稅所得額時，應考慮公司在未來期間通過正常的生產經營活動能夠實現的應納稅所得額以及以前期間產生的應納稅暫時性差異在未來期間轉回時將增加的應納稅所得額。

(1) 對於子公司、聯營企業、合營企業的投資相關的可抵扣暫時性差異，同時滿足下列條件的，應當確認相關的遞延所得稅資產：一是暫時性差異在可預見的未來很可能轉回；二是未來很可能獲得用來抵扣可抵扣暫時性差異的應納稅所得額。

對於聯營企業、合營企業等的投資產生的可抵扣暫時性差異，主要產生於權益法下的被投資單位發生虧損時，投資企業按照持股比例確認應予承擔的部分相應減少長期股權投資的帳面價值，但稅法規定長期股權投資的成本在持有期間不發生變化，造成長期股權投資的帳面價值小於其計稅基礎，產生可抵扣暫時性差異。

(2) 對於按照稅法規定可以結轉以後年度的未彌補虧損和稅款抵減，應視同可抵扣暫時性差異處理。在有關的虧損或稅款抵減金額得到稅務部門的認可或預計能夠得到稅務部門的認可且以及可利用彌補虧損或稅款抵減的未來期間內能夠取得足夠的應納稅所得額時，除準則規定不予確認的情況外，應當以很可能取得的應納稅所得額為限，確認相應的遞延所得稅資產，同時減少確認當期的所得稅費用。

某些情況下，企業發生的某項交易或事項不屬於企業合併，並且交易發生時既不影響

會計利潤也不影回應納稅所得額，且該項交易中產生的資產、負債的初始確認金額與計稅基礎不同，產生可抵扣暫時性差異的，所得稅準則中規定在交易或事項發生時不確認相應的遞延所得稅資產。如企業內研究開發所形成的無形資產，按照稅法規定可予未來期間稅前扣除的金額是開發成本的150%。該項無形資產並非產生於企業合併，同時在初始確認時既不影響會計利潤也不影回應納稅所得額，確認其帳面價值與計稅基礎之間產生暫時性差異的所得稅影響需要調整該項資產的歷史成本，準則規定該種情況下不確認相關的遞延所得稅。

2. 計量

同遞延所得稅負債的計量原則一致，確認遞延所得稅資產時，應當以預期收回該資產期間的適用所得稅稅率為基礎計算確定。無論相關的可抵扣暫時性差異轉回期間如何，遞延所得稅資產均不要求折現。

企業在確認了遞延所得稅資產以後，資產負債表日應當對遞延所得稅資產的帳面價值進行復核。如果未來期間很可能無法取得足夠的應納稅所得稅額以利用。

(三) 適用稅率變化對已確認遞延所得稅資產和遞延所得稅負債的影響

因稅收法規的變化，導致企業在某一會計期間使用的所得稅稅率發生變化的，企業應對已確認的遞延所得稅資產和遞延所得稅負債按照新的稅率進行重新計量。遞延所得稅資產和遞延所得稅負債的金額代表的是有關可抵扣暫時性差異或應納稅暫時性差異於未來期間轉回時導致公司應交所得稅金額的減少或增加的情況。使用稅率變動的情況下，應對原已確認的遞延所得稅資產及遞延所得稅負債的金額進行調整。

除直接計入所得稅權益的交易或事項產生的遞延所得稅資產及遞延所得稅負債，相關的調整金額應計入所有者權益以外，其他情況下產生的調整金額應確認為稅率變化當期的所得稅費用（或收益）。

五、所得稅費用的確認和計量

在按照資產負債表債務法核算所得稅的情況下，利潤表中的所得稅費用包括當期所得稅和遞延所得稅兩部分。

(一) 當期所得稅

當期所得稅是指企業按照稅法規定計算確定的針對當期發生的交易和事項，應繳納給稅務部門的所得稅金額，即當期應交所得稅。

企業在確定當期應交所得稅時，對於當期發生的交易或事項，會計處理與稅法處理不同的，應在會計利潤的基礎上，按照適用稅收法規的規定進行調整，計算出當期應納稅所得額，按照應納稅所得額與適用所得稅稅率計算確定當期應交所得稅。一般情況下，應納稅所得額可在會計利潤的基礎上，考慮會計與稅收法規之間的差異，按照下列公式計算確定：

應納稅所得額＝會計利潤＋按照會計準則計入利潤表但計稅時不允許稅前扣除的費用±計入利潤表的費用與按照稅法規定可予稅前抵扣的金額之間的差額±計入利潤表的收入與按照稅法規定應計入應納稅所得額的收入之間的差額−稅法規定的不徵稅收入±其他需要調整的因素

（二）遞延所得稅

遞延所得稅是指按照所得稅準則規定當期應予以確認的遞延所得稅資產和遞延所得稅負債的金額，即遞延所得稅資產及遞延所得稅負債當期發生額的綜合結果，但不包括計入所有者權益的交易或事項的所得稅影響。用公式表示即為：

遞延所得稅＝（遞延所得稅負債的期末餘額－遞延所得稅負債的期初餘額）－（遞延所得稅資產的期末餘額－遞延所得稅期初餘額）

應予說明的是，企業因確認遞延所得稅資產和遞延所得稅負債產生的遞延所得稅，一般應當計入所得稅費用，但以下兩種情況除外：

一是某項交易或事項按照會計準則規定應計入所有者權益的，由該交易或事項產生的遞延所得稅資產或遞延所得稅負債及其變化也應計入所有者權益，不構成利潤表中的遞延所得稅費用（收益）；二是企業合併中取得的資產、負債，其帳面價值與計稅基礎不同，應確認相關遞延所得稅的，該遞延所得稅的確認影響合併中產生的商譽或是計入當期損益的金額，不影響所得稅費用。

（三）所得稅費用

計算確定了當期所得稅及遞延所得稅以後，利潤表中應予確認的所得稅費用為兩者之和，即：

$$所得稅費用＝當期所得稅＋遞延所得稅$$

例9-11 A公司2017年利潤表中利潤總額為3,000萬元，該公司適用的所得稅稅率為25%。遞延所得稅資產和遞延所得稅負債不存在期初餘額。與所得稅核算有關情況如下：

2017年發生的有關交易和事項中，會計處理與稅收處理存在差別的有：

（1）2017年1月開始計提折舊的一向固定資產，成本為1,500萬元，使用年限為10年，淨殘值為0，會計處理按雙倍餘額遞減法計提折舊，稅收處理按直線法計提折舊。假設稅法規定的使用年限及淨殘值與會計規定相同。

（2）贊助某項賽事500萬元。假定按照稅法規定，該項贊助支出不允許稅前扣除。

（3）當期取得作為交易性金融資產核算的股票投資成本為800萬元，2017年12月31日的公允價值為1,200萬元。稅法規定，以公允價值計量的金融資產持有期間市價變動不計入應納稅所得額。

（4）違反法規規定應支付罰款250萬元。

（5）期末為投資性房地產計提了75萬元的減值準備。

分析：

（1）2017年當期應交所得稅

應納所得稅額＝3,000＋150＋500－400＋250＋75＝3,575（萬元）

應交所得稅＝3,575×25%＝893.75（萬元）

（2）2017年度遞延所得稅

遞延所得稅資產＝225×25%＝56.25（萬元）

遞延所得稅負債＝400×25%＝100（萬元）

遞延所得稅＝100－56.25＝43.75（萬元）

(3) 利潤表中應確認的所得稅費用

所得稅費用＝893.75+43.75＝937.50（萬元）

帳務處理如下：

借：所得稅費用 9,375,000
　　遞延所得稅資產 562,500
　貸：應交稅費——應交所得稅 8,937,500
　　　遞延所得稅負債 1,000,000

該公司2017年資產負債表相關項目金額及其計稅基礎比較表如表9-4所示：

表9-4　　　　2017年資產負債表相關項目金額及其計稅基礎比較表　　　單位：萬元

項目	帳面價值	計稅基礎	差異	
			應納稅暫時性差異	可抵扣暫時性差異
投資性房地產	2,000	2,075		75
固定資產：				
固定資產原價	1,500	1,500		
減：累積折舊	300	150		
減：固定資產減值準備				
固定資產帳面價值	1,200	1,350		150
交易性金融資產	1,200	800	400	
其他應付款	250	250		
總計			400	225

復習思考題

1. 什麼是增值稅和增值額？
2. 一般納稅人和小規模納稅人有何差異？
3. 保險公司銷售業務的增值稅稅率是多少？保險公司哪些業務可以免徵增值稅？
4. 保險公司為經營活動而購買的貨物、服務、無形資產、不動產，在哪些情況下不能抵扣進項稅額？
5. 保險公司增值稅如何核算？
6. 簡述資產負債表債務法下所得稅會計核算的一般程序。
7. 簡要說明如何確定固定資產、無形資產、投資型房地產的計稅基礎。
8. 簡要說明應納稅暫時性差異與可抵扣暫時性差異是如何產生的？
9. 確認遞延所得稅負債時應遵循什麼原則？
10. 如何確認遞延所得稅資產？
11. 如何確認和計量所得稅費用？

第十章　保險公司的收入、費用和利潤

第一節　保險公司收入

一、收入的概述

(一) 收入的概念和特徵

收入是指企業在日常活動中形成的、會導致所有者權益增加的、與所有者投入資本無關的經濟利益的總流入。根據收入的定義，收入具有以下特徵：

1. 收入是公司在日常活動中形成的，而不是從偶發的交易或事項中產生

日常活動是指公司為完成其經營目標所從事的經常性活動以及與之相關的其他活動。保險公司的日常活動主要有承保業務活動和保險資金投資活動以及提供相關的服務，如理財服務和保險管理服務。

保險公司在非日常活動中產生的經濟利益，譬如處置固定資產、轉讓無形資產所有權、向其他企業收取的違約罰款等，這些活動都與企業經營目標無直接關係，是企業的一種偶然行為，其活動產生的經濟利益是一種偶然利得，而不視為收入。

2. 收入會導致企業所有者權益的增加

與收入相關的經濟利益的流入會伴隨著資產的增加或負債的減少，使所有者權益增加。不會導致所有者權益增加的經濟利益的流入不符合收入的定義，不應確認為收入。例如，保險公司向銀行進行國債回購融資，儘管也導致了經濟利益的流入，但該流入並不導致所有者權益的增加，反而使公司承擔了一項現時的經濟義務。公司對於因融資或借入款項所導致的經濟利益的增加，不應將其確認為收入，應當確認為負債。

3. 收入與所有者投入資本無關

所有者投入企業的資本雖然也會導致經濟利益的流入和所有者權益的增加，但這種行為的目的是未了獲取企業資產的剩餘權益，為企業實現其經營目標提供基礎。所以不能將這種經濟利益的流入視為收入行為，而應當確認為企業所有者權益的組成部分。

（二）收入的確認和計量

1. 國際動態

收入的確認應解決兩個問題：一是入帳時間，二是計量。2014 年 5 月，針對過去存在的對經濟實質相似的同類交易作出不同的會計處理的問題，國際會計準則理事會發布了《國際財務報告準則第 15 號——源於客戶合同的收入》（IFRS15），同時，FASB 發布了《Topic606——源於客戶合同的收入》，兩項準則是全球兩大最具影響力的會計準則制定機構為統一收入確認而共同制定的收入指引，以期達到以下目標：

（1）消除收入規定的不一致和缺陷；

（2）提供一套更加堅實的框架，以闡述收入問題；

（3）改進不同企業、行業、法律和資本市場中，收入確認實務的可比性；

（4）通過改進披露規定，向財務報表使用者提供更加有用的信息；

（5）通過減少企業必須遵循的規定，簡化財務報表的編製程序。

IFRS15 設定了統一的收入確認計量的五步法模型：

第一步，識別與客戶訂立的合同。

準則所稱合同，是指雙方或多方之間訂立有法律約束力的權利義務的協議。合同有書面形式、口頭形式以及其他形式。企業與客戶之間的合同應當同時滿足下列條件：

（1）合同各方已批准該合同並承諾將履行各自義務；

（2）該合同明確了合同各方與所轉讓商品或提供勞務（以下簡稱「轉讓商品」）相關的權利和義務；

（3）該合同有明確的與所轉讓商品相關的支付條款；

（4）該合同具有商業實質，即履行該合同將改變企業未來現金流量的風險、時間分佈或金額；

（5）企業因向客戶轉讓商品而有權取得的對價很可能收回。

第二步，識別合同中的單項履約義務。

合同開始日，企業應當對合同進行評估，識別該合同所包含的各單項履約義務，並確定各單項履約義務是在某一時段內履行，還是在某一時點履行。履約義務，是指合同中企業向客戶轉讓可明確區分商品的承諾。企業向客戶轉讓一系列實質相同且轉讓模式相同的、可明確區分商品的承諾，也應當作為單項履約義務。

滿足下列條件之一的，屬於在某一時段內履行履約義務；否則，屬於在某一時點履行履約義務：

（1）客戶在企業履約的同時即取得並消耗企業履約所帶來的經濟利益。

（2）客戶能夠控制企業履約過程中在建的商品。

（3）企業履約過程中所產出的商品具有不可替代用途，且該企業在整個合同期間內有權就累計至今已完成的履約部分收取款項。

第三步，確定交易價格。

企業應當根據合同條款，並結合其以往的習慣做法確定交易價格。交易價格，是指企業因向客戶轉讓商品而預期有權收取的對價金額。企業代第三方收取的款項以及企業預期

將退還給客戶的款項，應當作為負債進行會計處理，不計入交易價格。

在確定交易價格時，企業應當考慮可變對價、合同中存在的重大融資成分、非現金對價、應付客戶對價等因素的影響。

第四，將交易價格分攤至各單項履約義務。

合同中包含兩項或多項履約義務的，企業應當在合同開始日，按照各單項履約義務所承諾商品的單獨售價的相對比例，將交易價格分攤至各單項履約義務。企業不得因合同開始日之後單獨售價的變動而重新分攤交易價格。如果單獨售價無法直接觀察，企業則需要對其做出估計。

第五，履行每一單項履約義務時確認收入。

企業應當在履行了合同中的履約義務，即在客戶取得相關商品控制權時確認收入。企業應當按照分攤至各單項履約義務的交易價格計量收入。控制權可在某一時點轉移或某一時間段內轉移，從而導致相應收入的確認。控制權在某一時間段內轉移的，企業需使用恰當方法確認收入，以體現履約義務的完成進度。

2. 國內動態

2017 年 7 月 5 日，財政部修訂發佈了《企業會計準則第 14 號——收入》（以下簡稱「新收入準則」），這是中國企業會計準則體系修訂完善、保持與國際財務報告準則持續全面趨同的重要成果。新收入準則與 IFRS15 一致，設立了收入確認五步法模型，即識別與客戶訂立的合同、識別單項履約義務、確定交易價格、將交易價格分攤至各單項履約義務、履行各單項履約義務時確認收入。前兩步與收入的確認相關，後三步與收入的計量相關。準則專門說明：由保險合同相關會計準則規範的保險合同，適用保險合同相關會計準則。但是考慮到統一的收入確認模型來規範所有與客戶之間的合同產生的收入是大勢所趨，國際會計準則 17 號——保險合同（IFRS17）也採用與 IFRS15 一致的收入定義，只有這樣才能提高不同行業的會計信息的可比性，本書簡略介紹中國新收入準則所規定的收入確認條款中可能與未來保險合同收入確認規定變化相關的部分。

（1）確認。

①收入確認的時點和條件。新收入準則規定，企業應當在履行了合同中的履約義務，即在客戶取得相關商品控制權時確認收入。當企業與客戶之間的合同同時滿足下列條件時，企業應當在客戶取得相關商品控制權時確認收入：

a. 合同各方已批准該合同並承諾將履行各自義務；

b. 該合同明確了合同各方與所轉讓商品或提供勞務相關的權利和義務；

c. 該合同有明確的與所轉讓商品相關的支付條款；

d. 該合同具有商業實質，即履行該合同將改變企業未來現金流量的風險、時間分佈或金額；

e. 企業因向客戶轉讓商品而有權取得的對價很可能收回。

對於不符合上述規定的合同，企業只有在不再負有向客戶轉讓商品的剩餘義務（例如，合同已完成或取消），且已向客戶收取的對價（全部或部分對價）無須退回時，才能將已收取的對價確認為收入；否則，應當將已收取的對價作為負債進行會計處理。沒有商

業實質的非貨幣性資產交換，不確認收入。

企業與同一客戶（或該客戶的關聯方）同時訂立或在相近時間內先後訂立的兩份或多份合同，在滿足下列條件之一時，應當合併為一份合同進行會計處理：

a. 該兩份或多份合同基於同一商業目的而訂立並構成一攬子交易。

b. 該兩份或多份合同中的一份合同的對價金額取決於其他合同的定價或履行情況。

c. 該兩份或多份合同中所承諾的商品（或每份合同中所承諾的部分商品）構成單項履約義務。

②識別單項履約義務。合同開始日，企業應當對合同進行評估，識別該合同所包含的各單項履約義務，並確定各單項履約義務是在某一時段內履行，還是在某一時點履行，然後，在履行了各單項履約義務時分別確認收入。

企業向客戶承諾的商品同時滿足下列條件的，應當作為可明確區分商品，即作為一單項履約義務：

a. 客戶能夠從該商品本身或從該商品與其他易於獲得的資源一起使用過程中受益；

b. 企業向客戶轉讓該商品的承諾與合同中其他承諾可單獨區分。

下列情形通常表明企業向客戶轉讓該商品的承諾與合同中其他承諾不可單獨區分：

a. 企業需提供重大的服務以將該商品與合同中承諾的其他商品整合成合同約定的組合產出轉讓給客戶。

b. 該商品將對合同中承諾的其他商品予以重大修改或定制。

c. 該商品與合同中承諾的其他商品具有高度關聯性。

如何確定合同是在某一時段內履行履約義務還是在某一時點履行履約義務了？新收入準則規定，滿足下列條件之一的，屬於在某一時段內履行履約義務；否則，就屬於在某一時點履行履約義務：

a. 客戶在企業履約的同時即取得並消耗企業履約所帶來的經濟利益。

b. 客戶能夠控制企業履約過程中在建的商品。

c. 企業履約過程中所產出的商品具有不可替代用途，且該企業在整個合同期間內有權就累計至今已完成的履約部分收取款項。

對於在某一時段內履行的履約義務，企業應當在該段時間內按照履約進度確認收入，但是，履約進度不能合理確定的除外。企業應當考慮商品的性質，採用產出法或投入法確定恰當的履約進度。

（2）計量。

企業應當按照分攤至各單項履約義務的交易價格計量收入。交易價格，是指企業因向客戶轉讓商品而預期有權收取的對價金額。企業代第三方收取的款項以及企業預期將退還給客戶的款項，應當作為負債進行會計處理，不計入交易價格。合同標價並不一定代表交易價格，企業應當根據合同條款，並結合其以往的習慣做法確定交易價格。在確定交易價格時，企業應當考慮可變對價、合同中存在的重大融資成分、非現金對價、應付客戶對價等因素的影響。

合同中包含兩項或多項履約義務的，企業應當在合同開始日，按照各單項履約義務所

承諾商品的單獨售價的相對比例，將交易價格分攤至各單項履約義務。單獨售價無法直接觀察的，企業應當綜合考慮其能夠合理取得的全部相關信息，採用市場調整法、成本加成法、餘值法等方法合理估計單獨售價。

（3）合同成本。

①合同履約成本。企業為履行合同發生的成本，不屬於其他企業會計準則規範範圍且同時滿足下列條件的，應當作為合同履約成本確認為一項資產：

a. 該成本與一份當前或預期取得的合同直接相關，包括直接人工、直接材料、製造費用（或類似費用）、明確由客戶承擔的成本以及僅因該合同而發生的其他成本；

b. 該成本增加了企業未來用於履行履約義務的資源；

c. 該成本預期能夠收回。

②合同取得成本。企業為取得合同發生的增量成本預期能夠收回的，應當作為合同取得成本確認為一項資產；但是，該資產攤銷期限不超過一年的，可以在發生時計入當期損益。增量成本，是指企業不取得合同就不會發生的成本（如銷售佣金等）。

企業為取得合同發生的、除預期能夠收回的增量成本之外的其他支出（如無論是否取得合同均會發生的差旅費等），應當在發生時計入當期損益，但是，明確由客戶承擔的除外。

③合同履約成本和合同取得成本相關的資產的攤銷。與合同成本有關的資產，應當採用與該資產相關的商品收入確認相同的基礎進行攤銷，計入當期損益。

二、保險公司收入的內容

保險公司的收入主要指保險公司在銷售保單、讓渡資金使用權（資金運用）及提供勞務等日常活動中所形成的經濟利益的總流入。主要包括：

（一）銷售保單形成的收入

因為銷售原保險合同和再保險合同，中國目前保險公司會取得以下收入：①原保險合同形成的保費收入；②再保險合同形成的分入保費收入；③銷售保險合同而取得的其他收入，如投資型保險合同形成的初始費用、保單管理費、資產管理費、帳戶管理費等。

（二）投資收益

保險公司運用保險資金取得投資收益，構成公司的主要業務收入。

（三）銷售保險合同與投資之外的其他收入

主要包括：①參與城鄉居民醫療保險、大病醫療保險等社會醫療保險而取得的服務收入；②代理其他保險公司保險業務取得的手續費收入；③向其他公司提供勞務服務（如代查勘理賠服務）與諮詢服務的收入；④向保險代理人銷售行銷輔助品的收入；⑤資信調查收入。保險公司開辦信用險業務承保過程中向客戶收取的買家資信調查費；⑥租金收入，出租房屋、車輛及其設備等的收入；⑦代扣個人所得稅返還的手續費收入，等等。

三、營業外收入

營業外收入是指保險公司發生的與其經營活動無直接關係的各項淨收入，主要包括處

置非流動資產利得、非貨幣性資產交換利得、債務重組利得、罰沒利得、政府補助利得、確實無法支付而按規定程序經批准後轉作營業外收入的應付帳款等。

保險公司為了核算各項營業外收入，應設置「營業外收入」科目。營業外收入科目應按照營業外收入項目進行明細核算。期末，應將營業外收入科目餘額轉入「本年利潤」科目。

保險公司取得處置流動資產利得、非貨幣性資產交換利得、債務重組利得、罰沒利得、政府補助利得等營業外收入時，借記「銀行存款」「待處理財產損益」「固定資產清理」「抵債物資」等科目，貸記「營業外收入」。

例 10-1 某保險公司開展政策性農險業務，由於當年發生重大洪澇災害，投入大量人力物力用於災害事故的查勘、定損、理賠工作，同時，開展政策性農險下鄉的宣傳活動，廣泛宣傳強農惠農政策，特向政府申請專項資金補貼，獲批 60 萬元的補貼資金，確認補貼時，該公司進行如下帳務處理：

借：銀行存款　　　　　　　　　　　　　　　　　　　600,000
　　貸：營業外收入　　　　　　　　　　　　　　　　　　　600,000

第二節　保險公司費用

一、費用的概述

（一）費用的概念和特徵

費用是指公司在日常活動中發生的、會導致所有者權益減少的、與向所有者分配利潤無關的經濟利益的總流出。根據費用的定義，費用具有以下幾個特徵：

1. 費用是企業在日常活動中發生的經濟利益流出

費用是日常活動中發生的經濟利益流出，這些日常活動的界定與收入定義中涉及的日常活動的界定相一致，這也是與損失的差異。企業在非日常活動中發生的經濟利益流出不能確認為費用，而應確認為損失。譬如，企業處置固定資產和無形資產、因違約支付罰款、因非常原因發生的財產毀損等，均屬於企業非日常活動中發生的經濟利益流出，應當作損失處理。

2. 費用會導致企業所有者權益減少

費用一旦發生，既可表現為資產的減少，譬如銀行存款、固定資產的減少，也可表現為負債的增加，譬如應付職工薪酬、應交稅費的增加等。按照「資產－負債＝所有者權益」這一會計等式，費用最終會導致企業所有者權益減少。

3. 費用與向所有者分配利潤無關

企業向所有者分配利潤，雖然也會減少所有者權益，但屬於企業最終利潤分配行為，不屬於企業日常活動範疇，不能作為費用。

（二）費用和成本

成本有廣義和狹義概念。廣義的成本概念泛指為了取得某項資產或達到特定的目的而

付出的代價，譬如為取得固定資產而付出的代價就是固定資產成本。狹義成本僅指按一定對象歸集的費用。

成本和費用的聯繫是，二者都是企業除償債性支出和分配性支出以外的支出的構成部分，且都是企業經濟資源的耗費。二者存在的區別是：成本是對象化的費用，其所針對的是一定的成本計算對象；費用則是針對一定的期間而言的。

(三) 費用確認的原則

1. 劃分收益性支出和資本性支出的原則

劃分資本性支出與收益性支出原則是指會計核算應嚴格區分收益性支出、資本性支出的界限，以正確計算各期損益。對收益性支出與資本性支出的劃分，比較認同的有兩種標準：一是支出的效益，二是支出的屬性。

所謂「支出的效益」是指由於一項支出的發生而產生經濟效益時間的長短。如果一項支出的效益長於一個會計期間，則該項支出屬於資本性支出；如果一項支出的效益僅限於一個會計期間，則此項支出屬於收益性支出。以「支出的屬性」為標準對支出進行劃分時，如果一項支出符合資產的定義，則屬於資本性支出，否則為當期費用，屬於收益性支出。

劃分資本性支出與收益性支出原則要求在會計核算中首先將資本性支出與收益性支出加以區分，然後將收益性支出計入費用帳戶，作為當期損益列入損益表；將資本性支出計入資產帳戶，作為資產列入資產負債表。前者稱為支出費用化；後者叫作支出資本化。資本化的支出隨著每期對資產的耗費，按照受益原則和耗費比例通過轉移、折舊和攤銷等方法，逐漸轉化為費用。

2. 權責發生制原則

劃分收益性支出與資本性支出原則，只是為費用的確認作出時間上的大致區分，而權責發生制原則規定了具體在什麼時點上確認費用。權責發生制規定，凡是當期已經發生或應當負擔的費用，不論款項是否收付，都應作為當期的費用；凡是不屬於當期的費用，即使款項已在當期支付，也不應當作為當期的費用。

3. 配比原則

為產生當期收入所發生的費用，應當確認為該期的費用。配比原則的基本含義在於，當收入已經實現時，某些業務已經發生，已發生的業務的成本，應當在確認有關收入的期間予以確認。如果收入要到未來期間實現，相應的費用就應遞延分配於未來的實際受益期間。因此，費用的確認，要根據費用與收入的相關程度，確定哪些資產耗費或負債的增加應從本期收入中扣減。

二、保險公司費用的結構和內容

保險費主要由純保費與附加保費構成。純保費是保險金給付的來源，是以預定損失率為基礎計算的保險費。純保費的計價採用「收支相等原則」，即保險商品所收取的純保費總額應與其所給付保險金及相關的理賠費用的總額相等。附加保費分為營運費用、安全附加和預計利潤三部分。其中，營運費用是取得成本及日常經營管理成本的來源；安全附

是為統計上的偏差等所預存的準備；預計利潤提供保險經營者的預計報酬。

與保險費結構相應，原保險業務的費用也可分為保險賠付成本和營運費用。保險賠付成本與純保費的計算是相互呼應的；而保險公司的營運費用與附加保費是相互聯繫的，保險公司支出的營運費用很大一部分是為了取得保單支出的費用和維持保單支出的費用，當然還有一部分營運費用是為投資業務和其他業務的運作而支出的。

(一) 保險公司賠付成本

保險公司之所以能夠開展保險業務，或者說投保人之所以願意花錢購買保險商品，其原因在於被保險人在遭遇風險，經濟受損時，能夠從保險人處獲得補償或給付，按照合同領取保險金。保險公司為了合理查勘定損需要支付賠付費用，包括直接理賠費用和間接理賠費用。直接支付給投保人的保險金和理賠費用構成了保險公司的賠付成本。保險公司的賠付成本包括第四章和第五章的「賠付成本」(即「賠款支出」「滿期給付」「死傷醫療給付」和「年金給付」的總和)。

為符合權責發生制的要求，保險公司的賠付成本除考慮當期確定支付的賠付成本外，還必須考慮當期發生但尚未了結的賠案的賠付成本，即需要計提未決賠款準備金。

在進一步考慮再保險分入業務和分出業務後，權責發生制下的賠付成本為：

帳面賠付成本+提取未決賠款準備金+分保賠款支出－攤回分保賠款－攤回未決賠款準備金

(二) 營運費用

保險公司為保證日常活動順利進行，需要大量的工作人員提供各種服務，如研究開發產品、宣傳諮詢、展業承攬保險業務、分保、維護處理保單、保險資金投資等，需要發生除賠付成本之外的各種耗費，主要包括手續費及佣金支出、利息支出、退保金、業務及管理費用、營業外支出；分保業務的成本主要包括分保賠款支出、分出保費、分保費用支出；還有其他業務支出。

在前面的章節中，本書已介紹了賠付成本、利息支出、退保金、分保業務成本，在本章中，將重點介紹手續費及佣金支出、業務及管理費用支出。

三、手續費和佣金的核算

(一) 手續費及佣金支出的概念

代理手續費是指保險公司向受其委託，並在其授權範圍內代為辦理保險業務的保險代理機構支付的手續費。保險代理機構是指經中國保險監督管理委員會批准設立的，根據保險人的委託，在保險人授權的範圍內代為辦理保險業務的單位。保險代理機構必須持有保險監督管理部門頒發的《經營保險代理業務許可證》。保險代理機構分為專業代理機構(即保險代理公司)和兼業代理機構。保險兼業代理機構是指受保險人委託，在從事自身業務的同時，為保險人代辦保險業務的單位，如銀行、4S店等。

佣金支出是指壽險公司向專門推銷壽險個人行銷業務的個人代理人支付的酬金。保險公司支付給個人代理人的佣金分為直接佣金和間接佣金。直接佣金是指保險公司按代理合同及相關規定，根據代理銷售收入和直接佣金率計算得出的、直接支付給個人代理人(保險行銷員)的佣金。間接佣金是指個人代理銷售人員及其各級主管除業務佣金(跟單手續

費）外的其他收入，主要包括職級佣金、管理佣金、服務佣金、社保補貼、新人津貼、繼續率獎、增員獎等專項獎勵等。

(二) 手續費及佣金支出的會計處理方法

一般成本費用支出時較均勻分佈在保險期間，而手續費和佣金支出多發生在提供保險服務前，是保單取得費用的重要組成部分。其中，人壽保險的保單存續期較長，長達幾十年甚至終身，保單繳費有躉繳和期繳方式，期繳又有多種選擇，有 5 年期繳、10 年期繳、20 年期繳等，而其手續費和佣金的支出在第一年相當高，第二年降低，通常支付代理人五年佣金。這使得手續費和佣金支出的會計處理如何符合權責發生制和配比原則的要求成為爭議的話題。下面我們將對其會計處理辦法進行探討。

1. 理論上的會計處理辦法

（1）資本化處理。在支付時，將手續費和佣金支出作為遞延資產入帳，然後依照其經過期間，逐步轉化為費用。

（2）費用化處理。支付時即以成本費用認列，由於費用化處理不符合配比原則，實務中常常當期確認的成本費用與當期保費收入不相匹配的部分通過修正未到期責任準備金方式暗含予以調整，使收入的劃分配合該項成本負擔。所以費用化處理的辦法也被稱為修正制。

2. 實務運用的困惑

（1）壽險業務（長期性保險業務）的困惑。長期性保險期間漫長而具有不確定性，如果採用資本化的辦法，無法系統地進行攤銷。如果採用費用化處理辦法，常常因為手續費和佣金支出加上其他保單取得成本的支出的總和超出了初年度的保費收入，而初年度的壽險責任準備金不可能修正為負，使得收入與費用難以有效配合，壽險業務呈現出首年虧損現象。

（2）非壽險業務（短期性保險業務）的困惑。短期性保險業務的手續費支出未採用資本化處理辦法，使得費用核算不符合配比的原則。這是因為手續費支出並不按配比原則作當期和下期的劃分。我們知道，由於保單年度和會計年度的不一致，到會計年度末核算的時候，保費收入依據保單的未到期責任天數劃分為已實現保費和未實現保費，將未實現保費作為未到期責任準備金提存。因此，從理論上講，為了這筆保費收入而發生的手續費支出也應隨著未到期責任準備金的提取而將一部分轉作為下一年支出。但是，為了節省計算工作量，實踐中的做法是把當年發生的手續費支出全部算作當年成本，而並不作當期成本和下期成本的劃分。

3. 目前的會計處理方法

《企業會計準則第 25 號——原保險合同》中規定，保險人在取得原保險合同過程中發生的手續費、佣金，應當在發生時計入當期損益。在此規定下，手續費和佣金費用化處理，當期確認的成本費用與當期保費收入不相匹配的部分通過調整保險合同準備金的方式隱性調整。即在計算保險合同準備金時，需考慮扣除取得成本，通過取得成本的扣除使保險負債減少。

(三) 手續費和佣金的增值稅

（1）代理銷售非免稅險種的代理機構可開具增值稅發票給保險公司，增值稅率為6%，按規定其手續費可抵扣增值稅額。按照專用發票上註明的增值稅額，借記「應交稅費——應交增值稅——進項稅額」科目；按專用發票上記載的應計入不含稅的手續費和佣金的金額，借記「手續費及佣金支出」；按應付或實際支金額，貸記「銀行存款」等科目。

（2）個人代理人（即保險行銷員）增值稅由保險公司代扣代繳。

(四) 帳務處理

1. 科目設置

為了核算手續費和佣金支出，保險公司應設置「手續費及佣金支出」「應付手續費及佣金支出」科目。

「手續費及佣金支出」科目用於核算保險公司按規定支付給代理保險業務的代理人的手續費和佣金，該科目屬於損益類科目，借方登記當期的手續費和佣金的發生額，貸方登記期末結轉至「本年利潤」，該科目可根據支付的對象設置二級科目，還可設置三級科目「新契約」和「續期」等。

「應付手續費及佣金支出」科目用於核算保險公司因保險公司代理業務發生的、應付未付的手續費及佣金支出。該科目屬於負債類科目，貸方登記應付未付的手續費和佣金的發生額，借方登記實際支付的應付手續費的發生額，期末餘額在貸方，反應公司尚未支付的手續費及佣金。

表10-1是「手續費及佣金支出」「應付手續費及佣金支出」科目和明細科目設置表。

表10-1 「手續費及佣金支出」「應付手續費及佣金支出」科目和明細科目設置

一級科目	二級科目	三級科目	四級科目
手續費及佣金支出	手續費支出	新契約	
		續期	
	佣金支出	新契約	直接佣金
			間接佣金
		續期	直接佣金
			間接佣金
應付手續費及佣金	應付手續費		
	應付佣金		

2. 核算舉例

例10-2 保險公司委託某4S店代理銷售車險，根據協議，保險公司按照含稅保費總額10%向4S店支付代理手續費，2016年8月該4S店轉帳繳納含稅保費53,000元，保險公司收到保費後支付手續費及增值稅給該4S店。

（1）計算保費收入的銷項稅額和手續費支出的進項稅額

2016年保險公司收到含稅保費為5萬元，那麼不含稅保費為53,000/(1+6%)=50,000元。

保險公司該繳納的保費收入的銷項增值稅額為：50,000×6% = 3,000（元）

保險公司應支付 4S 店手續費為 5,300 元，手續費的增值稅為 $\frac{5,300}{1+6\%} \times 6\% = 300$ 元。

（2）帳務處理

收到保費時：

借：銀行存款 53,000
　　貸：保費收入——機動車輛保險 50,000
　　　　應交稅費——應交增值稅——銷項稅額——保費收入 3,000

確認支付手續費時：

借：手續費及佣金支出——機動車輛保險 5,000
　　應交稅費——應交增值稅——進項稅額 300
　　貸：應付手續費及佣金 5,300

實際支付手續費時：

借：應付手續費及佣金 5,300
　　貸：銀行存款 5,300

四、業務及管理費用的核算

業務及管理費是指保險公司業務經營及管理工作中發生的各項費用。主要是指除手續費和佣金支出、其他業務支出以外的其他各項費用。業務及管理費可以按性質分為籌建期間發生的開辦費、職工薪酬、財產相關費用、業務相關費用、外部監管費用、審計費用、辦公費用七大類。

為核算業務及管理費用，需要「業務及管理費用」總帳科目，該科目借方記發生的各種費用，貸方記期末結轉至「本年利潤」科目金額，期末該科目無餘額。該科目可按具體項目設置明細科目進行核算。

業務及管理費用管理是公司預算管理的核心內容之一，其控制的好壞是衡量一個企業經營管理水準的重要標志之一。而及時、準確、完整的業務及管理費用核算則是實施預算管理的重要前提，因此業務及管理費用核算應該按照國家規定的費用開支範圍和標準、同時結合公司費用預算管理相關規定進行項目核算。

下面將業務及管理費用分為開辦費、職工薪酬、資產折舊及攤銷費用、外部監管費、繳納政策性基金、業務及相關費用、仲介費用、辦公經費，並分別闡述其會計處理方法。

（一）開辦費

開辦費指企業在企業批准籌建之日起，到開始生產、經營（包括試生產、試營業）之日止的期間（即籌建期間）發生的費用支出。開辦費包括籌建期人員工資、辦公費、培訓費、差旅費、印刷費、註冊登記費以及不計入固定資產和無形資產購建成本的匯兌損益和利息支出。

企業在籌建期間內發生的開辦費，即在開辦費實際發生時，借記「業務及管理費——開辦費」科目，貸記「銀行存款」等科目。

(二) 職工薪酬

1. 職工薪酬包含的內容

職工薪酬，是指企業為獲得職工提供的服務或解除勞動關係而給予的各種形式的報酬或補償。2014年7月1日開始實施《企業會計準則第9號——職工薪酬》將職工薪酬分為短期薪酬、離職後福利、辭退福利和其他長期職工福利。

（1）短期薪酬。短期薪酬是指企業在職工提供相關服務的年度報告期間結束後十二個月內需要全部予以支付的職工薪酬，因解除與職工的勞動關係給予的補償除外。

短期薪酬具體包括：①職工工資、獎金、津貼和補貼；②職工福利費，醫療保險費、工傷保險費和生育保險費等社會保險費；③住房公積金；④工會經費和職工教育經費，根據《金融企業財務規則——實施指南》相關規定，工會經費按照職工工資總額的2%計提，撥交工會使用。職工教育培訓經費可按照不超過職工工資總額的2.5%提取；⑤短期帶薪缺勤；⑥短期利潤分享計劃；⑦非貨幣性福利以及其他短期薪酬。其中，非貨幣性福利，是指企業以自己的產品或外購商品發放給職工作為福利，企業提供給職工無償使用自己擁有的資產或租賃資產供職工無償使用。

（2）離職後福利。離職後福利是指企業為獲得職工提供的服務而在職工退休或與企業解除勞動關係後，提供的各種形式的報酬和福利，短期薪酬和辭退福利除外。

（3）辭退福利。辭退福利是指企業在職工勞動合同到期之前解除與職工的勞動關係，或者為鼓勵職工自願接受裁減而給予職工的補償。

（4）其他長期職工福利。其他長期職工福利是指除短期薪酬、離職後福利、辭退福利之外所有的職工薪酬，包括長期帶薪缺勤、長期殘疾福利、長期利潤分享計劃等。

2. 帳務處理

應設置「應付職工薪酬」的會計科目，此科目下根據職工薪酬分類設置二級科目和三級科目。

例10-3 某保險公司2017年10月30日根據人力資源部提供的《職工工資明細表》顯示：本月應發工資、獎金和津貼總額為1,200萬元，財務部扣除應該代扣的個人所得稅40萬元、個人應該承擔的社會保險費140萬元、住房公積金20萬元後，本月實際應該支付的金額為1,000萬元。11月10日公司通過開戶銀行轉款到職工的工資卡。

會計處理：

借：業務及管理費用——職工薪酬——短期薪酬——職工工資　　12,000,000
　　貸：應付職工薪酬——職工工資　　　　　　　　　　　　　　12,000,000
借：應付職工薪酬——職工工資　　　　　　　　　　　　　　　12,000,000
　　貸：應交稅費——個人所得稅　　　　　　　　　　　　　　　　　40,000
　　　　應付職工薪酬——社會保險費——個人承擔　　　　　　　1,400,000
　　　　應付職工薪酬——住房公積金——個人承擔　　　　　　　　200,000
　　　　銀行存款　　　　　　　　　　　　　　　　　　　　　10,000,000

例10-4 （續上例）2017年10月30日公司計算出由公司承擔的社會統籌保險費為300萬元，11月10日將個人承擔和企業承擔的社會統籌保險費共440萬轉帳到社會保險局

指定帳戶。計算企業承擔的社會統籌保險費並進行帳務處理。

  借：業務及管理費用——職工薪酬——短期薪酬——社會統籌保險費
                    3,000,000
   貸：應付職工薪酬——社會統籌保險費——企業承擔 3,000,000
  繳納社會統籌保險費：
  借：應付職工薪酬——社會統籌保險費——企業承擔 3,000,000
    應付職工薪酬——社會保險費——個人承擔   1,400,000
   貸：銀行存款   4,400,000

例 10-5　（續上例）2017 年 10 月 30 日按照工資總額的 2% 計提工會經費，帳務處理如下：

  借：業務及管理費用——職工薪酬——短期薪酬——工會經費 240,000
   貸：應付職工薪酬——工會經費   240,000
  實際上交時：
  借：應付職工薪酬——工會經費   240,000
   貸：銀行存款   240,000

（三）資產折舊或攤銷的費用

資產折舊或攤銷的費用通常包括固定資產折舊費、無形資產攤銷、低值易耗品攤銷、長期待攤費用攤銷。

帳務處理如下：

（1）保險公司應按月計提固定資產折舊，將固定資產逐漸攤銷，計入當期損益。通常保險公司期末根據固定資產折舊表，借記「業務及管理費用——固定資產折舊費」科目，貸記「累計折舊」科目。

（2）低值易耗品的攤銷有兩種方法。一是一次攤銷法，在領用低值易耗品時其全部價值一次計入相關資本成本，適用於價值較低、極易損壞的低值易耗品；二是五五攤銷法，領用低值易耗品時，先攤銷其成本的一半，在報廢時再攤銷另一半。五五攤銷法適用於價值較低、使用期限較短的低值易耗品，也適用於每期領用數量和報廢數量大致相等的低值易耗品。保險公司攤銷低值易耗品時，借記「業務及管理費用——低值易耗品攤銷」科目，貸記「低值易耗品——攤銷」科目。

（3）無形資產是指企業擁有或控制的沒有實物形態的可辨認非貨幣性資產，包括專利權、商品權、著作權、土地使用權等。對於使用壽命有限的無形資產才需要在估計使用壽命內採用系統合理的方法進行攤銷，對於使用壽命不確定的無形資產則不需要攤銷。保險公司攤銷無形資產時，借記「業務及管理費用——無形資產攤銷」科目，貸記「累計攤銷」科目。

（4）長期待攤費用是指企業已經支出，但攤銷期限在 1 年以上（不含 1 年）的各項費用，包括租入固定資產的改良支出以及攤銷期在 1 年以上的固定資產大修理支出、股票發行費用等。攤銷長期待攤費用時，借記「業務及管理費用——長期待攤費用的攤銷」科目，貸記「長期待攤費用——攤銷」科目。

(四) 外部監管費

外部監管費指保險公司向保險監管機構、行業協會、保險學會等機構繳納的管理費或會費。

(五) 繳納政策性基金

1. 保險保障基金

保險保障基金，是指根據《保險法》，由保險公司繳納形成，按照集中管理、統籌使用的原則，當保險公司被依法撤銷或者依法實施破產，其清算財產不足以償付保單利益時或中國保監會經商有關部門認定保險公司存在重大風險，可能嚴重危及社會公共利益和金融穩定的時，可以動用保險保障基金。保險公司必須按下列規定繳納保險保障基金：

(1) 非投資型財產保險按照保費收入的 0.8% 繳納，投資型財產保險，有保證收益的，按照業務收入的 0.08% 繳納，無保證收益的，按照業務收入的 0.05% 繳納；

(2) 有保證收益的人壽保險按照業務收入的 0.15% 繳納，無保證收益的人壽保險按照業務收入的 0.05% 繳納；

(3) 短期健康保險按照保費收入的 0.8% 繳納，長期健康保險按照保費收入的 0.15% 繳納；

(4) 非投資型意外傷害保險按照保費收入的 0.8% 繳納，投資型意外傷害保險，有保證收益的，按照業務收入的 0.08% 繳納，無保證收益的，按照業務收入的 0.05% 繳納。

業務收入，是指投保人按照保險合同約定，為購買相應的保險產品支付給保險公司的全部金額。

保險公司應當及時、足額將保險保障基金繳納到保險保障基金公司的專門帳戶，有下列情形之一的，可以暫停繳納：

①財產保險公司、綜合再保險公司和財產再保險公司的保險保障基金餘額達到公司總資產 6% 的；

②人壽保險公司、健康保險公司和人壽再保險公司的保險保障基金餘額達到公司總資產 1% 的。

保險公司的保險保障基金餘額減少或者總資產增加，其保險保障基金餘額占總資產比例不能滿足前款要求的，應當自動恢復繳納保險保障基金。

2. 交強險救助基金

道路交通事故社會救助基金（以下簡稱救助基金），是指依法籌集用於墊付機動車道路交通事故中受害人人身傷亡的喪葬費用、部分或者全部搶救費用的社會專項基金。《道路交通事故社會救助基金管理試行辦法》規定，保險公司按照機動車交通事故責任強制保險（即交強險）的保險費的一定比例繳納救助基金。每年 3 月 1 日前，財政部會同中國保監會根據上一年度救助基金的收支情況，按照收支平衡的原則，確定當年從交強險保險費收入提取救助基金的比例幅度。省級人民政府在幅度範圍內確定本地區具體提取比例。

3. 帳務處理

(1) 保險保障基金。

計提時：

借：業務及管理費用——提取保險保障基金

　　貸：其他應付款

繳付時：

借：其他應付款

　　貸：銀行存款

（2）交強險救助基金。

計提時：

借：業務及管理費——提取交強險救助基金

　　貸：應交稅費

繳付時：

借：應交稅費

　　貸：銀行存款

例 10-6　某財產保險公司經營財產及責任保險、人身意外傷害保險、短期健康保險，當年自留保費收入為 87,700,000 元，按自留保費的 1% 提取保險保障基金 877,000 元。會計分錄為：

計提時：

借：業務及管理費用——提取保險保障基金　　　　　　877,000

　　貸：其他應付款　　　　　　　　　　　　　　　　877,000

繳納時：

借：其他應付款　　　　　　　　　　　　　　　　　　877,000

　　貸：銀行存款　　　　　　　　　　　　　　　　　877,000

（六）業務相關費用

業務相關費用是指保險公司為直接開展業務、服務客戶所發生的費用，通常包括廣告費、業務宣傳費、業務招待費、預防費等。其中，預防費，是指保險公司為防止保險事故發生，經被保險人同意，對保險標的或被保險人採取安全防預措施或健康檢查所發生的費用。

（七）仲介費用

仲介費用指保險公司向外部仲介公司支付的服務費用，通常包括如下費用：

（1）訴訟費，是指因各種糾紛引起的起訴或應訴所發生的費用。

（2）公證費，是指在簽訂各種協議、合同時向公證機關支付的費用。

（3）席位費，是指辦理證券交易、資金拆借等席位支付的費用。

（4）諮詢費，是指聘請經濟技術顧問、法律顧問、稅務顧問等支付的費用。

（5）審計費，指聘請外部審計公司進行查帳驗資以及進行報表審查、資產評估等發生的費用。

（八）辦公費用

辦公費用指保險公司發生的出上述費用以外的日常辦公費用，包括：

（1）郵電費，是指市內電話安裝費和月租金、長途電話費、電報費、線路租用費、郵

費等。

（2）外事費，是指按照國家有關規定支付的出國人員的有關費用以及接待外賓的費用等。

（3）印刷費，是指印刷有關業務憑證、帳冊、帳表等的費用。

（4）公雜費，是指保險公司購買辦公用品、清潔用具及訂閱公用書報等的費用。

（5）差旅費，其標準由保險公司參照當地政府規定的標準，結合保險公司的具體情況自行確定。

（6）會議費，是指保險公司召開各種會議按規定列支的各項費用。

（7）技術轉讓費，是指保險公司轉讓專有技術所發生的費用。

（8）研究開發費，是指保險公司研究開發新條款、新險種、非專利技術及其他專項研究開發工作所發生的費用。

（9）董事會費，是指保險公司的最高權力機構（如董事會）及其成員執行職能而發生的各項費用，包括差旅費、會議費等。

（10）銀行結算費，是指按規定支付給銀行的匯兌和結算郵費、電匯費、手續費以及向銀行購買專用憑證的費用。

（11）水電費，是指保險公司發生的水電費及增容費開支等。

（12）租賃費，是指保險公司經營租賃營業用辦公用房、車輛、電子設備等所支付的費用。

（13）修理費，是指保險公司發生的固定資產、低值易耗品修理費用。

（14）電子設備運轉費，是指為保證計算機正常運轉所支付的費用，包括購買專用紙張、色帶、微機軟盤等的費用。

（15）車船使用費，是指保險公司機動車船所需的燃料、輔助油料、養路、車檢等費用。

（16）安全防衛費，是指保險公司為加強對基層營業網點的安全防衛工作，購置槍支、彈藥、警棍、報警器，安裝營業網點的防護門窗及櫃臺欄杆、消防專用滅火器的費用，以及經財政部批准的特定費用。

（17）綠化費，是指保險公司內部綠化及植樹所發生的費用。

（18）企業財產保險費，是指保險公司向其他保險公司投保財產險而支付的保險費。

以上（六）至（八）費用帳務處理為：

如果取得增值稅專用發票，對於不含稅的部分，在發生時，根據發生額，借記「業務及管理費用——水電費/車輛使用費/修理費等」科目，貸記「銀行存款」或「其他應付款」等科目。租賃費，如辦公場地租賃費，如果是一次性預付若干個月的，可以先進行資本化處理，借記「其他應收款——待攤租賃費用」科目，貸記「銀行存款」科目；在每月進行攤銷，借記「業務及管理費用——租賃費」科目，貸記「其他應收款——待攤租賃費用」科目。

而增值稅部分是否可以做進項抵扣，根據下列方法確定：

當保險公司兼營簡易計稅方法計稅項目、免徵增值稅項目而無法劃分不得抵扣的進項

稅額，按照下列公式計算不得抵扣的進項稅額：

不得抵扣的進項稅額＝當期無法劃分的全部進項稅額×（當期簡易計稅方法計稅項目銷售額＋免徵增值稅項目銷售額）÷當期全部銷售額

例 10-7 某財產保險公司（該公司保險產品全部要繳納增值稅）2017 年 3 月用銀行存款一次性支付 2017 年 4 月至 2018 年 3 月共一個年度的房租，出租方為一般納稅人，但該房屋為 2014 年購入，可選擇簡易計稅方法，開具增值稅專用發票含稅 126 萬元，徵收率為 5%。

分析：根據《國家稅務總局關於發布〈納稅人提供不動產經營租賃服務增值稅徵收管理暫行辦法〉的公告》（國家稅務總局公告 2016 年第 16 號）的規定，一般納稅人以經營租賃方式出租其 2016 年 4 月 30 日前取得的不動產，可以選擇適用簡易計稅方法，按照 5% 的徵收率計算應納稅額；一般納稅人經營租賃方式出租其 2016 年 5 月 1 日後取得的不動產，適用一般計稅方法計稅。取得的不動產，包括以直接購買、接受捐贈、接受投資入股、自建以及抵債等各種形式取得的不動產。另外，租賃該房屋是用於提供保險產品，且所有產品都要繳納增值稅，故租賃該房屋的增值稅可作為進項稅額。此外，一般來說簡易計稅法是不得抵扣進項稅額的，但承租房屋的付款方索取到簡易計稅所開出的增值稅發票是可以抵扣進項稅額的。

會計處理：
2017 年 3 月：
借：其他應收款——待攤租賃費用　　　　　　　　　　1,200,000
　　應交稅費——應交增值稅——進項稅額（5%）　　　　60,000
　貸：銀行存款　　　　　　　　　　　　　　　　　　1,260,000
2017 年 4 月：
借：業務及管理費——租賃費　　　　　　　　　　　　100,000
　貸：其他應收款——待攤租賃費用　　　　　　　　　　100,000

例 10-8 某人壽保險公司印刷各種保單、信封等印刷品，計 1,880 元，先向某印刷廠預付定金 800 元，用轉帳支票付訖。

會計處理：
借：其他應收款——暫付款　　　　　　　　　　　　　800
　貸：銀行存款　　　　　　　　　　　　　　　　　　800

例 10-9 （接上例）按約定日期，該印刷廠已將上述印刷品如數印好交齊，開具增值稅專用發票，不含稅 1,000 元，增值稅 160 元，保險公司補付 370 元。

會計處理：
借：業務及管理費——印刷費　　　　　　　　　　　　1,000
　　應交增值稅——應交增值稅——進項稅額（待轉出）（16%）　160
　貸：其他應收款——暫付款　　　　　　　　　　　　　800
　　　銀行存款　　　　　　　　　　　　　　　　　　　360

例 10-10 人壽保險公司內部審計部門員工小王出差報銷住宿費，按公司報銷標準是含稅價 424 元，但取得的是含稅價 530 元的增值稅專用發票。

會計處理如下:

借: 業務及管理費 400
　　應交稅費——應交增值稅——進項稅額-待轉出 (6%) 30
　貸: 銀行存款 424
　　應交稅費——應交增值稅 (進項稅額轉出) 6

第三節　保險公司利潤及利潤分配

一、保險公司利潤的構成

利潤是指企業在一定會計期間的經營成果,它是各項收入抵補各項支出後所獲得的最後成果。如果收入大於支出,即為利潤;反之,即為虧損。利潤或虧損是衡量企業經營管理水準和市場競爭力的一個重要標志。

利潤分為營業利潤、利潤總額和淨利潤:

(一) 營業利潤

營業利潤是指企業從經營活動中取得的全部利潤,主要包括保險合同利潤、投資合同利潤、服務合同利潤和其他利潤。

1. 保險合同利潤

保險合同利潤是指保險公司出售保險合同,承擔了投保人轉移的重大保險風險而取得的利潤。

保險合同利潤＝保險業務收入-保險業務支出

其中: 保險合同業務收入＝原保險保費收入+分保費收入-分出保費

保險合同業務支出＝賠付支出+分保賠款支出-攤回分保賠款+業務及管理費+手續費及傭金支出+分保費用-攤回分保費用+稅金及附加+保單紅利支出+退保金+提取保險合同準備金-攤回保險合同準備金

2. 投資收益

投資收益指保險資金投資取得的收益。在保險行業,投資收益有三種概念:淨投資收益、總投資收益和綜合投資收益。表10-2 為不同投資收益包含的內容。

表 10-2　　　　　　　　　不同投資收益包含的內容

編號	1	2	3	4	5	6
類型	債權型投資利息收入、存款利息收入、股權型投資股息紅利收入、貸款類利息收入等	投資資產買賣價差收益	交易性金融資產公允價值變動	資產減值	對聯營企業和合營企業的收益淨額	可供出售金融資產公允價值變動(新金融工具會計準則下為「以公允價值計量且其變動計入其他綜合收益的金融資產」的公允價值的變動)

（1）淨投資收益主要指上表中的第1部分，即包含債權型投資利息收入、存款利息收入、股權型投資股息紅利收入、貸款類利息收入、投資性房地產淨收益等。即：

淨投資收益＝債權型資產的利息＋股權型資產的股利＋投資性房地產淨收益
＝銀行存款利息收入＋債權型投資利息收入＋貸款類資產利息收入＋回購的收益＋股權型投資股息分紅收入＋投資性房地產的房租－投資性房地產折舊

但上述計算方法適合於保險公司內部進行，外部人士無法得到上述詳細信息。

對於公司外部人士而言，可以考慮根據利潤表中的相關數據進行核算。計算公式為：

淨投資收益＝[（利潤表中的）投資收益－（利潤表中的）對聯營企業和合營企業的投資收益－投資資產買賣價差收益]＋[（其他業務收入中的）房租－（其他業務支出中的）投資性房地產折舊]

但由於投資資產買賣價差收益往往無法從公開數據中獲得，所以，對於公司外部人士而言，淨投資收益還是無法準確計算。

（2）總投資收益＝淨投資收益＋投資資產買賣價差收益＋公允價值變動損益－投資資產減值損失＋對聯營企業和合營企業的收益淨額＝1＋2＋3＋4＋5

（3）綜合投資收益＝總投資收益＋以公允價值計量且其變動計入其他綜合收益的金融資產的公允價值的變動＝1＋2＋3＋4＋5＋6

3. 其他業務利潤

其他業務利潤是指保險公司通過承保業務和保險資金投資之外的其他經營活動取得的利潤，其計算公式為：

其他業務利潤＝其他業務收入－其他業務成本

（二）利潤總額

利潤總額是指企業在繳納所得稅之前實現的利潤，其計算公式為：

利潤總額＝營業利潤＋營業外收入－營業外支出

營業外收入是指企業發生的與日常活動無直接關係的各項利得。營業外收入並不是企業經營資金耗費所產生的，不需要企業付出代價，實際上是經濟利益的淨流入，不可能也不需要與有關費用進行配比。保險公司的營業外收入一般包括固定資產清理淨收益、信息系統服務收入、專項補貼、非貨幣性交易收益、出售無形資產、廢品收入、罰款及違約金收入、確定無法支付而應轉作營業外收入的應付款項等。

營業外支出時企業發生的與日常經營活動無直接關係的各項損失。保險公司營業外支出包括固定資產盤虧、固定資產清理淨損失、處置無形資產淨損失、債務重組損失、罰款支出、公益救助性捐贈支出、非常損失等。

（三）淨利潤

淨利潤是指企業在一定會計期間實現的利潤總額扣除所得稅費用後的餘額。其計算公式為：

淨利潤＝利潤總額－所得稅費用

283

二、保險公司利潤的分配

保險公司取得利潤應按規定進行分配，可供分配的利潤包括本年實現的淨利潤與年初未分配利潤。利潤分配的內容與順序如下：

（一）彌補公司以前年度虧損
（二）提取法定盈餘公積

保險公司按照隨後利潤10%提取法定盈餘公積金，法定盈餘公積金累積達到註冊資本的50%時，可不再提取。法定盈餘公積金可用於彌補虧損和轉增資本金，但彌補虧損和轉增資本金後留存在公司的法定盈餘公積金不得低於註冊資本金的25%。

保險公司提取法定盈餘公積，帳務處理為：

借：利潤分配——提取法定盈餘公積
　貸：盈餘公積——法定盈餘公積

用盈餘公積彌補虧損時：

借：盈餘公積
　貸：利潤分配——盈餘公積補虧

用盈餘公積轉增資本時：

借：盈餘公積
　貸：實收資本/股本

（三）提取法定公益金

法定公益金提取比例為淨利潤的5%~10%，用於職工的集體福利。保險公司提取法定公益金，帳務處理為：

借：利潤分配——提取法定公益金
　貸：盈餘公積——法定公益金

（四）提取一般風險準備金

一般風險準備金按淨利潤的10%提取，用於巨災風險的補償，不得用於分紅、轉增資本。保險公司提取一般風險準備金時，帳務處理為：

借：利潤分配——提取一般風險準備金
　貸：一般風險準備金

（五）農業保險大災風險利潤準備金

保險公司在依法提取法定公積金、一般風險準備金後，按規定從年度淨利潤中提取利潤準備金。保險公司提取法定盈餘公積，帳務處理為：

借：利潤分配——提取大災利潤準備金
　貸：大災風險利潤準備金

（六）向投資者分配利潤

保險公司按照上述次序分配利潤後，可以接著按以下順序分配：①支付優先股股利；②提取任意盈餘公積；③支付普通股股利。

批准發放現金股利時：

借：利潤分配——應付現金股利

　　貸：應付股利

發放股票股利時：

借：利潤分配——轉作股本的股利

　　貸：股本

第四節　IFRS17 下的收入、費用和利潤

一、IFRS17 下的保險公司業績的列報

為了使保險公司更加清晰地向財務報表使用者展示其利潤來源，提高保險公司財務業績列報的質量和可比性，IFRS17 下保險公司綜合損益表的形式可簡要歸納如表 10-3 所示。

表 10-3　　　　　　　　　　IFRS17 下綜合收益表

項目	本期金額	上期金額
保險收入		
保險服務費用		
再保險合同的收入和費用		
保險服務業績		
保險財務收入		
保險財務費用		
保險財務業績		
利潤或虧損		
其他綜合收益		
因折現率變動引起的保險合同負債變化		
公允價值變動計入其他綜合收益資產的變化		
綜合收益		

在上表中，要分開列示：

● 保險服務業績（insurance service result），其中包括保險收入（insurance revenue）和保險服務費用（insurance service expenses）兩部分。保險收入和保險服務費用應剔除投資成分，二者必須分別列報。

● 保險財務收入（insurance finance income）和保險財務費用（insurance finance expenses）。

實體所持再保險合同的收入或費用，應與所簽發的原保險合同的費用或收入分開列報。但是，實體持有的再保險合同組的收入或費用（保險財務收入或費用除外），可以作為單一淨額進行列報，也可以按照從再保險公司攤回的金額及已付保費的分別列報。

下面特別解釋保險收入及保險服務費用、保險財務收入或費用、折現率變動和假設變動對綜合收益表的影響。

二、保險收入（insurance revenue）

保險收入反應了實體因提供保險服務而有權獲得的預期對價。一組保險合同在整個保險期限內的保險收入總額為：投保人支付的保費按照財務影響進行調整，並剔除投資成分後的金額。當期保險收入金額是該會計主體預期當期能夠換取保險服務的對價，以反應所承諾的服務的轉移。按照 IFRS17，當實體在一段時間內提供服務時，未到期保險負債逐漸減少並確認保險收入，未到期保險負債的減少意味著保險收入的實現，但是未到期保險負債的減少不包括與實體得到對價中所預計與提供的保險服務無關的負債變化。

按照 IFRS17 的要求，當期的保險收入（insurance revenue）不再是當期收到的保費收入（premium），保費收入不再列示在損益表中。過去保費收入是按收付實現制確認的，而不是根據當期所提供的服務確認的，不符合 IFRS17 的要求。IFRS17 使得保險收入和其他行業的收入內涵一致。

保險收入金額包括：（1）與提供服務有關的金額；（2）與保險獲取成本現金流有關的金額。其計算公式如圖 10-1 所示。

保險收入金額 ＝ 與提供保險服務有關的金額 ＋ 與保險獲取成本現金流有關的金額

圖 10-1　保險收入構成示意圖

1. 與提供服務有關的金額

對於與提供保險服務有關的金額，IFRS17 提供了兩種方法來計算本期提供保險服務相關的保險收入：「直接法」和「間接法」。

（1）直接法。直接法的計算方法如圖 10-2 所示。

與提供保險服務有關的金額 ＝ 保險服務費用 ＋ 非財務風險的風險調整變動 ＋ 合同服務邊際

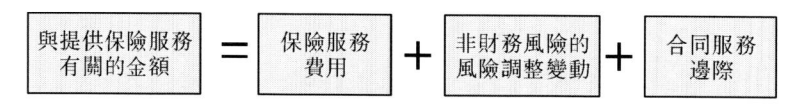

圖 10-2　直接法計算與提供保險服務相關保險收入示意圖

與提供保險服務有關的保險收入等於實體預計將收取對價的保險服務有關的、本期內發生的未到期保險責任負債的所有變動總和。包括：

①保險服務費用：指本期期初預計本期發生的保險服務費用，但不包括：

a. 分攤至未到期保險負債的損失部分的金額；

b. 投資成分的返回金額；

c. 代表第三方收取的交易相關稅費；

d. 保險獲取成本現金流的攤銷。

②非財務風險的風險調整變動，指與過去及當前服務有關的非財務風險的風險調整變

動，即當期釋放的非財務風險的風險調整。此項不包括：
　　a. 與未來服務相關的風險調整變動；
　　b. 分攤至未到期保險負債損失部分的金額；
　　c. 計入保險財務收入或費用的金額；
③計入本期損益的合同服務邊際，即本期釋放的合同服務邊際。
（2）間接法。間接法的計算方法如圖 10-3 所示。

```
┌──────────┐   ┌──────────┐   ┌──────────────┐
│與提供服務│ = │未到期保險│ - │與預計收到對價的│
│有關的金額│   │負債的變動│   │服務無關的部分│
└──────────┘   └──────────┘   └──────────────┘
```

圖 10-3　間接法提供保險服務相關保險收入示意圖

　　與提供保險服務有關的保險收入等於：未到期保險負債的所有變動之和，減去未到期保險負債變動中與保險服務無關的部分，這些部分包括：
①與本期提供的保險服務無關的變動：
　　a. 收取保費帶來的現金流入（包括來自投資部分的現金流入）；
　　b. 投資成分的返回金額；
　　c. 代表第三方收取的交易相關稅費；
　　d. 保險財務收入或費用；
　　e. 保險獲取成本現金流；
　　f. 對轉讓給第三方的負債所作的終止確認；
②與服務有關，但實體預期不會收到的對價的變動，即未到期保險負債損失部分的變動。
　　2. 與保險獲取成本現金流有關的金額
　　在初始確定合同服務邊際時，保險獲取成本現金流減少了確認的合同服務邊際，並最終通過保險獲取成本的攤銷來影響損益。為了體現保險合同定價時確保能收回保險獲取成本現金流，實體在保險責任期間的保險收入中加回為彌補保險獲取成本現金流的這一部分保費，並在同一期間保險服務費用中確認相同金額的保險獲取成本。實體隨時間推移以系統方式將保險獲取成本現金流分攤至各個報告期間。
　　當實體採用保費分配辦法時，當期保險收入的金額為分配在該期的預期保費收入（不包括任何投資成分以及反應貨幣時間價值和財務風險影響的調整），實體應將收到的保費按下列方法分配到每個承保期：
　　（1）以時間為基礎；
　　（2）如果承保期內，預期的風險釋放不按時間的推移，則以發生的保險服務費用的預期時間為基礎。

三、保險服務費用（insurance service expenses）

　　保險服務費用反應當期提供服務發生的成本，該期間的賠付和費用在發生時計入損

益，不包含投資成分返還的金額。

四、保險財務收入或費用（Insurance finance income or expenses）

保險財務業績（insurance finance result），是保險財務收入和保險財務費用之差。保險財務收入來自保險公司管理金融資產的投資收入，保險財務費用是折現率和其他金融變量對保險負債的影響的結果。對於保險財務費用，IFRS17 要求保險公司對履約現金流量和合同服務邊際進行折現，以反應現金流的時間價值；隨著時間的推移，貨幣時間價值的影響減少，其減少額在綜合收益表作為保險財務費用。實際上，保險財務費用類似於預付款支付的利息，並反應了保單持有人通常先支付保費後得到利益的事實。

保險財務收入或費用包括因貨幣時間價值和財務風險的影響和變動導致的保險合同負債帳面金額的變動。關於保險財務收入和費用在綜合收益表中列示的會計政策如下：

（1）實體可以選擇會計政策（不包括具有直接分紅特徵的保險合同組），將保險財務收入或費用選擇以下方法之一列報：

①將當期保險財務收入或費用計入損益；

②對當期保險財務收入或費用進行分解，在合同期間以系統分攤估計的保險財務收入或費用且將分攤確定的金額分別計入損益和其他綜合收益。

（2）對於具有直接分紅特徵的合同，實體在基礎項目公允價值變動中所占份額，以及分攤至未到期保險負債損失部分並與未來服務有關的履約現金流變動，實體應在下列情況之間做出會計政策選擇其中之一：

①將當期保險財務收入或費用計入損益；

②對當期保險財務收入或費用進行分解，分別計入損益和其他綜合收益，如此達到消除基於基礎項目計入損益中的收入或費用的會計錯配。

一旦選定某一政策，實體應當在保險合同組層面予以一貫執行。計入其他綜合收益中的金額是保險財務收入或費用總額與計入損益的金額之間的差額。

（3）當實體轉移一組保險合同或取消確認某保險合同時，對於不具有直接分紅特徵的保險合同，應將在其他綜合收益中已得到確認的該合同組合的帳面金額重分類為損益；而對於具有直接分紅特徵的保險合同，實體不能將其在其他綜合損益中已得到確認的該合同組合的帳面金額重分類為損益。

（4）實體在損益表中包括保險合同組合帳面金額變化的匯兌差額，當其與包含在其他綜合收益中的保險合同組合的帳面金額的變化相關時，應計入其他綜合收益。

實體採用分拆政策時，如何確定計入損益的保險財務收入或費用可以用圖 10-4 來幫助判斷。

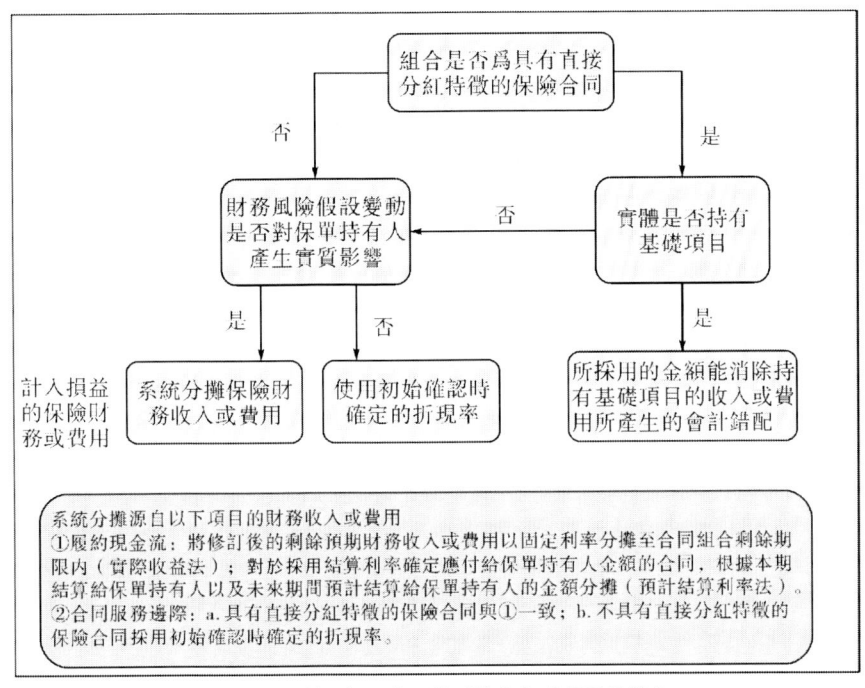

圖 10-4　計入損益的保險財務收入或費用的確定

注意：實體可能根據其是否持有基礎項目而帶來的變化來選擇如何進行分拆。如果發生這種變化，實體應該：①該變更當日以前計入其他綜合收益的累積金額，在變更當期及以後各期間作為重新分類調整計入損益表；實體不得重新計算原先計入其他綜合收益的累積金額，猶如新的分攤總是適用，未來期間重分類所用的假設在變更日期後不得更新；②不重述前期比較信息。

IFRS17 要求按照與未來服務有關的未來現金流的估計變動來調整合同服務邊際。在計量履約現金流時，採用現行的折現率來計量這些估計變動。但是，合同服務邊際將根據初始確認時確定的折現率來確定。採用兩種不同的折現率將導致履約現金流的變動與對合同服務邊際的調整存在差異（與履約現金流的變動有關）。這一差異導致出現作為保險財務收入或費用的一部分確認的利得或損失，因此該差異也適用於分拆政策。

五、簡單舉例

下面的例子說明了保單獲取現金流的初始確認和保費收入的後續計量和披露，包括與保單獲取現金流有關部分。

（一）假設

（1）一保險公司簽訂了一組期限為 3 年的保險合同。保單簽訂即生效。

（2）該保險公司的期初確定如下事項：

①未來現金流入估計為 900 元（初始確認後，當即支付保費 900 元）；

②未來現金流出的估計包括：

a. 未來賠款估計 600 元（每年發生支出 200 元）；

b. 承保開始所支付的獲取現金流 120 元（其中 90 元是直接歸屬於合同組合的獲取現金流）。

③非財務風險調整是 15 元，該保險公司期望在整個保險期間均勻確認非財務風險調整在損益表中。

（3）本例中簡單假定如下：

①所有的費用支出與預期一致；

②保險期間，合同均有效；

③無投資成分；

④簡單起見，所有其他數額折現影響均省略。

（二）分析

在初始計量時，該保險公司估計這組保險合同隨後每年年末的履約現金流如表 10-4 所示：

表 10-4　　　　　　　　每年年末的履約現金流　　　　　　　　單位：元

	初始確認	第一年	第二年	第三年
未來現金流入現值估計	(900)			
未來現金流出現值估計	690[a]	400	200	
未來現金流現值估計	(210)	400	200	
非財務風險調整	15	10	5	
履約現金流	(195)	410	205	
合同服務邊際	195			
初始計量的保險合同資產/負債				

對上表說明如下：（a）履約現金流現值估計的 690 元包括預計賠付支出 600 元和直接歸屬於合同所屬組合的 90 元保單獲取現金流。

該保險公司在損益表中確認合同服務邊際和保單獲取現金流金額，如表 10-5 所示：

表 10-5　　　合同服務邊際和保單獲取現金流在損益表的確認　　　單位：元

每年損益表的確認	第一年	第二年	第三年	總計
合同服務邊際[a]	65	65	65	195
保單獲取現金流[b]	30	30	30	90

對表 10-5 說明如下：

（a）每期，該保險公司損益表中確認的保險合同組的合同服務邊際的數額反應的是當期所提供的服務的轉移。根據當期時間和剩餘時間對合同服務邊際的餘額進行分配來決定當期損益表中確認的金額。本例中，因為每期合同數量是一樣的，故每期保險公司

所提供的保險責任是相同的。因此，195元的合同服務邊際平均分給每一期間。（65元 = 195元/3年）

（b）保險公司以時間為基礎系統地分配與補償保單獲取現金流相關的保費部分到每個會計期間，從而確定與保單獲取現金流相關的保險收入。保險公司確認同樣金額的每項攤銷的保單獲取現金流在保險服務費用中。在這個例子中，合同期限是三年，因此損益表中的費用每年是30元（90元/3年）。

保險公司損益表如表10-6所示：

表10-6　　　　　　　　　保險公司損益表　　　　　　　　　單位：元

損益表狀況	第一年	第二年	第三年	總計
保險收入[a]	300	300	300	900
保險服務費用[b]	(230)	(230)	(230)	(690)
保險服務業績	70	70	70	210
其他費用[c]	(30)	—	—	(30)
利潤	40	70	70	180

對表10-6說明如下：

（a）關於保險收入組成的更多細節見表10-7。

（b）保險公司列示的每年保險服務費用230元為200元的索賠支出和分攤到每年的30元保險獲取現金流之和。

（c）其他費用包括不直接歸屬保險合同組合的獲取現金流。

上表中每年保險收入的組成如表10-7所示：

表10-7　　　　　　　　　每年保險收入的組成　　　　　　　　　單位：元

	第一年	第二年	第三年	總計
未到期保險負債變動相關的金額：	270	270	270	810
①發生的保險服務費用	200	200	200	600
②損益表中合同服務邊際	65	65	65	195
③釋放的非財務風險的風險調整	5	5	5	15
保險獲取現金流的攤銷	30	30	30	90
保險收入	300	300	300	900

復習思考題

1. 收入有何特徵？
2. 《企業會計準則第 14 號——收入新收入》要求如何確認和計量收入？
3. 保險公司收入包括哪些內容？目前保險公司收入的確認在哪些方面不符合《企業會計準則第 14 號——收入新收入》的要求？
4. 費用有何特徵？
5. 保險公司費用包括哪些內容？
6. 保險公司支付給保險代理人的手續費和佣金如何進行會計處理？
7. 就壽險業務和非壽險業務的手續費和佣金的會計處理而言，是否符合配比原則？
8. 業務及管理費包含哪些內容？如何核算？
9. 保險公司的利潤如何構成？
10. 保險公司的投資收益分為哪幾種？
11. 保險公司如何進行利潤分配？
12. IFRS17 下保險公司財務業績如何列報？
13. IFRS17 下保險收入由哪些部分組成？保費是利潤表上的保險收入嗎？
14. 保險財務收入和財務費用如何列報？如果將保險財務費用分解計入利潤和其他綜合收益中，各計入的部分是什麼？

第十一章　保險公司財務報表及報表分析

第一節　財務報表列報概述

一、財務報表的組成

財務報表是對企業財務狀況、經營成果和現金流量的結構性表述。財務報表至少應當包括下列組成部分：①資產負債表；②利潤表；③現金流量表；④所有者權益變動表；⑤附註。財務報表上述組成部分具有同等的重要程度。保險公司財務報表的組成如圖 11-1 所示：

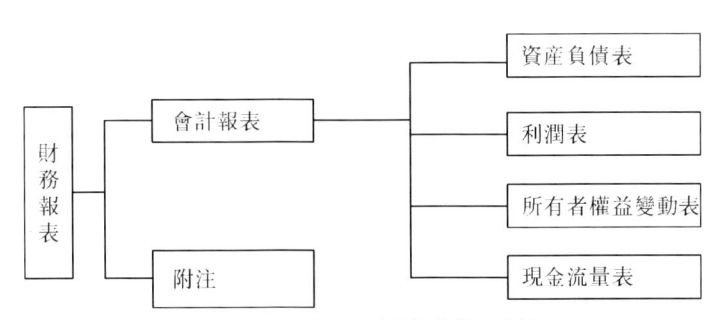

```
                    ┌─── 資產負債表
         ┌─ 會計報表 ─┤
         │          ├─── 利潤表
財務報表 ─┤          │
         │          ├─── 所有者權益變動表
         │          └─── 現金流量表
         └─ 附註
```

圖 11-1　保險公司財務報表的組成圖

許多企業在財務報表之外編製管理當局提供的討論書，該討論書描述和解釋企業財務業務和財務狀況的主要特徵及其面臨的主要不確定事項。通常情況下，管理當局討論書可以對以下方面提供評述：①決定財務業績的主要因素和影響，以及企業為維持和提高財務業績而採取的投資政策；②企業的籌資來源及目標負債權益比率；③企業根據企業會計準則未在資產負債表內確認的資源。

二、財務報告的目標

財務報告的目標是指人們編製財務報告意欲實現的目的或達到的最終結果。財務會計的目標主要解決向誰提供信息、為何提供信息和提供何種信息這三個問題。關於財務報告

的目標存在兩大觀點：受託責任觀和決策有用觀。

「受託責任觀」認為，在兩權分離條件下，財產所有者將財產委託給受託者，並要求其對財產進行妥善的管理和經營並使其增值；受託者接受委託者的委託，同時獲得財產的自主經營權和處置權，並負有向委託者報告受託責任履行情況的義務。財務報告就是為評價受託者受託責任履行情況而提供財務信息。在「受託責任觀」下，信息的使用者主要是財產的委託者——投資者、債權人以及其他需要瞭解和評價受託責任履行情況的利害關係人，並且這些投資者、債權人和其他利害關係者是現存的，而不是潛在的。由於是對受託責任履行結果的評價，也即對財產的保管、經營和增值情況的評價，使用者所需信息側重歷史的、已發生的信息，包括經營業績和財務狀況及其變化了的信息。

「決策有用觀」認為，財務報告的目的是提供經濟決策有用的信息，而對決策有用的信息主要是關於企業現金流動的信息和關於經營業績及資源變動以及具有預測價值的信息。在「決策有用觀」下，財務報告的使用者除了現在的投資者、債權人以及其他利益相關者外，還包括潛在的投資者和債權人以及其他利益相關者。由於所提供的信息主要是為決策服務，因此，除了反應過去的已發生的信息外，更關注有預測價值的信息。

這兩種觀點雖然存在分歧，但並不相互排斥，只是強調的側重點不同，所以許多國家財務報告的目標是二者的結合。中國新修訂的企業會計準則將財務報告的目標定位為「應當如實反應企業的財務狀況、經營成果和現金流量等方面的有用信息，以滿足有關各方的信息需要，有助於使用者做出經濟決策，並反應管理層受託責任的履行情況」，體現了中國財務會計既重視決策有用又重視受託責任的雙重目標。

三、財務報表的分類

企業財務報表可以按照不同的標準進行分類。一般有以下幾種分類方法：

（一）按其反應的內容劃分

按其反應的內容劃分，可分為靜態報表和動態報表。

（1）靜態報表是指反應企業在某一時點的資產、負債和所有者權益狀況的財務會計報表，如資產負債表。

（2）動態報表是反應一定時期資金的週轉狀況和損益情況的報表，可以全面反應企業一定時期內的資金的使用、耗費和回收情況，如利潤表和現金流量表。

（二）按編製的時間劃分

按編製的時間劃分，可分為中期財務報表和年度財務報表。

（1）中期財務報表是以短於一個完整會計年度的報告期間為基礎編製的財務報表，包括月報、季報和半年報等。

（2）年度財務報表是企業在年度終了後編製的用以反應年度財務狀況、經營業績及現金流量的會計報表。

（三）按財務報表編製的基礎劃分

按財務報表編製的基礎劃分，可分為個別報表和合併報表。

（1）個別報表是以個別企業核算資料為依據編製的，用於反應該企業的財務狀況和經

營業績的財務報表。

（2）合併報表是由母保險公司根據母保險公司和子保險公司的個別財務報表在對內部交易進行相互抵銷後編製的財務報表。

四、財務報表列報的基本要求

（一）遵循各項會計準則確認和計量的結果編製財務報表

企業應當根據實際發生的交易和事項，遵循《企業會計準則——基本準則》、各項具體會計準則及解釋的規定進行確認和計量，並在此基礎上編製財務報表。企業應當在附註中對這一情況作出聲明，只有遵循了企業會計準則的所有規定時，財務報表才應當被稱為「遵循了企業會計準則」。企業不應以在附註中披露代替對交易和事項的確認和計量，不恰當的確認和計量也不能通過充分披露相關會計政策而糾正。企業應當在附註中對遵循企業會計準則編製的財務報表做出聲明，只有遵循了企業會計準則的所有規定時，財務報表才應當被稱為「遵循了企業會計準則」。

如果按照各項會計準則規定披露的信息不足以讓報表使用者瞭解特定交易或事項對企業財務狀況、經營成果和現金流量的影響時，企業還應當披露其他的必要信息。

（二）列報基礎

（1）以持續經營為基礎。持續經營是會計的一個基本前提，它是會計確認、計量以及編製財務報表的基礎。在編製財務報表的過程中，企業管理層應當利用所有可獲得信息來評價企業自報告期期末起至少12個月的持續經營能力。評價時需要考慮宏觀政策風險、市場經營風險、企業目前或長期的盈利能力、償債能力、財務彈性以及企業管理層改變經營政策的意向等因素。企業如有近期獲利經營的歷史且有財務資源支持，則通常表明以持續經營為基礎編製財務報表是合理的。評價結果表明對持續經營能力產生重大懷疑的，企業應當在附註中披露導致對持續經營能力產生重大懷疑的因素以及企業擬採取的改善措施。

企業正式決定或被迫在當期或將在下一個會計期間進行清算或停止營業的，則表明以持續經營為基礎編製財務報表不再合理。以持續經營為基礎編製財務報表不再合理的，企業應當採用其他基礎編製財務報表，比如破產企業的資產應當採用可變現淨值計量、負債應當按照其預計的結算金額計量等。在非持續經營情況下，企業應當在附註中聲明財務報表未以持續經營為基礎列報，披露未以持續經營為基礎的原因以及財務報表的編製基礎。

（2）編製財務報表時，企業管理當局應當對企業是否仍能持續經營進行評估。除非管理當局打算清算該企業，或打算終止經營，或別無選擇只能這樣做，否則，財務報表的編製應以持續經營為基礎予以編製。管理當局在進行這種評估時，在意識到有關某些事項或情況的高度不確定因素可能引起對企業是否仍能持續經營產生重大懷疑時，應當披露這些不確定因素。

非持續經營是企業在極端情況下出現的一種情況，非持續經營往往取決於企業所處的環境以及企業管理部門的判斷。一般而言，企業存在以下情況之一的，通常表明企業處於非持續經營狀態：①企業已在當期進行清算或停止營業；②企業已經正式決定在下一個會計期間進行清算或停止營業；③企業已確定在當期或下一個會計期間沒有其他可供選擇的

方案而將被迫進行清算或停止營業。

(三) 權責發生制

除現金流量表按照收付實現制編製外，企業應當按照權責發生制編製其他財務報表。在採用權責發生制會計的情況下，當項目符合基本準則中財務報表要素的定義和確認標準時，企業就應當確認相應的資產、負債、所有者權益、收入和費用，並在財務報表中加以反應。

(四) 列報的一致性

財務報表項目的列報應當在各個會計期間保持一致，不得隨意變更，這一要求不僅只針對財務報表中的項目名稱，還包括財務報表中項目的分類、排列順序等方面。但下列情況除外：①會計準則要求改變財務報表項目的列報。②企業經營業務的性質發生重大變化或對企業經營影響較大的交易或事項發生後，變更財務報表項目的列報能夠提供更可靠、更相關的會計信息。企業變更財務報表項目列報的，應當根據本準則的有關規定提供列報的比較信息。

財務報表項目的列報應當在各個會計期間保持一致，不得隨意變更，這一要求不僅只針對財務報表中的項目名稱，還包括財務報表中項目的分類、排列順序等方面。但下列情況除外：①會計準則要求改變財務報表項目的列報。②企業經營業務的性質發生重大變化或對企業經營影響較大的交易或事項發生後，變更財務報表項目的列報能夠提供更可靠、更相關的會計信息。企業變更財務報表項目列報的，應當根據本準則的有關規定提供列報的比較信息。

(五) 依據重要性原則單獨或匯總列報項目

關於項目在財務報表中是單獨列報還是匯總列報，應當依據重要性原則來判斷。重要性是指在合理預期下，如果財務報表某項目的省略或錯報會影響使用者據此作出經濟決策的，則該項目就具有重要性。企業在進行重要性判斷時，應當根據所處環境，從項目的性質和金額大小兩方面予以判斷：

(1) 應當考慮該項目的性質是否屬於企業日常活動、是否顯著影響企業的財務狀況、經營成果和現金流量等因素；

(2) 判斷項目金額大小的重要性，應當通過單項金額占資產總額、負債總額、所有者權益總額、營業收入總額、營業成本總額、淨利潤、綜合收益總額等直接相關或所屬報表單列項目金額的比重加以確定。企業對於各個項目的重要性判斷標準一經確定，不得隨意變更。

重要性是判斷財務報表項目是否單獨列報的重要標準。重要性判斷的總的原則是：如果某項目單個看不具有重要性，則可將其與其他項目匯總列報；如具有重要性，則應當單獨列報。具體而言，企業應當遵循如下規定：

(1) 性質或功能不同的項目，一般應當在財務報表中單獨列報，但是不具有重要性的項目可以匯總列報。

(2) 性質或功能類似的項目，一般可以匯總列報，但是對其具有重要性的類別應該單獨列報。

(3) 項目單獨列報的原則不僅適用於報表，還適用於附註。某些項目的重要性程度不

足以在資產負債表、利潤表、現金流量表或所有者權益變動表中單獨列示，但對附註卻具有重要性，在這種情況下應當在附註中單獨披露。

（4）企業會計準則規定在財務報表中單獨列報的項目，企業應當單獨列報。其他會計準則規定單獨列報的項目，企業應當增加單獨列報項目。

（六）財務報表項目的金額不能相互抵銷

單獨列報資產和負債、收入和費用是重要的。除非能夠反應交易或其他事項的實質，否則在利潤表或資產負債表中進行抵銷將會使得會計信息使用者難以理解已經發生的交易或事項，也難以評估企業的未來現金流量。因此，財務報表項目應當以總額列報，資產和負債、收入和費用、直接計入當期利潤的利得項目和損失項目的金額不能相互抵銷，即不得以淨額列報，但企業會計準則另有規定的除外。一組類似交易形成的利得和損失應當以淨額列示，但具有重要性的除外。資產或負債項目按扣除備抵項目後的淨額列示，不屬於抵銷。非日常活動產生的利得和損失，以同一交易形成的收益扣減相關費用後的淨額列示，不屬於抵銷。

（七）比較信息的列報

當期財務報表的列報，至少應當提供所有列報項目上一個可比會計期間的比較數據，以及與理解當期財務報表相關的說明，目的是向報表使用者提供對比數據，提高信息在會計期間的可比性，以反應企業財務狀況、經營成果和現金流量的發展趨勢，提高報表使用者判斷和決策的能力。列報比較信息的這一要求適用於財務報表的所有組成部分，即既適用於四張報表，也適用於附註。

財務報表項目的列報發生變更的，應當至少對可比期間的數據按照當期的列報要求進行調整，並在附註中披露調整的原因和性質，以及調整的各項目金額。對可比數據進行調整不切實可行的，應當在附註中披露不能調整的原因。不切實可行是指企業在做出所有合理努力後仍然無法採用某項會計準則規定。

（八）財務報表表首的列報要求

財務報表通常與其他信息（如企業年度報告等）一起公布，企業應當將按照企業會計準則編製的財務報告與一起公布的同一文件中的其他信息相區分。

企業應當在財務報表的顯著位置至少披露下列各項：

（1）編報企業的名稱，如企業名稱在所屬當期發生了變更的，還應明確標明。

（2）對資產負債表而言，應當披露資產負債表日；對利潤表、現金流量表、所有者權益變動表而言，應當披露報表涵蓋的會計期間。

（3）貨幣名稱和單位，按照中國企業會計準則的規定，企業應當以人民幣作為記帳本位幣列報，並標明金額單位。

（4）財務報表是合併財務報表的，應當予以標明。

（九）報告期間

企業至少應當按年編製財務報表。年度財務報表涵蓋的期間短於1年的，應當披露年度財務報表的實際涵蓋期間以及短於1年的原因，並應當說明由此引起財務報表項目與比較數據不具可比性這一事實。

第二節 資產負債表

一、資產負債表的概念

資產負債表是反應保險保險公司某一特定日期財務狀況的會計報表，它是根據資產、負債和所有者權益（或股東權益，下同）之間的相互關係，按照一定的分類標準和一定的順序，把保險保險公司一定日期的資產、負債和所有者權益各項目予以適當排列，並對日常工作中形成的大量數據進行高度濃縮整理後編製而成的。它表明保險保險公司在某一特定日期所擁有或控制的經濟資源、所承擔的現有義務和所有者對淨資產的要求權。

通過資產負債表，可以反應某一日期的資產總額、負債總額以及結構，表明企業擁有和控制的經濟資源以及未來需要用多少資產或勞務清償債務；通過資產負債表，可以反應所有者權益的情況，表明投資者在企業資產中所占的份額，瞭解所有者權益的構成情況。資產負債表還能夠提供進行財務分析的基本資料，如通過資產負債表可以計算流動比率、速動比率等，以瞭解企業的短期償債能力等。資產負債表可以幫助報表使用者全面瞭解保險保險公司的財務狀況，分析保險保險公司的債務償還能力，從而為未來的經濟決策提供參考。

二、資產負債表的內容

（一）資產

1. 資產的分類

保險保險公司資產分為流動資產和非流動資產，各項資產按照其流動性順序列示。

資產滿足下列條件之一的，應當歸類為流動資產：①預計在一個正常營業週期中變現、出售或耗用。②主要為交易目的而持有。③預計自資產負債表日起1年內（含1年，下同）變現。④自資產負債表日起1年內，交換其他資產或清償負債的能力不受限制的現金或現金等價物。

正常營業週期，是指企業從購買用於加工的資產起至實現現金或現金等價物的期間。正常營業週期通常短於1年。因生產週期較長等導致正常營業週期長於1年的，儘管相關資產往往超過1年才變現、出售或耗用，仍應當劃分為流動資產。正常營業週期不能確定的，應當以1年（12個月）作為正常營業週期。

流動資產以外的資產應當歸類為非流動資產，並應按其性質分類列示。被劃分為持有待售的非流動資產應當歸類為流動資產。

2. 資產的項目

保險保險公司的流動資產包括貨幣資金、拆出資金、以公允價值計量且其變動計入當期損益的金融資產、被劃分為持有待售的非流動資產及被劃分為持有待售的處置組中的資產、買入返售金融資產、應收利息、應收保費、應收代位追償款、應收分保帳款、應收分保未到期責任準備金、應收分保未決賠款準備金、應收分保壽險責任準備金、應收分保長

期健康險責任準備金、保戶質押貸款。

保險保險公司的非流動資產包括定期存款、以公允價值計量且其變動計入其他綜合收益的金融資產、以攤餘成本計量的金融資產、長期股權投資、存出資本保證金、投資性房地產、固定資產、無形資產、獨立帳戶資產、遞延所得稅資產、其他資產。

根據會計準則的要求，資產應當分別流動資產和非流動資產列示，但是對於保險保險公司來說，由於保險公司銷售產品或提供服務不具有明顯可識別營業週期，可以按照流動性順序列示，但是短於1年即可變現的某些其他應收款、預付賠付款等雖然屬於流動性較強的資產，在保險公司財務報表上有時因相對來講並不是重大項目，因此一併列入了「其他資產」項目，所以需要通過附註的方式才能識別。

(二) 負債

1. 流動負債和非流動負債的定義

保險公司負債分為流動負債和非流動負債，各項負債按照其流動性順序列示。

負債滿足下列條件之一的，應當歸類為流動負債：①預計在一個正常營業週期中清償；②主要為交易目的而持有；③自資產負債表日起1年內到期應予以清償；④企業無權自主地將清償推遲至資產負債表日後1年以上。負債在其對手方選擇的情況下可通過發行權益進行清償的條款與負債的流動性劃分無關。

流動負債以外的負債應當歸類為非流動負債，並應按其性質分類列示。被劃分為持有待售的非流動負債應當歸類為流動負債。

在理解流動負債和非流動負債的分類時，企業應當注意把握以下要點：

(1) 對於自資產負債表日起1年內到期的負債，企業有意圖且有能力自主地將清償義務展期至資產負債表日後1年以上的，應當歸類為非流動負債；不能自主地將清償義務展期的，即使在資產負債表日後、財務報告批准報出日前簽訂了重新安排清償計劃協議，該項負債仍應歸類為流動負債。

(2) 企業在資產負債表日或之前違反了長期借款協議，導致貸款人可隨時要求清償的負債，應當歸類為流動負債。貸款人在資產負債表日或之前同意提供在資產負債表日後1年以上的寬限期，企業能夠在此期限內改正違約行為，且貸款人不能要求隨時清償，該項負債應當歸類為非流動負債。

(3) 流動負債可以按類似於流動資產分類的方式來分類。有些流動負債，如應付帳款、應付雇員的費用及其他應計經營費用，構成企業正常經營週期中使用的營運資本的一部分。這些經營性項目應劃歸流動負債，即使它們在資產負債表日後超過12個月的時間內才清償也是如此。

(4) 其他流動負債指不是作為本經營週期的一部分進行清償，而是在資產負債表日後12個月內需予以清償的。非流動金融負債的當期部分、銀行透支、應付股利、應付所得稅和其他非交易應付款就是這方面的例子。為營運資本進行長期融資且不在12個月內清償的金融負債是非流動負債。

2. 保險公司負債的分類

保險公司負債可以分為流動負債和非流動負債，各項負債按照其流動性順序列示，反

應保險公司的短期償付能力，為短期債權人提供所需的信息資料。但是短於 1 年即可變現的某些其他應付款等，雖然屬於預計在一年內清償的負債，但在有些保險公司，由於其不屬於重大項目，因此一併列入了「其他負債」項目，需要通過閱讀附註的方式才能識別。

保險公司的流動負債包括短期借款、拆入資金、以公允價值計量且其變動計入當期損益的金融負債、被劃分為持有待售的處置組中的負債、賣出回購金融資產款、預收保費、應付手續費及佣金、應付分保帳款、應付職工薪酬、應交稅費、應付賠付款、應付保單紅利、保戶儲金及投資款、未到期責任準備金、未決賠款準備金。

保險公司的非流動負債包括壽險責任準備金、長期健康險責任準備金、長期借款、應付債券、獨立帳戶負債、遞延所得稅負債、其他負債。

(三) 所有者權益

資產負債表中所有者權益反應在某一特定日期保險公司所有者擁有的淨資產的總額。所有者權益項目包括實收資本（或股本）、資本公積、盈餘公積、一般風險準備、大災風險利潤準備、未分配利潤。

三、資產負債表的編製

資產負債表一般包括表首、正表兩部分。其中，表首概括地說明報表名稱、編製單位、編製日期、報表編號、貨幣名稱、計量單位等；正表是資產負債表的主體，列示了說明企業財務狀況的各個項目，如貨幣資金、固定資產、無形資產等。正表的格式一般有兩種：報告式資產負債表和帳戶式資產負債表。報告式資產負債表是上下結構，上半部列示資產，下半部列示負債及所有者權益。在排列形式上又分為兩種：一種是按「資產＝負債＋所有者權益」的原理排列；另一種是按「資產－負債＝所有者權益」的原理排列。在中國，資產負債表採用帳戶式，左邊列示資產，右邊列示負債及所有者權益，資產各項目的合計等於負債和所有者權益各項目的合計。同時，資產負債表還提供年初數和期末數的比較資料，資產負債表的基本格式如表 11-1 所示。

表 11-1　　　　　　　　　　　　　資產負債表

編製單位：　　　　　　　　　　　　年　月　日　　　　　　　　　　　　單位：元

資　　產	期末餘額	年初餘額	負債和所有者權益 （或股東權益）	期末餘額	年初餘額
流動資產：			**流動負債：**		
貨幣資金			短期借款		
拆出資金			拆入資金		
以公允價值計量且其變動計入當期損益的金融資產			以公允價值計量且其變動計入當期損益的金融負債		
衍生金融資產			衍生金融負債		
買入返售金融資產			賣出回購金融資產款		
應收利息			預收保費		
應收保費			應付手續費及佣金		
應收分保帳款			應付分保帳款		

表 11-1（續）

資　　產	期末餘額	年初餘額	負債和所有者權益（或股東權益）	期末餘額	年初餘額
應收分保未到期責任準備金			應付職工薪酬		
應收分保未決賠款準備金			應交稅費		
應收分保壽險責任準備金			應付利息		
應收分保長期健康險責任準備金			應付賠付款		
保戶質押貸款			應付保單紅利		
其他應收款			未到期責任準備金		
持有待售資產			未決賠款準備金		
一年內到期的非流動資產			保費準備金		
其他流動資產			持有待售負債		
流動資產合計			一年內到期的非流動負債		
非流動資產：			其他流動負債		
定期存款			**流動負債合計**		
可供出售金融資產			**非流動負債：**		
持有至到期投資			保戶儲金及投資款		
歸入貸款及應收款投資			壽險責任準備金		
長期股權投資			長期健康險責任準備金		
存出資本保證金			長期借款		
投資性房地產			應付債券		
固定資產			遞延收益		
在建工程			遞延所得稅負債		
無形資產			獨立帳戶負債		
開發支出			其他負債		
商譽			其他非流動負債		
遞延所得稅資產			**非流動負債合計**		
獨立帳戶資產			**負債合計**		
其他資產			**所有者權益：**		
其他非流動資產			股本		
非流動資產合計			資本公積		
			減：庫存股		
			其他綜合收益		
			盈餘公積		
			一般風險準備		
			利潤準備金		
			未分配利潤		
			所有者權益合計		
資產總計			**負債和所有者權益總計**		

資產負債表的左右兩方「年初數」欄內各項目的數據，應根據上年末資產負債表「期末數」欄內所列的數據填寫。如果本年度資產負債表中所規定的各項目的名稱和內容與上年度不相一致，應對上年年末資產負債表各項目的名稱和數字按照本年度的規定進行調整，然後填入本年度資產負債表「年初數」。資產負債表左右兩方的「期末數」欄內各項目的數據，應根據各項目有關科目的期末餘額填列，具體情況如下：

(1)「貨幣資金」項目，反應保險公司期末持有的現金、銀行存款中的活期存款部分和其他貨幣資金總額。

(2)「拆出資金」項目，反應保險公司按規定從事拆借業務而拆出的資金。本項目根據「拆出資金」科目的期末餘額填列。

(3)「以公允價值計量且其變動計入當期損益的金融資產」項目，反應保險公司為交易目的所持有的債券投資、股票投資、基金投資、權證投資等和直接指定為以公允價值計量且其變動計入當期損益的金融資產。本項目根據「以公允價值計量且其變動計入當期損益的金融資產」科目的期末餘額填列。

(4)「衍生金融資產」項目，反應衍生金融工具業務中的衍生金融工具的公允價值及其變動形成的衍生資產。本項目根據「衍生金融資產」科目的期末餘額填列。

(5)「買入返售金融資產」項目，反應保險公司按返售協議約定先買入再按固定價格返售給賣出方的票據、證券、貸款等金融資產所融出的資金。本項目根據「買入返售金融資產」科目的期末餘額填列。

(6)「應收利息」項目，反應保險公司因各類債權投資、拆出資金、買入返售金融資產等已到付息日但尚未領取的利息。本項目根據「應收利息」科目的期末餘額與相應的「壞帳準備」的明細科目餘額的差額填列。

(7)「應收保費」項目，反應保險公司應向投保人收取的保費。本項目根據「應收保費」科目的期末餘額與相應的「壞帳準備」的明細科目餘額的差額填列。

(8)「應收分保帳款」項目，反應保險公司開展分保業務而發生的應收未收的各種款項，本目應根據「應收分保帳款」科目的期末餘額與相應的「壞帳準備」的明細科目餘額的差額填列。

(9)「應收分保未到期責任準備金」項目，反應保險公司從事再保險分出業務確認的應收分保未到期責任準備金。

(10)「應收分保未決賠款準備金」項目，反應保險公司從事再保險分出業務應向再保險接受人攤回的未決賠款準備金。

(11)「應收分保壽險責任準備金」項目，反應保險公司從事再保險分出業務應向再保險接受人攤回的壽險責任準備金。

(12)「應收分保長期健康險責任準備金」項目，反應保險公司從事再保險分出業務應向再保險接受人攤回的長期健康險責任準備金。

(13)「保戶質押貸款」項目，反應保險公司按規定對保戶提供的質押貸款，本項目應根據「保戶質押貸款」科目的期末餘額填列。

(14)「其他應收款」項目核算保險公司分類為以攤餘成本計量的、除存出保證金、買

入返售金融資產、應收利息、應收股利、應收代為追償款、應收分保帳款、應收分保未到期責任準備金、應收分保保險責任準備金等經營活動以外的其他各種應收、暫付的款項。該項目應根據「其他應收款」科目的期末餘額，減去「壞帳準備」科目中有關其他應收款計提的壞帳準備期末餘額後的淨額填列。

（15）「持有待售資產」項目，反應保險公司資產負債表日劃分為持有待售類別的非流動資產及劃分為持有待售類別的處置組中的流動資產和非流動資產的期末帳面價值。該項目應根據「持有待售資產」科目的期末餘額，減去「持有待售資產減值準備」科目的期末餘額後的金額填列。

（16）「一年內到期的非流動資產」項目，反應保險公司將於一年內到期的非流動資產項目金額。包括一年內到期的持有至到期投資。應根據持有至到期投資的期末餘額填列。

（17）「其他流動資產」項目，反應保險公司除貨幣資金、應收保費等流動資產以外的流動資產。本項目應根據其他流動資產項目的期末餘額填列。

（18）「定期存款」項目，反應保險公司銀行存款中三個月以上定期存款部分。

（19）「可供出售金融資產」項目，反應保險公司擁有的被歸類為可供出售的股票投資、債券投資等金融資產。本項目應根據「可供出售金融資產」科目的期末餘額填列。

（20）「持有至到期投資」項目，其初始確認時是按照公允價值確認，後續計量採用實際利率法按照攤餘成本計量。反應保險公司已表明有意且有能力持有至到期日的定期債券投資。本項目應根據「以攤餘成本計量的金融資產」科目的期末餘額和「持有至到期投資減值準備」餘額的差額填列。

（21）「歸入貸款及應收款的投資」項目，反應保險公司所從事的另類投資，如基礎設施和不動產項目的債券投資計劃、其他金融企業的次級債務等。本項目應根據「貸款及應收款」科目的期末餘額填列。

（22）「長期股權投資」項目，反應保險公司擁有的長期股權投資。本項目應根據「長期股權投資」科目的期末餘額和「長期股權投資減值準備」餘額的差額填列。

（23）「存出資本保證金」項目，反應保險公司按規定比例繳存的、用於清算時清償債務的資本金，本項目應根據「存出資本保證金」科目的期末餘額填列。

（24）「投資性房地產」項目，反應保險公司為賺取租金或資本增值，或兩者兼有而持有的房地產。本項目應根據「投資性房地產」科目的期末餘額填列。

（25）「固定資產」項目，反應保險公司資產負債表日企業固定資產的期末帳面價值和企業尚未清理完畢的固定資產清理淨損益。該項目應根據「固定資產」科目的期末餘額，減去「累計折舊」和「固定資產減值準備」科目的期末餘額後的金額，以及「固定資產清理」科目的期末餘額填列。

（26）「在建工程」項目反應資產負債表日保險公司尚未達到預定可使用狀態的在建工程的期末帳面價值和企業為在建工程準備的各種物資的期末帳面價值。該項目應根據「在建工程」科目的期末餘額減去「在建工程減值準備」科目的期末餘額後的金額，以及「工程物資」科目的期末餘額減去「工程物資減值準備」科目的期末餘額後的金額填列。

（27）「無形資產」項目，反應保險公司的無形資產的淨值。本項目按「無形資產」

餘額扣減「累計攤銷」與「無形資產減值準備」餘額之和後的金額填列。

（28）「開發支出」項目，反應保險公司開發無形資產過程中能夠資本化形成無形資產成本的支出部分。應根據保險公司「研發支出」科目中所述的「資本化支出」明細科目期末餘額填列。

（29）「商譽」項目，反應保險公司擁有或者控制的沒有實物形態的不可辨認非貨幣性資產。本項目以「商譽」的帳面餘額減「商譽減值準備」之後的金額填列。

（30）「遞延所得稅資產」項目，反應根據新會計準則的所得稅準則確認的可抵扣暫時性差異產生的所得稅資產。本項目按「遞延所得稅資產」科目餘額填列。

（31）「獨立帳戶資產」項目，反應保險公司對分拆核算的投資連結產品不屬於風險保障部分確認的獨立帳戶資產價值。本項目按「獨立帳戶資產」科目餘額填列。

（32）「其他資產」項目，「其他資產」項目反應的內容包括「應收股利」「預付賠付款」「存出保證金」「其他應收款」「損餘物質」「低值易耗品」「待攤費用」「其他流動資產」「貸款」「在建工程」「長期待攤費用」「抵債資產」「其他長期資產」等項目的內容。在報表附註中需要披露「其他資產」的主要構成項目。

（33）「其他非流動資產」項目是指保險公司除資產負債表上所列的非流動資產項目以外的其他週轉期超過一年的長期資產。本項目按照「其他非流動資產」科目的餘額填列。

（34）「短期借款」項目，反應保險公司經批准借入尚未償還的期限在一年以內的各種借款。本項目應根據「短期借款」科目的期末餘額填列。

（35）「拆入資金」項目，反應保險公司按規定從事拆借業務而拆入的資金，本項目應根據「拆入資金」科目的期末餘額填列。

（36）「以公允價值計量且其變動計入當期損益的金融負債」項目，反應保險公司持有的交易性金融負債和初始確認時指定為以公允價值計量且其變動計入當期損益的金融負債。本項目根據「交易性金融負債」科目和在初始確認時指定為「以公允價值計量且其變動計入當期損益的金融負債」科目的期末餘額填列。

（37）「衍生金融負債」項目，反應保險公司從事衍生金融工具業務中的衍生金融工具的公允價值及其變動形成的衍生負債。本項目根據「衍生金融負債」科目餘額填列。

（38）「賣出回購金融資產款」項目，反應保險公司按回購協議賣出票據、證券、貸款等金融資產所融入的資金。本項目根據「賣出回購金融資產款」科目餘額填列。

（39）「預收保費」項目，反應保險公司向投保人預收的保險費，本項目應根據「預收保費」科目的期末餘額填列。

（40）「應付手續費及佣金」項目，反應保險公司應向受其委託並在其授權範圍內代為辦理保險業務的保險代理人（機構）支付的手續費，及向專門推銷壽險個人行銷業務的個人代理人和其他個人支付的佣金。本項目應根據「應付手續費及佣金」科目的期末餘額填列。

（41）「應付分保帳款」項目，反應保險公司從事再保險業務應支付而尚未支付的款項。本項目應根據「應付分保帳款」科目的餘額填列。

（42）「應付職工薪酬」項目，反應保險公司為獲得職工提供的服務或解除勞動關係而

給予的各種形式的報酬和補償。保險公司提供給職工配偶、子女、受瞻養人、已故員工遺屬及其他受益人等的福利也屬於職工薪酬。職工薪酬主要包括短期薪酬、離職後福利、辭退福利和其他長期職工福利。本項目應根據「應付職工薪酬」科目所屬各明細科目的期末貸方餘額分析填列。

(43)「應交稅費」項目，反應保險公司按照稅法規定計算應交納的各種稅費，包括增值稅、所得稅、土地增值稅、城市維護建設稅、房產稅、土地使用稅、車船使用稅、教育費附加等。此外，保險公司按規定應交納的交強險救助基金和保險公司代扣代交的個人所得稅也在此處反應。本項目根據「應交稅費」科目餘額填列。

(44)「應付利息」項目，反應保險公司按照合同約定應支付的利息，包括短期借款、賣出回購金融資產等應支付的利息。本項目根據「應付利息」科目餘額填列。

(45)「應付賠付款」項目，反應保險公司應付但未付給保戶的賠付款。本項目根據「應付賠付款」科目餘額填列。

(46)「應付保單紅利」項目，反應保險公司應付但未付給保戶的保單紅利。本項目根據「應付保單紅利」科目餘額填列。

(47)「未到期責任準備金」項目，反應保險公司一年以內（含一年）按規定提存的未到期責任準備金，本項目應根據「未到期責任準備金」科目的期末餘額填列。

(48)「未決賠款準備金」項目，反應保險公司由於已經發生的保險事故並已提出保險賠款以及已經發生保險事故但尚未提出保險賠款而按規定提存的未決賠款準備金，本項目應根據「未決賠款準備金」科目的期末餘額填列。

(49)「保費準備金」項目，反應保險公司根據《農業保險大災風險準備金管理辦法》規定，結合經營範圍內各省種植業、養殖業、森林等農業保險工作情況，依據相關經驗數據和保險精算原理，按照農業保險保費收入的一定比例計提保費準備金。本科目應根據「保費準備金」科目的期末餘額填列。

(50)「持有待售負債」項目，反應保險公司資產負債表日處置組中與劃分為持有待售類別的資產直接相關的負債的期末帳面價值。該項目應根據「持有待售負債」科目的期末餘額填列。

(51)「一年內到期的非流動負債」項目，反應保險公司各種非流動負債在一年之內到期的金額，包括應付債券。本項目應根據應付債券帳戶分析計算後填列。

(52)「其他流動負債」反應不能歸屬於保險公司短期借款、應付賠付款、應付所得稅等項目的流動負債。本項目應按該項目的期末餘額填列。

(53)「保戶儲金及投資款」項目，反應保險公司以儲金利息作為保費收入的儲金以外，還包括投資型保險業務的投資本金。本項目根據「保戶儲金」或「保戶投資款」科目餘額填列。

(54)「壽險責任準備金」項目，反應保險公司按規定提存的壽險責任準備金，本項目應根據「壽險責任準備」科目的期末餘額填列。

(55)「長期健康險責任準備金」項目，反應保險公司長期性健康保險業務提存的準備金，本項目應根據「長期健康險責任準備金」科目的期末餘額填列。

(56)「長期借款」項目，反應保險公司經批准借入尚未歸還的一年期以上的借款本息。本項目應根據「長期借款」科目的期末餘額填列。

(57)「應付債券」項目，反應保險公司為籌集長期資金而發行的債券本金和到期一次支付的利息。本項目應根據「應付債券」科目的期末餘額填列。

(58)「遞延收益」項目反應尚待確認的收入或收益，本項目核算包括保險公司根據政府補助準則確認的應在以後期間計入當期損益的政府補助金額、售後租回形成融資租賃的售價與資產帳面價值差額等其他遞延性收入。本科目應當按期末餘額填列。

(59)「遞延所得稅負債」項目，反應根據新會計準則的所得稅準則確認的應納稅暫時性差異產生的所得稅負債。本項目應根據「遞延所得稅負債」科目的期末餘額填列。

(60)「獨立帳戶負債」項目，反應保險公司對分拆核算的投資連結產品不屬於風險保障部分確認的獨立帳戶負債。本項目應根據「獨立帳戶負債」科目的期末餘額填列。

(61)「其他負債」項目，根據「預收分保賠款」「存入保證金」「應付利潤」「預提費用」「預計負債」「一年內到期的長期負債」「其他流動負債」「長期應付款」「住房週轉金」「其他長期負債」項目和「其他應付款」項目核算的部分內容等保險公司認為無需做出特別說明的項目合併列示。

(62)「其他非流動負債」項目反應保險公司除長期借款、應付債券等項目以外的其他非流動負債。本項目應根據有關科目的期末餘額填列。其他非流動負債項目應根據有關科目期末餘額減去將於一年內（含一年）到期償還數後的餘額分析填列。非流動負債個項目中將於一年內（含一年）到期的非流動負債，應在「一年內到期的非流動負債」項目內反應。

(63)「實收資本（或股本）」項目，反應保險公司實際收到的資本總額。本項目應根據「實收資本（或股本）」科目的期末餘額填列。

(64)「資本公積」項目，反應保險公司收到投資者出資超出其在註冊資本或股本中所占的份額以及直接計入所有者權益的利得和損失等。本項目應根據「資本公積」科目的期末餘額填列。

(65)「庫存股」項目，反應保險公司收購的尚未轉讓或註銷的本保險公司股份金額。本項目應根據「庫存股」科目的期末餘額填列。

(66)「其他綜合收益」項目，反應保險公司根據其他會計準則規定未在當期損益中確認的各項利得和損失。本項目根據「其他綜合收益」科目的期末餘額填列。

(67)「盈餘公積」項目，反應保險公司從淨利潤中提取的盈餘公積。本項目應根據「盈餘公積」科目的期末餘額填列。

(68)「一般風險準備」，反應保險公司從淨利潤中提取的可用於彌補虧損的一般風險準備金額。本項目應根據「一般風險準備」科目的期末餘額填列。

(69)「利潤準備金」項目，反應保險公司根據《農業保險大災風險準備金管理辦法》規定，經營農業保險實現年度及累計承保盈利，在依法提取法定公積金、一般（風險）準備金後，從年度淨利潤中提利潤準備金，計提標準為超額承保利潤的75%（如不足超額承保利潤的75%，則全額計提），不得將其用於分紅、轉增資本。本項目應根據「利潤準

備金」科目的期末餘額填列。

（70）「未分配利潤」項目，反應保險公司尚未分配的利潤。本項目應根據「本年利潤」科目和「利潤分配」科目的餘額計算填列。未彌補的虧損，在本項目內以「－」號反應。

第三節　利潤表

一、利潤表概述

利潤表是反應保險公司在一定時期內的經營成果及其形成情況的會計報表。

利潤表主要提供有關保險公司經營業績的主要來源和構成，有助於使用者判斷淨利潤的質量和風險，有助於使用者預測淨利潤的持續性，從而作出正確決策。通過利潤表反應的收入、費用等情況，能夠反應保險公司經營的收益和成本費用的耗費情況，表明保險公司的經營成果；同時通過利潤表提供的不同時期的比較數字（本期數、本年累計數、上年數），可以分析保險公司今後利潤的發展趨勢和獲利能力，瞭解投資者投入資本的保值增值情況。由於利潤既是保險公司經營業績的綜合體現，又是進行利潤分配的主要依據，因此利潤表是會計報表中的主要報表。

利潤表的主要反應以下幾個方面的內容：

（1）營業收入。與其他保險公司營業收入相比，保險公司的營業收入包括已賺保費、投資收益、公允價值變動收益、匯兌收益和其他業務收入。

（2）營業支出。包括保險業務風險成本（如退保金、賠付支出、提取保險責任準備金、保單紅利支出、分保費用等）、保險業務營運成本（如業務及管理費用、手續費及佣金支出、稅金及附加等）、其他業務成本、資產減值損失。

（3）營業利潤的形成。營業利潤為營業收入與營業支出之差。

（4）構成利潤總額的各項要素。利潤總額在營業利潤的基礎上，加上營業外收入，減去營業外支出後而得出。

（5）構成淨利潤的各項要素。淨利潤在利潤總額的基礎上，減去本期計入損益的所得稅費用後而得出。

（6）每股收益。普通股或潛在普通股已公開交易的企業，以及正處於公開發行普通股或潛在普通股過程中的企業，還應當在利潤表中列示每股收益信息，包括基本每股收益和稀釋每股收益兩項指標。

（7）其他綜合收益。其他綜合收益，是指企業根據其他會計準則規定未在當期損益中確認的各項利得和損失。

其他綜合收益項目應當根據其他相關會計準則的規定分為下列兩類列報：

①以後會計期間不能重分類進損益的其他綜合收益項目，主要包括重新計量設定受益計劃淨負債或淨資產導致的變動、按照權益法核算的在被投資單位以後會計期間不能重分類進損益的其他綜合收益中所享有的份額等；

②以後會計期間在滿足規定條件時將重分類進損益的其他綜合收益項目，主要包括按照權益法核算的在被投資單位以後會計期間在滿足規定條件時將重分類進損益的其他綜合收益中所享有的份額、可供出售金融資產公允價值變動形成的利得或損失、持有至到期投資重分類為可供出售金融資產形成的利得或損失、現金流量套期工具產生的利得或損失中屬於有效套期的部分、外幣財務報表折算差額等。

（8）綜合收益總額。綜合收益，是指企業在某一期間除與所有者以其所有者身分進行的交易之外的其他交易或事項所引起的所有者權益變動。綜合收益總額項目反應淨利潤和其他綜合收益扣除所得稅影響後的淨額相加後的合計金額。

二、利潤表格式

利潤表一般包括表首、正表兩部分。其中，表首概括說明報表名稱、編製單位、編製日期、報表編號、貨幣名稱、計量單位；正表是利潤表的主體，反應形成經營成果的各個項目和計算過程。正表的格式一般有兩種：單步式利潤表和多步式利潤表。單步式利潤表是將當期所有的收入列在一起，然後將所有的費用列在一起，兩者相減得出當期淨損益。多步式利潤表是通過對當期的收入、費用、支出項目按性質加以歸類，按利潤形成的主要環節列示一些中間性利潤指標，如主營業務利潤、營業利潤、利潤總額、淨利潤，分步計算當期淨損益。在中國，保險公司利潤表一般採用多步式，其格式和內容見表11-2。

表 11-2　　　　　　　　　　　利潤表

編製單位：　　　　　　　　　____年__月　　　　　　　　　單位：元

項　　目	本期金額	上期金額
一、營業收入		
已賺保費		
保險業務收入		
其中：分保費收入		
減：分出保費		
提取未到期責任準備金		
投資收益		
其中：對聯營企業和合營企業的投資收益		
公允價值變動損益		
匯兌（損失）/收益		
其他業務收入		
資產處置收益		
其他收益		
二、營業支出		
退保金		
賠付支出		
減：攤回賠付支出		

表 11-2（續）

項　　目	本期金額	上期金額
提取保險責任準備金		
減：攤回保險責任準備金		
提取保費準備金		
保單紅利支出		
分保費用		
手續費及佣金支出		
稅金及附加		
業務及管理費		
減：攤回分保費用		
其他業務成本		
資產減值損失		
三、營業利潤（虧損以「－」號填列）		
加：營業外收入		
減：營業外支出		
四、利潤總額（虧損以「－」號填列）		
減：所得稅費用		
五、淨利潤		
（一）持續經營淨利潤（淨虧損以「－」號填列）		
（二）終止經營淨利潤（淨虧損以「－」號填列）		
六、其他綜合收益		
（一）以後會計期間將不能重分類進損益的其他綜合收益（扣稅所得稅）		
1. 重新計量設定受益計劃淨負債或淨資產的變動		
2. 權益法下在被投資單位不能重分類進損益的其他綜合收益中享有的份額		
（二）以後會計期間在滿足規定條件時將重分類進損益的其他綜合收益（扣稅所得稅）		
可供出售金融資產公允價值變動及其對保險合同準備金和保戶儲金及投資款的影響的稅後淨額		
權益法下在被投資單位其他綜合收益中享有的份額（扣稅所得稅）		
外幣報表折算差額		
七、綜合收益總額		
八、每股收益		
（一）基本每股收益		
（二）稀釋每股收益		

三、利潤表的編製方法

利潤表中「上期金額」欄內各項數字，應根據上年該期利潤表「本期金額」欄內所列數字填列；在編製中期財務會計報告時，填列上年同期累計實際發生數；在編製年度財務會計報告時，填列上年全年累計實際發生數。如果上年度利潤表與本年度利潤表的項目名稱和內容不相一致，則按編報當年的口徑對上年度利潤表項目的名稱和數字進行調整，填入本表「上年數」欄。

利潤表「本期金額」欄內各項數字一般根據損益類科目的發生額分析填列，其填列方法如下：

（1）「已賺保費」項目，反應保險公司保險業務已實現的保費收入。本項目根據「保費收入」和「分保費收入」科目發生額，減去「分出保費」和「提取未到期責任準備金」科目發生額後的金額填列。

（2）「保險業務收入」項目，反應保險公司因原保險合同和再保險合同實現的保費收入和分保費收入，其中「分保費收入」為再保險合同實現的保費收入。本項目根據「保費收入」和「分保費收入」科目發生額分析填列。

（3）「提取未到期責任準備金」項目，反應保險公司未到期責任準備金淨額的變動數。本項目根據「提取未到期責任準備金」科目發生額分析填列。

（4）「投資收益」項目，反應保險公司資金運用取得的淨收益，包括長期股權投資取得的投資收益或投資損失，投資性房地產的租金收入和處置損益，處置交易性金融資產、交易性金融負債、可供出售金融資產實現的損益，以及持有至到期投資和買入返售金融資產在持有期間取得的投資收益和處置損益。定期存款的利息收入也在此列報。本項目根據「投資收益」「利息收入」科目的發生額分析填列。

（5）「公允價值變動損益」項目，反應保險公司在初始確認時劃分為以公允價值計量且其變動計入當期損益的金融資產或金融負債（包括交易性金融資產或金融負債和直接指定為以公允價值計量且其變動計入當期損益的金融資產或金融負債），以及採用公允價值模式計量的投資性房地產、衍生工具和套期業務中公允價值變動形成的應計入當期損益的利得或損失。本項目根據「公允價值變動損益」科目發生額分析填列。

（6）「匯兌（損失）收益」項目，反應保險公司外幣貨幣性項目因匯率變動而形成的收益或損失。本項目根據「匯兌損益」科目發生額分析填列。

（7）「其他業務收入」項目，反應保險公司確認的與經常性活動相關的其他活動收入，第三方管理的收入也在其他業務收入列報。本項目根據「其他業務收入」等科目發生額分析填列。

（8）「資產處置收益」項目，反應保險公司出售劃分為持有待售的非流動資產（金融工具、長期股權投資和投資性房地產除外）或處置組（子保險公司和業務除外）時確認的處置利得或損失，以及處置未劃分為持有待售的固定資產、在建工程及無形資產而產生的處置利得或損失。債務重組中因處置非流動資產產生的利得或損失和非貨幣性資產交換中換出非流動資產產生的利得或損失也在本項目核算。本項目根據「資產處置收益」等科目

發生額分析填列，如為處置損失，以「-」號填列。

（9）「其他收益」項目，反應保險公司與日常活動相關的計入當期收益的政府補助。本項目根據「其他收益」等科目發生額分析填列。

（10）「退保金」項目，反應保險公司壽險原保險合同提前解除時按照約定應當退還投保人的保單現金價值。本項目根據「退保金」科目發生額分析填列。

（11）「賠付支出」項目，反應保險公司的賠付總成本。本項目根據「賠款支出」「滿期給付」「年金給付」「死傷醫療給付」「分保賠款支出」科目發生額分析填列。

（12）「攤回賠付支出」項目，反應再保險分出人向再保險接受人攤回的賠付成本，其內容包括再保險分出人應向再保險接受人攤回的賠款支出、滿期給付、死傷醫療給付。本項目根據「攤回賠付支出」科目發生額填列。

（13）「提取保險責任準備金」項目，反應保險公司未決賠款準備金、壽險責任準備金和長期健康險責任準備金的本期變動數。本項目根據「提取保險責任準備金」科目或「提取未決賠款準備金」「提取壽險責任準備金」「提取長期健康險責任準備金」科目的發生額分析填列。

（14）「攤回保險責任準備金」項目，反應再保險分出人按照相關再保險合同的約定，應向再保險接受人攤回的保險責任準備金的本期變動數，包括未決賠款準備金、壽險責任準備金、長期健康險責任準備金的攤回數等的本期變動數。本項目根據「攤回保險責任準備金」或「攤回未決賠款準備金」「攤回壽險責任準備金」「攤回長期健康險責任準備金」科目發生額分析填列。

（15）「保單紅利支出」項目，反應保險公司按原保險合同約定支付給投保人的紅利。本項目根據「保單紅利支出」科目發生額分析填列。

（16）「分保費用」項目，反應再保險接受人向再保險分入人支付的分保費用。本項目根據「分保費用」科目發生額分析填列。

（17）「手續費支出及佣金支出」項目，反應保險公司支付給保險仲介機構的手續費和向專門推銷壽險個人行銷業務的個人代理人及其他個人支付的佣金。本項目根據「手續費及支出及佣金支出」科目發生額分析填列。

（18）「稅金及附加」項目，反應保險經營業務應負擔的城市維護建設稅、資源稅、教育費附加、房產稅、車船稅、城鎮土地使用稅、土地增值稅、印花稅等相關稅費。本項目根據「稅金及附加」科目發生額分析填列。

（19）「業務及管理費」項目，反應保險公司在業務經營和管理過程中所發生的各項費用，包括折舊費、業務宣傳費、業務招待費、電子設備運轉費、鈔幣運送費、安全防範費、郵電費、勞動保護費、外事費、印刷費、低值易耗品攤銷、職工工資、差旅費、水電費、修理費、職工教育經費、工會經費、稅金、會議費、訴訟費、公證費、諮詢費、無形資產攤銷、長期待攤費用攤銷、取暖降溫費、聘請仲介機構費、技術轉讓費、綠化費、董事會費、財產保險費、勞動保險費、待業保險費、住房公積金、物業管理費、研究費用、提取的保險保障基金等。本項目根據「業務及管理費用」的科目發生額分析填列。

（20）「攤回分保費用」項目，反應再保險分出人向再保險接受人攤回的分保費用。本

項目根據「攤回分保費用」科目發生額分析填列。

(21)「其他業務成本」項目，反應保險公司確認的與經常性活動相關的其他活動支出。本項目根據「其他業務成本」等科目發生額分析填列。

(22)「資產減值損失」項目，反應保險公司根據資產減值等準則計提各項資產減值準備所形成的損失。本項目根據「資產減值損失」科目發生額分析填列。

(23)「營業外收入」項目，反應保險公司發生的與其經營活動無直接關係的各項淨收入，主要包括處置非流動資產利得、非貨幣性資產交換利得、債務重組利得、罰沒利得、政府補助利得、確實無法支付而按規定程序經批准後轉作營業外收入的應付款項等。本項目根據「營業外收入」科目發生額分析填列。

(24)「營業外支出」項目，反應保險公司發生的與其經營活動無直接關係的各項淨支出，包括處置非流動資產損失、非貨幣性資產交換損失、債務重組損失、罰款支出、捐贈支出、非常損失等。部分以往列支在營業外支出的減值損失和處置損失分別在新會計報表的「資產減值損失」和「投資淨收益」項目反應。

(25)「所得稅費用」項目，反應保險公司當期所得稅和遞延所得稅。除由於企業合併產生的調整商譽，或與直接計入股東權益的交易或者事項相關的計入股東權益外，均作為所得稅費用或收益計入當期損益。本項目根據「所得稅費用」科目發生額分析填列。

(26)「持續經營淨利潤（淨虧損以「-」號填列）」項目，反應保險公司淨利潤中與持續經營相關的淨利潤。不符合終止經營定義的持有待售的非流動資產或處置組，以其減值損失和轉回金額及處置損益作為持續經營損益列報。

(27)「終止經營淨利潤（淨虧損以「-」號填列）」項目，反應保險公司淨利潤中與終止經營相關的淨利潤，以終止經營的減值損失和轉回金額等經營損益及處置損益作為終止經營損益列報。

(28)「其他綜合收益」項目，反應保險公司未在損益中確認的各項利得和損失扣除所得稅影響後的淨額。其他綜合收益的列報實行分類列報的方式，即按照其他綜合收益的大類項下分子項目進行列示。

(29)「以後會計期間將不能重分類進損益的其他綜合收益（扣稅所得稅）」項目，反應保險公司投資資產在後續會計期間不能重分類進損益的其他綜合收益扣除所得稅後的金額。

(30)「重新計量設定受益計劃淨負債或淨資產導致的變動」項目，反應有設定受益計劃形式離職後福利的保險公司根據《企業會計準則第9號——職工薪酬》，將重新計量設定受益計劃淨負債或淨資產導致的變動計入其他綜合收益，並且在後續會計期間不允許轉回至損益。

(31)「權益法下被投資單位不能重分類進損益的其他綜合收益中享有的份額（扣除所得稅）」項目，反應當被投資單位的其他綜合收益屬於「以後會計期間不能重分類進損益」類別時，保險公司對其進行長期股權投資後，按照應享有或應分擔的被投資單位其他綜合收益的份額，確認的其他綜合收益（扣稅所得稅）。

(32)「以後會計期間在滿足規定條件時將重分類進損益的其他綜合收益（扣稅所得

稅）」項目，反應保險公司的投資資產在後續會計期間滿足規定條件進行重分類，在扣除所得稅後進入其他綜合收益的金額。

（33）「權益法下在被投資單位其他綜合收益中享有的份額（扣稅所得稅）」項目，反應當被投資單位的其他綜合收益屬於「以後會計期間符合規定的條件重分類進損益」類別時，保險公司對其進行長期股權投資後，按照應享有或應分擔的被投資單位其他綜合收益的份額，確認的其他綜合收益（扣稅所得稅）。

（34）「可供出售金融資產公允價值變動及其對保險合同準備金和保戶儲金及投資款的影響的稅後淨額」項目，屬於以後會計期間在滿足規定條件時將重分類進損益的其他綜合收益的一種情形，反應保險公司扣除所得稅後可供出售金融資產公允價值變動及其對保險合同準備金和保戶儲金及投資款的影響。

（35）「外幣報表折算差額」項目，反應保險公司發生的外幣交易因匯率變動而產生的匯兌損益。

第四節　所有者權益變動表

一、所有者權益變動表的定義

所有者權益變動表是指反應構成所有者權益的各組成部分當期的增減變動情況的會計報表。所有者權益變動表應當全面反應一定時期所有者權益變動情況，不僅包括所有者權益的增減變動，還應包括所有者權益增減變動的重要結構性信息，特別是要反應直接計入所有者權益的利得和損失，讓報表使用者準確理解所有者權益增減變動的原因。

二、所有者權益變動表應當單獨列示的內容

在所有者權益變動表中，當期損益、直接計入所有者權益的利得和損失，以及與所有者（或股東，下同）的資本交易導致的所有者權益的變動，應當分別列示。與所有者的資本交易，是指企業與所有者以其所有者身分進行的、導致企業所有者權益變動的交易。

所有者權益變動表至少應當單獨列示反應下列信息的項目：①綜合收益總額，在合併所有者權益變動表中還應單獨列示歸屬於母保險公司所有者的綜合收益總額和歸屬於少數股東的綜合收益總額；②會計政策變更和前期差錯更正的累積影響金額；③所有者投入資本和向所有者分配利潤等；④按照規定提取的盈餘公積；⑤按照規定提取的一般風險準備；⑥實收資本（或股本）、資本公積、盈餘公積、一般風險準備、未分配利潤的期初和期末餘額及其調節情況。

三、所有者權益變動表的結構和填列方法

為了清楚地表明構成所有者權益的各組成部分當期的增減變動情況，所有者權益變動表應當以矩陣的形式列示：一方面，列示導致所有者權益變動的交易或事項，改變以往僅僅按照所有者權益的各組成部分反應所有者權益變動的情況，而是從所有者權益變動的來

源對一定時期所有者權益變動情況進行全面反應；另一方面，按照所有者權益各組成部分及其總額列示交易或事項對所有者權益的影響。此外，企業還需要提供所有者權益變動表，所有者權益變動表還就各項目再分為「本年金額」和「上年金額」兩欄分別填列。保險公司的所有者權益變動表格式如表 11-3 所示。

表 11-3　　　　　　　　　　　　所有者權益變動表

編製單位：　　　　　　　　　　　＿＿＿＿年度　　　　　　　　　　　單位：元

	股本	資本公積	其他綜合收益	盈餘公積	一般風險準備金	未分配利潤	股東權益合計
一、上年年末餘額							
會計政策變更							
本年年初期初餘額							
二、本期增減變動金額							
綜合收益總額							
（一）淨利潤							
（二）其他綜合收益							
綜合收益總額合計							
利潤分配							
（三）提取法定盈餘公積							
（四）提取一般風險準備							
（五）提取利潤準備							
（六）股利分配							
（七）核心人員持股計劃							
（八）子保險公司發行其他權益工具							
（九）其他							
三、期末餘額							

　　所有者權益變動表「上年金額」欄內各項數字，應當根據上年度所有者權益變動表「本年金額」欄內所列數字填列。如果上年度所有者權益變動表規定各項目的名稱和內容同本年度不相一致，應當對上年度所有者權益變動表各項目的名稱和數字按本年度的規定進行調整，填入所有者權益變動表「上年金額」欄內。

　　所有者權益變動表「本年金額」欄內各項數字一般應根據「實收資本（股本）」「資本公積」「其他綜合收益」「盈餘公積」「利潤分配」「一般風險準備」「以前年度損益調整」科目的發生額分析填列。

第五節　現金流量表

一、現金流量表的概念

現金流量表是反應保險公司一定會計期間內現金和現金等價物的流入和流出的會計報表。

現金，是指企業庫存現金以及可以隨時用於支付的存款。不能隨時用於支取的存款不屬於現金。

現金等價物，是指企業持有的期限短、流動性強、易於轉換為已知金額現金、價值變動風險很小的投資。期限短，一般是指從購買日起三個月內到期。現金等價物通常包括三個月內到期的債券投資。權益性投資變現的金額通常不確定，因而不屬於現金等價物。企業應當根據具體情況，確定現金等價物的範圍，一經確定不得隨意變更。

現金流量，是指現金和現金等價物的流入和流出。保險公司經營過程中的各項業務都會影響現金的流入和流出，按照經營業務發生的性質，通常把現金流量分為三類：經營活動產生的現金流量、投資活動產生的現金流量和籌資活動產生的現金流量。①經營活動是指保險公司的投資活動和籌資活動以外的所有交易和事項。②投資活動是指保險公司長期資產的購建和不包括在現金等價物範圍內的投資、貸款、及其處置活動，包括實物資產的投資，也包括金融資產的投資。③籌資活動是指導致保險公司的資本及債務規模和構成發生變化的活動。

值得說明的是：保險公司日常經營業務是影響現金流量的重要因素，但並不是所有的經營活動都影響現金流量，只有現金各項目與非現金各項目之間的增減變動（如用現金對外投資、收回長期債券等）會影響現金流量淨額的變動；而現金各項目之間的增減變動（如將現金存入銀行、從銀行提取現金等）以及非現金各項目之間的增加變動（如用固定資產對外投資等）均不影響現金流量淨額的變動。企業從銀行提取現金、用現金購買短期到期的國庫券等現金和現金等價物之間的轉換不屬於現金流量。

二、現金流量表編製的作用

現金流量表是財務報表體系的重要組成部分，它以現金的流入和流出反應保險公司在一定時期內經營活動、投資活動和籌資活動的動態情況，反應保險公司現金流入和流出的全貌。將現金流量表與資產負債表和損益表結合在一起，能夠從不同側面反應企業的狀況和經營成果，形成一個相輔相成、功能完整的報表體系，使會計信息能公允、合理、客觀、真實和全面地反應企業財務狀況和經營成果。編製現金流量表具體的作用如下：

（一）可以說明企業一定時期內現金的流入和流出的原因

資產負債表能夠提供企業一定時期財務狀況的情況，它所提供的是靜態的財務信息，並不能反應財務狀況變動的原因，也不能表明這些資產、負債給企業帶來多少現金，又用去多少現金；損益表雖然反應企業一定期間的經營成果，提供動態的財務信息，但損益表只能反應利潤的構成，也不能反應經營活動、投資和籌資活動給企業帶來多少現金，又支付多少現金。而現金流量表將現金流量劃分為經營活動、投資活動和籌資活動所產生的現金流量，並按照流入現金和流出現金項目分別反應。因此，通過現金流量表能夠反應企業

現金流入和流出的原因,即現金從哪裡來,已流到哪裡去。這些信息是資產負債表和損益表所不能提供的。

(二) 可以直接揭示企業當前的償債能力和支付能力

投資者投入資金、債權人提供企業短期或長期使用的資金,其目的主要是為了有利可圖。在通常情況下,報表閱讀者比較關注企業的獲利情況,並且往往以獲得利潤的多少作為標準,企業獲利多少在一定程度上表明了企業具有一定的現金支付能力。但是企業在一定時期內獲得的利潤並不代表企業真正具有償債或支付能力。在某些情況下,雖然企業損益表上反應的經營業績很可觀,但財務困難,不能償還到期債務;有的企業雖然損益表上反應的經營成果並不可觀,但卻有足夠的償付能力。產生這種情況有諸多原因,其中會計核算採用的權責發生制所包含的估計因素也是其主要原因之一。在權責發生制下,某個會計期間確認的收入和費用,有一部分是帳項調整的結果,包括預計項目和應計項目的調整,這些項目不僅在當期不發生任何現金流量,而且所調整的金額大小取決於會計方法,含有一定的人為因素在內。現金流量表完全以現金及其等價物的收支為基礎,而且都有可靠的憑據驗證,受主觀因素影響較小,同時,編製現金流量表完全依據現金流量的事實,將權責發生制下的盈利信息調整為收付實現制下的盈利信息,所以財務報表使用者在掌握資產負債表和損益表的信息同時,再閱讀不受會計準則左右的現金流量表,可以完整地把握企業的財務狀況和經營成果,使他們對企業的經營業績的評判更準確。通過現金流量表能夠瞭解企業現金流入的構成,分析企業償債和支付股利的能力,增強投資者的投資信心和債權人收回債權的信心,同時,通過現金流量表使投資者和債權人瞭解企業獲取現金的能力和現金償付的能力,為籌資提供有用的信息,也使有限的社會資源流向最能產生效益的地方。

(三) 可以分析企業未來獲取現金的能力

現金流量表反應企業一定期間內的現金流入和流出的整體情況,說明企業現金從哪裡來,又運用到哪裡去。現金流量表中的經營活動產生的現金流量,代表企業運用資金和經濟資源的能力,便於分析一定期間內產生的淨利潤與經營活動產生現金流量的差異;投資活動產生的現金流量,代表企業運用資金產生現金流量的能力;籌資活動產生的現金流量,代表企業籌資獲得現金流量的能力。通過現金流量表及其他財務信息,可以分析企業未來獲取或支付現金的能力。如企業購置固定資產,在本期現金流量表中反應為現金流出,但卻意味著未來業務的擴展將使更多的現金流入。又如,本期應收未收的款項,在本期現金流量表中雖然沒有反應為現金的流入,但意味著未來將會有現金流入。由此,報表使用者通過閱讀和分析企業以往某個時期或連續幾個時期的現金流量表,利用可靠而相關的歷史現金流量信息來預測企業未來現金流量的金額、時間和確定程度等,用於決策。企業外部的所有者利用這個預測信息來決策是否保持和繼續他們的投資;債權人通過現金流量表所做的預測,來判斷和決策企業是否應該投資和貸款;企業內部的經營管理者根據現金流量表所做的決策,編製下一期的現金收支計劃,確定現金淨流量和最佳佔用量,以便合理地安排經營活動,並採取有效的管理策略,盡量加快、增加現金的流入和延緩、控制現金的流出,提高現金的利用效益。

三、現金流量表的結構及填製方法

在現金流量表中，對現金流量的具體內容是分類反應的。現金流量表中各項目是以「現金流入-現金流出=現金流量淨額」這一等式要求編排的，其由五部分組成：

第一部分是經營活動產生的現金流量。對於保險公司而言，經營活動主要包括原保險業務和再保險業務。

第二部分是投資活動產生的現金流量。這裡講的投資活動，既包括金融資產的投資，也包括實物資產的投資。

第三部分是籌資活動產生的現金流量。籌資活動是指導致企業資本及債務規模和構成發生變化的活動，包括吸收投資、發行股票、分配股利、發行債權、償還債務等活動。

第四部分是匯率變動對現金的影響額。匯率變動對現金的影響額指按現金流量發生日即期匯率或按系統合理辦法確定的與即期匯率相似匯率折算的人民幣金額，與外幣現金金額按期末匯率折算的人民幣金額之間的差額。

第五部分是現金流量淨增加額。前三部分都分為現金流入和現金流出兩部分，通過現金流入減去現金流出得出現金流量淨額。保險公司現金流量表的格式如表11-4所示：

表11-4　　　　　　　　　　　現金流量表

編製單位：　　　　　　　＿＿＿＿年＿＿月　單位：元

項目	本年金額	上年金額
一、經營活動產生的現金流量		
收到原保險合同保費取得的現金		
收到再保險業務現金淨額		
保戶儲金及投資款淨增加額		
收到的稅費返還		
收到其他與經營活動有關的現金		
經營活動現金流入小計		
支付原保險合同賠付款項的現金		
支付保單紅利的現金		
支付手續費及佣金的現金		
支付給職工以及為職工支付的現金		
支付的各項稅費		
支付其他與經營活動有關的現金		
經營活動現金流出小計		
經營活動產生的現金流量淨額		
二、投資活動產生的現金流量		
收回投資收到的現金		
取得投資收益收到的現金		
處置固定資產、無形資產和其他長期資產收回的現金淨額		

表 11-4（續）

項目	本年金額	上年金額
收到買入返售金融資產的現金		
收到其他與投資活動有關的現金		
投資活動現金流入小計		
投資支付的現金		
保戶質押貸款淨增加額		
購建固定資產、無形資產和其他長期資產所支付的現金		
支付買入返售金融資產的現金		
支付其他與投資活動有關的現金		
投資活動現金流出小計		
投資活動產生的現金流量淨額		
三、籌資活動產生的現金流量		
吸收投資所收到的現金		
發行債券收到的現金		
收到賣出回購金融資產的現金		
籌資活動現金流入小計		
分配股利、利潤或償付利息支付的現金		
償還債務支付的現金		
贖回債券支付的現金		
支付賣出回購金融資產的現金		
籌資活動現金流出小計		
籌資活動產生的現金流量淨額		
四、匯率變動對現金及現金等價物的影響額		
五、現金及現金等價物淨增加額		
加：年初現金及現金等價物餘額		
六、年末現金及現金等價物餘額		

　　現金流量表的編製方法有直接法和間接法兩種。直接法是以收入與費用為起算點，將營業收入或其他收入的收現減去營業成本及各項費用的付現，以現金收支表達各項營業活動的現金流量。間接法則以保險公司報告期內按照權責發生制計算的本年利潤（或虧損）為起算點，經過對有關項目的調整，計算出保險公司本期現金淨增加額或淨減少額。

　　採用直接法編製的現金流量表，便於分析企業經營活動產生的現金流量的來源和用途，預測企業現金流量的未來前景；採用間接法編製的現金流量表，便於將淨利潤與經營活動的現金流量淨額進行比較，從現金流量的角度分析淨利潤的質量。中國企業會計準則規定，企業應當採用直接法編製現金流量表，同時要求在附註中提供以淨利潤為基礎調節到經營活動現金流量的信息。

保險公司應當按照直接法編製現金流量表。現金流量表各項目的內容及其填列方法具體如下：

（一）經營活動產生的現金流量

（1）「收到原保險合同保費取得的現金」項目反應保險公司辦理保險業務向投保人實際收取的現金保費，包括本期收到的現金保費收入、本期收到的前期應收保費和本期預收的保費，本項目可以根據「庫存現金」「銀行存款」「應收保費」「預收保費」「保費收入」等科目的記錄分析填列。

（2）「收到再保險業務現金淨額」項目反應保險公司從事分保業務形成的現金的淨增加額或淨減少額，包括本期收到的現金分保費收入、本期收到的前期分保業務往來和本期預收的分保賠款以及攤回的分保賠款和費用，本項目可以根據「庫存現金」「銀行存款」「應收分保帳款」「應付分保帳款」「預收分保賠款」「分保費收入」「攤回分保賠付款」「攤回分保費用」「分出保費」「分保賠款支出」「分保費用支出」「預付賠款」「存入保證金」「存出保證金」等科目的記錄分析填列。

（3）「保戶儲金及投資款淨增加額」項目反應保險公司開展以儲金利息作為保費收入的保險業務收到的保戶繳存的儲金和投資型保險業務的投資本金的淨增加額或淨減少額，本項目可以根據「庫存現金」「銀行存款」「保戶儲金」或「保戶投資款」等科目的記錄分析填列。

（4）「收到的稅費返還」項目在現金流量表中表現為兩個項目，分別是「收到的增值稅銷項稅額和退回的增值稅款」和「收到的除增值稅外的其他稅費返還」。除增值稅外的其他稅費返還主要是指所得稅、消費稅、關稅和教育費附加返還款等。這些返還的稅費按實際收到的款項反應。本項目可以根據「庫存現金」「銀行存款」「應交稅費」「稅金及附加」等帳戶的記錄分析填列。

（5）「收到的其他與經營活動有關的現金」項目反應保險公司除了上述項目外，收到的其他與經營活動有關的現金，本項目可以根據「庫存現金」「銀行存款」「其他收入」「營業外收入」「其他應付款」等科目的記錄分析填列。

（6）「支付原保險合同賠付款項的現金」項目反應保險公司以現金支付和預付給被保險人的賠款，本項目根據「庫存現金」「銀行存款」「預付賠款」「應付賠付款」「賠付支出」或「賠款支出」「滿期給付」「年金給付」「死傷醫療給付」等科目的記錄分析填列。

（7）「支付保單紅利的現金」項目反應保險公司按合同約定以現金支付的保單紅利，本項目可以根據「庫存現金」「銀行存款」「應付保單紅利」「保戶紅利支出」等科目的記錄分析填列。

（8）「支付手續費及佣金的現金」項目反應保險公司以現金支付給保險仲介人的手續費和佣金，本項目可以根據「庫存現金」「銀行存款」「應付手續費及佣金」「手續費及佣金支出」等科目的記錄分析填列。

（9）「支付給職工以及為職工支付的現金」項目反應保險公司實際支付給職工以及為職工支付的現金，包括本期實際支付給職工的工資、獎金、各種津貼和補貼等，以及為職工支付的養老保險、待業保險、住房公積金等，不包括支付給在建工程人員的工資，本項目要根據「庫存現金」「銀行存款」「業務及管理費」「應付職工薪酬」等科目的記錄分析

填列。

（10）「支付的各項稅費」項目反應保險公司以現金支付的各項稅費。本項目根據「應交稅費」「其他應付款」「業務及管理費用」「其他業務成本」「庫存現金」「銀行存款」等科目的記錄分析填列。

（11）「支付與其他經營活動有關的現金」項目反應保險公司除上述項目外，支付的其他與經營活動有關的現金，如退保金、購買低值易耗品、支付的差旅費、存出保證金、捐贈的現金支出等，本項目可以根據「庫存現金」「銀行存款」「退保金」「業務及管理費用」「其他支出」「存出保證金」「存入保證金」「存出資本保證金」「營業外支出」等科目的記錄分析填列。

（二）投資活動產生的現金流量

（1）「收回投資所收到的現金」項目反應保險公司出售、轉讓或到期收回除現金等價物以外的投資本金而收到的現金，本項目可以根據「交易性金融資產」「買入返售金融資產」「拆出資金」「持有到期投資」「可供出售的金融資產」「長期股權投資」「庫存現金」「銀行存款」等科目的記錄分析填列。

（2）「取得投資收益收到的現金」項目反應保險公司因投資取得收益而收到的現金，本項目可以根據「應收股利」「應收利息」「庫存現金」「銀行存款」「投資收益」等科目的記錄分析填列。

（3）「處置固定資產、無形資產和其他長期資產收回的現金淨額」項目反應保險公司處置上述各項長期資產所取得的現金，減去為處置這些資產所支付的有關費用後的淨額。本項目可根據「固定資產清理」「庫存現金」「銀行存款」等帳戶的記錄分析填列。

（4）「收到買入返售金融資產的現金」項目反應保險公司按返售協議約定按固定價格返售給賣出方的票據、證券、貸款等金融資產時收到的資金。

（5）「收到的其他與投資活動有關的現金」項目反應保險公司除上述各項以外，收到的其他與投資活動有關的現金，本項目可以根據「庫存現金」「銀行存款」和其他有關科目的記錄分析填列。

（6）「投資支付的現金」項目反應保險公司為取得投資支付的現金。本項目可以根據「交易性金融資產」「買入返售金融資產」「拆出資金」「持有到期投資」「可供出售的金融資產」「長期股權投資」「庫存現金」「銀行存款」等科目的記錄分析填列。

（7）「保戶質押貸款淨增加額」項目反應保險公司本期發放保戶質押貸款的淨額。本項目可以根據「保戶質押貸款」「庫存現金」「銀行存款」等科目的記錄分析填列。

（8）「購置固定資產、無形資產所支付的現金」項目反應保險公司購買、建造固定資產、取得無形資產支付的現金，不包括為購建固定資產而發生的借款利息資本化部分，以及融資租入固定資產支付的租賃費，借款利息和融資租入固定資產支付的租賃費在籌資活動產生的現金流量中單獨反應，本項目可以根據「固定資產」「無形資產」「在建工程」「庫存現金」「銀行存款」等科目的記錄分析填列。

（9）「支付買入返售金融資產的現金」項目反應保險公司按返售協議約定買入賣出方的票據、證券、貸款等金融資產時支付的資金。

（10）「支付的其他與投資活動有關的現金」項目反應保險公司除上述項目以外，支付

的其他與投資活動有關的現金，本項目可以根據「庫存現金」「銀行存款」和其他有關科目記錄分析填列。

(三) 籌資活動產生的現金流量

（1）「吸收投資所收到的現金」項目反應保險公司以發行股票等方式籌集資金實際收到的款項，減去直接支付給金融企業的佣金、手續費、宣傳費、諮詢費、印刷費等發行費用後的淨額。本項目可以根據「實收資本（股本）」「資本公積」「盈餘公積」「銀行存款」等科目的記錄分析填列。

（2）「發行債券收到的現金」項目反應保險公司以發行債券方式籌集資金實際收到的款項，減去直接支付給其他金融企業的佣金、手續費、宣傳費、諮詢費、印刷費等發行費用後的淨額。本項目可以根據「銀行存款」「應付債券」等科目的記錄分析填列。

（3）「收到賣出回購金融資產的現金」項目核算保險公司按回購協議賣出票據、證券、貸款等金融資產所融入的資金。

（4）「收到的其他與籌資活動有關的現金」項目反應保險公司除上述各項外，收到的其他與籌資活動有關的現金，本項目可以根據「庫存現金」「銀行存款」「拆入資金」「賣出回購金融資產款」「長期借款」「交易性金融負債」等有關科目的記錄分析填列。

（5）「分配股利、利潤或償還利息支付的現金」項目反應保險公司實際支付的現金股利、支付給其他投資單位的利潤或用現金支付的借款利息、債券利息。本項目可以根據「銀行存款」「利潤分配」「應付利息」「應付股利」「長期應付款」等科目的記錄分析填列。

（6）「償還債務支付的現金」項目反應保險公司以現金償還債務的本金，保險公司償還的借款利息不包括在本項目內。本項目可以根據「銀行存款」「應付債券」「長期借款」「拆入資金」「賣出回購金融資產款」等科目的記錄分析填列。「支付的其他與籌資活動有關的現金」項目反應保險公司除上述各項外，支付的其他與籌資活動有關的現金，本項目可以根據「庫存現金」「銀行存款」和其他有關科目的記錄分析填列。

（7）「贖回債券支付的現金」項目核算保險公司贖回債券時所實際支付的資金。

（8）「支付賣出回購金融資產的現金」項目核算保險公司按回購協議買入票據、證券、貸款等金融資產所支付的資金。

(四) 匯率變動對現金及現金等價物的影響

「匯率變動對現金的影響」項目反應下列項目之間的差額：

（1）企業外幣現金流量折算為記帳本位幣時，所採用的現金流量發生日的即期匯率或按照系統合理的方法確定的、與現金流量發生日即期匯率近似的匯率折算的金額（編製合併現金流量表時還包括折算境外子保險公司的現金流量，應當比照處理）；

（2）「現金及現金等價物淨增加額」中外幣現金淨增加額按期末匯率折算的金額；

（3）「現金及現金等價物的淨增加額」，是將本表中「經營活動產生的現金流量淨額」「投資活動產生的現金流量淨額」「籌資活動產生的現金流量淨額」和「匯率變動對現金的影響」四個項目相加得出的。

(五) 期末現金及現金等價物餘額的填列

本項目是將計算出來的現金及現金等價物淨增加額加上期初現金及現金等價物金額求得。它應該與企業期末的全部貨幣資金與現金等價物的合計餘額相等。

第六節　附註

附註，是指對在資產負債表、利潤表、所有者權益變動表和現金流量表等報表中列報項目的明細資料，以及對未能在這些報表中列報項目的說明。財務報表中的數字是經過分類與匯總後的結果，會計人員對數據進行了簡化、濃縮和匯總，它們是現實事物的高度簡化的符號，不僅對於非專業人員難以理解，即使對於專業人員，如果沒有交待所使用的會計政策、總括數字的明細記錄以及理解報表數字所必須的其他披露，財務報表就不可能充分發揮其效用，財務信息的預測能力與反饋能力就會顯著降低。從這個意義上講，附註與正式財務報表具有同等的重要性，它們都是財務報表的有機組成部分。

一、附註的主要內容

保險公司應當按照會計準則要求在附註中至少披露下列內容：
(一) 保險公司的基本情況
（1）保險公司註冊地、組織形式和總部地址。
（2）保險公司的業務性質和主要經營活動。
（3）母保險公司以及集團最終母保險公司的名稱。
（4）財務報告的批准報出者和財務報告批准報出日，或者以簽字人及其簽字日期為準。
（5）營業期限有限的企業，還應當披露有關其營業期限的信息。
(二) 財務報表的編製基礎
保險公司應說明財務報表是否根據持續經營基礎編製，如果未按持續經營基礎編製，應說明不能持續經營的原因。
(三) 遵循企業會計準則的聲明
保險公司應當說明編製的財務報表符合企業會計準則的要求，真實、公允地反應了企業的財務狀況、經營成果和現金流量等有關信息，以此明確企業編製財務報表所依據的制度基礎。
(四) 重要會計政策和會計估計
保險公司應當說明財務報表項目的計量基礎（如歷史成本、重置成本還是公允價值）、有助於理解財務報表的其他會計政策（如企業合併採用的是權益集合法，還是購買法；未決賠款準備金、未到期責任準備金、壽險責任準備金、長期健康險責任準備金提取的方法等），以及在採用會計政策過程中所做的對財務報表項目金額最有影響的判斷等（如金融資產屬於持有到期資產而不是交易性投資的依據、一項特殊銷售是否屬於融資安排而不產生銷售收入，等等）。這些披露有助於使用者理解企業選擇和運用會計政策的背景，增加財務報表的可理解性。

保險公司還應當披露會計估計中所採用的關鍵假設和不確定因素的依據，這些關鍵假設和不確定因素在下一個會計期間很可能導致資產、負債帳面價值進行重大調整。

(五) 會計政策和會計估計變更以及差錯更正的說明

譬如，中國人壽保險股份有限保險公司在 2016 年年度報告中披露，本報告期，折現率假設變化增加準備金人民幣 1,426,200 萬元，部分險種發病率假設變化增加準備金人民幣 46,400 萬元，其他假設變化增加準備金人民幣 1,000 萬元，上述假設變更合計增加 2016 年 12 月 31 日壽險責任準備金人民幣 1,141,500 萬元，增加長期健康險責任準備金人民幣 332,100 萬元。假設變更所形成的相關保險合同準備金的變動計入本年度利潤表，合計減少稅前利潤人民幣 1,473,600 萬元。

(六) 重要報表項目的說明

保險公司應當以文字和數字描述相結合，盡可能以列表的形式披露重要報表項目的構成或當期增減變動情況，並與報表項目相互參照。保險公司應披露的重要報表項目有：

1. 貨幣資金

貨幣資金的披露格式如表 11-5 所示：

表 11-5　　　　　　　　　　　貨幣資金

項　目	期末餘額	年初餘額
現金		
銀行存款		
其他貨幣資金		
合　計		

2. 應收保費帳齡結構

應收保費帳齡結構的披露格式如表 11-6 所示：

表 11-6　　　　　　　　　　　應收保費

帳　齡	期末帳面價值	年初帳面價值
3 個月以內（含 3 個月）		
3 個月~1 年（含 1 年）		
1 年以上		
合　計		

3. 應收代位追償款

(1) 應收代位追償款帳齡結構的披露格式如表 11-7 所示：

表 11-7　　　　　　　　　　　應收代位追償款

帳　齡	期末帳面價值	年初帳面價值
1 個月以內（含 1 個月）		
1~3 個月（含 3 個月）		
3 個月~1 年（含 1 年）		
1 年以上		
合　計		

（2）沒有確認的金額重大的代位追償款的有關情況：
①代位追償款沒有確認的理由。
②代位追償款產生的原因。

4. 應收分保帳款帳齡結構

應收分保帳款帳齡結構的披露格式如表11-8所示：

表11-8　　　　　　　　　應收分保帳款帳齡結構

帳　齡	期末帳面價值	年初帳面價值
3個月以內（含3個月）		
3~6個月（含6個月）		
6個月~1年（含1年）		
1年以上		
合　計		

5. 定期存款帳齡結構

定期存款帳齡結構的披露格式如表11-9所示：

表11-9　　　　　　　　　定期存款帳齡結構

帳　齡	期末帳面價值	年初帳面價值
1年以內（含1年）		
1~2年（含2年）		
2~3年（含3年）		
3~4年（含4年）		
4~5年（含5年）		
10年以上		
合　計		

6. 其他資產

其他資產的披露格式如表11-10所示：

表11-10　　　　　　　　　其他資產

項　目	期末帳面價值	年初帳面價值
應收股利		
應收利息		
……		
其他		
合　計		

7. 損餘物資

（1）損餘物資產生的原因；

（2）所處置損餘物資的帳面價值、實現的損益。

8. 資產減值準備

資產減值準備的披露格式如表 11-11 所示：

表 11-11　　　　　　　　　　資產減值準備

項　目	年初餘額	本年計提額	本年減少額		期末餘額
			轉回額	轉出額	
一、壞帳準備					
其中：應收保費					
應收分保帳款					
應收分保未決賠款準備金					
應收分保壽險責任準備金					
應收分保長期健康險責任準備金					
二、抵債資產跌價準備					
三、損餘物資跌價準備					
四、貸款損失準備					
五、持有至到期投資減值準備					
六、長期股權投資減值準備					
其中：對子公司股權投資					
對聯營企業股權投資					
對合營企業股權投資					
七、固定資產減值準備					
其中：房屋、建築物					
八、在建工程減值準備					
九、無形資產減值準備					
十、商譽減值準備					

9. 保戶儲金（或保戶投資款）到期期限結構

保戶儲金（或保戶投資款）到期期限結構的披露格式如表 11-12 所示：

表 11-12　　　　　保戶儲金（或保戶投資款）到期期限結構

項　目	期末餘額	年初餘額
1 年以內（含 1 年）		
1～3 年（含 3 年）		
3～5 年（含 5 年）		
5 年以上		
合　　計		

10. 保險合同準備金

（1）保險合同準備金增減變動情況。其披露格式如表 11-13 所示：

表 11-13　　　　　　　　保險合同準備金增減變動情況

項　　目	年初餘額	本年增加數	本年減少數				期末餘額
^	^	^	賠付款項	提前解除	其他	合計	^
未到期責任準備金 　其中：原保險合同 　　　　再保險合同							
未決賠款準備金 　其中：原保險合同 　　　　再保險合同							
壽險責任準備金 　其中：原保險合同 　　　　再保險合同							
長期健康險責任準備金 　其中：原保險合同 　　　　再保險合同							
合計							

（2）保險合同準備金未到期期限。其披露格式如表 11-14 所示：

表 11-14　　　　　　　　保險合同準備金未到期期限

項　　目	期末餘額		年初餘額	
^	1 年以下（含 1 年）	1 年以上	1 年以下（含 1 年）	1 年以上
未到期責任準備金 　其中：原保險合同 　　　　再保險合同				
未決賠款準備金 　其中：原保險合同 　　　　再保險合同				
壽險責任準備金 　其中：原保險合同 　　　　再保險合同				
長期健康險責任準備金 　其中：原保險合同 　　　　再保險合同				
合計				

(3) 未決賠款準備金構成內容。其披露格式如表 11-15 所示：

表 11-15　　　　　　　　　　未決賠款準備金構成內容

未決賠款準備金	期末餘額	年初餘額
已發生已報案未決賠款準備金		
已發生未報案未決賠款準備金		
理賠費用準備金		
合　　計		

11. 其他負債

其他負債的披露格式如表 11-16 所示：

表 11-16　　　　　　　　　　　　其他負債

項　　目	期末餘額	年初餘額
應收股利		
應收利息		
……		
合　　計		

12. 提取未到期責任準備金

提取未到期責任準備金的披露格式如表 11-17 所示：

表 11-17　　　　　　　　　　提取未到期責任準備金

項　　目	本年發生額	上年發生額
原保險合同		
再保險合同		
合　　計		

13. 賠付總支出

(1) 賠付總支出按保險合同列示的披露格式如表 11-18 所示：

表 11-18　　　　　　　　　賠付總支出按保險合同列示

項　　目	本年發生額	上年發生額
原保險合同		
再保險合同		
合　　計		

(2) 賠付支出按內容列示的披露格式如表 11-19 所示：

表 11-19　　　　　　　　　　賠付支出按內容列示

項　　目	本年發生額	上年發生額
賠款支出		
滿期給付		
年金給付		
死傷醫療給付		
……		
合　　計		

14. 提取保險責任準備金

（1）提取保險責任準備金按保險合同列示的披露格式如表 11-20 所示：

表 11-20　　　　　　提取保險責任準備金按保險合同列示

項　　目	本年發生額	上年發生額
提取未決賠款準備金 　其中：原保險合同 　　　　再保險合同		
提取壽險責任準備金 　其中：原保險合同 　　　　再保險合同		
提取長期健康險責任準備金 　其中：原保險合同 　　　　再保險合同		
合　　計		

（2）提取未決賠款準備金按構成內容列示的披露格式如表 11-21 所示：

表 11-21　　　　　　提取未決賠款準備金按構成內容列示

提取未決賠款準備金	本年發生額	上年發生額
已發生已報案未決賠款準備金		
已發生未報案未決賠款準備金		
理賠費用準備金		
合　　計		

15. 攤回保險責任準備金

攤回保險責任準備金的披露格式如表 11-22 所示：

表 11-22　　　　　　　　　　攤回保險責任準備金

項　　目	本年發生額	上年發生額
攤回未決賠款準備金		
攤回壽險責任準備金		
攤回長期健康險責任準備金		
合　　計		

16. 資產減值損失

資產減值損失的披露格式如表 11-23 所示：

表 11-23　　　　　　　　　　資產減值損失

項　　目	本年發生額	上年發生額
應收款項減值損失		
抵債資產減值損失		
損餘物資減值損失		
保戶質押貸款減值損失		
可供出售金融資產減值損失		
長期股權投資減值損失		
持有至到期投資減值損失		
固定資產減值損失		
在建工程減值損失		
無形資產減值損失		
其他減值損失		
合　　計		

17. 投資連結產品

（1）投資連結產品基本情況，包括獨立帳戶名稱、設立時間、帳戶特徵、投資組合規定、投資風險等。

（2）獨立帳戶單位數及每一獨立帳戶單位淨資產。

（3）獨立帳戶的投資組合情況。

（4）風險保費、獨立帳戶管理費計提情況。

（5）投資連結產品採用的主要會計政策。

（6）獨立帳戶資產的估值原則。

18. 其他項目

（七）或有和承諾事項、資產負債表日後事項和關聯方關係及其交易的說明

（八）風險管理

1. 保險風險

（1）風險管理目標和減輕風險的政策

①管理資產負債的技術，包括保持償付能力的方法等。
②選擇和接受可承保保險風險的政策，包括確定可接受風險的範圍和水準等。
③評估和監控保險風險的方法，包括內部風險計量模型、敏感性分析等。
④限制和轉移保險風險的方法，包括共同保險、再保險等。
（2）保險風險類型
①保險風險的內容。
②減輕保險風險的因素及程度，包括再保險等。
③可能引起現金流量發生變動的因素。
（3）保險風險集中度
①保險風險集中的險種。
②保險風險集中的地域。
（4）索賠進展信息
①不考慮分出業務的索賠進展信息的披露格式如表 11-24 所示：

表 11-24

項　　目	2013 年	2014 年	2015 年	2016 年	2017 年	合計
本年末累計賠付款項估計數						
一年後累計賠付款項估計數						
二年後累計賠付款項估計數						
三年後累計賠付款項估計數						
四年後累計賠付款項估計數						
累計賠付款項估計數						
累計支付的賠付款項						
以前期間調整數						
尚未支付的賠付款項						

②扣除分出業務後的索賠進展信息的披露格式如表 11-25 所示：

表 11-25

項　　目	2013 年	2014 年	2015 年	2016 年	2017 年	合計
本年末累計賠付款項估計數						
一年後累計賠付款項估計數						
二年後累計賠付款項估計數						
三年後累計賠付款項估計數						
四年後累計賠付款項估計數						
累計賠付款項估計數						
累計支付的賠付款項						
以前期間調整數						
尚未支付的賠付款項						

（5）與保險合同有關的重大假設
①重大假設，包括死亡率、發病率、退保率、投資收益率等。
②對假設具有重大影響的數據的來源。
③假設變動的影響及敏感性分析。
④影響假設不確定性的事項和程度。
⑤不同假設之間的關係。
⑥描述過去經驗和當前情況。
⑦假設與可觀察到的市場價格或其他公開信息的符合程度。

2. 其他風險

除保險風險以外的其他風險，應當比照商業銀行進行披露。

企業應當在附註中披露下列關於其他綜合收益各項目的信息：
（1）其他綜合收益各項目及其所得稅影響；
（2）其他綜合收益各項目原計入其他綜合收益、當期轉出計入當期損益的金額；
（3）其他綜合收益各項目的期初和期末餘額及其調節情況。

企業應當在附註中披露終止經營的收入、費用、利潤總額、所得稅費用和淨利潤，以及歸屬於母保險公司所有者的終止經營利潤。

終止經營，是指滿足下列條件之一的已被企業處置或被企業劃歸為持有待售的、在經營和編製財務報表時能夠單獨區分的組成部分：
（1）該組成部分代表一項獨立的主要業務或一個主要經營地區。
（2）該組成部分是擬對一項獨立的主要業務或一個主要經營地區進行處置計劃的一部分。
（3）該組成部分是僅僅為了再出售而取得的子保險公司。

同時滿足下列條件的企業組成部分（或非流動資產，下同）應當確認為持有待售：該組成部分必須在其當前狀況下僅根據出售此類組成部分的慣常條款即可立即出售；企業已經就處置該組成部分作出決議，如按規定需得到股東批准的，應當已經取得股東大會或相應權力機構的批准；企業已經與受讓方簽訂了不可撤銷的轉讓協議；該項轉讓將在一年內完成。

二、分部報告

（一）業務分部和地區分部

企業應當以對外提供的財務報表為基礎，區分業務分部和地區分部披露分部信息。

1. 業務分部的確定

業務分部，是指企業內可區分的、能夠提供單項或一組相關產品或勞務的組成部分。該組成部分承擔了不同於其他組成部分的風險和報酬。通常情況下，性質相同的產品，其風險、報酬率及其成長率較為接近，一般可以劃分到同一業務分部中。保險公司可按險種和客戶的類型來劃分業務分部，比如人壽保險公司可以將業務分部劃分為個人業務、團體業務、短期險業務、其他業務。

2. 地區分部的確定

地區分部，是指企業內可區分的、能夠在一個特定的經濟環境內提供產品或勞務的組成部分。該部分承擔了不同於其他經濟環境內提供產品或勞務的組成部分的風險和報酬。保險公司的各分保險公司通常按行政區劃設立，由於其所在地區的經濟、地理、氣候、人口等環境因素不同，面臨的保險風險也有所區別，可以分別作為地區分部加以區分。當然，如果不同分保險公司所處的經濟、地理、人文環境相似，經營情況接近，保險公司也可根據內部管理的需要，把它們作為一個地區分部對待。

(二) 報告分部的確定

1. 重要性標準的判斷

報告分部是指符合業務分部或地區分部的定義，按規定應予以披露的業務分部或地區分部。當業務分部或地區分部的大部分收入是對外交易收入，且滿足下列條件之一的，企業應當將其確定為報告分部：

（1）該分部的分部收入占所有分部收入的10%或以上。

（2）該分部的分部利潤（虧損）的絕對額，占所有盈利分部利潤合計額或所有虧損分部虧損合計額的絕對額兩者中較大者的10%或以上。

（3）該分部的資產占所有分部資產合計額的10%或以上。

2. 低於10%重要性標準的選擇

業務分部或地區分部未滿足三個重要性判斷標準的，可以按照下列規定進行處理：

（1）不考慮該分部的規模，直接將其指定為報告分部。

（2）不將該分部直接指定為報告分部的，可將該分部與一個或一個以上類似的、未滿足規定條件的其他分部合併為一個報告分部。

（3）不將該分部指定為報告分部且不與其他分部合併的，應當在披露分部信息時，將其作為其他項目單獨披露。

3. 報告分部75%的標準

保險公司的業務分部或地區分部達到規定的10%重要性標準，確認為報告分部後，確定為報告分部的各業務分部或各地區分部的對外交易收入合計額占合併總收入或企業總收入的比重應當達到75%的比例。如果未達到75%的標準，企業必須增加報告分部的數量，將其他未作為報告分部的業務分部或地區分部納入報告分部的範圍，直到該比重達到75%。

4. 為提供可比信息報告分部的確定

企業在確定報告分部時，除應當遵循相應的標準以外，還應當考慮不同會計期間分部信息的可比性和一貫性。對於某一分部，在上期可能滿足報告分部的確定條件從而確定為報告分部，但本期可能並不滿足報告分部的確定條件。此時，如果企業認為該分部重要，單獨披露該分部的信息能夠幫助報表使用者瞭解企業的整體情況，則可仍將該分部確定為本期的報告分部。

(三) 分部信息的披露

1. 分部披露的信息

(1) 分部收入。分部收入包括歸屬於分部的對外交易收入和對其他分部交易收入。主要由可歸屬於分部的對外交易收入構成，通常為營業收入。企業戶披露分部收入時，對外交易收入和對其他分部交易收入應當分別披露。分部收入一般不包括營業外收入。

(2) 分部費用。分部費用包括可以歸屬於分部的對外交易費用和對其他分部交易費用。主要由可歸屬於分部的對外交易費用構成，通常包括營業成本、稅金及附加、銷售費用等。分部費用通常不包括營業外支出、所得稅費用。企業在披露分部費用時，折舊費、攤銷費用以及其他重大的非現金費用應當單獨披露。

(3) 分部利潤（虧損）。分部利潤（虧損）指分部收入減去分部費用後的餘額。因此，不屬於分別收入的總部的收入和營業外收入等，以及不屬於分部費用的所得稅、營業外支出等，在計算分部利潤（虧損）時不得作為考慮的因素。

(4) 分部資產。分部資產包括企業在分部的經營中使用的、可直接歸屬於該分部的資產，以及能夠以合理的基礎分配給該分部的資產。分部資產的披露金額應當按照扣除相關累計折舊或攤銷額以及累計減值準備後的金額確定，即按分部資產的帳面價值來確定。

(5) 分部負債。分部負債，是指分部經營活動形成的可歸屬於該分部的負債，不包括遞延所得稅負債。與分部資產的確認條件相同，分部負債的確認也應當符合下列兩個條件：一是可直接歸屬於該分部；二是能夠以合理的基礎分配給該分部。

2. 分部披露的格式

保險公司分部信息披露格式如下：

(1) 業務分部，信息披露格式如表 11-26 所示：

表 11-26　　　　　　　　　保險公司業務分部報表　　　　　　　　單位：元

項　目	××業務 本年	××業務 上年	××業務 本年	××業務 上年	……	其他業務 本年	其他業務 上年	抵銷 本年	抵銷 上年	合計 本年	合計 上年
一、營業收入											
已賺保費											
保險業務收入											
減：分出保費											
提取未到期責任準備金											
投資收益											
公允價值變動收益											
匯兌收益											
其他業務收入											
二、營業支出											
賠付總支出											
減：攤回賠付支出											

表 11-26（續）

項　　目	××業務 本年	××業務 上年	××業務 本年	××業務 上年	……	其他業務 本年	其他業務 上年	抵銷 本年	抵銷 上年	合計 本年	合計 上年
提取保險責任準備金											
減：攤回保險責任準備金											
手續費及佣金支出											
分保費用											
退保金											
保單紅利支出											
稅金及附加											
業務及管理費											
減：攤回分保費用											
其他業務支出											
資產減值損失											
三、營業利潤（虧損）合計											
四、未分攤的費用	—	—	—	—		—	—	—	—		
五、所得稅費用	—	—	—	—		—	—	—	—		
六、淨利潤	—	—	—	—		—	—	—	—		
七、資產總額											
1. 分部資產											
2. 未分配資產	—	—	—	—		—	—	—	—		
八、負債總額											
1. 分部負債											
2. 未分配負債	—	—	—	—		—	—	—	—		
九、補充信息											
1. 折舊攤銷費用											
2. 資本性支出											
3. 折舊和攤銷以外的非現金費用											

（2）地區分部，信息披露格式如表 11-27 所示：

表 11-27　　　　　　　　　　保險公司地區分區報表　　　　　　　　　　單位：元

項　　目	××地區 本年	××地區 上年	××地區 本年	××地區 上年	……	其他地區 本年	其他地區 上年	抵銷 本年	抵銷 上年	合計 本年	合計 上年
一、營業收入											
已賺保費											
保險業務收入											

表 11-27（續）

項　目	××地區 本年	××地區 上年	××地區 本年	××地區 上年	……	其他地區 本年	其他地區 上年	抵銷 本年	抵銷 上年	合計 本年	合計 上年
減：分出保費											
提取未到期責任準備金											
投資收益											
公允價值變動收益											
匯兌收益											
其他業務收入											
二、營業支出											
賠付總支出											
減：攤回賠付支出											
提取保險責任準備金											
減：攤回保險責任準備金											
手續費及佣金支出											
分保費用											
退保金											
保單紅利支出											
稅金及附加											
業務及管理費											
減：攤回分保費用											
其他業務支出											
資產減值損失											
三、營業利潤（虧損）合計											
四、未分攤的費用	—	—	—	—	—	—	—	—	—	—	—
五、所得稅費用	—	—	—	—	—	—	—	—	—	—	—
六、淨利潤	—	—	—	—	—	—	—	—	—	—	—
七、資產總額											
1. 分部資產											
2. 未分配資產	—	—	—	—	—	—	—	—	—	—	—
八、負債總額											
1. 分部負債											
2. 未分配負債	—	—	—	—	—	—	—	—	—	—	—
九、補充信息											
1. 折舊攤銷費用											
2. 資本性支出											
3. 折舊和攤銷以外的非現金費用											

三、關聯方披露

(一) 關聯方關係的認定

關聯方關係的存在是以控制、共同控制或重大影響為前提條件的。在判斷是否存在關聯方關係時，應當遵循實質重於形式原則。從一個企業的角度出發，與其存在關聯方關係的各方包括：

(1) 該企業的母保險公司，不僅包括直接或間接地控制該企業的其他企業，也包括能夠對該企業實施直接或間接控制的部門、單位等。

(2) 該企業的子保險公司，包括直接或間接地被該企業控制的其他企業，也包括直接或間接地被該企業控制的單位、基金等。

(3) 與該企業受同一母保險公司控制的其他企業。

(4) 對該企業實施共同投資的投資方。

(5) 對該企業實施重大影響的投資方。

(6) 該企業的主要投資者個人極其關係密切的家庭成員。

(7) 該企業或其母保險公司的關鍵管理人員極其關係密切的家庭成員。

(8) 該企業主要投資者個人、關鍵管理人員或與其關係密切的家庭成員控制、共同控制或施加重大影響的其他企業。

(二) 關聯方交易的類型

(1) 購買或銷售商品。

(2) 購買或銷售除商品以外的其他資產。

(3) 提供或接受勞務。

(4) 擔保。

(5) 提供資金。包括貸款和股權投資。

(6) 租賃。

(7) 代理。

(8) 研究與開放項目的轉移。

(9) 許可協議。

(10) 代表企業或由企業代表另一方進行債務結算。

(11) 關鍵管理人員薪酬。

(三) 關聯方披露

(1) 企業無論是否發生關聯交易，均應當在附註中披露與該企業自檢存在直接控制關係的母保險公司和子保險公司有關的信息。

(2) 企業與關聯方發生關聯方交易的，應當在附註中披露該關聯方關係的性質、交易類型和交易要素。關聯方關係的性質，是指關聯方與該企業的關係，即關聯方是該企業的子保險公司、合營企業、聯營企業等。交易類型通常包括購買或銷售商品、購買或銷售商品以外的其他資產、提供或接受勞務、擔保、提供資金（貸款或股權投資）、租賃、代理等。交易要素至少應當包括交易的金額；未結算項目的金額、條款和條件以及有關提供或

取得擔保的信息等。

（3）對外提供合併財務報表的，對於已經包括在合併範圍內各企業之間的交易不予披露。

第七節　保險公司財務報表的分析

雖然每張報表都可以單獨反應企業某一方面的經營、財務狀況，但會計報表提供的大量會計信息都是絕對數字。絕對數字本身沒有太大的實際意義，有意義的是數字之間的相互關係。這就需要報表閱讀者對會計報表中的數據做進一步的加工處理，以顯示各項資料間所隱含的相互關係，也即進行財務報表分析，通過財務報表所提供的財務指標及其他有關經濟信息，對企業財務狀況和經營成果作出分析、比較、解釋和評價，目的在於判斷企業的財務狀況，診察企業經營活動的利弊得失，以便進一步分析企業未來的發展趨勢，為財務決策、計劃和控制提供依據。

一、財務報表分析的目的和作用

（一）財務報表分析的目的

財務報表分析的目的受分析主體與分析的服務對象的制約，不同的財務報表分析主體進行分析的目的是不同的，不同的分析服務對象所關心的問題也是各有差別的。只有將各分析主體的分析目的與各服務對象關心的問題相結合，才能得出財務報表分析的總體目標。而從分析的主體看，包括投資者進行的財務報表分析、經營者進行的財務報表分析、債權人進行的財務報表分析以及其他相關經濟組織或個人所進行的財務報表分析；從財務報表分析的服務對象看，也包括投資者、經營者、債權人以及其他相關利益主體。因此，研究財務報表分析的目的可以從以下幾個方面展開。

1. 從企業投資者角度看財務報表分析的目的

這裡所指的投資者既包括企業現有的出資者，也包括資本市場上潛在的投資者，他們進行財務報表分析的最根本目的是衡量企業的盈利能力狀況，因為盈利能力是保證其投入資本的保值與增值的關鍵所在。但是投資者不會僅關心當前的盈利能力，尤其對那些意欲長期投資、擁有股份較多的投資者而言，為了確保其資本保值增值的長遠利益，他們還要研究企業的權益結構、支付能力及營運狀況等。只有投資者認為企業有著良好的發展前景，企業的所有者才會保持或增加投資，潛在投資者也才會踴躍地把大量資金放心地投入該企業；否則，企業所有者將會盡可能的拋售股權、收回投資，潛在投資者也不會選擇該企業作為投資對象。另外，對企業所有者而言，財務報表分析也可以評價企業經營者的經營業績，發現經營過程中存在的問題，從而通過行使股東權力，及時糾正偏差，為企業未來發展指明方向。

2. 從企業債權人角度看財務報表分析的目的

保險企業的債權人除貸款給企業的銀行、其他金融機構外，主要的構成主體是投保人。債權人進行財務報表分析的重點是企業長、短期償債能力，主要觀察對企業的借款或

其他債權是否能及時、足額的收回。同時，他們不僅要求及時收回本金，還要求得到一定的收益，而收益的大小又與其承擔的風險相關，因此他們進行報表分析的另一重點是看其收益狀況與風險程度是否能相適應，以決定是否借款給該企業或購買該企業的保單。

　　3. 從企業經營者角度看財務報表分析的目的

　　企業經營者所承擔的經營管理責任需要他們全面分析企業財務報表，故他們進行財務報表分析的目的也是綜合的、多方面的。首先，從對企業所有者負責的角度，他們也關心盈利能力，但這只是他們的總體目標；在分析過程中，他們關心的不僅僅是盈利結果的多少，而更在於盈利的原因及過程，即要進行資產結構分析、營運狀況與效率分析、經營風險與財務風險分析、支付能力與償債能力分析以及企業發展前景預測等。通過這種分析，其目的是及時發現生產經營中存在的問題與不足，並採取有效措施解決這些問題，以充分利用有限的資源，不斷提高管理水準，使企業不僅能用現有資源盈利更多，而且要使企業的這種盈利能力保持穩定持續的增長。

　　4. 財務報表分析的其他目的

　　財務報表分析的其他主體或服務對象主要指企業內部職工、與企業經營有關的企業、仲介機構的註冊會計師及其他審計人員和國家行政管理與監督部門。企業職工，包括職工個人和他們的工會組織，需要通過分析財務報表來瞭解企業的穩定性和獲利能力，並以此評價企業提供勞動報酬、各項福利和就業機會的能力。與企業經營有關的企業單位主要是原材料的供應者和企業產品的購買者，他們出於保護自身利益的需要，也非常關心往來企業的財務狀況，要進行有關的財務報表分析。這些企業單位進行分析的主要目的在於搞清企業的信用狀況，而企業信用狀況分析，一可通過對企業支付能力和償債能力的評價進行，二可根據對企業利潤表中反應的企業交易完成情況進行分析判斷來說明。

（二）財務報表分析的作用

　　財務報表分析的最基本功能，是將大量的報表數據轉換成對特定決策有用的信息，以減少決策的不確定性。具體來看，有以下作用。

　　1. 財務報表分析可以正確評價企業過去

　　正確評價過去，則說明現在和揭示未來的基礎。財務報表分析通過對實際會計報表等資料的分析，能夠較為準確的說明企業過去的業績狀況，指出企業的成績和問題所在及其產生的主客觀原因等。這不僅對於企業的經營管理者十分有益，而且可對企業投資者和債權人等的行為產生積極影響。

　　2. 財務報表分析可以較為全面的分析企業現狀

　　財務會計報表及管理會計報表等資料是企業各項生產經營活動的綜合反應。但會計報表的格式及其提供的數據往往是根據會計的特點和管理的一般需要而設計的，它不可能全面提供不同目的報表使用者所需要的各方面數據資料。財務報表分析則根據不同分析主體的分析目的，採用不同的分析手段和方法，可得出反應企業各個方面現狀的具體指標，如反應企業資產結構的指標、企業權益結構的指標、企業支付能力和償債能力的指標、企業營運狀況的指標、企業盈利能力指標，等等，從而可以對企業現狀作出較為全面的反應與評價。

3. 財務報表分析可以估價企業潛力

企業的潛力通常是指在現有技術水準條件下，企業在一定資源投入情況下的最大產出，即產出潛力；或在一定產出情況下資源的最小投入，即成本潛力。通過財務報表分析可正確及時地挖掘出企業各方面的潛力，如通過趨勢分析方法可說明企業總體的發展潛力，通過因素分析和對比分析方法可找出企業經營管理某環節的潛力。正確揭示企業的潛力不僅是企業經營者所需要的，而且也為企業的投資者和債權人所密切關注。

4. 財務報表分析可以在一定程度上揭示企業風險

風險的存在產生於經濟中的不確定因素，企業風險包括投資風險、經營風險和財務風險等。財務報表分析，特別是用趨勢分析法、結構分析法等，可以在一定程度上揭示出企業經營所面臨的風險，因為有相當的風險會從財務報表反應的財務狀況中表現出來，而財務狀況的好壞也代表著企業防範、抵禦風險能力的大小。

二、財務報表分析的評價標準

（一）企業內部標準

來自企業內部的評價標準主要包括歷史標準和預算標準，它們都產生於企業內部，或直接根據歷史情況確定標準，或綜合歷史和現狀，以對未來的預期作為標準。

1. 歷史標準

歷史標準是指以企業過去某一時間的實際狀況或業績作為標準，它可以選擇企業的歷史最好水準，也可以選擇企業正常經營條件下一般或平均的水準。實際工作中，我們在進行財務報表分析時，經常將本年度的財務狀況與上年進行對比，此時企業上年的業績水準便充當了一種歷史標準。採用歷史標準，對於評價企業自身經營狀況和財務狀況是否改善是非常有益的，可以從中看出企業本身發展變化的趨勢。

2. 預算標準

預算標準是指企業根據自身經營條件或經營狀況制定的目標標準，相對於歷史標準，一般條件下，它是在前者的基礎上結合了企業現狀以及外部有關條件等因素後方才確立的。由於預算標準制定的特點，它能夠比較全面實際地反應企業狀況，具有較強的目標引導作用，其優越性尤其表現在利用它來考核評價企業各級、各部門經營者的經營業績上及其對企業總體目標實現的影響上。但是作為一種企業內部自己制定的評價標準，其局限性也是顯而易見的。這主要在於預算標準的制定受到較多人為因素的影響，比較缺乏客觀性，對於外部分析者作用不大。

（二）企業外部標準

1. 行業標準

按行業制定的行業標準在財務報表分析中廣泛採用，它或是指反應行業財務狀況和經營狀況的基本水準或平均水準，也可指同行業某一先進企業的業績水準。同業的平均數，只起一般性的指導作用，不一定有代表性，通常可選一組有代表性的企業，以其平均數為同業標準，或者直接就以競爭對手的報表數據為分析基礎也許更有意義。在財務報表分析中運用行業標準，可以說明企業在行業中所處的相對地位與水準，從而正確判斷企業的變

動趨勢。

2. 經驗標準

所謂經驗標準，是指通過大量實踐經驗的檢驗，從中總結得出的具有普遍意義的標準，也即所謂的經驗之談，它一般在財務比率分析中應用較多。例如，流動比率（流動資產：流動負債）的經驗標準是不低於 2∶1。經驗標準是人們公認的標準，它來自實踐，並仍在實踐中不斷接受著檢驗，因而具有相當的客觀性和普遍性。但是必須明確指出的是，經驗標準畢竟只是對一般情況而言的粗略判斷，既不能從理論上加以證明，也絕不是適用一切領域、一切情況的絕對標準。

三、財務報表分析方法

根據保險公司的行業特點，常用的基本的財務分析方法有趨勢分析法、因素分析法和比率分析法等。

（一）比率分析法

比率分析法是財務分析的最基本、最重要的方法。比率分析法的實質是將影響財務狀況的兩個相關因素聯繫起來，通過計算比率，反應它們之間的關係，借以評價企業財務狀況和經營狀況的一種財務分析方法。

比率分析在具體運用中，常用的對比方式主要有三種：①將同一張財務報表的數據聯繫起來對比，如把資產負債表上的流動資產和流動負債相比，求得流動比率以說明企業的短期償債能力；把利潤表上的稅後利潤與產品銷售收入相比，求得銷貨利潤率以說明企業的盈利能力等。②將不同財務報表的數據聯繫起來對比，如把利潤表上的稅後利潤與資產負債表上的資產總額相比，求得資產報酬率以說明企業的經營效率等。③通過比率之間的對比來說明問題。比率本身只是一種指標信息，只有通過前後期比率的比較，或以本企業的比率與同行業的經驗比率或標準比率對比，才能觀察到企業財務狀況的變動趨勢與程度，衡量出企業某一方面在同行業中所處的地位，也才能有助於對該企業作出公正合理的評價。

（二）趨勢分析法

趨勢分析法是根據企業連續數期的財務報表，運用指數或完成率的計算，比較各期的有關項目的增加方向和幅度，從而揭示當期財務狀況和營業情況的增減變化及其發展趨勢。趨勢分析既可用於對會計報表的整體分析，即研究一定時期報表各項目的變動趨勢，也可對某些主要指標的發展趨勢進行分析。它的一般步驟是：①計算趨勢比率或指數；②根據指數計算結果，評價與判斷企業各項指標的變動及其合理性；③根據企業以前各期的變動情況，研究其變動趨勢或規律，從而預測出企業未來的發展變動情況。

趨勢分析涉及指數，指數的計算通常有兩種方法，一是定基指數，即以某一固定時期為基數來計算各個時期的指數；二是環比指數，即分別以各自的前一時期為基數來計算各個時期的指數。

（三）因素分析法

因素分析法是一種分析幾個相互聯繫的因素對某項經濟指標影響程度的方法，它有多

種具體的方法,其中主要的一種是連環替代法。該法的特點是在測定影響某一經濟指標的各個因素的影響程度時,必須對各有關因素順序進行分析。當分析某一因素時,假定其餘因素的影響暫時不變。

例 11-1 根據表 11-28 所列數據,分析營業費用增加的原因。

表 11-28

經濟指標	計劃數	實際數
保費收入	10,000	11,000
營業費用	1,000	1,210
費用率	10%	11%

分析 影響營業費用的因素依次為:保費收入和費用率。用連環替代法分析計算兩個指標對營業費用增加的影響如下:

營業費用計劃數 = 10,000×10% = 1,000(元) (1)

第一次替換保費收入指標,而此時費用率指標(計劃數)保持不變,計算如下:

保費收入 = 11,000×10% = 1,100(元) (2)

(2) - (1) = 1,100 - 1,000 = 100(元) (3)

說明由於保費收入增加,使得營業費用增加 100 元。

第二次替換費用率指標,此時保費收入指標(實際數)保持不變,計算如下:

費用數 = 11,000×11% = 1,210(元) (4)

(4) - (2) = 1,210 - 1,100 = 110(元)

說明由於費用率增高,使得營業費用增加 110 元。將上述兩個因素對營業費用的影響加以匯總如下:100 + 110 = 210 元。

由以上分析可知:該保險公司本期營業費用總計增加 210 元,其中由於保費收入增加而導致營業費用的增加額為 100 元,由於費用率提高而導致的營業費用的增加額為 110 元。

四、保險公司財務報表分析指標

(一) 償債能力指標

由於保險公司經營的特殊性,保險公司承擔的債務包括兩個部分。一部分是向普通債權人借入的債務,這與其他企業一樣。另一部分則是對被保險人所承擔的賠償和給付責任。保險公司負債大部分表現為後者。確保保險公司償債能力是保護被保險人最核心且最有效的手段,對於長期經營占相當比重的保險公司來說尤其如此。判斷一個保險公司償債能力高低的指標主要有資產負債率、流動比率、固定資產比率、自留保費規模和償付能力充足率等。以下將作一一介紹。

1. 資產負債率

資產負債率是保險公司負債總額與資產總額的比例,反應保險公司總資產中有多大比例是通過債務籌集的。

$$資產負債率 = 負債總額 \div 資產總額 \times 100\%$$

資產負債率是衡量保險公司在清算時保護債權人（主要是被保險人）利益的程度的重要指標。同時該指標也可以反應所有者自身承擔風險的程度，以及保險公司的實力和償債風險。鑒於保險公司負債經營的特點，通常認為非保險公司的資產負債率不應大於 50%，保險公司的資產負債率可以適當高一些，表 11-29、表 11-30 分別列舉了三家人壽保險公司和三家財產保險公司在 2015 年、2016 年的資產負債率。

表 11-29　　　　2015 年和 2016 年三家人壽保險公司資產負債率

保險公司名稱	2016 年	2015 年
中國人壽	88.59%	86.68%
平安壽險	94.20%	92.90%
新華人壽	91.54%	91.24%

表 11-30　　　　2015 年和 2016 年三家財產保險公司資產負債率

保險公司名稱	2016 年	2015 年
人保財險	74.93%	74.09%
平安財險	77.56%	76.89%
中華聯合	77.36%	75.18%

根據以上兩張表格可以看出，一方面，同一般工商企業不同，保險公司的資產負債率幾乎均高於 70%，最高到 90% 左右；另一方面，人壽保險公司的資產負債率明顯高於財產保險公司。這主要是因為人壽保險公司主要經營的是長期性業務。

2. 流動比率

流動比率又稱短期償債能力比率，是衡量保險公司在某一時點清償即將到期債務的能力。

$$流動比率 = 流動資產 \div 流動負債$$

流動比越高表明保險公司滿足賠款、給付和退保的短期償債能力越強。通常認為保險公司正常的流動比率應不低於 1。這是因為保險公司流動資產中幾乎沒有變現困難的存貨，而主要由貨幣資金、短期投資和應收項目組成。只要流動資產大於流動負債，就基本能保證短期償債能力。

流動比率的可信程度主要取決於應收項目的變現能力。由於應收項目不一定都能變成現金，因此大於 1 的流動比率不代表絕對能償付所有短期債務，還要參照同行業其他保險公司應收項目比例的高低進行判斷。

3. 固定資產比率

由於保險公司是先收取保費再提供保障的特殊負債經營企業，而固定資產不能直接用於給付或賠償，所以其固定資產在淨資產中所占比重不能過高，要控制在一定比例之內，以保證保險公司的淨資產具有較高的流動性和變現能力。而固定資產比率正是衡量這一比重關係的指標。

固定資產比率＝（固定資產淨值＋在建工程餘額）÷淨資產×100%

根據 2007 年 1 月 1 日實施的《金融企業財務規則》，保險公司的固定資產比率最高不得超過 50%。

4. 自留保費規模率

自留保費規模率＝自留保費÷（資本金＋公積金）×100%

該項指標主要針對非保險公司，指標值越高，代表財產保險公司承擔的風險越大。中國《保險法》規定「經營財產保險業務的保險公司當年自留保險費，不得超過其實有資本金加公積金總和的四倍。」

5. 核心償付能力充足率

即核心資本與最低資本的比值，衡量保險公司高質量資本的充足狀況。根據資本吸收損失的性質和能力，保險公司資本分為核心資本和附屬資本。核心資本是指在持續經營狀態下和破產清算狀態下均可以吸收損失的資本。附屬資本是指在破產清算狀態下可以吸收損失的資本。

核心償付能力充足率＝核心資本÷最低資本

核心償付能力充足率應不低於 50%。

6. 綜合償付能力充足率

即實際資本與最低資本的比值，衡量保險公司資本的總體充足狀況。實際資本是指保險公司在持續經營或破產清算狀態下可以吸收損失的財務資源。最低資本，是指保險公司為應對資產風險、承保風險等風險對償付能力的不利影響，依據中國保監會的規定而應當具有的資本數額。

綜合償付能力充足率＝實際資本÷最低資本
實際資本＝認可資產－認可負債

綜合償付能力充足率應不低於 100%。

表 11-31 為 5 家財產保險公司 2016—2017 年核心償付能力充足率和綜合償付能力充足率一覽表，從表中可以看出：5 家財產保險公司的核心償付能力充足率和綜合償付能力充足率都超過監管二類的要求，說明其核心資本和綜合資本都與其風險規模和業務規模相匹配。其中核心和綜合償付能力最高的是眾安，其核心償付能力充足率和綜合償付能力充足率均為 1,178.31%，償付能力充足率水準較高，實際資本為 168.65 億元，全部由核心一級資本構成。核心和綜合償付能力最低的是太平，分別為 179% 和 216%。

表 11-31 5 家財險保險公司 2016—2017 年核心償付能力充足率和綜合償付能力充足率

保險公司名稱	核心償付能力充足率（%）		綜合償付能力充足率（%）	
	2017 年	2016 年	2017 年	2016 年
人保財險	229	232	278	287
平安財險	194	237.4	217.5	267.3
太保財險	240	266	267	296
太平財險	179	181	216	206
眾安財險	1,178.31	1,135.21	1,178.31	1,135.21

(二) 盈利能力指標

盈利能力是指企業正常賺取利潤的能力，是企業生存和發展的基礎，故受到投資者、債權人、企業管理者等的廣泛關注。保險公司盈利能力分析包括盈利能力、資金運用效益和資本增值能力分析三部分。

1. 盈利能力分析

(1) 銷售淨利率

$$銷售淨利率 = 淨利潤 \div 營業收入 \times 100\%$$

銷售淨利率反應保險公司每1元的營業收入所帶來的淨利潤有多少，表明營業收入的收益水準。相對於利潤總額而言，銷售淨利率是個相對指標，方便保險公司間的比較，也有利於在經營規模有較大變化的保險公司的歷年經營水準中進行比較。越多的營業收入不一定意味著越多的淨利潤。如何在拓展營業收入的同時有效增加淨利潤，銷售淨利率指標無異於一把盈利能力的標尺。通過分析銷售淨利率的升降變動，可以促使保險公司在取得營業收入的同時，注意改善經營管理，提高盈利水準。

(2) 淨資產收益率

淨資產收益率又稱為淨值報酬率或權益淨利率，是淨利潤與平均資產淨值的百分比，也可使用年末股東權益代替資產淨值作為分母。

$$淨資產收益率 = 淨利潤 \div 平均淨資產 \times 100\%$$

公式分母是平均淨資產，對於上市保險公司而言也可以使用年末淨資產。因為股份制保險公司在增加股份時，新股東要超面值繳入資本並獲得同股同權的地位，期末的股東對本年利潤就擁有了同等權利；而且這樣計算也可以和每股收益、每股淨資產等按年末股份數的計算保持一致。

淨資產利潤率既反應淨資產的獲利能力，又衡量保險公司負債資金成本的高低。一般來說，保險公司的淨資產利潤率越高越好，如果高於同期銀行利率，則表明適度負債對投資者來說是有利的。但是過高的淨資產利潤率代表保險公司可能存在太高的承保利潤，對被保險方來說是不公平的。

(3) 資產淨利率

$$資產淨利率 = 淨利潤 \div 平均資產總額 \times 100\%$$

資產淨利率是一個綜合性的指標，表明一定期間資產利用的綜合效果。該指標可以與本企業前期、本企業計劃、同行業先進企業進行對比。

(4) 公允價值變動損益利潤率

公允價值變動損益利潤率反應保險公司淨利潤中公允價值變動損益所占的比重。

$$公允價值變動損益利潤率 = 公允價值變動損益 \div 淨利潤 \times 100\%$$

該指標越高，說明公允價值變動對淨利潤的貢獻越大，損益的波動性越大，市場風險也越大。

(5) 每股收益

$$每股收益 = 淨利潤 \div 總股本$$

對於上市保險公司，每股收益是投資者最為重視的一個指標，投資者往往根據它來作

出投資決策。通常，每股收益越高，說明企業的盈利能力越強。在判斷企業盈利能力強弱時，還應與同行業其他企業或同一企業不同時期進行比較，才能夠得出正確的認識。

2. 保險資金運用效益分析

資金運用效益分析是保險公司獲利能力分析的重要組成部分。在分析時，首先，應瞭解保險公司資金運用效益的構成情況，進一步分析各類投資渠道對資金運用效益的影響，以明確重點；其次，應將資金運用效益完成數和計劃數、上年數、歷史同期水準或歷史最高水準相比較，瞭解它們的計劃完成情況和增減變化情況。

在實務中，由於投資收益指標計算口徑不同，形成不同的投資收益率指標，常見的有淨投資收益率、總投資收益率。

淨投資收益率 =（存款利息收入、債券利息收入、權益股息收入、投資性房地產租金）÷分子對應的各項投資資產的加權平均

總投資收益率 =（淨投資收益+證券投資差價收入+以公允價值計量且其變動計入損益的交易性金融資產+公允價值變動損益+投資資產減值損失）÷分子對應的各項投資資產的加權平均

表 11-32 為 2017 年上市險企投資收益及其變動表。從表中可以看出：2017 年五家上市險企合計實現投資收益 4,149.73 億元，同比上升 26.71%。國壽、平安、太保、新華和人保投資收益分別為 1,349.83、1,559.19、519.46、356.49、364.76 億元，同比分別增加 11.71%、42.16%、13.84%、4.82%、10.28%。受 A 股結構性行情的帶動、港股通的投資利好以及利率上行的有利影響，上市險企債券再投資與二級市場投資均取得較好成績，整體投資收益有所改善。其中，通過有效把握權益市場機會及港股價值窪地的投資機會，上一年投資收益降幅最大的平安在 2017 年實現了強勢逆轉，投資收益率同比增加 42.16%，總投資收益率為 6.0%，同比增加 0.7 個百分點。中國人壽總投資收益率為 5.16%，較上年提升 0.55 個百分點。這主要得益於國壽把握住了利率高位窗口，新增配置債券及固收類非標資產超過 4,400 億元。至於淨投資收益率，因其主要包括各類利息收入及投資性房地產淨收益等，受股市影響較小，故較為平穩。2017 年平安、人保、太保、新華、國壽的淨投資收益率分別為 5.8%、5.5%、5.4%、5.1% 和 4.9%，市場表現良好。

表 11-32　　　　　　　　2017 年上市險企投資收益及其變動表

指標		中國人壽	平安	太保	新華	人保
投資收益及其同比變動	投資收益（億元）	1,349.83	1,559.19	519.46	356.49	364.76
	同比變動（%）	11.71	42.16	13.84	4.82	10.28
	總投資收益率(%)	5.16%	6.00%	5.40%	5.20%	5.90%
	變動百分點	0.55	0.7	0.2	0.1	0.1
	淨投資收益率(%)	4.90%	5.80%	5.40%	5.10%	5.50%
	變動百分點	0.25	-0.2	0	0	-0.2

3. 資本增值能力分析

所有者權益包括投入資本和資本增值兩部分。投入資本包括實收資本（股本）和一部分資本公積，資本增值包括盈餘公積、一般風險準備和未分配利潤。在分析資本增值能力時通常不能只看投入資本金額的大小，還需要重點關注資本增值的部分。

（1）資本保值增值率

資本保值增值率是指保險公司在不考慮股東增資的情況下，本年末所有者權益與年初所有者權益的百分比，反應保險公司當年資本在自身努力下的實際增減變動情況。

$$資本保值增值率 = 年末所有者權益 \div 年初所有者權益 \times 100\%$$

根據資本保全原則，為了保護投資者的合法權益，未經許可，不得隨意衝減資本金。因此，正常情況下，該指標僅有兩種情況出現：一是等於100%，說明資本保值；一是大於100%，說明資本增值。該指標越高，表明保險公司的資本保全狀況越好，股東權益增長越快，債權人的權益越有保障，保險公司的發展後勁越強。

（2）每股淨資產

$$每股淨資產 = 年末歸屬於母保險公司股東的股東權益 \div 年末普通股股數$$

在有優先股的情況下，公式中的年末股東權益應為扣除優先股權益後的餘額。

每股淨資產反應了發行在外的每股普通股所代表的淨資產成本即帳面價值，故又稱為每股帳面價值或每股權益。該指標在理論上提供了保險公司普通股每股的最低價值。若保險公司的股票價值低於淨資產成本，成本又接近於變現價值，說明保險公司已無存在價值，清算是股東最好的一種選擇。

（3）綜合收益率

$$綜合收益率 = 歸屬於母保險公司股東的綜合收益總額 \div 歸屬於母保險公司股東的股東權益期初期末平均餘額$$

該指標反應投入的資本所獲得的包括未實現收益在內的綜合收益回報，體現股東投入資本所獲得的增值。

（三）經營效率分析

1. 綜合成本率

對於財險保險公司來說，綜合成本率是衡量保險公司成本管理的重要指標，綜合成本率越低說明承保利潤率越高。當綜合成本率小於100%，說明保險公司在承保有盈利；當綜合成本率大於100%，說明保險公司存在承保虧損。

根據《保險公司經營評價指標體系（試行）》（2015），綜合成本率、綜合費用率和綜合賠付率的計算如下：

綜合成本率＝綜合費用率＋綜合賠付率＝（賠付支出＋分保賠付支出＋再保後未決賠款準備金提取額－攤回分保賠款＋業務及管理費＋佣金及手續費＋保險業務稅金及附加＋分保費用－攤回分保費用）÷已賺保費×100%

其中：

（1）綜合費用率＝（業務及管理費＋佣金及手續費＋保險業務稅金及附加＋分保費用－攤回分保費用）÷已賺保費

對於開業3年以上的保險公司，該指標值的正常範圍應小於35%；對於開業不足3年的保險公司，該指標值的正常範圍應小於50%。

（2）綜合賠付率＝（賠付支出+分保賠付支出+再保後未決賠款準備金提取額−攤回分保賠款）÷已賺保費×100%

綜合賠付率指標值的正常範圍應小於65%。

從表11-33可以看出，2015—2017年，三家上市險企承保均有盈利，但盈利空間有限。其中，綜合成本率最低的是平安財險，說明其保險業務盈利最高；綜合賠付率最低的是平安財險，這得益於平安財險在產品定價和風險識別方面的優勢，能有效控制賠付率；綜合費用率最低的是人保財險，說明其費用管控有成效。

表11-33　　三家上市險企2015—2017年綜合成本率及其構成一覽表

保險公司名稱	人保財險			平安財險			太保財險		
年份	2015	2016	2017	2015	2016	2017	2015	2016	2017
綜合成本率	96.50%	98.10%	97.00%	95.60%	95.90%	96.20%	99.80%	99.20%	98.80%
綜合賠付率	62.70%	63.50%	62.30%	56.70%	54.40%	56.60%	64.80%	61.20%	59.90%
綜合費用率	33.80%	34.60%	34.70%	38.90%	41.50%	39.60%	35%	38%	38.90%

2. 給付率

給付率＝(滿期給付+死傷醫療給付+年金給付)÷壽險、長期健康險長期責任準備金×100%

給付率是用來考核人壽保險業務和長期健康保險業務質量的指標。由於壽險業務和長期健康保險業務的長期性和特殊性，並非越低的給付率代表越高的承保質量。當給付率較低時，可能是因為保險公司對核保和理賠控制得比較好，使得實際死亡率低於預定死亡率，從而獲得較多的死差益；也可能是因為保險公司本期保費收入可觀，從中提取了較多的長期責任準備金所致。因此，不能盲目地只根據給付率判斷長期險種的承保質量。

3. 退保率

退保率是衡量保險公司退保情況的指標。正常範圍通常為<5%。如果退保率較高，說明保險公司展業質量較差，保險公司的支出增加，影響保險公司獲利能力。此外，較高的退保率還說明保險公司經營不景氣，承保市場萎縮，保費收入在大幅度降低。因此該指標是一個反指標，其數值越低越好。該指標提醒保險公司管理層在追求展業業績的同時，也不可放鬆承保質量。

本指標僅適用於壽險業務和長期健康險業務。

根據《保險公司經營評價指標體系（試行）》（2015），綜合退保率的計算公式如下：

綜合退保率＝(退保金+保戶儲金及投資款的退保金+投資連接保險獨立帳戶的退保金)÷(期初長期險責任準備金+保戶儲金及投資款期初餘額+獨立帳戶負債期初餘額+本期規模保費)×100%

表11-34為2018年上半年上市險企退保率及其變動表，從表中可以看出：中國人壽、太保、新華的退保率均有所上升，分別上升0.9%、0.1%、0.3%。中國人壽退保率最高為

4.3%，同比上升 0.9 個百分點，主要是去年所售 1 年期高現價產品以及 2016 年所售 2 年期高現價產品到底所致；新華人壽退保率位居第二，達到 4%，同比上升 0.3 個百分點，主要是由於 2016 年銀保渠道銷售的中短期產品於本年度達到退保高峰；中國平安的退保率最低為 0.8%，同比下降 0.3 個百分點，主要是因為銀保躉交理財型業務較少從而避免了集中滿期給付和退保情況的出現。

表 11-34　　　　2018 年上半年上市險企退保率及其同比變動

保險公司名稱	退保率（%）		
	2018/6/30	2017/6/30	同比變動（%）
中國人壽	4.3	3.4	0.9
中國平安	0.8	1.1	-0.3
中國太保	0.9	0.8	0.1
新華人壽	4	3.7	0.3

4. 保單繼續率

亦稱「保單續保率」，一般用於統計分析壽險保單繼續有效的比率，用於衡量保險公司業務質量。如果保單繼續率高，則說明保險公司業務質量越好。

根據《保險公司經營評價指標體系（試行）》（2015），13 個月保單繼續率計算公式如下：

13 個月保單繼續率＝評價期前溯 12 個月承保的期交新單在首個保單年度寬限期內實收的規模保費÷評價期前溯 12 個月承保的期交新單實收的規模保費×100%

評價期前溯 12 個月是指評價期初前推 12 個月和評價期末前推 12 個月之間的時間。

期交新單指投保人為個人的期交保單，不包含躉交件、猶豫期撤單件、發生理賠終止件、免繳、註銷、遷出、效力中止及轉換終止的保單。

實務中，還經常使用 25 個月保單繼續率用以衡量保險業務質量高低。

25 個月保單繼續率＝兩年前同期生效的個人長期險期繳保單生效後第 25 個月的實收保單件數÷兩年前同期生效的個人長期險期繳保單件數×100%。表 11-35 為 2017 和 2018 年上半年 4 家上市險企的 13 個月保單繼續率和 25 個月保險繼續率及其同比變動一覽表。從表中可以看出，2018 年上半年，4 家上市險企的保單持續率總體呈上升趨勢，從側面反應了 4 家上市險企的保險業務質量不斷提高。從 13 個月保單持續率來看，中國平安、中國太保、新華人壽以及中國人保的 13 個月保單持續率均超過 90%，其中中國人保以 94.4%居於上市保險公司 13 個月保單持續率首位；新華人壽保單持續率最低，為 90，7%。從保單持續率增速來看，新華人壽同比增速最快，達 1.5%；而中國太保 13 個月保單持續率不升反降 0.3 個百分點。從 25 個月保單持續率來看，中國太保的保單持續率是最高的，達到 91.5%；新華人壽的保單持續率最低，為 84.7%。

表 11-35　2018 年上半年上市險企 13 個月保單持續率和 25 個月保單持續率及其變動

保險公司名稱	13 個月保單持續率及其變動			25 個月保單持續率及其變動		
	2018/6/30	2017/6/30	同比變動(%)	2018/6/30	2017/6/30	同比變動(%)
中國平安	94.3	93.7	0.6	90.9	90.1	0.8
中國太保	93.8	94.1	-0.3	91.5	88.9	2.6
新華人壽	90.7	89.2	1.5	84.7	82.3	2.4
中國人保	94.4	93.1	1.3	91.3	89.2	2.1

4. 應收保費週轉率

$$應收保費週轉率 = 保費收入 / 平均應收保費$$

$$應收保費週轉天數 = 360 / 應收保費週轉天數$$

該指標主要適用於非壽險業務。公式中的「保費收入」來自利潤表,「平均應收保費」則是期初、期末未扣除壞帳準備的應收保費的平均數。

應收保費的及時回收回,不僅可以增強保險公司的短期償債能力,而且能夠反應保險公司保費收入的質量。一般說來,應收保費週轉率越高,應收保費週轉天數越短,說明應收保費收回越快。該指標可與前期指標、行業平均指標相對比判斷其高低。

(四) 增長能力指標

增長能力通常是指企業未來生產經營活動的發展趨勢和發展潛力。保險公司能否持續增長,對股東、潛在投資者、經營者及其他利益相關團體來說至關重要。企業的增長能力可以通過不同時期的股東權益、資產、淨利潤和保費收入進行對比分析。

1. 股東權益增長率

$$股東權益增長率 = \frac{本期股東權益增加額}{股東權益期初餘額} \times 100\%$$

一般情況下,股東權益增長率越高,表明保險公司本期權益增加越多。為更正確判斷和預測企業股東權益規模的增長趨勢和增長水準,應將企業不同時期的股東權益增長率加以比較。因為一個持續增長型企業,其股東權益應該是不斷增長的,如果時增時減,則反應出企業發展不穩定,同時也說明企業並不具備良好的增長能力,因此,僅僅計算和分析某個時期的股東權益增長率是不全面的,應利用趨勢分析法將一個企業不同時期的股東權益增長率加以比較,才能正確評價企業的增長能力。

2. 淨利潤增長率

由於淨利潤是企業經營業績的結果,因此,淨利潤的增長是企業成長性的基本表現。淨利潤增長率是本期淨利潤增長額與基期淨利潤之比,其計算公式如下:

$$淨利潤增長率 = \frac{本期淨利潤增長額}{基期淨利潤} \times 100\%$$

一般情況下,就淨利潤增長率本身而言,淨利潤增長率越大,說明企業收益增長得越多;相反,如果企業的淨利潤增長率越小,則說明企業收益增長得越少。

一個企業如果保費收入增長了,但利潤並未增長,則從長遠看,它並沒有創造經濟價

值。同樣，一個企業如果利潤增長了，但保費收入並未增長，這樣的增長是不能持續的，隨著時間的推移將會消失。

為了更正確地反應企業淨利潤的增長趨勢，應將企業連續多期的淨利潤增長率進行對比分析，這樣可以排除個別時期偶然性或特殊性因素的影響，從而全面、真實地揭示企業淨利潤和主營業務利潤的增長情況。表 11-36 為 2017 年 5 家上市險企的淨利潤及其同比變動情況一覽表。

表 11-36　　　　2017 年 5 家上市險企的淨利潤及其同比變動情況

	指標	中國人壽	平安	太保	新華	人保
淨利潤及其同比變動	淨利潤（億元）	327.52	999.78	149.91	53.84	230.51
	同比變動（%）	67.23	38.15	22.04	8.92	11.46
	歸屬於母保險公司淨利潤（億元）	322.53	890.88	146.62	53.83	160.99
	同比變動（%）	68.63	42.78	21.61	8.92	13.02

從上表可知：2017 年，5 家上市險企的淨利潤數據亮眼。5 家上市險企實現淨利潤 1,761.56 億元，同比增長 38.78%。其中，中國人壽受投資收益較快增長以及傳統險準備金折現率假設更新的影響，歸屬於母保險公司股東的淨利潤達 322.53 億元，較上年增長 68.6%。而平安集團得益於個人客戶數量的持續提升和對客戶價值的深入挖掘，其歸屬於母保險公司股東的淨利潤 890.88 億元當中，個人業務貢獻 589.75 億元，占比 66.2%，同比提升 0.8 個百分點。增長最慢的是新華人壽，同比增加 8.92%。

3. 保費收入增長率

保費收入是保險公司重要的資金來源，保費收入的增長是企業增長的源泉，也是履行賠償和給付責任的基礎。這也是保費收入增長率指標得到如此重視的原因。

由於長期險和短期險在經營性質方面存在的區別，通常將這兩類險種的保費收入增長率分別核算。

（1）壽險保費收入增長率

實務中衡量壽險保費收入增速的指標有保費收入增長率和規模保費增長率，具體的計算公式如下：

$$\text{保費收入增長率} = \text{本期保費收入} \div \text{去年同期保費收入} \times 100\% - 1$$

其中保費收入等於利潤表保險業務收入的金額，反應保險公司因原保險合同和再保險合同實現的保費收入和分保費收入。

本指標適用於已開業三年以上的保險公司，可用來考查保險公司原保險業務和再保險業務的拓展能力。根據《保險公司經營評價指標體系（試行）》（2015），該指標在-10%至 60%之間得分最高。該指標太低，說明保險公司業務增長緩慢，業務拓展能力不足，可能影響到保險公司的長期累積；指標太高，說明保險公司業務增長太快，又有可能因為責任準備金的相應增加而影響保險公司的償付能力，也不利於保險公司發展。因此，應結合

保費收入計劃的制定與執行，將該指標值控制在適當範圍，以適應保險公司發展的需要。

規模保費又稱實收保費，規模保費是指保險公司按照保險合同約定向投保人收取的全部保費。

$$規模保費＝新單保費＋續期保費$$

$$規模保費增長率＝本期規模保費÷去年同期規模保費×100\%－1$$

規模保費增長率用於核算保險公司所有保險產品實際銷售收入總額的增長情況，反應保險公司原保險業務的拓展能力。根據《保險公司經營評價指標體系（試行）》（2015），指標在-10%至60%之間得分最高。該指標與保費收入增長率一樣，既不能過高也不能過低，需要將其控制在適當的範圍，以保證保險公司業務在維持持續發展的同時，有充足的償付能力支撐業務的健康發展。

（2）非壽險保費收入增長率

衡量非壽險保費收入增長快慢的指標為保費收入增長率，其計算公式如下：

$$保費收入增長率＝本期保費收入÷去年同期保費收入×100\%－1$$

$$保費收入＝利潤表保險業務收入的全額$$

這個指標用來考查保險公司業務政策的變化情況，衡量保險公司在非壽險業務上的重心是增加了還是減少了。指標的支出範圍一般是-33%至+33%。如果指標的波動超出了這一範圍，可能意味著該保險公司的業務政策或管理制度發生了變化，也可能是業務擴展中出現了不穩定因素。

值得一提的是，由於財險保險公司保費收入中包含了分保業務的保費收入，然而保險公司也可能會產生分出保費，故而在衡量保費收入的增長中，需要考慮扣除分出保費後，財險保險公司實際自留的保費收入，因此在實務中可以配合使用自留保費增長率指標。

自留保費是指保險人核保、收取保險費後，除去因分保而支付的分出保費後所剩餘的保險費。

自留保費＝保費收入＋分保費收入－分出保費，各項目的口徑與會計報表中對應項目的口徑相同。

$$自留保費增長率＝本期自留保費÷去年同期自留保費×100\%－1$$

本指標值的正常範圍為-10%～60%。

4. 資產增長率

$$資產增長率＝\frac{本期資產增加額}{資產期初餘額}×100\%$$

資產增長率是用來考核企業資產投入增長幅度的財務比率，資產增長率越大，說明資產規模增加幅度越大。需要注意的是，評價一個保險公司的資產規模增長時候適當，必須與銷售增長、利潤增長等情況結合起來分析。只有當一個保險公司的銷售增長、利潤增長超過資產規模增長時，這種資產規模增長才屬於效益型增長。

復習思考題

1. 財務報表由哪些部分組成？
2. 財務報表列報的要求有哪些？
3. 什麼是資產負債表？它有何作用？如何編製保險公司資產負債表？
4. 如何編製保險公司利潤表？
5. 所有者權益變動表應該單獨反應哪些信息？如何編製所有者權益變動表？
6. 現金流量表有何作用？如何編製現金流量表？
7. 附註披露的內容有哪些？
8. 如何確定分部報告？
9. 分部報告應披露哪些信息？
10. 如何認定關聯方？如何披露關聯方及關聯方交易？
11. 財務報表分析的目的是什麼？
12. 財務報表分析的方法有哪些？
13. 財務報表分析有哪些主要指標？
14. 財務報表和償付能力報告中的資本存在哪些差異？

國家圖書館出版品預行編目（CIP）資料

保險會計學(第二版) / 彭雪梅 等 編著. -- 第二版.
-- 臺北市：崧博出版：崧燁文化發行, 2019.05
　　面；　公分
POD版

ISBN 978-957-735-826-4(平裝)

1.保險會計

563.727　　　　　　　　　　　　　　　108006274

書　　名：保險會計學(第二版)
作　　者：彭雪梅 等 編著
發 行 人：黃振庭
出 版 者：崧博出版事業有限公司
發 行 者：崧燁文化事業有限公司
E-mail：sonbookservice@gmail.com
粉 絲 頁：　　　　　網　址：
地　　址：台北市中正區重慶南路一段六十一號八樓 815 室
8F.-815, No.61, Sec. 1, Chongqing S. Rd., Zhongzheng Dist., Taipei City 100, Taiwan (R.O.C.)
電　　話：(02)2370-3310 傳　真：(02) 2370-3210
總 經 銷：紅螞蟻圖書有限公司
地　　址：台北市內湖區舊宗路二段 121 巷 19 號
電　　話：02-2795-3656 傳真：02-2795-4100　　網址：
印　　刷：京峯彩色印刷有限公司（京峰數位）

　　本書版權為西南財經大學出版社所有授權崧博出版事業股份有限公司獨家發行電子書及繁體書繁體字版。若有其他相關權利及授權需求請與本公司聯繫。

定　　價：650 元
發行日期：2019 年 05 月第二版
◎ 本書以 POD 印製發行